KB091592

풀스택 리액트,
타입스크립트, 노드

리액트 18, 훅, GraphQL로
클라우드 기반 웹앱 만들기

풀스택 리액트,
타입스크립트, 노드

양정열 옮김 데이비드 최 지음

i!i
에이콘

에이콘출판의 기틀을 마련하신 故 정완재 선생님 (1935-2004)

아름다운 아내 은(Eun)에게. 당신의 믿음과 사랑에 감사드립니다.

당신 덕분에 해낼 수 있었습니다.

— **데이비드 최**(David Choi)

| 옮긴이 소개 |

양정열(yanggy@godev.kr)

국내 Telco SI/SM Software 개발자로 시작해, 현재는 프로젝트 매니저와 정보보호 업
무를 담당하고 있으며, 자기 계발에 관심이 많다.

| 옮긴이의 말 |

풀스택 개발자나 풀스택 개발이라는 말이 흔한 만큼 이들이 수요가 있을 것이라고 짐작할 수 있다. 인터넷을 검색해보면 풀스택 개발자의 정의도 다양하고 풀스택에 관한 여러 가지 주장도 확인된다. 풀스택 개발에 사용되는 기술을 모두 다 잘 알거나 골고루 잘할 수는 없으므로 풀스택 개발자는 존재하지 않는 허상이라고 주장하는 사람도 있다.

책 제목에서도 알 수 있듯이, 풀스택 개발은 어떤 정의처럼 거창한 내용이 아니라 프론트엔드와 백엔드를 모두 포함한 아주 단순한 웹 개발을 의미한다. 누군가의 주장처럼 프론트엔드와 백엔드를 모두 완벽하게 잘 아는 것은 불가능할지도 모르겠다. 하지만 각 영역에서 어떤 기술이 사용돼야 하는지 알고 기본적인 구현과 동작 방식을 이해해야 하는 것은 풀스택 개발자만의 소양은 아닐 것이다.

이 책에서는 리액트와 타입스크립트, GraphQL 그리고 노드를 사용한 풀스택 웹 개발을 다룬다. 웹 애플리케이션을 만들어보고, 클라우드 서비스에 개발한 웹 애플리케이션을 배포하고 운영하는 방법을 살펴본다. 그 밖에도 개발에 도움이 되는 여러 가지 도구와 정보를 제공한다. 또한 저자의 경험에서 나오는 다양한 오류 해결 방법도 제시한다. 깃허브에 예제와 최신 버전의 소스 코드를 제공한다.

예제를 따라 학습하다 보면 기본적인 내용뿐만 아니라 전반적인 웹 개발을 이해할 수 있게 될 것이다. 더불어 자신의 아이디어를 추가해 확장시키다 보면 보다 더 많은 내용을 습득하고 경험할 수 있을 것이다. 이 책으로 풀스택 개발을 경험하고 더 나은 개발자로 성장할 수 있기를 바란다.

끝으로, 이 책이 나오기까지 오랜 시간을 기다려주신 에이콘출판사 식구들과 검수에 많은 도움을 주신 카카오 엔터프라이즈 이진혁 님께 감사한 마음을 전한다.

| 지은이 소개 |

데이비드 최^{David Choi}

다양한 프레임워크와 언어로 대규모 애플리케이션을 개발한 10년 이상 경력의 개발자다. 전문 개발 경험의 대부분은 JP모건과 CSFB, 프랭클린 템플턴과 같은 기업의 재무 업무와 관련이 있다. DzHaven을 창업했으며 개발자들이 서로 도울 수 있는 애플리케이션을 만들고 있다.

유튜브 데이비드 최^{David Choi} 채널과 트위터@jsoneaday에서 만날 수 있다.

팩트출판사의 좋은 사람들과 마이크 루크(Mike Rourke)의 도움이 없었다면 이 책이 나올 수 없었을 것입니다.

| 기술 감수자 소개 |

마이크 루크^{Mike Rourke}

미국 시카고에 기반을 둔 소프트웨어 엔지니어. 주로 웹 기술과 Node.js 생태계와 관련된 작업을 하고 있다. 10년 이상 코드를 작성하고 있다. VB로 코드를 작성하기 시작해 약 2년 전에는 자바스크립트로 전환했다. 프로그래밍의 모든 영역을 좋아하며 대부분의 여가 시간을 새로운 기술을 익히고 향상시키는 데 보낸다.

| 차례 |

1부 — 타입스크립트와 자바스크립트를 개선하는 방법

1장   타입스크립트 이해하기   027

2장   타입스크립트 살펴보기   045

3장   ES6+로 앱 만들기   089

| 들어가며 |

오픈소스 소프트웨어의 최대 저장소 깃허브의 발표에 따르면 자바스크립트는 여전히 세계적으로 가장 인기 있는 프로그래밍 언어다. 많은 프로젝트가 자바스크립트로 작성된다. 머신러닝이나 암호 화폐와 같은 웹과 관련이 없는 일반적인 프로젝트조차도 자바스크립트를 사용한다.

자바스크립트 프로그래밍 언어는 굉장히 강력하고 기능이 좋은데, 언어의 기능을 확장하는 리액트와 노드를 포함해 이 언어를 더욱 좋게 만들어주는 프레임워크가 존재한다. 또한 타입스크립트는 대규모 자바스크립트 프로젝트를 수행하기 위한 표준으로 자리잡았다. 타입스크립트가 자바스크립트 코드를 생산적으로 만들고 대규모 애플리케이션에 적합한 언어적인 기능을 제공하는 것이다.

웹 개발은 여러 해 동안 엄청나게 발전했다. 클라이언트 코드란 과거에는 정적인 HTML과 CSS에 약간의 자바스크립트가 포함되는 것을 의미했다. 백엔드는 PHP나 CGI 스크립트와 같은 전혀 다른 언어로 작성됐다. 하지만 이제는 클라이언트에서 서버까지 전체 애플리케이션을 자바스크립트와 자바스크립트 관련 프레임워크만 사용해 작성하는 것이 일반적이다. 이렇게 단일 언어만 사용해 애플리케이션을 작성할 수 있는 능력은 개발 과정에서 엄청난 이점을 제공한다. 더욱이 여러 가지 활용 가능한 강력하고 성숙된 프레임워크는 모든 다른 플랫폼에 비해 자바스크립트 풀스택 프로그래밍이 경쟁력을 가지게 만들어준다.

이 책에서는 풀스택 웹 애플리케이션을 만들기 위해 자바스크립트의 강력함을 사용하는 방법을 배운다. 강력한 언어 상위 열 번째 안에 드는 언어인 타입스크립트를 사용해 자바스크립트의 강력함을 강화한다. 그리고 리액트와 리덕스, 노드, Express, GraphQL과 같은 프레임워크를 사용해 현실적이고 완벽한 기능을 갖춘 모범 사례가 될 수 있는 웹 애플리케이션을 만든다. 이 애플리케이션을 통해 최신 풀스택 웹 애플리케이션을 만들기 위해 필요한 모든 지식을 얻게 된다. 그리고 애플리케이션이 완성되면 가장 인기 있고 다양한 기능을 가진 CSP(클라우드 서비스 제공자)인 AWS 클라우드 서비스에 애플리케이션을 배포할 수 있을 것이다.

이 책의 대상 독자

여러 가지 최신 웹 기술과 그 기술을 함께 사용하는 방법을 배움으로써 프론트엔드를 넘어 풀스택 웹 개발의 세계로 들어가려는 웹 개발자를 대상으로 한다. 이 책을 시작하려면 먼저 자바스크립트 프로그래밍에 대한 이해가 있어야 한다.

이 책의 구성

1장, 타입스크립트 이해하기 타입스크립트가 무엇이며 대규모 애플리케이션 개발에 사용하면 좋은 이유를 살펴본다.

2장, 타입스크립트 살펴보기 타입스크립트를 좀 더 자세히 살펴본다. 정적 타입을 포함한 여러 가지 타입스크립트의 기능을 알아보고 이러한 기능이 자바스크립트보다 개선된 이유를 살핀다. 그리고 객체지향 프로그래밍을 사용해 애플리케이션을 설계하고 타입스크립트 기능으로 이러한 중요한 프로그래밍 패러다임을 가능하게 하는 방법을 알아본다.

3장, ES6+로 앱 만들기 모든 개발자가 알아야 하는 자바스크립트의 중요 기능을 다룬다. ES6 이상 버전에 추가된 최신 기능을 중심으로 알아본다.

4장, SPA의 개념과 리액트에서 사용하는 방법 SPA^{Single-Page Application} 스타일의 앱에 초점을 둔 웹사이트 개발 방법을 배운다. 그리고 리액트를 소개하고 SPA를 만드는 데 리액트를 사용하는 방법을 알아본다.

5장, 훅을 사용한 리액트 개발 리액트를 더 자세히 관찰한다. 리액트 애플리케이션을 과거의 클래스 스타일로 작성하는 방식의 한계를 알아본다. 그리고 훅과 함수형 컴포넌트를 다루고 훅과 함수형 컴포넌트를 사용해 이전 클래스 스타일을 개선하는 방법을 배운다.

6장, create-react-app을 사용한 프로젝트 설정과 Jest 활용 테스트 리액트 애플리케이션 개발에 사용되는 최신 기법을 설명한다. 이러한 기법에는 리액트 프로젝트를 만드는 표준인 create-react-app 그리고 Jest나 testing-library를 사용한 클라이언트 측 테스트가 포함된다.

7장, 리덕스와 리액트 라우터 리액트 애플리케이션을 만드는 데 도움이 되는 리덕스와 리액트 라우터를 다룬다. 이 두 가지는 거의 리액트 초기부터 상태와 라우팅을 관리하기 위한 프레임워크였다.

8장, Node.js와 Express를 사용한 서버 측 개발 노드와 Express를 다룬다. 노드는 자바스크립트 서버 앱이 동작할 수 있는 기본적인 런타임이다. Express는 노드 기반의 프레임워크로 노드를 사용해 강력한 서버 측 앱을 쉽게 만들 수 있게 해준다.

9장, GraphQL GraphQL이 무엇인지 살펴보고 데이터 스키마를 사용해 웹 API를 만드는 방법을 알아본다.

10장, 타입스크립트와 GraphQL 의존성으로 Express 프로젝트 구성하기 타입스크립트와 Express, GraphQL 그리고 테스트를 위한 Jest를 사용해 상용 품질의 서버 측 프로젝트를 만드는 방법을 설명한다.

11장, 온라인 포럼 애플리케이션 만들어보게 될 애플리케이션을 설명한다. 애플리케이션의 기능과 앱을 만들어보는 것이 어떻게 웹 개발을 더 자세히 배우는 데 도움이 되는지 살펴본다.

12장, 온라인 포럼 애플리케이션 리액트 클라이언트 만들기 리액트를 사용해 클라이언트 측 애플리케이션을 작성하는 방법을 설명한다. 함수형 컴포넌트와 훅, 리덕스를 사용해 화면을 만든다.

13장, Express와 Redis로 세션 상태 구성하기 세션 상태가 무엇인지 살펴보고, 가장 강력한 인메모리 데이터 저장소인 Redis를 사용해 서버용 세션을 만드는 방법을 알아본다. 아울러 Express를 사용해 서버를 만든다.

14장, TypeORM으로 저장소 계층과 Postgres 구성하기 Postgres를 사용해 애플리케이션에서 사용할 데이터베이스를 만드는 방법을 설명한다. 또한 저장소 계층이라는 강력한 설계 기법을 사용해 이 데이터베이스에 접근하는 방법을 살펴본다.

15장, GraphQL 스키마 추가하기 - 1부 애플리케이션에 GraphQL을 통합하는 방법을 배운다. 스키마를 만들고 쿼리와 뮤테이션을 추가하고 GraphQL 훅을 리액트 프론트엔드에 추가한다.

16장, GraphQL 스키마 추가하기 - 2부 GraphQL을 클라이언트와 서버에 통합하는 작업을 끝으로 애플리케이션을 완성한다.

17장, AWS에 애플리케이션 배포하기 완성된 애플리케이션을 AWS 클라우드 서비스에 배포하는 방법을 다룬다. 우분투 리눅스와 NGINX를 사용해 서버와 클라이언트 코드를 호스팅한다.

⁝⁝ 준비 사항

반드시 웹에 대한 경험이 아니더라도 애플리케이션을 만드는 기본적인 지식을 어느 정도 갖추고 적어도 한 가지의 최신 언어를 1년 이상 프로그래밍해본 경험이 있어야 한다.

이 책에서 다루는 소프트웨어/하드웨어	OS 요구 사항
React 18	윈도우, 맥OS X, 리눅스
타입스크립트 최신 버전(4.4.2 이상)	
최신 브라우저: 크롬, 사파리, 파이어폭스	
노드 12 이상	

이 책에서는 의존성을 설치하고 사용할 수 있는 단계별 명령어를 제공한다. 하지만 이 목록을 통해서도 앞으로 무엇이 필요할지 약간의 힌트를 얻을 수 있다. 깃허브를 통해 제공되는 애플리케이션 소스 코드는 해당 애플리케이션의 최종 버전이다. 본문에는 중간 버전의 코드가 포함돼 있다.

만약 e-book을 사용한다면 코드를 직접 입력하거나 예제 코드 다운로드에서 제공되는 깃허브 저장소 링크를 통해 코드에 접근하기를 바란다. 그렇게 하면 코드를 복사하면서 발생할 수 있는 잠재적인 오류를 방지할 수 있다.

항상 코드를 직접 작성하려고 노력하는 것이 이상적이다. 그렇게 해야 코드를 기억하는 데 도움되고 내용이 틀렸을 경우 처리하는 경험을 얻을 수 있다.

⁝⁝ 예제 코드 다운로드

다음 깃허브 경로에서 이 책의 예제 코드 파일을 다운로드할 수 있다.

https://github.com/JungYeolYang/Full-Stack-React-TypeScript-and-Node-acorn 해당 코드에 업데이트가 있는 경우 기존 깃허브 저장소가 업데이트된다.

또한 에이콘출판사의 깃허브 저장소(https://github.com/AcornPublishing/fullstack-react)에서도 동일한 파일을 다운로드할 수 있다.

⁝⁝ 편집 규약

이 책에는 다양한 텍스트 편집 규약이 있다.

텍스트 내 코드: 본문의 코드나 데이터베이스 테이블 이름, 폴더 이름, 파일 이름, 파일 확장자, 경로 이름, 더미 URL 등을 나타낸다. 예제는 다음과 같다.

"src 폴더에 Home.tsx 파일을 새로 만들고 다음 코드를 추가한다."

코드 블록은 다음과 같다.

```
let a = 5;
let b = '6';
console.log(a + b);
```

코드 블록의 특정 부분을 주의해야 하는 경우는 관련된 행이나 항목을 볼드체로 표시한다.

```
[default]
exten => s,1,Dial(Zap/1|30)
exten => s,2,Voicemail(u100)
exten => s,102,Voicemail(b100)
exten => i,1,Voicemail(s0)
```

모든 명령줄 입력이나 출력은 다음과 같다.

```
npm install typescript
```

볼드체: 새로운 단어나 중요한 단어, 화면에서 볼 수 있는 단어를 알려준다. 예를 들면 메뉴나 대화 상자의 단어는 다음과 같은 텍스트로 표시된다.

"**Administration** 패널의 **System info**를 선택한다."

> **NOTE**
>
> 경고와 중요한 노트는 이와 같이 나타낸다.

⁝⁝⁝ 독자 의견

독자의 의견은 언제나 환영한다.

정오표: 내용에 문제가 없도록 최선을 다했지만 실수가 있을 수도 있다. 오류를 발견했다면 자세한 오류 내용을 알려주길 바란다. 한국어판의 정오표는 에이콘출판사의 도서 정보 페이지(http://www.acornpub.co.kr/book/fullstack-react)에서 볼 수 있다.

문의: 한국어판에 관한 질문은 에이콘출판사 편집 팀(editor@acornpub.co.kr)이나 옮긴이의 이메일로 문의하길 바란다.

1부

타입스크립트와
자바스크립트를 개선하는 방법

1부에서는 타입스크립트^{TypeScript}가 주는 여러 가지 이점과 가장 중요한 언어적인 기능을 살펴본다. ES6의 주요 기능과 코드 품질과 가독성을 좋게 하는 방법도 살펴본다.

1부는 다음 내용으로 구성된다.

- 1장, 타입스크립트 이해하기
- 2장, 타입스크립트 살펴보기
- 3장, ES6+로 앱 만들기

01

타입스크립트 이해하기

자바스크립트는 아주 잘 알려진 강력한 언어다. 깃허브를 보면 지구상에서 가장 인기 있는 언어이며(실제로 파이썬(Python)보다 더 많이 사용된다) ES6+에는 새로운 기능이 계속 추가된다. 하지만 대규모 애플리케이션 개발에서의 자바스크립트의 기능은 부족하다고 여겨졌으며, 이것이 타입스크립트가 탄생한 이유다.

1장에서는 타입스크립트 언어가 만들어진 이유와 자바스크립트 개발자가 얻을 수 있는 이점을 배운다. 그리고 마이크로소프트에서 타입스크립트를 만든 철학과 대규모 애플리케이션 개발에서 사용하기 위해 주요 기능에 이러한 설계가 추가된 이유를 알아본다.

타입스크립트로 자바스크립트를 향상시키고 개선하는 방법을 살펴본다. 자바스크립트와 타입스크립트로 코드를 작성하는 방식을 비교하고 대조한다. 타입스크립트에는 개발자에게 도움이 되는 다양한 최첨단 기능이 포함돼 있다. 그중 최고는 정적 타입과 객체지향 프로그래밍^{OOP} 기능이다. 이러한 기능을 사용하면 코드의 품질이 좋아지고 유지보수가 쉬워진다.

1장이 마무리되는 시점에는 대규모 프로젝트에서 자바스크립트를 사용하는 것이 까다로운 한계를 어느 정도 이해하게 될 것이다. 그리고 타입스크립트로 이러한 간극을 메우고 대규모의 복잡한 애플리케이션을 오류가 발생하지 않으면서 좀 더 쉽게 작성하는 방법을 알게 된다.

1장에서는 다음 주제를 다룬다.

- 타입스크립트란 무엇인가?

- 왜 타입스크립트가 필요한가?

⁝ 기술적 요구 사항

1장에서 설명하는 내용을 모두 이해하기 위해서는 자바스크립트 ES5 버전 이상에 대한 기본적인 이해와 자바스크립트 프레임워크에 대한 기본적인 이해가 있어야 한다. 그리고 비주얼 스튜디오 코드^{VS Code}와 같은 자바스크립트 편집기와 노드^{Node}를 설치해야 한다.

1장의 깃허브 저장소는 https://github.com/JungYeolYang/Full-Stack-React-TypeScript-and-Node-acorn이고, Chap1 폴더의 코드를 사용한다.

⁝ 타입스크립트란 무엇인가?

타입스크립트는 다음과 같이 언어와 컴파일러라는 연관이 있지만 별개의 두 가지 기능을 가진다.

- 이 언어는 자바스크립트에 진정한 객체지향 기능이 추가된, 정적인 타입의 풍부한 기능을 가진 프로그래밍 언어다.

- 이 컴파일러에서는 타입스크립트 코드를 네이티브 자바스크립트로 변환할 뿐만 아니라 개발자가 코드를 작성할 때 오류가 발생하지 않도록 도와준다.

타입스크립트는 개발자가 보다 나은 품질의 소프트웨어를 설계할 수 있게 해준다. 이 언어와 컴파일러의 조합은 개발자의 능력을 향상시킨다. 타입스크립트를 사용하면 개발자는 리팩토링과 이해가 쉽고 버그가 적은 코드를 작성할 수 있다. 그리고 개발 중에 오류가 수정되도록 개발 워크플로우에 원칙을 추가한다.

타입스크립트는 개발 시점에 사용하는 기술이다. 런타임 구성 요소가 없으므로 타입스크립트 코드는 어떤 머신에서도 동작하지 않는다. 대신 타입스크립트 컴파일러가 타입스크립트를 자바스크립트 코드로 변환시켜주고 나면 해당 코드는 브라우저와 서버에 배포되고 동작한다. 마이크로소프트에서 타입스크립트용 런타임 개발을 고려했을 가능성이 있으나 운영체제 시장과는 달리, 마이크로소프트에서 ECMAScript 표준 기구(자바스크립트 버전에 포함될 내용을 결정하는 그룹)를 통제하지 않는다. 따라서 해당 그룹의 동의를 얻기는 쉽지 않고 시간이 걸린다. 대신에 마이크로소프트에서는 자바스크립트 개발자의 생산성과 코드의 품질을 향상시켜주는 도구를 만들기로 결정했다.

타입스크립트에 런타임이 없다면 어떻게 개발자는 코드를 실행할 수 있을까? 타입스크립트는 트랜스파일transpilation이라는 과정을 거친다. 트랜스파일은 어떤 언어의 코드를 컴파일하거나 다른 언어로 변환하는 방법을 말한다. 즉, 모든 타입스크립트 코드는 결국 마지막으로 배포되고 실행되기 전에 자바스크립트 코드로 변환된다는 의미다.

이 절에서는 타입스크립트가 무엇이고 어떻게 동작하는지 살펴봤다. 다음 절에서는 왜 이러한 기능이 대규모의 복잡한 애플리케이션을 만들 때 필요한지 살펴본다.

⫶ 왜 타입스크립트가 필요한가?

자바스크립트 프로그래밍 언어는 브렌던 아이크^{Brendan Eich}가 만들었고 1995년 넷스케이프^{Netscape} 브라우저에 포함됐다. 그 이후부터 자바스크립트는 엄청난 성공을 거뒀고 지금에 와서는 서버와 데스크탑용 앱을 만드는 데까지 사용된다. 하지만 이러한 대중성과 보편성은 이득인 동시에 문제로 드러났다. 앱이 점점 더 커지고 대규모가 되면서 개발자들 사이에서 자바스크립트의 한계가 드러나기 시작했다.

대규모 애플리케이션의 개발에는 자바스크립트가 처음 만들어진 목적인 브라우저에서 개발보다 요구 사항이 훨씬 많다. Java, C++, C#과 같은 대규모 애플리케이션 개발에 사용하는 고수준의 언어는 정적 타입과 OOP 기능을 제공한다. 이 절에서는 자바스크립트의 동적 타입 대비 정적 타입의 장점을 살펴본다. 그리고 OOP를 살펴보고, 자바스크립트에서 OOP를 처리하는 방식이 너무 제한적이므로 대규모 애플리케이션에 적용할 수 없는 이유를 알아본다.

하지만 먼저 예제를 확인하기 위해 몇 가지 패키지와 프로그램을 설치해야 한다. 다음 명령을 따라 한다.

1. 먼저 Node를 설치한다. https://nodejs.org/에서 다운로드한다. 노드에서는 npm을 제공하며 이 자바스크립트 의존성 관리자를 통해 타입스크립트를 설치할 수 있다. 8장, 'Node.js와 Express를 사용한 서버 측 개발'에서 노드에 관해 더 자세히 살펴본다.

2. VS Code를 설치한다. 무료 코드 편집기이고 고품질의 풍부한 기능을 가지고 있어 어떤 플랫폼에서라도 빠르게 자바스크립트 코드를 작성할 수 있는 표준 개발 도구다. 원하는 다른 코드 편집기를 사용해도 무방하지만 이 책에서는 VS Code를 주로 사용한다.

3. HandsOnTypeScript라는 디렉터리 이름으로 폴더를 생성한다. 이후 모든 프로젝트 코드는 이 폴더에 저장한다.

4. HandsOnTypeScript 폴더에 Chap1이라는 폴더를 만든다.

5. VS Code를 열고 **파일 ➤ 열기** 메뉴에서 만들어둔 Chap1 폴더를 연다. **보기 ➤ 터미널** 메뉴를 선택한 다음 VS Code 창에서 터미널 창을 활성화한다.

6. 터미널에서 다음 명령을 입력한다. 이 명령은 프로젝트를 초기화해, npm 패키지 의존성을 받을 수 있게 해준다. 타입스크립트는 npm 패키지로 다운로드되므로 이렇게 한다.

```
npm init
```

다음과 같은 화면이 나타난다.

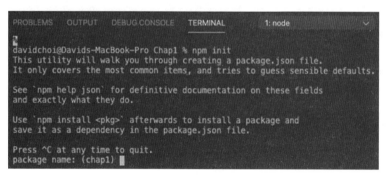

그림 1.1 npm init 화면

지금은 타입스크립트만 설치하기 때문에 모든 질문은 기본값으로 진행한다.

7. 다음 명령을 사용해 타입스크립트를 설치한다.

```
npm install -g typescript
```

모든 항목이 설치되면 VS Code가 다음과 같이 표시된다.

그림 1.2 설치 완료 후 VS Code

설치와 환경 설정을 마쳤다. 이제 타입스크립트의 이점을 좀 더 쉽게 이해할 수 있는 예제를 살펴볼 수 있다.

동적 타입과 정적 타입

모든 프로그래밍 언어는 타입이 있으며, 그 타입을 사용한다. 타입은 단순히 객체를 기술하고 재사용할 수 있는 규칙의 모음이다. 자바스크립트는 동적인 타입의 언어다. 자바스크립트에서 새로운 변수는 타입을 선언하지 않아도 되고, 심지어 변수 타입이 설정된 후에 다른 타입으로 재설정할 수도 있다. 이러한 기능은 자바스크립트에 엄청난 유연성을 더해주지만 소스 코드에 수많은 버그를 만들어내기도 한다.

타입스크립트에서는 정적 타입이라고 하는 좀 더 나은 대안을 제시한다. 이 정적 타입은 개발자에게 변수를 생성할 때 해당 변수 앞에 타입을 지정하도록 강요한다. 이 방식은 모호함을 제거하고 타입 간에 발생하는 다양한 변환의 오류를 없애준다. 다음 단계에서는 동적 타입의 위험에 대한 예제를 살펴보고, 타입스크립트의 정적 타입이 이러한 위험을 제거하는 방식을 알아본다.

1. Chap1 폴더 루트에 string-vs-number.ts 파일을 만든다. .ts 파일 확장자는 타입스크립트에서 사용하는 확장자로, 타입스크립트 컴파일러가 해당 파일을 인식해 자바스크립트로 트랜스파일하게 해준다. 다음 코드를 파일에 입력하고 저장한다.

```
let a = 5;
let b = '6';
console.log(a + b);
```

2. 다음으로 터미널에서 다음과 같이 입력한다.

```
tsc string-vs-number.ts
```

tsc는 타입스크립트 컴파일러를 실행하는 명령이고, 파일 이름은 컴파일러가 확인하는 파일의 이름으로 해당 파일을 확인해 자바스크립트로 트랜스파일한다.

3. tcs 명령을 실행했다면 해당 폴더에서 string-vs-number.js라는 새로운 파일을 확인할 수 있다. 이 파일을 다음과 같이 실행한다.

```
node string-vs-number.js
```

node 명령은 자바스크립트 파일을 실행하기 위한 런타임 환경의 역할을 한다. 이렇게 동작하는 이유는 노드가 구글 크롬 브라우저 엔진인 V8을 사용해 자바스크립트 코드를 실행하기 때문이다. 이 스크립트를 실행했다면 다음과 같은 결과를 확인할 수 있다.

56

두 개의 숫자를 추가하고 두 문자열의 연결이 아닌 일반적인 덧셈을 기대했다. 하지만 자바스크립트 런타임에서는 이것을 인지할 방법이 없었기 때문에 의도를 추측해, 숫자 변수 a를 문자열로 변환하고 변수 b에 추가한다. 이러한 상황은 실제로는 거의 발생하지 않을 것 같지만 확인하지 않으면 발생할 수 있다. 그 까닭은 웹 개발에서 HTML로 들어오는 대부분의 입력이 문자열로 들어오기 때문이다. 심지어 사용자가 숫자를 입력하더라도 문자열로 들어온다.

4. 이제 이 코드에 타입스크립트의 정적 타입을 적용하고 어떤 일이 일어나는지 살펴보자. 먼저 .js 파일을 삭제하고 타입스크립트 컴파일러가 복제된 두 벌의 a와 b 변수를 인지할 수 있게 한다. 다음 코드를 살펴보자.

```
let a: number = 5;
let b: number = '6';

console.log(a + b);
```

5. 이 코드에서 tsc 컴파일러를 실행하면 "'6'" is not assignable to the type 'number'('string' 형식은 'number' 형식에 할당할 수 없습니다)라는 오류가 발생한다. 이 오류는 정확히 의도한 내용이다. 이 컴파일러에서는 코드에서 오류가 발생했고 컴파일이 성공적으로 진행되지 않았다는 것을 알려준다. 모든 변수가 숫자여야 한다는 것을 지정했기 때문에 컴파일러는 그 내용을 확인하고 발견해 진행할 수 없다고 알려준다. 이제 이 코드를 수정해 변수 b를 숫자로 바꾸고 어떤 일이 일어나는지 확인해보자.

```
let a: number = 5;
let b: number = 6;

console.log(a + b);
```

6. 다시 컴파일러를 실행해보면 성공적으로 컴파일되고 자바스크립트 실행 결과로 11이라는 값이 다음과 같이 표시된다.

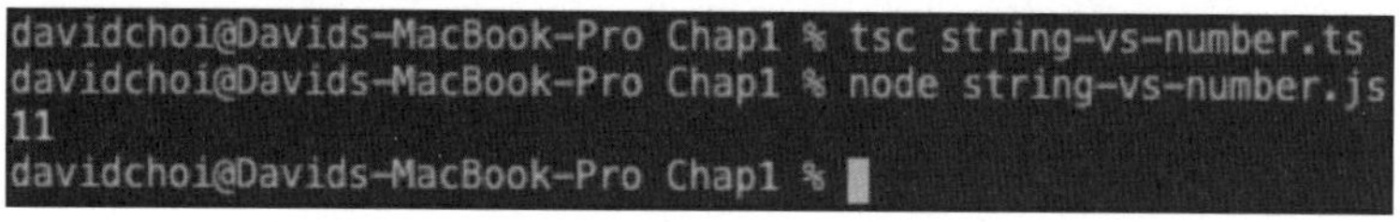

그림 1.3 정상적인 숫자 덧셈

잘 따라왔다. 부정확하게 b를 설정했을 때 타입스크립트에서는 오류를 잡아내고 런타임에 사용되지 않도록 했다.

대규모 애플리케이션 코드에서 볼 수 있는 조금 더 복잡한 예제를 살펴보자.

1. test-age.ts라는 이름의 새로운 .ts 파일을 만들고 다음 코드를 추가한다.

```
function canDrive(usr) {
    console.log("user is", usr.name);

    if (usr.age >= 16) {
        console.log("allow to drive");
    } else {
        console.log("do not allow to drive");
    }
}

const tom = {
    name: "tom"
}

canDrive(tom);
```

이 코드에는 사용자의 나이를 확인하고 그 나이를 바탕으로 운전을 허용할 것인지 결정하는 함수가 있다. 이 함수 정의 다음에는 사용자가 생성되고 나이 속성은 포함되지 않았다. 개발자는 나중에 사용자의 입력을 통해 값을 입력을 받으려 했다고 가정한다. 다음으로 해당 사용자를 생성하는 부분 이후에는 canDrive 함수가 호출돼 해당 사용자는 운전이 허용되지 않는다고 알려준다. 만약 여기서 tom이라는 사용자가 16세 이상이었고 이 함수가 사용자의 나이에 따라 어떤 동작을 하도록 구현됐다면 많은 문제로 이어지게 될 것이다.

자바스크립트에는 이러한 문제를 처리하거나 적어도 부분적으로 대응할 수 있는 방법이 존재한다. for문을 사용해 user 객체의 속성 키 이름을 모두 반복하면서 나이에 해당하는 키 이름을 확인할 수 있다. 그런 다음 예외를 호출하거나 이러한 문제를 처리할 수 있는 또 다른 오류 핸들러를 호출할 수 있다. 하지만 모든 함수에서 이러한 처리를 해야 한다면 비효율적이고 금세 부담스러운 작업이 될 것이다. 그리고 이러한 확인 작업은 해당 코드가 실행되는 동안에 처리된다. 이와 같은 오류는 누가 봐도 사용자에게 일어나기 전에 잡아내는 것이 좋다. 타입스크립트에서는 이러한 이슈에 관한 단순한 해결책을 제공해 해당 코드가 상용 환경에 배포되기 전에 오류를 잡아낸다. 다음 수정된 코드를 살펴보자.

```
interface User {
    name: string;
    age: number;
}

function canDrive(usr: User) {
    console.log("user is", usr.name);
    if (usr.age >= 16) {
        console.log("allow to drive");
    } else {
        console.log("do not allow to drive");
    }
}

const tom = {
    name: "tom"
}

canDrive(tom);
```

이 수정된 코드의 맨 처음에 User라는 이름의 인터페이스가 있다. 인터페이스는 타입스크립트에서 사용할 수 있는 타입의 한 종류다. 이후 나오는 장에서 여러 가지 인터페이스와 타입에 관해 자세히 다루며, 지금은 예제만 살펴본다. User 인터페이스에는 예제에서 필요한 두 개의 필드, name과 age가 있다. 이제 그 다음으로 canDrive 함수에서 usr 파라미터의 콜론과 User 타입을 확인한다. 이 파라미터를 타입 어노테이션이라고 하며 컴파일러에게 User 타입의 파라미터만 canDrive에 전달될 수 있도록 허용하라고 알려준다. 따라서 이 타입스크립트 코드를 컴파일하면 컴파일러에서는 tom 객체에 age 속성이 없으므로 canDirve가 호출될 때 전달된 파라미터에 age가 누락됐다고 알려준다.

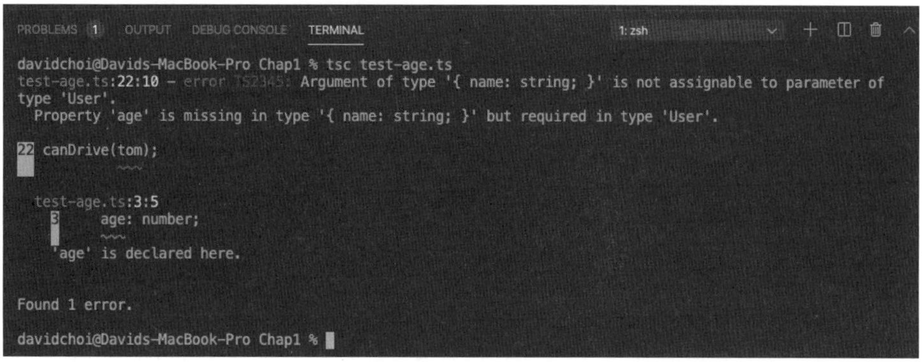

그림 1.4 canDrive 오류

2. 즉, 컴파일러에서는 다시 오류를 잡아낸다. tom에 다음과 같이 타입을 전달해 이 문제를 해결해보자.

```
const tom = {
    name: "tom",
}
```

3. User의 타입으로 tom을 전달했으나 필수 속성인 age를 추가하지 않았다면 다음과 같은 오류가 발생한다.

```
Property 'age' is missing in type '{ name: string; }' but
required in type 'User'.ts(2741)
```

누락된 age 속성을 추가하면 오류는 사라지고 canDrive 함수는 의도한 대로 동작한다. 최종으로 동작하는 코드는 다음과 같다.

```
interface User {
    name: string;
    age: number;
}

function canDrive(usr: User) {
```

```
    console.log("user is", usr.name);

    if (usr.age >= 16) {
        console.log("allow to drive");
    } else {
        console.log("do not allow to drive");
    }
}

// 일정 시간이 지난 다음 누군가가 이 canDrive함수를 사용한다고 가정한다.
const tom: User = {
    name: "tom",
    age: 25
}

canDrive(tom);
```

이 코드에서는 tom 변수의 age를 필수 속성으로 제공해 canDrive가 실행될 때 usr.
age를 정확하게 확인해 적절한 코드가 실행되도록 한다.

다음은 지금까지의 수정 사항을 적용한 후 코드를 다시 실행한 출력 화면이다.

```
davidchoi@Davids-MacBook-Pro Chap1 % tsc test-age.ts
davidchoi@Davids-MacBook-Pro Chap1 % node test-age
user is tom
allow to drive
davidchoi@Davids-MacBook-Pro Chap1 % []
```

그림 1.5 canDrive의 성공적인 실행 결과

이 절에서는 동적 타입의 문제와 어떻게 정적 타입으로 그러한 문제를 해결하고 예방할
수 있는지 살펴봤다. 정적 타입을 사용하면 컴파일러와 개발자에게 코드로부터 발생하
는 모호함이 제거된다. 이러한 명확함을 통해 오류를 줄여 고품질 코드를 만들 수 있다.

객체지향 프로그래밍

자바스크립트는 OOP 언어로 알려져 있다. 자바스크립트는 다른 OOP 언어가 가지고 있는 상속과 같은 일부 기능을 가지고 있다. 하지만 자바스크립트의 구현체는 사용할 수 있는 기능과 설계적인 측면이 모두 제한적이다. 이 절에서는 자바스크립트 객체지향 프로그래밍 방법과 타입스크립트로 자바스크립트의 기능을 향상시키는 방법을 알아본다.

먼저 OOP가 무엇인지 정의해보자. 다음은 객체지향의 4대 원칙이다.

- 캡슐화^{Encapsulation}

- 추상화^{Abstraction}

- 상속^{Inheritance}

- 다형성^{Polymorphism}

하나씩 살펴보자.

캡슐화

캡슐화를 단순하게 말하자면 정보 은닉이다. 모든 프로그램에는 데이터와 해당 데이터를 사용해 무언가를 처리할 수 있는 기능이 존재한다. 캡슐화를 할 때 데이터를 일종의 컨테이너에 담는다. 여기서 컨테이너는 클래스라고도 알려져 있으며 대부분의 프로그래밍 언어에 존재하고, 기본적으로 이러한 컨테이너는 해당 데이터를 보호해 해당 컨테이너의 외부에서 데이터를 수정하거나 볼 수 없다. 대신 해당 데이터를 사용하려면 컨테이너 객체를 제어하는 함수를 통해서 처리해야 한다. 이러한 객체 데이터를 사용하는 방식을 통해 다루기 힘들고 유지 관리가 어려운 대규모 애플리케이션의 여러 위치에서 제각각 처리하는 방식이 아닌 한 곳의 코드에서 해당 데이터 처리를 엄격하게 제어할 수 있다.

캡슐화에 대한 해석 중에는 공통 컨테이너 내부의 멤버 그룹화에 초점을 맞춘 내용도 있다. 하지만 엄격한 의미의 캡슐화(정보 은닉)는 자바스크립트 기능에 내장돼 있지 않다.

대부분의 OOP 언어에서 캡슐화는 언어의 기능을 통해 명시적으로 멤버를 숨긴다. 예를 들어 타입스크립트에서는 private 키워드를 사용해 해당 클래스 외부에서 속성을 보거나 수정할 수 없도록 할 수 있다. 현재는 자바스크립트에서 여러 가지 우회 방법을 통해 private 멤버를 흉내 낼 수 있지만, 이는 네이티브 코드가 아니며 부가적인 복잡도가 증가한다. 타입스크립트에서는 기본적으로 private과 같은 접근 제어자^{access modifier}를 통한 캡슐화를 지원한다.

> **NOTE**
>
> 클래스 필드에 대한 접근 제어 기능은 ECMAScript 2020에서 지원된다. 하지만 새로운 기능인 만큼 이 책을 쓰는 시점에 모든 브라우저에서 지원되지는 않는다.

추상화

추상화는 캡슐화와 관련이 있다. 추상화를 사용하면 데이터 관리 방식에 관한 내부 구현을 숨기고 보다 단순화된 인터페이스를 외부 코드에 제공할 수 있다. 기본적으로 추상화는 느슨한 결합^{loose coupling}을 만드는 것이 목적이다. 즉 하나의 데이터 세트를 처리하는 코드는 독립적으로 다른 코드와는 분리하는 것이 바람직하다는 것을 의미한다. 이러한 방식으로 애플리케이션의 일부 코드를 다른 부분의 코드에 부정적인 영향을 주지 않고 변경할 수 있다.

대부분의 OOP 언어에서 추상화는 객체의 내부 동작을 보여주지 않고 간단하게 객체에 접근할 수 있는 메커니즘을 사용해야 하며, 보통 인터페이스나 추상 클래스를 사용한다. 2장에서 인터페이스에 관해 더 자세히 살펴보겠다. 지금은 인터페이스가 실제로 동작하는 코드가 없는 멤버를 갖는 클래스라고만 생각한다. 인터페이스를 객체 멤버의 이름과 타입을 확인만 가능하고 어떻게 동작하는지는 알 수 없는 쉘이라고 생각할 수 있다. 이러한 기능은 앞서 언급한 느슨한 결합을 만드는 데 아주 중요하며 코드를 보다 쉽게 수정하고 유지 관리할 수 있게 해준다. 자바스크립트에서는 인터페이스나 추상 클래스를 지원하지 않지만 타입스크립트에서는 두 가지 기능을 모두 지원한다.

상속

상속은 코드 재사용에 관한 내용이다. 예를 들어 자동차와 트럭, 보트와 같은 여러 가지 타입의 탈것에 관한 객체를 만들어야 하는 경우 각 탈것의 타입별 코드를 별개로 작성하는 것은 비효율적이다. 모든 탈것에 대한 주요한 속성을 가진 기본 타입을 만든 후 각 해당하는 탈것의 유형에서 해당 기본 타입 코드를 재사용하는 것이 더 좋은 방법이다. 이러한 방식으로 필요한 코드를 한 번만 작성하고 각 탈것의 타입에서 해당 코드를 공유한다.

자바스크립트와 타입스크립트 모두 클래스와 상속을 지원한다. 클래스에 익숙하지 않다면 클래스는 타입의 한 종류이며 관련 필드 세트를 저장하고 해당 필드와 함께 동작하는 함수를 가질 수 있다고 생각한다. 자바스크립트에서는 프로토타입 상속 체계를 통해서 상속을 지원한다. 기본적으로 이러한 내용이 의미하는 바는 자바스크립트에서는 특정 타입의 모든 객체 인스턴스는 동일한 하나의 주요 객체 인스턴스를 공유한다 것이다. 주요 객체는 프로토타입이고, 프로토타입에서 생성된 필드나 함수는 모두 여러 객체 인스턴스에 접근할 수 있다. 이러한 방법으로 메모리와 같은 리소스를 절약할 수 있지만 상속 모델의 정교함이나 유연성이 타입스크립트 수준에는 못 미친다.

타입스크립트에서 클래스는 다른 클래스를 상속할 수 있고 인터페이스와 추상 클래스도 상속할 수 있다. 이에 비해 자바스크립트에는 이러한 기능이 없으므로 프로토타입 상속이 제한된다. 추가적으로 자바스크립트는 여러 클래스에서 직접 상속하는 기능을 지원하지 않는다. 즉 다중 상속이라고 하는 또 다른 코드 재사용 방법을 사용할 수 없다. 하지만 타입스크립트는 믹스인mixin을 사용한 다중 상속을 지원한다. 나중에 이러한 모든 기능을 더 자세히 살펴보겠지만 기본적인 요점은 타입스크립트가 더 많은 종류의 상속을 허용하고, 따라서 코드를 더 많이 재사용할 수 있는 상속 모델을 가지고 있다는 점이다.

다형성

다형성은 상속과 관련이 있다. 다형성은 동일한 기본 타입을 상속받은 여러 타입 중 하나로 설정이 가능한 객체를 만들 수 있다. 이 기능은 타입이 필요한 시점을 즉시 알 수 없고 적절한 상황이 발생하는 런타임에 타입을 설정할 수 있는 시나리오에서 사용할 수 있다.

이 기능은 다른 기능에 비해 OOP 코드에서 자주 사용하는 편은 아니지만 유용하다. 자바스크립트의 경우 다형성을 직접 지원하지는 않지만 자바스크립트의 동적 타입 지정으로 적절하게 시뮬레이션할 수 있다(일부 자바스크립트를 지지하는 쪽에서는 이러한 내용에 동의하지 않을 수 있다).

예를 하나 살펴보자. 자바스크립트 클래스 상속을 사용해 기본 클래스를 만들고 이 부모 클래스를 상속하는 여러 클래스를 만들 수 있다. 그런 다음 타입을 지정하지 않는 표준 자바스크립트 변수 선언을 사용해 런타임에 타입 인스턴스를 적절한 상속 클래스에 설정할 수 있다. 여기서 발견된 문제는 자바스크립트에서 타입을 선언할 방법이 없기 때문에 변수를 특정 기본 타입으로 지정할 방법이 없다는 것이다. 즉 개발 중에는 하나의 기본 유형을 상속하는 클래스를 지정할 방법이 없다. 따라서 런타임에 특정 타입을 확인하고 타입의 안전성을 적용하기 위해 instanceof 키워드를 사용하는 등의 방법에 의존해야 한다.

타입스크립트의 경우는 기본적으로 정적 타입 지정이 가능하며 변수가 처음 생성될 때 타입 선언을 해야 한다. 또한 타입스크립트는 클래스로 구현할 수 있는 인터페이스를 지원한다. 따라서 변수를 특정 인터페이스 타입으로 선언하면 해당 변수로 인스턴스화된 모든 클래스가 동일한 인터페이스의 상속자가 된다. 다시 말해, 이 모든 작업은 코드가 배포되기 전 개발 시점에 수행된다. 이러한 체계는 자바스크립트보다 더 명시적이고 통제할 수 있으며 신뢰할 수 있다.

이 절에서는 OOP와 대규모 애플리케이션 개발에서의 OOP의 중요성에 대해 배웠다. 또한 타입스크립트의 OOP 기능이 자바스크립트보다 훨씬 우수하고 기능이 풍부한 이유도 살펴봤다.

⁝⁝ 요약

1장에서는 타입스크립트를 소개하고 타입스크립트가 만들어진 이유를 살펴봤다. 타입의 안전성과 OOP 기능이 대규모 앱을 만드는 데 아주 중요한 이유를 배웠다. 동적 타입과 정적 타입을 비교하는 몇 가지 예를 살펴봤고 정적 타입으로 코드를 작성하는 것이 더 좋은 이유를 살펴봤다. 끝으로 이 두 가지 언어 사이에 OOP 스타일을 비교하고 타입스크립트가 더 우수하고 더 나은 체계인 이유를 알아봤다. 1장에서는 타입스크립트의 이점에 관한 고차원의 개념적인 정보를 제공했다.

2장에서는 타입스크립트 언어를 더 자세히 알아본다. 여러 가지 타입을 살펴보고 클래스와 인터페이스, 제네릭과 같은 타입스크립트의 가장 중요한 일부 기능을 살펴본다. 2장을 통해 자바스크립트 생태계의 다양한 프레임워크와 라이브러리를 사용하기 위한 견고한 기초를 마련하게 될 것이다.

02

타입스크립트 살펴보기

2장에서는 타입스크립트 언어를 더 자세히 살펴본다. 타입스크립트의 명시적 타입 선언 문법에 대해 배우고 타입스크립트에 내장된 다양한 타입과 그 목적을 알아본다.

그리고 타입을 직접 만드는 방법과 객체지향 원칙을 충실하게 따르는 애플리케이션 개발 방법을 배운다. 끝으로 이 언어에 추가된 선택적 연결optional chaining과 널 병합nullish coalescing 같은 최신 기능을 살펴본다.

2장이 끝날 때는 타입스크립트 언어를 확실히 이해해서 기존 타입스크립트 코드를 쉽게 읽고 이해하게 될 것이다. 그리고 자신의 애플리케이션 목표를 달성하고 신뢰가 가능한 고품질의 코드를 만들 수 있는 이 언어에 대해 충분히 알게 될 것이다.

2장에서는 다음 주제를 다룬다.

- 타입은 무엇인가?
- 타입스크립트의 타입 살펴보기
- 클래스와 인터페이스 이해하기

- 상속 이해하기

- 제네릭 이해하기

- 최신 기능 이해와 컴파일러 구성하기

⠿ 기술적 요구 사항

2장의 기술적 요구 사항은 1장, '타입스크립트 이해하기'와 같다. 자바스크립트와 웹 기술의 기본적인 이해가 있어야 한다. 그리고 노드와 VS Code를 사용한다.

깃허브 저장소는 https://github.com/JungYeolYang/Full-Stack-React-TypeScript-and-Node-acorn이다. 코드는 Chap2 폴더의 코드를 사용한다.

계속 진행하기 전에 먼저 2장에 대한 설정을 다음과 같이 진행해보자.

1. HandsOnTypeScript 폴더로 이동한 다음 Chap2 폴더를 새로 만든다.

2. VS Code를 열고 **파일 ❯ 열기** 메뉴로 이동한 다음 조금 전에 만든 Chap2 폴더를 연다. **보기 ❯ 터미널** 메뉴를 선택한 후 VS Code 창에서 터미널 창을 활성화한다.

3. 프로젝트를 초기화하기 위해 1장, '타입스크립트 이해하기'에서처럼 npm init 명령을 입력하고, 모든 항목은 기본값으로 진행한다.

4. 마찬가지로 1장에서처럼 npm install typescript 명령을 입력해 타입스크립트를 설치한다.

이제 시작할 준비가 됐다.

::: 타입은 무엇인가?

타입은 재사용할 수 있는 규칙의 집합이다. 타입에는 속성과 함수(기능)가 포함될 수 있다. 이 타입은 계속해서 반복적으로 공유하고 재사용할 수 있다. 타입을 재사용하면 타입의 인스턴스가 생성된다. 이는 속성으로 특정 값을 갖는 자신의 타입을 만드는 것을 의미한다. 이름에서 알 수 있듯이 타입스크립트에서 타입은 아주 중요하다. 이것은 이 언어가 처음 만들어지게 된 주된 원인이다. 타입스크립트에서 타입이 어떻게 동작하는지 살펴보자.

타입은 어떻게 동작하는가?

앞서 언급한 것처럼 자바스크립트에는 타입이 있다. 숫자와 문자열, 불리언, 배열 등은 모두 자바스크립트의 타입이다. 하지만 이러한 타입은 선언할 때 명시적으로 설정되지 않는다. 이러한 타입은 런타임에서 알 수 있다. 타입스크립트에서 타입은 보통 선언할 때 설정된다. 이는 컴파일러가 타입을 알 수 있도록 만들어준다. 하지만 컴파일러가 선택한 타입은 항상 명확하지 않으므로 자신이 원하는 타입이 아닐 수 있다. 자바스크립트에서 지원하는 타입 외에도 타입스크립트는 고유한 타입을 가지고 있으며 개발자 스스로 타입을 만드는 것도 가능하다.

타입스크립트의 타입에 관해서 알아야 할 첫 번째 내용은 타입 이름^{name}이 아니라 타입의 형태^{shape}에 따라 처리된다는 것이다. 이는 타입스크립트 컴파일러에게 타입의 이름은 그다지 중요하지 않고 타입과 타입의 속성이 중요함을 뜻한다.

다음 예제를 살펴보자.

1. shape.ts라는 파일을 만들고 다음 코드를 추가한다.

```
class Person {
    name: string;
}
const jill: { name: string } = {
    name: "jill"
};
```

```
const person: Person = jill;
console.log(person);
```

먼저 주목할 내용은 name 속성을 가진 Person 클래스가 있다는 것이다. 그리고 바로 아래 { name: string } 타입의 jill 변수가 있다는 것을 알 수 있다. 보는 것처럼 이 타입 선언은 실제 타입 이름이 아니므로 조금 이상하다. 마치 타입의 정의처럼 보인다. 하지만 컴파일러에게 이것은 문제가 되지 않으므로 오류를 발생시키지 않는다. 타입스크립트에서는 타입의 선언과 정의를 동시에 할 수 있다. 그리고 그 아래에서 Person 타입의 또 다른 person 변수가 있고 이 변수를 jill로 설정한 것을 볼 수 있다. 마찬가지로 해당 컴파일러에서는 문제가 되지 않고 모든 것이 정상이다.

2. 이 코드를 컴파일하고 실행해 어떤 일이 발생하는지 살펴보자. 터미널에서 다음 명령을 입력한다.

```
tsc shape
node shape
```

명령을 실행하면 다음 내용이 표시된다.

그림 2.1 shape.ts 실행 결과

이처럼 이 코드는 문제없이 컴파일되고 실행된다. 타입스크립트에서 컴파일러는 타입의 형태를 보고 타입의 이름은 전혀 보지 않는다는 것을 보여준다. 이후 여러 장에서 타입스크립트 타입을 더 자세히 살펴보면서 이러한 동작을 이해하는 것이 중요한 이유를 알게 될 것이다.

⁙ 타입스크립트의 타입 살펴보기

이 절에서는 타입스크립트에서 제공하는 주요 타입을 살펴본다. 이러한 타입을 사용하면 오류 확인과 코드를 개선하는 데 도움을 주는 컴파일러 경고를 확인할 수 있다. 아울러 팀 내 다른 개발자에게 자신이 의도한 정보를 전달할 수도 있다. 계속해서 이러한 타입이 어떻게 동작하는지 살펴보자.

any 타입

any 타입은 동적 타입이며 다른 모든 타입으로 설정할 수 있다. 변수를 any 타입으로 선언한다면 그것은 변수를 아무 타입으로 설정할 수 있고 나중에 다른 아무 타입으로 재설정할 수 있음을 뜻한다. 이 타입은 컴파일러가 타입을 확인하지 않으므로 사실상 타입이 없는 것이다. 이 내용이 any 타입에서 기억해야 할 중요한 사항이다. 컴파일러는 개발 시점에 문제를 알려주거나 경고하지 않는다. 따라서 가능하면 any 타입의 사용은 피하는 것이 좋다. 정적인 타입의 언어에서 이러한 기능이 있다는 것이 이상하게 보일 수 있지만 특정 상황에서는 필수적이다.

대규모 애플리케이션에서 개발자가 자신의 코드에 포함된 타입을 제어하는 것이 언제나 가능한 것은 아니다. 예컨대 개발자가 데이터를 가져오기 위해 웹 서비스 API 호출에 의존하는 경우, 해당 데이터의 타입은 다른 팀이나 다른 회사에서 온전히 제어하게 된다. 그리고 다른 프로그래밍 언어의 데이터에 의존하는 코드의 경우와 같이 상호 운용interop하는 경우에도 그렇다. 예를 들어 어떤 회사가 다른 언어로 만들어진 기존 시스템을 유지 보수하면서 새로운 시스템을 또 다른 언어로 구축하는 경우다. 이러한 상황에서는 타입 체계를 우회할 수 있는 탈출구나 유연한 타입이 필요하다.

any 타입을 남용하지 않는 것이 중요하다. 다른 대안이 없는 경우에만 주의 깊게 any 타입을 사용한다. 즉, 타입 정보가 명확하지 않거나 변경될 수 있는 경우에만 사용한다. 하지만 any 타입의 대안이 몇 가지 존재한다. 상황에 따라 인터페이스나 제네릭, 유니온, unknown 타입을 대안으로 사용할 수 있다. 이러한 여러 대안은 나중에 다루고 지금은 unknown 타입을 살펴보자.

unknown 타입

unknown 타입은 타입스크립트 버전 3에서 배포된 타입이다. 이 타입은 타입의 변수를 선언하면 해당 변수에 모든 타입의 값을 설정할 수 있다는 점에서 any 타입과 닮았다. 그리고 그 값은 다른 어떤 타입으로 변경될 수 있다. 따라서 변수를 처음에는 문자열 타입으로 시작한 후 나중에 이 값을 숫자로 설정할 수 있다. 하지만 먼저 변수의 유형이 무엇인지 확인하지 않으면 변수의 멤버를 호출하거나 변수를 다른 변수의 값으로 설정할수도 없다. 다음 예제에서 이 내용을 설명한다. 변수의 타입을 먼저 확인하지 않고 unknown을 다른 값으로 설정할 수 있는 유일한 시점은 unknown 타입을 다른 unknown 타입이나 any 타입으로 설정하는 경우다.

any 타입 예제를 살펴본 다음 unknown 타입이 any 타입을 사용하는 것보다 좋은 이유를 살펴본다(any 타입의 사용은 타입스크립트 개발 팀의 실제 권장 사항임).

1. 먼저 any 타입을 사용할 때 문제를 사례로 살펴보자. VS Code로 이동해 any.ts 파일을 만들고 다음 코드를 입력한다.

```
let val: any = 22;
val = "string value";
val = new Array();
val.push(33);

console.log(val);
```

이 코드를 다음 스크린샷의 명령으로 실행하면 다음과 같은 결과를 확인할 수 있다.

그림 2.2 any 타입 실행 결과

2. val은 any 타입이므로 원하는 대로 설정할 수 있고 나중에 Array의 메서드인 push를 호출할 수 있다. 하지만 이것은 개발자가 Array가 push라는 메서드를 가지고 있다는 것을 알고 있기 때문이다. 하지만 실수로 Array에 존재하지 않는 어떤 메서드

를 호출하면 어떻게 될까? 이전 코드를 다음 코드와 같이 변경한다.

```
let val: any = 22;
val = "string value";
val = new Array();
val.doesnotexist(33);

console.log(val);
```

3. 이제 타입스크립트 컴파일러를 다시 실행한다.

```
tsc any
```

예상과 다르게 컴파일이 성공했다. 이유는 any 타입으로 어떤 것을 추가하더라도
컴파일러는 더 이상 해당 타입을 확인하지 않기 때문이다. 그리고 추가적으로 VS
Code에서 개발 시점의 코드를 강조하는 기능과 오류를 체크해주는 기능인 인텔
리센스도 동작하지 않는다. 이제 해당 코드를 실행해봐야 원치 않은 문제가 있다
는 것을 인지할 수 있다. 해당 코드를 실행해보면 다음과 같이 실패 결과를 곧바로
확인할 수 있다.

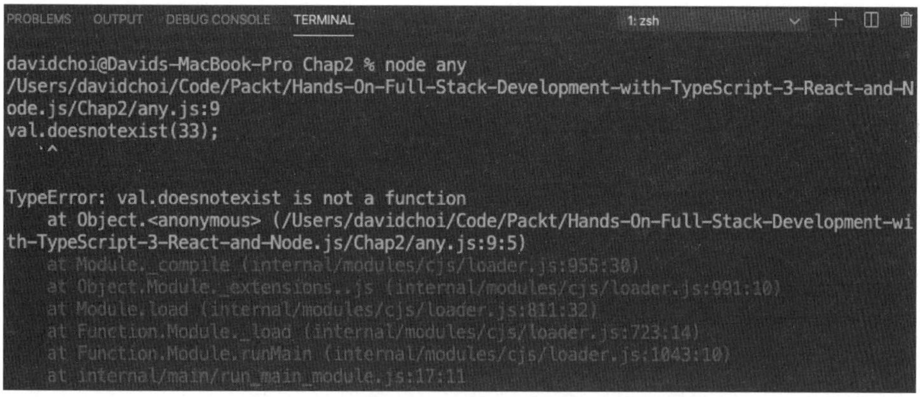

그림 2.3 any 타입 실패 결과

단순한 예제에서는 이러한 오류가 발생할 가능성이 낮지만 대규모 애플리케이션에서는
단순히 무언가를 잘못 입력하는 경우에도 쉽게 발생할 수 있다.

unknown을 사용한 비슷한 예제를 살펴보자.

1. 먼저 any.ts 파일에서 코드를 주석 처리하고 any.js 파일을 삭제한다. 이렇게 하는 이유는 동일한 변수 이름을 사용하기 때문이고, 이렇게 하지 않으면 충돌 오류가 발생한다.

> **NOTE**
>
> 나중에 이러한 충돌이 발생하지 않게 만들 수 있는 네임스페이스에 대해 배우겠지만, 지금 단계에서 그 내용을 소개하기는 아직 조금 이르다.

2. 이제 unknown.ts 파일을 새로 만들고 다음 코드를 추가한다.

```
let val: unknown = 22;
val = "string value";
val = new Array();
val.push(33);

console.log(val);
```

VS Code에서 push 함수에 대해 즉시 오류를 알려주는 것을 알 수 있다. 하지만 Array에는 push 메서드가 존재하므로 이러한 오류는 이상하다. 이 동작은 unknown 타입의 동작 방식을 보여준다. unknown 타입이 레이블과 같은 종류이고 해당 레이블 아래에 실제 타입이 있다고 생각할 수 있다. 하지만 컴파일러는 스스로 이러한 타입을 확인할 수 없으므로 컴파일러에게 명시적으로 타입을 알려줘야 한다.

3. 타입 가드^{type guard}를 사용해 val이 특정 타입이라는 것을 알려준다.

```
let val: unknown = 22;
val = "string value";
val = new Array();
if (val instanceof Array) {
    val.push(33);
}

console.log(val);
```

보다시피 val이 Array의 인스턴스인지 여부를 확인하는 테스트 구문으로 push 호출을 래핑했다.

4. 확인 결과가 true이면 다음과 같이 push 호출이 오류 없이 진행된다.

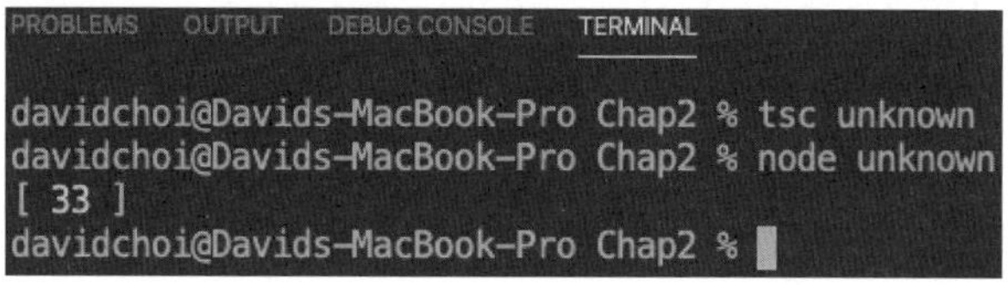

그림 2.4 unknown

이러한 메커니즘은 멤버를 호출하기 전에 항상 타입을 확인해야 하기 때문에 조금은 번거롭다. 하지만 any 타입을 사용하는 것보다 더 낫고 컴파일러에서 확인하기 때문에 안전하다.

인터섹션 타입과 유니온 타입

이 절의 도입부에서 언급한 타입스크립트 컴파일러는 타입의 이름이 아닌 타입의 형태에 관심이 있다는 내용을 기억하는가? 이 메커니즘을 사용하면 타입스크립트에서 인터섹션intersection 타입을 사용할 수 있다. 즉, 타입스크립트에서 개발자가 여러 가지 고유 타입을 하나로 병합해 타입을 생성할 수 있다는 의미다. 어떤 내용인지 상상하기 어렵기 때문에 예를 들어 설명한다. 다음 코드를 보면 두 가지 타입이 연결된 obj 변수를 확인할 수 있다. 타입스크립트에서는 변수의 타입으로 이름을 지정한 타입 선언할 수 있을 뿐만 아니라 동적으로 타입의 선언과 정의를 동시에 할 수 있다는 내용을 기억한다. 다음 코드에서는 각 타입이 고유한 타입이지만 & 키워드로 두 타입을 하나의 타입으로 병합한다.

```
let obj: { name: string } & { age: number } = {
    name: 'tom',
    age: 25
}
```

이 코드를 실행하고 콘솔에서 결과를 살펴보자. 새로운 intersection.ts 파일을 만들고 다음 코드를 추가한다.

```
let obj: { name: string } & { age: number } = {
    name: 'tom',
    age: 25
}
console.log(obj);
```

이 코드를 컴파일하고 실행하면 name과 age 속성이 모두 포함된 객체를 확인할 수 있다.

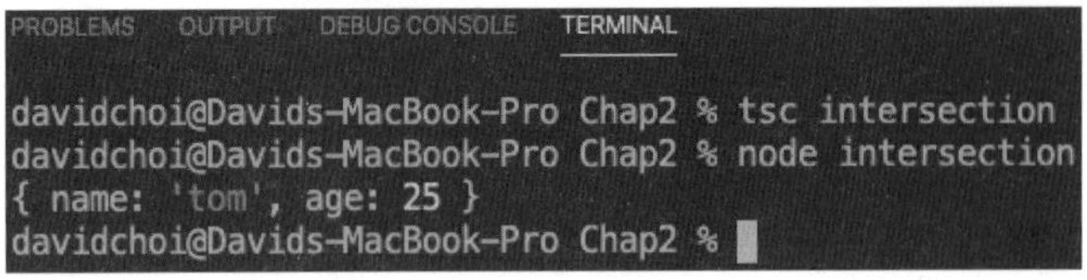

그림 2.5 인터섹션 실행 결과

볼 수 있는 것처럼 인텔리센스와 컴파일러 모두에서 코드가 처리되고 최종 객체는 두 속성을 갖는다. 이것이 인터섹션 타입이다.

또 다른 타입은 이와 유사하며, 유니온^{union} 타입이라고 한다. 유니온의 경우는 타입을 병합하는 대신 하나의 유형이 아니면 다른 유형이 되는 "or" 방식을 사용한다. 예를 살펴보자. union.ts 파일을 새로 만들고 다음 코드를 추가한다.

```
let unionObj: null | { name: string } = null;
unionObj = { name: 'jon' };

console.log(unionObj);
```

unionObj 변수는 | 문자를 사용해 null 타입이나 { name: string }으로 선언한다. 이 코드를 컴파일하고 실행한다면 두 가지 타입 값을 갖는 것을 알 수 있다. 즉, 해당 타입 값은 null이거나 { name: string } 타입의 객체가 된다.

리터럴 타입

리터럴literal 타입은 유니온 타입과 유사하지만 하드코딩한 문자열이나 숫자 값의 집합을 사용한다. 다음은 설명이 필요 없는 단순한 문자열 리터럴 예제다. 보는 바와 같이 여러 개의 하드 코딩된 문자열 타입이다. 즉, 이러한 문자열과 같은 값만 literal 변수로 받는다는 것을 의미한다.

```
let literal: "tom" | "linda" | "jeff" | "sue" = "linda";
literal = "sue";

console.log(literal);
```

볼 수 있는 것처럼, 컴파일러는 목록의 모든 값을 처리하고 재설정할 수 있다. 하지만 목록에 존재하지 않는 값을 설정할 수는 없다. 그렇게 하면 컴파일 오류가 발생한다. 다음 예제를 살펴보자. literal 변수에 john을 재설정하는 코드로 수정한다.

```
let literal: "tom" | "linda" | "jeff" | "sue" = "linda";
literal = "sue";
literal = "john";
console.log(literal);
```

여기서는 literal 변수에 john을 설정했고 컴파일러에서는 다음과 같은 오류가 발생한다.

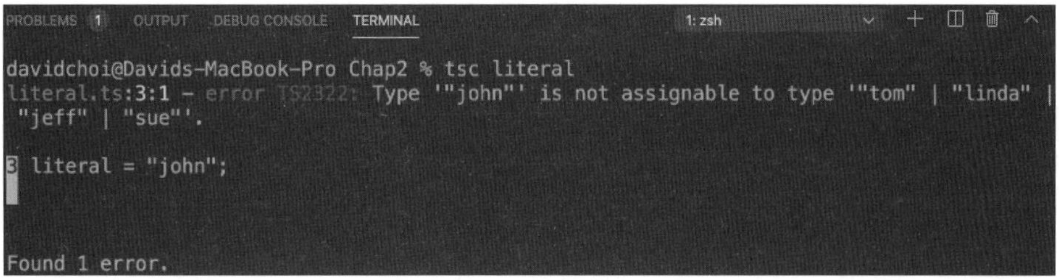

그림 2.6 리터럴 오류

숫자 리터럴도 동일한 방식으로 사용할 수 있지만 값은 문자열이 아닌 숫자다.

타입 별칭

타입 별칭alias은 타입스크립트에서 아주 많이 사용된다. 별칭은 단순하게 타입에 다른 이름을 지정하는 방식이다. 대부분의 경우에 별칭은 약간 복잡한 타입을 짧고 단순한 이름으로 변경하기 위해 사용한다. 다음 예제는 사용 방법이다.

```
type Points = 20 | 30 | 40 | 50;
let score: Points = 20;

console.log(score);
```

이 코드에서는 긴 숫자 리터럴 타입에 짧은 Points 이름을 지정한다. 그리고 Points 타입의 score를 선언하고 Points에 값이 될 수 있는 20을 지정한다. 물론 score에 99를 지정했다면 컴파일 오류가 발생하게 된다.

다음은 별칭의 또 다른 예제로, 객체 리터럴 타입 선언이다.

```
type ComplexPerson = {
    name: string,
    age: number,
    birthday: Date,
    married: boolean,
    address: string
}
```

이 예제의 클래스에서 볼 수 있는 것처럼 타입 선언이 아주 길고 하나의 이름을 가지고 있지 않은 경우라면 별칭을 사용한다. 타입 별칭은 2장에서 살펴보게 될 함수나 제네릭을 포함한 타입스크립트의 어떤 타입이라도 사용할 수 있다.

함수 반환 타입

정확히 알아보기 위해 한 가지 예를 통해 함수 반환 선언을 설명한다. 이 예제는 일반적인 변수 선언과 거의 비슷하다. functionReturn.ts라는 이름의 새로운 파일을 생성하고 다음 코드를 추가한다.

```
function runMore(distance: number): number {
    return distance + 10;
}

console.log(runMore(20));
```

runMore 함수는 숫자 타입의 파라미터를 받고 숫자를 반환한다. 이 파라미터 선언은 여느 변수 선언과 같지만 괄호 다음에 함수 반환을 작성하고, 함수에서 어떤 타입이 반환되는지 알려준다. 만약 함수에서 아무것도 반환하지 않는다면 아무런 타입도 선언하지 않거나 좀 더 명확하게 void를 선언할 수 있다.

void를 반환하는 예제를 살펴보자. runMore 함수와 콘솔 로그를 주석 처리한 후 다음 코드를 컴파일하고 실행한다.

```
function eat(calories: number) {
  console.log("I ate " + calories + " calories");
}

function sleepIn(hours: number): void {
  console.log("I slept " + hours + " hours");
}

let ate = eat(100);
console.log(ate);
let slept = sleepIn(10);
console.log(slept);
```

이 두 함수는 아무것도 반환하지 않지만 전달된 파라미터를 다음과 같이 콘솔에 출력한다.

그림 2.7 함수의 void 반환 결과

볼 수 있는 것처럼 함수의 `console.log` 구문이 실행된다. 하지만 반환 값을 얻으려고 하면 아무것도 반환되지 않기 때문에 `undefined`가 출력된다.

함수 반환 타입 선언은 변수 선언과 아주 유사하다. 이제 함수 타입의 사용법을 살펴보자.

함수 타입

조금 이상해 보일 수 있지만, 타입스크립트에서 타입은 전체 함수 시그니처signature가 될 수도 있다. 앞에서 살펴봤던 절에서 함수가 타입에 해당하는 여러 파라미터를 받고, 하나의 타입을 반환하는 방식을 설명했다. 이러한 정의는 함수 시그니처라고도 알려져 있다. 타입스크립트에서는 이 시그니처가 객체의 속성에 대한 타입으로 동작할 수도 있다.

이에 관한 예제를 살펴보자. functionSignature.ts 파일을 새로 만들고 다음 코드를 추가한다.

```
type Run = (miles: number) => boolean;
let runner: Run = function (miles: number): boolean {
    if(miles > 10){
        return true;
    }
    return false;
}
console.log(runner(9));
```

첫 번째 줄은 이 코드에서 사용할 함수 타입을 보여준다. Run 타입 별칭은 길이가 긴 함수 시그니처를 쉽게 재사용할 수 있도록 만들어준다. 실제 함수 타입은 `(miles: number) => boolean`이다. 이것은 이상해 보일 수 있지만 함수 시그니처를 단순하게 하는 것일 뿐이다. 즉, 필요한 내용은 파라미터라는 것을 알리기 위한 괄호와 함수를 알리기 위한 `=>` 심볼 그리고 반환 타입이다.

함수를 정의한 첫 번째 줄 다음 코드에서는 Run 타입처럼 다시 함수인 runner 변수를 선언한다. 이 함수는 단순하게 이 사람이 10마일 이상을 달렸는지 여부를 확인하고 만약

그렇다면 true를 반환하고 그렇지 않다면 false를 반환한다. 그리고 코드 마지막의
console.log 구문에서는 함수 호출 결과를 출력한다. 컴파일하고 실행하면 다음과 같은
내용을 볼 수 있다.

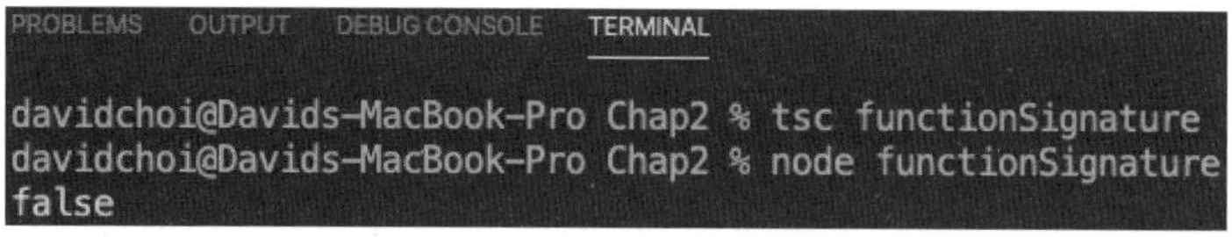

그림 2.8 함수 타입 실행 결과

볼 수 있는 것처럼 runner를 파라미터 9로 전달해 호출하면 함수는 정확하게 false를 반
환한다. 정적 타입은 반환 데이터에 타입을 항상 지정하는 것이 중요하며, 이것은 변수
뿐만 아니라 함수도 마찬가지다.

never 타입

이 타입을 처음 접하면 아주 이상해 보인다. never 타입은 반환(완료)하지 않는 함수 또는
null을 포함해 아무것도 설정하지 않는 변수를 가리키는 데 사용한다. 처음 봤을 때는
void 타입과 같다고 생각할 수 있지만 사실 전혀 같지 않다. void 타입에서 함수는 반환
을 하지만 정확히는 아무런 값도 반환하지 않는다(값이 없는 undefined를 반환). never는 함수가
절대 끝나지 않아 반환되지 않는 경우를 나타내기 위해 사용한다. 전혀 쓸모가 없을 것
같지 않지만 실제 의도를 나타내기 위해서는 아주 유용하다.

다음 예제를 살펴보자. never.ts 파일을 만들고 다음 코드를 추가한다.

```
function oldEnough(age: number): never | boolean {
    if(age > 59) {
        throw Error("Too old!");
    }
    if(age <=18){
        return false;
    }
    return true;
}
```

보다시피 이 함수에서는 union 타입을 반환한다. 이 union 타입은 never이거나 불리언이다. 여기서 불리언만 가리킨다면 이 코드는 계속 동작한다. 하지만 이 함수에서 사람의 나이가 기대한 age 값이 아닌 어떤 나이라면 오류가 발생한다. 캡슐화는 고품질의 코드를 작성하기 위한 고수준의 객체지향 원칙이므로, 개발자가 함수의 내부 동작 방식을 알지 못해도 해당 반환되는 함수가 실패할 수 있다는 것을 명시적으로 알려주는 것이 좋다. never를 사용해 이러한 내용을 처리할 수 있다.

이 절에서는 타입스크립트에 내장된 여러 가지 타입을 살펴봤다. 이러한 타입을 사용해 프로그래밍 과정에서 오류를 미리 잡아내고 코드 품질이 개선되는 이유를 배웠다. 다음 절에서는 타입스크립트를 사용해 타입을 직접 만들고 객체지향 프로그래밍 원칙을 따르는 방법을 알아본다.

⁙ 클래스와 인터페이스 이해하기

앞 절에서 이미 클래스와 인터페이스를 간단히 살펴봤다. 이 절에서는 이러한 내용과 타입이 코드 작성에 도움이 되는 이유에 대해서 조금 더 자세히 알아본다. 이 절을 마치면 버그가 거의 없고 가독성과 재사용성이 좋은 코드를 작성할 준비가 될 것이다.

클래스

기본적으로 타입스크립트에서 클래스는 자바스크립트의 클래스와 같은 모양이다. 이 두 클래스는 모두 필드와 메서드의 컨테이너이고 인스턴스를 만들고 재사용할 수 있다. 하지만 타입스크립트 클래스는 자바스크립트에서 지원되지 않는 캡슐화 기능을 추가로 제공한다. 다음 예제를 살펴보자.

classes.ts 파일을 만들고 다음 코드를 추가한다.

```
class Person {
    constructor() {}
    msg: string;
    speak() {
```

```
            console.log(this.msg);
        }
    }

const tom = new Person();
tom.msg = "hello";
tom.speak();
```

보다시피 이 예제는 정적 타입을 제외하면 자바스크립트와 같은 단순한 클래스다. 먼저 클래스의 이름을 통해 재사용이 가능하다. 다음으로 생성자를 통해 클래스가 가지고 있는 모든 필드를 초기화할 수 있고, 해당 클래스 인스턴스에 대한 그 밖의 다른 설정을 할 수 있다. 여기서 인스턴스는 필드에 대한 고유한 값을 가진 클래스의 구체화된 객체를 말한다. 다음으로 msg라는 단일 변수가 선언되고 msg 값을 콘솔에 출력하는 speak 함수가 존재한다. 그리고 클래스의 인스턴스를 만든다. 끝으로 msg 필드를 hello 값으로 설정하고 speak 메소드를 호출한다. 이제 타입스크립트와 자바스크립트의 클래스가 어떻게 다른지 살펴보자.

접근 제어자

앞에서 객체지향 개발 원칙 가운데 하나가 캡슐화 또는 정보 은닉이라는 점을 이야기했다. 그리고 코드를 다시 자세히 살펴보면 클래스의 외부로 노출되고 수정이 가능한 msg 변수를 숨기지 않았다. 이제 타입스크립트에서 캡슐화를 위해 어떤 기능을 제공하는지 살펴보자. 다음과 같이 코드를 업데이트한다.

```
class Person {
    constructor(private msg: string) { }
    speak() {
        console.log(this.msg);
    }
}

const tom = new Person("hello");
// tom.msg = "hello";
tom.speak();
```

보다시피 private 키워드를 사용해 생성자를 업데이트했다. 생성자 파라미터를 선언하고 접근 제어자를 추가하는 이 방법은 하나의 줄에서 여러 작업을 수행한다. 먼저 이 클래스에 private인 string 타입의 msg라는 필드가 있음을 컴파일러에 알려준다. 일반적으로 이러한 종류의 선언은 생성자 위나 아래 행에서 별도로 처리되며 잘 동작하지만, 타입스크립트에서는 단순히 생성자 파라미터에 추가하는 방법을 제공한다. 그리고 생성자 파라미터로 추가하게 되면 인스턴스를 만드는 new Person("hello") 호출 시점에 msg 필드를 설정할 수 있다는 것을 알 수 있다.

이제 private을 설정하면 실제로 어떤 동작을 하게 될까? 필드를 private으로 설정하면 클래스 외부에서 접근할 수 없게 된다. 결과적으로 tom.msg = "hello"는 더 이상 동작하지 않고 오류가 발생한다. 주석을 제거하고 다시 컴파일한다. 그러면 다음과 같은 메시지를 확인할 수 있다.

```
PROBLEMS 1    OUTPUT   DEBUG CONSOLE    TERMINAL                1: zsh          ∨  +  □  🗑

davidchoi@Davids-MacBook-Pro Chap2 % tsc classes
classes.ts:12:5 - error TS2341: Property 'msg' is private and only accessible within clas
s 'Person'.

12 tom.msg = "hello";


Found 1 error.
```

그림 2.9 클래스 오류

보다시피 private 멤버 msg를 해당 클래스의 외부에서 접근할 수 없다는 오류를 출력한다. 여기서는 하나의 필드에만 접근 제어자를 적용했지만, 접근 제어자는 모든 멤버 필드와 함수에 적용할 수 있음을 기억한다.

NOTE

> 앞에서 언급했던 것처럼 ECMAScript 2020에서는 # 심볼을 통해 private 필드를 지원한다. 하지만 멤버 필드에만 적용할 수 있고 브라우저에서 제공되는 이와 같은 새로운 표준은 이 글을 작성하는 시점에는 제한적이다.

이제 readonly 접근 제어자를 알아보자. 이 접근 제어자는 직관성을 좋게 한다. 생성자에 한 번 이 제어자가 설정되면 필드는 읽기 전용이 된다. 다음과 같이 코드의 msg 필드

정의에서 readonly를 추가한다.

```
class Person {
    constructor(private readonly msg: string) { }

    speak() {
        this.msg = "speak " + this.msg;
        console.log(this.msg);
    }
}

const tom = new Person("hello");
// tom.msg = "hello";
tom.speak();
```

이와 같이 했다면 인텔리센스에서는 생성자에서 이미 readonly를 설정했는데 speak 함수에서 msg 값을 변경하려고 시도했으므로 코드에 오류가 있다고 알려준다.

타입스크립트에서 사용할 수 있는 접근 제어자가 private와 readonly 접근 제어자만 있는 것은 아니다. 그 밖에 몇 가지 다른 타입의 접근 제어자가 존재한다. 하지만 나중에 상속을 다룰 때 설명한다면 좀 더 이해가 쉬울 것이다.

게터와 세터

타입스크립트와 자바스크립트 모두에서 사용할 수 있는 클래스의 또 다른 기능은 게터 getter와 세터setter다.

- **게터**: 특정 필드를 반환하기 전에 해당 필드를 확인하거나 수정할 수 있는 속성이다.

- **세터**: 특정 필드를 설정하기 전에 값을 계산하거나 수정할 수 있는 속성이다.

다른 일부 언어에서는 이러한 속성 타입을 계산된 속성computed property이라고 한다. 다음 예제를 살펴보자. getSet.ts 파일을 만들고 다음 코드를 추가한다.

```
class Speaker {
    private message: string;
    constructor(private name: string) {

    }

    get Message() {
        if(!this.message.includes(this.name)){
            throw Error("message is missing speaker's name");
        }
        return this.message;
    }

    set Message(val: string) {
        let tmpMessage = val;
        if(!val.includes(this.name)){
            tmpMessage = this.name + " " + val;
        }
        this.message = tmpMessage;
    }
}

const speaker = new Speaker("john");
speaker.Message = "hello";
console.log(speaker.Message);
```

여기서는 여러 가지 일이 일어나고 있다. 컴파일하고 실행하기 전에 코드를 살펴보자. 먼저 message 필드는 private이고 생성자에 포함돼 있지 않으므로 이 클래스 외부에서 직접 접근할 수 없다는 것을 알 수 있다. 생성자에서 초기화하는 대상은 name 필드다. 다음으로 Message 속성 이름 앞에 get 키워드가 붙어 있으므로 이 속성이 게터라는 것을 알 수 있다. 이 게터에서는 message 필드 값에 speaker의 이름이 포함돼 있는지 여부를 확인하는 테스트를 수행하고 만약 포함돼 있지 않다면 기대하지 않은 상황이라는 것을 알려주기 위해 예외exception를 발생시킨다. Message 세터는 set 키워드로 알 수 있으며, 이 속성에서는 문자열을 인수로 받고 message 필드에서 name 포함 여부를 확인하고, 필요한 경우 speaker의 이름을 추가한다.

게터와 세터가 함수처럼 보이지만 함수가 아니라는 점을 기억해야 한다. 코드에서 나중에 호출되는 시점에 괄호 없이 호출되는 필드처럼 호출한다. 다음으로 이 코드의 마지막에서 speaker 객체는 john 이름을 사용해 새로운 speaker 인스턴스로 만들어지고 Message 속성은 hello로 설정된다. 그다음으로 메시지가 콘솔에 출력된다.

이제 이 코드를 컴파일하고 실행시킬 수 있지만 그 전에 조금 다른 작업을 해야 한다. 타입스크립트 컴파일러에는 옵션이 있으며 이 옵션으로 컴파일러의 동작을 변경할 수 있다. 이 예제의 경우 게터와 세터 그리고 includes 함수는 각각 ES5와 ES6에서 동작한다. 아직 잘 모르겠다면, includes 함수는 문자열이 긴 문자열에 포함된 문자열인지 여부를 확인해주는 함수다. 타입스크립트 컴파일러에게 기본 설정인 ES3보다 최신 자바스크립트 버전으로 컴파일해야 한다는 것을 알려주도록 해보자.

다음은 여기서 필요한 새로운 컴파일 명령이다. tsc 컴파일러 옵션에 대해서는 나중에 구성 파일 사용과 함께 더 자세히 살펴볼 것이다.

```
tsc --target "ES6" getSet
```

이제 다음 명령을 실행한다.

```
node getSet
```

이제 다음과 같이 출력되는 것을 볼 수 있다.

```
davidchoi@Davids-MacBook-Pro Chap2 % node getSet
john hello
```

그림 2.10 getSet 출력 결과

좀 더 확실히 이해하기 위해 speaker.Message ="hello" 행을 speaker.message = "hello"로 바꿔보자. 수정하고 나면 다음과 같은 오류를 확인할 수 있다.

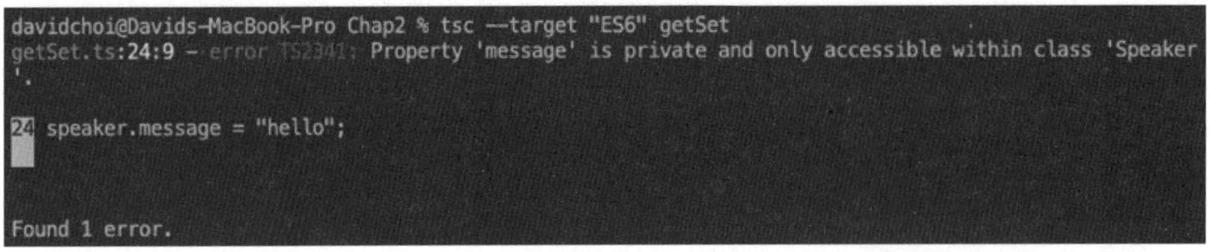

그림 2.11 Message 필드 오류

왜 이런 오류가 발생했는지 알 수 있는가? 그렇다. 이 오류는 message가 private 필드이므로 해당 클래스의 외부에서 접근할 수 없기 때문이다. 일반 자바스크립트에서도 사용할 수 있다면 게터와 세터를 여기서 언급한 이유가 무엇인지 의문을 가질 수 있다. 예제를 보면 message 필드가 private이고 게터와 세터 속성이 public인 것을 볼 수 있다. 명시적으로 접근 제어자를 선언하지 않으면 기본값은 public이다. 따라서 캡슐화를 잘 하기 위해서는 필드를 숨기고 게터와 세터 또는 해당 필드를 수정할 수 있는 특정 함수를 통해 필요한 경우에만 필드를 노출하는 것이 하나의 모범 사례다.

멤버의 접근 수준을 고려하는 경우 우선 가장 제한된 기능으로 시작한 다음 필요한 만큼 제한을 줄이도록 해야 한다. 또한 예제에서 살펴본 것처럼 접근자를 통해 필드에 접근을 허용해줘, 확인과 수정이 가능하기 때문에 결국 해당 클래스에 들어오고 나가는 것을 제어할 수 있다.

정적 속성과 메서드

끝으로 정적^{static} 속성과 메서드를 살펴보자. 클래스 내부의 무언가를 static으로 표시하면 이 멤버는 해당 클래스 타입의 멤버이고, 해당 클래스의 인스턴스가 아니다라고 말할 수 있다. 따라서 클래스의 인스턴스를 만들지 않아도 접근할 수 있지만 대신 해당 클래스 이름을 앞에 붙여서 사용한다.

예제를 살펴보자. staticMember.ts 파일을 새로 만들고 다음 코드를 추가한다.

```
class ClassA {
    static typeName: string;

    constructor() { }
```

```
    static getFullName() {
        return "ClassA " + ClassA.typeName;
    }
}

const a = new ClassA();
console.log(a.typeName);
```

이 코드를 컴파일하려고 하면 typeName이 ClassA 타입의 정적 멤버이므로 실패하게 된
다. 다시 말하지만 정적 멤버는 해당 클래스 이름을 사용해 호출해야 한다. 다음은 수정
한 버전의 코드다.

```
class ClassA {
    static typeName: string;

    constructor() { }

    static getFullName() {
        return "ClassA " + ClassA.typeName;
    }
}

const a = new ClassA();
console.log(ClassA.typeName);
```

보다시피 해당 클래스 이름을 사용해 typeName을 참조한다. 그러면 인스턴스 멤버를 사
용하지 않고 정적 멤버를 사용하는 이유는 무엇인가? 특정 상황에 따라 클래스 인스턴
스들 사이에 데이터를 공유해야 할 수 있다. 예를 들면 다음과 같다.

```
class Runner {
    static lastRunTypeName: string;

    constructor(private typeName: string) { }

    run() {
        Runner.lastRunTypeName = this.typeName;
    }
}
```

```
const a = new Runner("a");
const b = new Runner("b");

b.run();
a.run();

console.log(Runner.lastRunTypeName);
```

이 예제의 경우 언제나 run 함수를 호출한 마지막 클래스 인스턴스를 확인한다. 이러한 경우는 정적 멤버를 사용하면 간단하게 처리할 수 있다. 알아야 할 또 다른 내용은 클래스 내부의 정적 멤버는 정적 멤버와 인스턴스 멤버 모두에서 호출이 가능하다는 것이다. 하지만 정적 멤버에서는 인스턴스 멤버를 호출할 수 없다.

지금까지 이 절에서는 클래스와 그 기능에 관해 살펴봤다. 이와 같은 기능을 통해 캡슐화된 코드를 설계하고 코드의 품질을 강화할 수 있다. 다음 절에서는 인터페이스와 계약 기반 코딩contract-based coding을 배운다.

인터페이스

객체지향 프로그래밍 설계에서 또 다른 주요 원칙은 추상화다. 추상화의 목적은 내부 구현을 노출하지 않음으로 코드의 복잡도와 강한 결합tight coupling을 줄이는 데 있다. 추상화는 1장, '타입스크립트 이해하기'에서 이미 살펴봤던 내용이다. 추상화 방법 중 하나는 타입의 내부 동작을 보여주지 않고 인터페이스를 사용해 시그니처만 보여주는 것이다. 인터페이스는 파라미터와 반환 값에 대한 구체적인 타입을 통해 사용자와 해당 인터페이스 작성자와 사이에 정확한 기대치expectations가 적용되도록 만들기 때문에 계약이라고 부르기도 한다. 또 다른 관점에서 인터페이스는 타입 인스턴스 안으로 들어가고 나가는 항목에 대한 엄격한 규칙과 같다.

인터페이스는 규칙의 집합이다. 코드가 동작하려면 해당 규칙을 구현해야 한다. 이제 구현이 포함된 인터페이스의 예를 살펴보자. interface.ts 파일을 새로 만들고 다음 인터페이스 정의를 추가한다.

```
interface Employee {
    name: string;
    id: number;
    isManager: boolean;
    getUniqueId: () => string;
}
```

이 인터페이스에서는 나중에 인스턴스를 만들 Employee 타입을 정의한다. 볼 수 있는 것
처럼 getUniqueId 함수에는 구현이 없고 시그니처만 있다. 구현은 나중에 이 인터페이스
를 정의하는 시점에 나온다.

다음으로 interfaces.ts 파일에 구현을 추가한다. 다음 코드를 추가해 두 개의 Employee
인터페이스 인스턴스를 생성한다.

```
const linda: Employee = {
  name: "linda",
  id: 2,
  isManager: false,
  getUniqueId: (): string => {
      let uniqueId = linda.id + "-" + linda.name;
      if(!linda.isManager) {
          return "emp-" + uniqueId;
      }
      return uniqueId;
  }
}
console.log(linda.getUniqueId());

const pam: Employee = {
  name: "pam",
  id: 1,
  isManager: true,
  getUniqueId: (): string => {
      let uniqueId = pam.id + "-" + pam.name;
      if(pam.isManager) {
          return "mgr-" + uniqueId;
      }
      return uniqueId;
  }
}
console.log(pam.getUniqueId());
```

두 개의 필드 이름, name과 id를 설정하고 getUniqueId 함수를 구현하는 linda 객체 리터럴 인스턴스를 만든다. 그리고 linda.getUniqueId를 콘솔 로그에서 사용한다. 그다음으로 같은 인터페이스 기반의 pam 객체를 만든다. 하지만 이 객체는 다른 필드 값을 가질 뿐만 아니라 getUniqueId의 구현도 linda 객체와는 다르다. 이것이 인터페이스의 주된 용도다. 여러 객체에 하나의 구조를 사용할 수 있지만 구현은 달리할 수 있다. 이러한 방법으로 타입 구조에 대한 엄격한 규칙을 제공하지만, 더불어 함수의 동작을 처리하는 방식의 측면에서 어느 정도의 유연함도 허용한다. 다음은 이 코드의 출력 결과다.

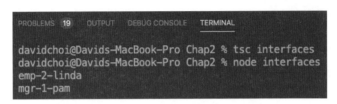

그림 2.12 Employee 인터페이스 출력 결과

또 다른 인터페이스의 용도는 외부 API를 사용하는 경우다. 경우에 따라 타입 정보의 문서화가 잘 돼 있지 않고, 반환되는 모든 것이 타입이 정의되지 않은 JSON이거나 객체 타입이 아주 크고 사용하지 않는 필드가 많을 수 있다. 이러한 상황에서는 **any** 타입을 사용해 처리하는 편이 쉽다고 생각할 수 있다. 하지만 가능하다면 타입 선언을 제공하는 것이 좋다.

이러한 경우에 할 수 있는 것은 알고 있고 관심이 있는 필드만 포함하는 인터페이스를 만드는 것이다. 그리고 이 타입으로 데이터 타입을 선언한다. 런타임에 호출한 API의 데이터가 네트워크로 들어오기 때문에 개발 시점에는 타입스크립트에서 해당 타입을 확인할 수 없다. 하지만 타입스크립트에서는 타입의 형태에만 관심이 있기 때문에 타입 선언에 언급되지 않은 필드는 무시하고, 인터페이스에 정의한 필드의 데이터가 제공되기만 한다면 런타임에 오류가 발생하지 않으며, 개발 시점에는 타입을 안전하게 사용할 수 있다. 하지만 null이나 undefined 필드는 유니온을 사용하거나 해당 타입을 확인하는 등 적절하게 처리해야 한다.

이 절에서는 인터페이스를 살펴봤고 인터페이스와 클래스의 차이점을 알아봤다. 클래스의 세부적인 구현 사항을 추상화하기 위해 인터페이스를 사용할 수 있고 코드를 느슨한 연결이 되도록 해 더 품질이 좋은 코드를 만들 수 있다. 다음 절에서는 클래스와 인터페이스로 상속을 처리해 코드를 재사용하는 방법을 살펴본다.

⠿ 상속 이해하기

이 절에서는 상속을 알아본다. 객체지향 프로그래밍에서 상속은 코드를 재사용하기 위한 방법이다. 이 방법을 사용하면 애플리케이션의 코드 양을 줄일 수 있고 좀 더 읽기 쉬운 코드를 만들 수 있다. 보통 짧은 코드는 버그가 없다. 결국 이러한 방법으로 애플리케이션을 만들게 되면 애플리케이션의 품질이 좋아진다.

언급한 것처럼 상속은 주로 코드 재사용에 관한 것이다. 그리고 상속은 실생활의 상속과 같은 개념으로 설계됐기 때문에 상속 관계의 논리적 흐름은 직관적이고 이해하기 쉽다. 이제 이 예제를 살펴보자. classInheritance.ts 파일을 만들고 다음 코드를 추가한다.

```
class Vehicle {
    constructor(private wheelCount: number) { }
    showNumberOfWheels() {
        console.log(`moved ${this.wheelCount} miles`);
    }
}
class Motorcycle extends Vehicle {
    constructor() {
        super(2);
    }
}
class Automobile extends Vehicle {
    constructor() {
        super(4);
    }
}
const motorCycle = new Motorcycle();
motorCycle.showNumberOfWheels();
const autoMobile = new Automobile();
autoMobile.showNumberOfWheels();
```

NOTE

> 지금까지 백틱 ``과 ${}를 본 적이 없다면 빠르게 기억한다. 이는 문자열 삽입(string interpolation)[1]이라고 하며 문자열 안쪽에 객체를 포함시켜 문자열 값을 삽입하는 간단한 방식이다.

볼 수 있는 것처럼 Vehicle이라는 기본 클래스가 존재한다. 이것은 상위 클래스라고도 한다. 이 클래스는 하위 클래스라고 하는, 나중에 이 클래스를 상속받은 클래스에서 재사용할 소스 코드의 메인 컨테이너 역할을 한다. 하위 클래스에서는 extends 키워드를 통해 Vehicle을 상속받는다. 한 가지 중요한 내용은 각 하위 클래스의 생성자에서 코드의 첫 번째 줄이 super에 대한 호출이라는 것이다. super는 하위 클래스에서 상속받는 상위 클래스의 인스턴스 이름이다. 따라서 이 경우는 Vehicle 클래스가 된다. 이제 볼 수 있는 것처럼 모든 하위 클래스는 상위 클래스의 생성자를 통해 상위 클래스의 wheelCount 변수에 서로 다른 바퀴 숫자를 전달한다. 그리고 코드의 끝에서 Motorcycle과 Automobile의 하위 클래스 인스턴스를 각각 만들고 showNumberOfWheels 함수를 호출한다. 이 코드를 컴파일하고 실행하면 다음과 같은 결과를 확인할 수 있다.

```
davidchoi@Davids-MacBook-Pro Chap2 % tsc classInheritance
davidchoi@Davids-MacBook-Pro Chap2 % node classInheritance
moved 2 miles
moved 4 miles
```

그림 2.13 classInheritance 실행 결과

모든 하위 클래스에서는 직접 상위 클래스의 변수에 접근할 수 없지만 서로 다른 바퀴 숫자를 상위 클래스의 wheelCount 변수에 전달한다. 하위 클래스에서 상위 클래스의 wheelCount 변수에 직접 접근해야 하는 이유가 있다고 해보자. 예컨대 자동차 바퀴가 구멍이 나면 바퀴의 숫자를 수정해야 한다. 어떻게 하면 될까? wheelCount를 수정하는 고유의 함수를 모든 하위 클래스에 만든다. 어떤 일이 일어날지 살펴보자. 코드에서 Motorcycle 클래스에 새로운 updateWheelCount 함수를 다음과 같이 추가한다.

```
class Vehicle {
    constructor(private wheelCount: number) { }
```

1 '문자열 보간'이라고도 한다. – 옮긴이

```
        showNumberOfWheels() {
            console.log(`moved ${this.wheelCount} miles`);
        }
    }
    class Motorcycle extends Vehicle {
        constructor() {
            super(2);
        }

        updateWheelCount(newWheelCount: number) {
            this.wheelCount = newWheelCount;
        }
    }
    class Automobile extends Vehicle {
        constructor() {
            super(4);
        }
    }
    const motorCycle = new Motorcycle();
    motorCycle.showNumberOfWheels();
    const autoMobile = new Automobile();
    autoMobile.showNumberOfWheels();
```

Motorcycle 클래스를 수정해 updateWheelCount 함수를 보이는 것처럼 수정했다면 오류가 발생한다. 오류가 발생하는 이유는 무엇인가? 상위 클래스의 private 멤버에 접근하려고 했기 때문이다. 즉, 하위 클래스에서 상위 클래스 멤버를 상속받았더라도 상위 클래스의 private 멤버에 접근할 수 없다. 이는 캡슐화를 위한 정상적인 동작이다. 그러면 이제 어떻게 해야 할까? 코드를 다시 다음과 같이 수정해보자.

```
class Vehicle {
    constructor(protected wheelCount: number) { }

    showNumberOfWheels() {
        console.log(`moved ${this.wheelCount} miles`);
    }
}
class Motorcycle extends Vehicle {
    constructor() {
        super(2);
    }
    updateWheelCount(newWheelCount: number) {
```

```
        this.wheelCount = newWheelCount;
    }
}
class Automobile extends Vehicle {
    constructor() {
        super(4);
    }
}
const motorCycle = new Motorcycle();
motorCycle.showNumberOfWheels();
const autoMobile = new Automobile();
autoMobile.showNumberOfWheels();
```

여기서 변경된 부분을 찾을 수 있는가? Vehicle 상위 클래스 생성자의 wheelCount 파라
미터를 protected 접근 타입으로 변경했다. protected는 해당 클래스와 상속받은 모든
클래스에서 해당 멤버에 접근을 허용한다.

다음 주제로 넘어가기 전에 컨테이너의 범위를 지정해 하나의 코드 집합을 다른 코드
집합과 분리할 수 있는 네임스페이스의 개념을 소개한다. 네임스페이스로 범위를 지정
하면 해당 네임 스페이스의 외부에서 네임스페이스 내부의 모든 것을 볼 수 없게 된다.
그러한 관점에서 네임스페이스는 클래스와 유사하지만 많은 수의 클래스와 함수, 변수,
그 밖의 모든 타입 등을 포함할 수 있는 기능을 가지고 있다. 다음은 네임스페이스 사용
에 관한 예제다. namespaces.ts 파일을 새로 만들고 다음 코드를 추가한다.

```
namespace A {
    class FirstClass { }
}

namespace B {
    class SecondClass { }
    const test = new FirstClass();
}
```

이 코드에서 볼 수 있는 것처럼 컴파일 이전이라도 VS Code 인텔리센스는 이미 First
Class가 없다는 것을 알려준다. 네임스페이스 A에만 정의돼 있기 때문에 네임스페이스

B에서는 보이지 않는다. 이것이 네임스페이스의 목적으로, 하나의 범위 내부의 정보를 다른 범위에서 숨긴다.

이 절에서는 클래스 상속을 살펴봤다. 클래스 상속은 아주 중요한 코드 재사용 도구다. 다음 절에서는 좀 더 유연한 방식의 상속 방법인 추상 클래스에 대해 살펴본다.

추상 클래스

앞에서 언급한 것처럼 인터페이스는 계약을 정의하는 용도로 사용할 수는 있지만 동작하는 코드를 구현하지 않는다. 클래스는 동작하는 코드를 구현하지만 때에 따라서는 시그니처만 필요한 경우도 있다. 특정 상황에서는 하나의 객체 타입에서 이 두 가지가 모두 필요할 수 있다. 이러한 시나리오에서 클래스나 인터페이스 대신 추상 클래스를 사용한다. abstractClass.ts 파일을 새로 만들고 classInheritance.ts의 코드를 복사해 붙여넣는다. 그리고 나면 오류를 확인할 수 있으며, 이는 두 파일 모두 동일한 클래스와 변수 이름이 포함돼 있기 때문이다.

새로 만든 abstractClass.ts 파일에서 네임스페이스를 사용해 변경하고 Vehicle을 추상 클래스로 수정한다. 다음과 같이 네임스페이스를 추가하고 Vehicle 클래스를 수정한다.

```
namespace AbstractNamespace {
    abstract class Vehicle {
        constructor(protected wheelCount: number) { }
        abstract updateWheelCount(newWheelCount: number): void;
        showNumberOfWheels() {
            console.log(`moved ${this.wheelCount} miles`);
        }
    }
}
```

시작 부분에서 namespace AbstractNamespace 중괄호로 모든 코드를 감쌌다(네임스페이스는 어떤 이름이라도 가능하고, 그 이름에 namespace가 포함되지 않아도 무방하다). 네임스페이스는 범위를 관리할 수 있도록 해주는 컨테이너 역할만 하며 abstractClass.ts 파일의 멤버는 다른 파일에 영향을 줄 수 있는 글로벌 범위로 빠져나갈 수 없다.

Vehicle 코드를 살펴보면 해당 클래스 앞에 abstract라는 새로운 키워드를 볼 수 있다. 이 키워드는 해당 클래스가 추상 클래스라는 것을 알려준다. 그리고 새로운 updateWheelCount 함수도 확인할 수 있다. 이 함수는 함수 앞에 abstract 키워드를 가지고 있으며 Vehicle 클래스 내부에는 구현이 포함되지 않고, 상속받은 클래스에서 구현해야 한다는 것을 알려준다.

Vehicle 추상 클래스를 만들었다면 이제 이 클래스를 상속받은 하위 클래스가 필요하다. 따라서 Vehicle 클래스 아래에 다음 Motorcycle과 Automobile 클래스를 추가한다.

```
class Motorcycle extends Vehicle {
    constructor() {
        super(2);
    }
    updateWheelCount(newWheelCount: number){
        this.wheelCount = newWheelCount;
        console.log(`Motorcycle has ${this.wheelCount}`);
    }
}

class Automobile extends Vehicle {
    constructor() {
        super(4);
    }
    updateWheelCount(newWheelCount: number){
        this.wheelCount = newWheelCount;
        console.log(`Automobile has ${this.wheelCount}`);
    }
    showNumberOfWheels() {
        console.log(`moved Automobile ${this.wheelCount} miles`);
    }
}
```

이 클래스를 추가한 후에는 이 클래스의 각 인스턴스를 만들고 해당 인스턴스의 update WheelCount를 다음과 같이 호출한다.

```
    const motorCycle = new Motorcycle();
    motorCycle.updateWheelCount(1);

    const autoMobile = new Automobile();
    autoMobile.updateWheelCount(3);
  }
```

보다시피 추상 멤버인 updateWheelCount는 하위 클래스에 구현돼 있다. 이것이 추상 클래스에서 제공하는 기능이다. 추상 클래스는 멤버를 구현할 수 있는 일반 클래스와 하위 클래스에서 구현하도록 규칙을 만들 수 있는 인터페이스, 이 둘을 모두 가질 수 있다. 추상 클래스는 추상 멤버를 가지므로 추상 클래스의 인스턴스를 만들 수 없다.

그리고 Automobile 클래스를 보면 showNumberOfWheels가 구현돼 있고 이 함수는 추상클래스가 아니라는 것을 확인할 수 있다. 이것이 하위의 멤버를 상위의 멤버와 다르게 구현하는 오버라이딩^{overriding}이라는 기능이다.

이 절에서는 여러 종류의 클래스 기반 상속을 살펴봤다. 상속을 통해 자신의 코드를 더 많이 재사용하고 코드 양과 잠재적인 버그를 줄일 수 있다. 다음 절에서는 인터페이스를 통한 상속에 대해 알아보고 클래스 기반 상속과 어떤 차이점이 있는지 살펴본다.

인터페이스

앞서 설명한 것처럼 인터페이스는 타입에 대한 합의된 규칙을 설정하는 방식이다. 이러한 인터페이스는 정의와 구현을 분리하도록 해줘 결과적으로 추상화가 가능하게 된다. 이러한 추상화는 강력한 객체지향 프로그래밍 원칙이며 좀 더 나은 품질의 코드를 만들 수 있다. 인터페이스를 사용해 명시적이고 구조화된 방법으로 상속하는 방법을 살펴본다.

타입스크립트 인터페이스에서는 인터페이스 멤버의 타입 시그니처를 제공하지만 멤버에 대한 구현은 갖지 않는다. 지금까지는 인터페이스를 단독으로 사용한 예제를 살펴봤지만, 이번에는 상속과 코드를 재사용하는 수단으로 인터페이스를 사용하는 방법을 알아본다. interfaceInheritance.ts 파일을 새로 만들고 다음 코드를 추가한다.

```
namespace InterfaceNamespace {
    interface Thing {
        name: string;
        getFullName: () => string;
    }
    interface Vehicle extends Thing {
        wheelCount: number;
        updateWheelCount: (newWheelCount: number) => void;
        showNumberOfWheels: () => void;
    }
```

네임스페이스 다음에 Thing 인터페이스가 있고 그다음에 Vehicle 인터페이스가 정의되고 이 Vehicle 인터페이스는 extends 키워드를 사용해 Thing을 상속받았음을 알 수 있다. 이 예제는 인터페이스가 또 다른 인터페이스를 상속받을 수도 있다는 것을 보여준다. Thing 인터페이스는 name과 getFullName이라는 두 개의 멤버를 가진다. Vehicle이 Thing을 상속했지만 Vehicle의 내부에 어디에도 Thing의 멤버는 존재하지 않는다. 그 이유는 Vehicle이 인터페이스이고 따라서 어떤 구현도 가질 수 없기 때문이다. 대조적으로 다음 Motorcycle 클래스의 코드를 보면 이 클래스가 Vehicle을 상속했기 때문에 구현이 존재함을 알 수 있다.

```
class Motorcycle implements Vehicle {
    name: string;
    wheelCount: number;
    constructor(name: string) {
        // no super for interfaces
        this.name = name;
    }
    updateWheelCount(newWheelCount: number) {
        this.wheelCount = newWheelCount;
        console.log(`Automobile has ${this.wheelCount}`);
    }
    showNumberOfWheels() {
        console.log(`moved Automobile ${this.wheelCount}
    miles`);
    }
    getFullName() {
        return "MC-" + this.name;
    }
```

```
    }

    const moto = new Motorcycle("beginner-cycle");
    console.log(moto.getFullName());
}
```

이 코드를 컴파일하고 실행하면 다음과 같은 결과를 볼 수 있다.

그림 2.14 interfaceInheritance 실행 결과

인터페이스는 구현을 포함하지 않으므로 코드를 재사용할 수 있는 직접적인 기능은 제공하지 않는다. 하지만 인터페이스의 구조는 코드에서 주고받을 명확한 내용을 정의할 수 있기 때문에 코드 재사용에 도움이 된다. 인터페이스로 구현을 숨기는 것은 객체지향 프로그래밍의 주요 원칙인 캡슐화와 추상화 측면에서도 도움이 된다.

NOTE

> 타입스크립트를 사용하는 경우, 타입스크립트에서 제공되는 객체지향 프로그래밍의 상속의 장점을 모두 사용하기 바란다. 그리고 세부적인 구현을 추상화하기 위해 인터페이스를 사용하기 바란다. 데이터 캡슐화를 위해 private과 protected도 사용한다. 코드를 자바스크립트로 컴파일하고 변환하는 시점에 타입스크립트 컴파일러에서는 원래의 모양으로 변환 작업을 하게 된다는 점을 기억한다. 하지만 개발하는 동안에는 타입스크립트에서 제공되는 개발 경험을 향상시켜주는 기능의 장점을 모두 사용할 수 있다.

이 절에서는 상속과 상속을 사용해 코드를 재사용하는 방법을 살펴봤다. 클래스와 추상 클래스, 인터페이스 이 세 가지 주요 컨테이너 타입을 통해 상속하는 방법을 배웠다. 앱을 만들게 되면 코드 재사용이 대규모 애플리케이션 개발에서 중요한 요소라고 하는 이유를 알게 될 것이다. 다음 절에서는 이 절에서 배운 여러 가지 타입을 사용하는 제네릭을 살펴본다.

⁙ 제네릭 이해하기

제네릭generic은 작성한 사람에 의해 타입이 정해지는 것이 아니라 해당 제네릭 타입을 사용하는 사람이 선택한 타입으로 타입을 정의할 수 있다. 이 방법에는 구조와 규칙이 있지만 유연성도 어느 정도 가지고 있다. 제네릭은 나중에 리액트React로 코드를 만드는 시점에 확실하게 사용한다. 여기서는 제네릭이 무엇인지 알아보자.

제네릭은 함수와 클래스 인터페이스에서 사용할 수 있다. 제네릭을 함수에서 사용하는 예를 살펴보자. functionGeneric.ts 파일을 만들고 다음 코드를 추가한다.

```
function getLength<T>(arg: T): number {
    if (arg.hasOwnProperty("length")) {
        return arg["length"];
    }
    return 0;
}

console.log(getLength<number>(22));
console.log(getLength("Hello world."));
```

가장 위에서부터 살펴보면 getLength<T> 함수를 확인할 수 있다. 이 함수는 제네릭을 사용하며 컴파일러에게 T 심볼을 만나면 가능한 모든 타입이 올 수 있음을 알려준다. 그리고 이 함수 내부 구현은 arg 파라미터에 length 필드가 있는지 여부를 확인한 다음 그 값을 보관한다. 만약 length 필드가 없다면 0을 반환한다. 끝으로 코드의 하단에서는 getLength 함수가 두 번 호출되는 것을 알 수 있다. 한 번은 숫자와 함께, 또 한 번은 문자열과 함께 호출된다. 그리고 number에 대해서는 명시적으로 <number> 타입 지시자를 가지고 있지만 string에 대해서는 그렇지 않다. 이 예제는 타입을 명시할 수도 있지만 사용 방식에 따라 자신이 의도한 타입을 컴파일러가 인지하도록 만들 수 있다는 것을 보여준다.

이 예제에는 length 필드를 확인하기 위한 추가적인 코드가 존재한다. 이는 코드를 필요한 것보다 길고 복잡하게 만든다. 이 코드를 수정해 length 속성이 인수에 존재하는지 여부를 확인하는 함수를 호출하지 않도록 수정해보자. 먼저 작성한 코드를 모두 주석 처리하고 다음 새로운 코드를 추가한다.

```
interface HasLength {
    length: number;
}
function getLength<T extends HasLength>(arg: T): number {
    return arg.length;
}

console.log(getLength<number>(22));
console.log(getLength("Hello world."));
```

이 코드는 어떤 타입을 허용할지 제한하기 위한 HasLength 인터페이스를 사용한 것만 제외하면 거의 동일하다. 제네릭 타입 제한은 extends 키워드를 사용해 처리한다. T extends HasLength는 컴파일러에게 T가 무엇이든지 HasLength 타입이거나 HasLength 타입을 상속해야 한다는 것을 알려주며, 사실상 length 속성을 반드시 가지고 있어야 한다는 것을 뜻한다. 결국 두 함수 호출이 이루어질 때 number 타입은 length 속성이 없으므로 실패하지만 string 타입은 동작한다.

이제 인터페이스와 클래스를 사용하는 예제를 살펴보자. classGeneric.ts 파일을 만들고 다음 코드를 추가한다.

```
namespace GenericNamespace {
  interface Wheels {
    count: number;
    diameter: number;
  }
  interface Vehicle<T> {
    getName(): string;
    getWheelCount: () => T;
  }
```

바퀴 정보를 제공하는 Wheels 인터페이스가 있다는 것을 알 수 있다. Vehicle 인터페이스에는 특정 타입을 의미하는 T 타입의 제네릭이 있다는 것도 확인할 수 있다.

다음으로 Automobile 클래스에서는 Wheel을 Automobile에 연결하는 Wheel 타입의 제네릭을 사용해 Vehicle 인터페이스를 구현한다는 것을 확인할 수 있다. 그리고 마지막으로 Chevy 클래스는 Automobile을 상속해 몇 가지 기본값을 제공하는 것을 볼 수 있다.

```
class Automobile implements Vehicle<Wheels> {
  constructor(private name: string, private wheels:
    Wheels) { }

  getName(): string {
    return this.name;
  }

  getWheelCount(): Wheels {
    return this.wheels;
  }
}

class Chevy extends Automobile {
  constructor() {
    super("Chevy", { count: 4, diameter: 18 });
  }
}
```

모든 타입을 정의한 후, 다음과 같이 Chevy 클래스 인스턴스를 만들고 몇 가지 로그를 출력한다.

```
const chevy = new Chevy();
console.log("car name ", chevy.getName());
console.log("wheels ", chevy.getWheelCount());
}
```

이 코드가 성공적으로 컴파일된 후 실행하면 다음과 같은 결과를 출력한다.

```
Davids-MacBook-Pro:Chap2 davidchoi$ tsc classGeneric
Davids-MacBook-Pro:Chap2 davidchoi$ node classGeneric
car name  Chevy
wheels  { count: 4, diameter: 18 }
```

그림 2.15 classGeneric.ts 실행 결과

보다시피 상속의 구조는 몇 단계를 거치지만 이 코드는 성공적으로 유효한 결과를 반환한다. 현실적인 코드에서는 특정 세부 구현이 다를 수 있지만 그렇더라도 여기서 보여주는 이 여러 단계 타입 구조는 객체지향 프로그래밍 설계에서 정말 빈번하게 발생할 수 있는 내용이다.

이 절에서는 함수와 클래스 타입에서 제네릭을 사용하는 방법을 살펴봤다. 제네릭은 보통 리액트 개발에 사용되고, 일부 노드 패키지에서도 사용된다. 따라서 이후에 나오는 여러 장에서 코드를 작성할 때 사용한다. 다음 절에서는 2장에서 다루지 않은 그 밖의 여러 항목을 살펴본다.

⠿ 최신 기능과 컴파일러 설정

이 절에서는 타입스크립트의 몇 가지 새로운 기능과 타입스크립트 컴파일러 설정 방법을 살펴본다. 이러한 새로운 기능을 습득하면 좀 더 명확하고 읽기 쉬운 코드를 작성할 수 있음은 물론이고 팀에서 해당 앱을 사용해 작업할 때도 좋다. 타입스크립트의 설정 옵션을 사용해 컴파일러를 자신의 프로젝트에서 최선이라고 생각되는 방식으로 동작하도록 만들 수 있다.

선택적 연결

선택적 연결optional chaining에 관해 살펴보자. 이 기능은 좀 더 단순한 코드를 작성할 수 있게 해주고, null 객체와 관련한 자그마한 오류를 방지할 수 있다. optionalChaining.ts 파일을 만들고 다음 코드를 추가한다.

```
namespace OptionalChainingNS {
    interface Wheels {
        count?: number;
    }

    interface Vehicle {
        wheels?: Wheels;
```

```
    }
    class Automobile implements Vehicle {
        constructor(public wheels?: Wheels) { }
    }

    const car: Automobile | null = new Automobile({
        count: undefined
    });
    console.log("car ", car);
    console.log("wheels ", car?.wheels);
    console.log("count ", car?.wheels?.count);
}
```

이 코드를 보면 여러 가지 타입이 함께 사용되는 곳을 확인할 수 있다. car는 wheels 속성을 가지고 있고 wheels은 count 속성을 가진다. 따라서 로그를 나중에 출력해보면 모두 연결돼 호출되는 것을 알 수 있다. 예컨대 마지막 console.log의 내용은 car?.wheels?.count를 참조한다. 이 기능을 선택적 연결이라고 한다. 물음표는 해당 객체가 null이나 undefined가 될 수 있음을 가리킨다. 만약 해당 객체가 null이나 undefined라면 코드는 해당 객체나 속성을 반환하고 종료되며, 해당 속성의 나머지 부분을 이어서 처리하지 않지만 오류는 발생하지 않는다.

코드 하단의 콘솔에 출력하는 부분을 이전 방식으로 작성했다면 잠재적으로 undefined가 될 수 있는 부분을 호출해 오류가 발생할지 여부를 확인하는 코드 테스트에 많은 시간을 할애해야 했을 것이다. 삼항 연산^{ternary operation}을 사용하면 다음과 같은 모양이 될 수 있다.

```
const count = !car ? 0
    : !car.wheels ? 0
    : !car.wheels.count ? 0
    : car.wheels.count;
```

확실히 이러한 방법은 작성하고 읽기에 모두 어렵다. 따라서 선택적 연결을 사용해 컴파일러가 null이나 undefined를 만나면 즉시 처리를 중단하고 다음으로 넘어가도록 할 수 있다. 이 방법으로 아주 장황하고 오류 발생 가능성이 높은 코드를 줄일 수 있다.

널 병합

널 병합^{Nullish coalescing}은 단순히 삼항 연산자^{ternary operator}의 단축 방식이다. 이는 아주 직관적이며 다음과 같은 모양이다.

```
const val1 = undefined;
const val2 = 10;
const result = val1 ?? val2;
console.log(result);
```

물음표 두 개는 왼쪽에서부터 오른쪽으로 동작한다. 이 문장은 val1이 null이나 undefined가 아니고 실제 값이라면 그 값을 반환하라는 의미이다. 하지만 val1이 값을 가지고 있지 않다면 val2를 반환한다. 따라서 이 경우 컴파일하고 실행하면 콘솔에 10이라는 결과가 반환된다.

이 기능이 || 연산자와 같다고 생각할 수 있다. 일부는 비슷한 점도 있지만 더 제한적이다. 이러한 경우에 사용되는 논리나 연산자는 참인지 거짓인지 여부를 판별한다. 자바스크립트에서는 개념적으로 "참"이나 "거짓"으로 판단할 수 있는 여러 가지 값이 존재한다. 예를 들면 0과 true/false, undefined, ""은 모두 자바스크립트에서 true나 false와 동일하게 취급된다. 하지만 널 병합의 경우는 null이나 undefined만 확인한다.

타입스크립트 설정

타입스크립트 설정은 명령줄이나 보다 일반적이게는 tsconfig.json 파일을 통해 설정할 수 있다. 명령줄을 사용한다면 다음과 같이 컴파일러를 호출한다.

```
tsc tsfile.ts -lib 'es5, dom'
```

이 명령은 타입스크립트에서 tsconfig.json 파일을 무시하고 이 명령줄 옵션을 사용하도록 알려준다. 이 명령어의 경우 개발하는 동안에는 -lib 옵션에서 설정한 자바스크립트의 버전이 사용되고 명령줄에 포함된 파일만 컴파일하도록 한다. 만약 명령줄에 tsc

만 입력한다면 타입스크립트에서는 tsconfig.json 파일을 찾고, 해당 파일의 구성을 사용해 컴파일러가 발견한 모든 ts 파일을 컴파일한다.

컴파일 옵션은 다양하며 따라서 여기서는 이 모든 내용을 다루지 않는다. 하지만 몇 가지 중요한 옵션은 살펴보자(예제 코드 작성에 사용하기 위해 제공되는 예제 tsconfig.json 파일 참조).

- --lib: 타입스크립트를 개발하는 시점에 사용할 자바스크립트 버전을 명시한다.

- --target: .js 파일로 내보내려는 자바스크립트 버전을 명시한다.

- --noImplicitAny: 명시적으로 선언하지 않은 any 타입을 허용하지 않는다.

- --outDir: 자바스크립트 파일이 저장될 디렉터리를 설정한다.

- --outFile: 최종 자바스크립트 파일명을 설정한다.

- --rootDirs: .ts 파일 소스 코드가 저장되는 디렉터리 목록

- --exclude: 컴파일에 제외할 폴더와 파일의 목록

- --include: 컴파일에 포함할 폴더와 파일의 목록

이 절에서는 타입스크립트의 새로운 기능과 구성 관련 정보를 대략적으로 살펴봤다. 하지만 이러한 몇 가지 새로운 기능과 타입스크립트를 설정하는 방법은 아주 중요하며 이후에 여러 장에서 코드 작성할 때 확장해 사용한다.

요약

2장에서는 타입스크립트 언어가 무엇인지 살펴봤다. 이 언어가 가지고 있는 여러 가지 다양한 타입과 이를 직접 만드는 방법도 다뤘다. 그리고 타입스크립트를 사용해 객체지향 코드를 작성하는 방법도 알아봤다. 2장은 분량이 많고 여러 가지 내용을 다뤘지만 앱을 만들 때 필요한 중요한 지식이다.

3장에서는 자바스크립트의 중요한 기능을 살펴본다. 자바스크립트 최신 버전에 포함된 새로운 기능도 배운다. 타입스크립트는 자바스크립트를 포함하고 있는 슈퍼셋superset이기 때문에 타입스크립트를 완벽하게 사용하기 위해서는 최신 버전의 자바스크립트를 이해하는 것이 중요하다.

03

ES6+로 앱 만들기

3장에서는 최신 ES6+(더하기 기호는 ES6 이상을 의미) 형식의 자바스크립트 주요 기능을 살펴본다. 이 책에서는 타입스크립트를 다루지만 두 언어가 서로 보완적이기 때문에 이 내용을 이해하는 것은 중요하다. 달리 말하면 타입스크립트는 자바스크립트를 대체하지 않는다. 좀 더 효율적으로 만들어주는 기능을 통해 자바스크립트를 확장하고 강화시킨다. 따라서 자바스크립트의 주요 기능을 살펴본다. 변수 범위와 새로운 const와 let 키워드에 대해 알아본다. 그리고 this 키워드를 더욱 자세히 알아보고 필요에 따라 변경하는 방법을 살펴본다. 새로운 배열 함수와 async await와 같은 자바스크립트의 새로운 여러 가지 기능에 대해서 배운다. 이러한 지식은 타입스크립트에서 코드를 작성하기 위한 든든한 기반이 될 것이다.

3장에서는 다음 주제를 다룬다.

- ES6 변수 타입과 자바스크립트 범위

- 화살표 함수

- this 컨텍스트 변경하기

- 스프레드, 구조 분해, 레스트

- 새로운 배열 함수

- 새로운 컬렉션 타입

- async, await

⁝⁚ 기술적 요구 사항

3장의 기술적 요구 사항은 2장, '타입스크립트 살펴보기'와 같다. 자바스크립트와 웹 기술에 대한 기본적인 이해가 필요하다. 그리고 계속해서 노드와 VS Code를 사용한다.

깃허브 저장소는 https://github.com/JungYeolYang/Full-Stack-React-TypeScript-and-Node-acorn이다. Chap3 폴더의 코드를 사용한다.

3장의 코드 폴더는 다음과 같이 설정한다.

1. 자신의 HandsOnTypescript 폴더에서 Chap3 폴더를 새로 만든다.

2. VS Code를 열고 **파일 ➤ 열기** 메뉴로 이동한 다음 생성한 Chap3 폴더를 연다. 그리고 **보기 ➤ 터미널** 메뉴를 선택하고 VS Code 창에서 터미널 창을 활성화한다.

3. 2장에서 했던 것처럼 npm 프로젝트를 초기화하기 위해 npm init 명령을 입력한 다음, 모든 항목을 기본값으로 진행한다. npm init -y 옵션을 사용하면 자동으로 모두 기본값으로 처리된다.

4. 마찬가지로 타입스크립트를 설치하기 위해 npm install typescript 명령을 입력한다.

이제 시작할 준비가 됐다.

⠿ ES6 변수 타입과 자바스크립트 범위

이 절에서는 자바스크립트의 범위 규칙을 살펴보고 이와 같은 범위 규칙과 관련된 몇 가지 문제를 명확히하고 개선할 수 있는 새로운 변수 타입을 알아본다. 이러한 지식은 소프트웨어 개발자로 일하는 과정에서 지속적으로 변수를 만들게 될 것이므로 변수의 접근 범위와 그 범위가 변경될 수 있는 상황을 이해하는 것은 중요하다.

대부분의 다른 언어에서 변수 범위는 괄호의 설정이나 시작과 끝을 알려주는 범위 구문을 통해 만들어진다. 하지만 자바스크립트에서 범위는 함수의 본문에서 처리되며, var 키워드를 사용해 변수를 함수 본문 내부에 선언하는 경우 해당 변수는 해당 본문 내에서만 접근할 수 있게 된다. 이러한 내용을 다음 예제를 통해 살펴보자. functionBody.ts 파일을 새로 만들고 다음 코드를 추가한다.

```
if (true) {
    var val1 = 1;
}

function go() {
    var val2 = 2;
}

console.log(val1);
console.log(val2);
```

VS Code에서 console.log(val2)를 호출하는 부분이 오류라는 것을 알려주지만 console.log(val1)를 호출하는 부분은 아무렇지 않은 것을 볼 수 있다. val1이 if문의 괄호 안에 선언됐기 때문에 나중에 접근이 불가능할 것이라고 생각할 수 있다. 하지만 접근이 가능하다. 이와는 다르게 go 함수 범위에 있는 val2를 그 함수 밖에서 접근할 수 없다. 이 예제에서는 var를 사용해 변수를 선언하려고 한다면 범위 컨테이너 역할을 하는 것은 함수라는 것을 보여준다.

이러한 기능은 실제로 자바스크립트에서 대부분 헷갈려 하는 원인이다. 따라서 ES6에서 변수 선언을 위해 const와 let이 새롭게 만들어졌다. 여기서 이 둘을 살펴보자. const

변수는 블록 단위의 범위를 지원한다. 블록 단위 범위는 중괄호 안을 범위로 정하는 것이다. 예를 들어 앞에서 살펴본 예제에서는 if문이 이 범위가 된다. 그리고 이름에서 알 수 있는 것처럼 const는 상수 변숫값을 만들어주며, 한 번 설정하면 다른 값으로 다시 설정할 수 없게 된다. 하지만 다른 언어에서 말하는 상수와는 의미가 조금 다르다. 자바스크립트에서 이 기능은 해당 변수에 할당을 변경할 수 없다는 의미다. 하지만 해당 변수 자체는 수정할 수 있다. 이것을 상상하는 것은 어려우니 예제를 통해 살펴보자. const.ts 파일을 새로 만들고 다음 코드를 추가한다.

```
namespace constants {
    const val1 = 1;
    val1 = 2;

    const val2 = [];
    val2.push('hello');
}
```

VS Code에서 이 코드는 val1 = 2에서 오류를 보여주지만 val2.push('hello')는 문제가 없다. 그 이유는 val1의 경우 해당 변수가 실제로 새로운 값으로 모두 변경되기 때문이며 이러한 방식은 허용되지 않는다. 하지만 val2의 배열 값은 동일하며 새로운 요소가 배열에 추가되므로 이는 허용된다.

이제 let 키워드를 살펴보자. let 변수도 const 변수와 마찬가지로 블록 범위다. 하지만 이 변수는 설정한 다음에 원하는 대로 재설정할 수 있다. 물론 해당 타입은 같아야 한다. let에 대한 예제를 살펴보자. let.ts 파일을 만들고 다음 코드를 추가한다.

```
namespace lets {
    let val1 = 1;
    val1 = 2;

    if (true) {
        let val2 = 3;
        val2 = 3;
    }

    console.log(val1);
```

```
    console.log(val2);
  }
```

여기는 두 개의 let 변수가 있다. val1은 블록 범위가 지정되지 않았지만 val2는 if 블록 범위에 포함된다. 알 수 있는 것처럼 val2가 if 블록 내부에만 존재하므로 console.log(val2) 호출은 실패한다.

그렇다면 어떤 변수 선언 방식을 사용할 것인가? 자바스크립트 커뮤니티에서는 불변성이 효과적인 속성이고 상수를 사용하면 성능에도 약간의 도움이 되므로 const를 사용하는 것이 모범 사례다. 하지만 나중에 변수를 재설정해야 하는 것을 알고 있다면 let을 사용한다. 결국 var는 가급적 사용하지 않는다.

지금까지 범위 설정을 살펴봤으며, ES6에서 새로 추가된 const와 let 변수 타입을 배웠다. 최신 자바스크립트 개발을 하기 위해서는 범위 설정을 이해하고 const와 let을 사용하는 시점을 아는 것이 중요하다. 최신 자바스크립트 코드에서 이러한 코드를 자주 보게 될 것이다. 다음 절에서는 this 컨텍스트와 화살표 함수를 살펴본다.

⋮⋮➤ 화살표 함수

화살표 함수는 ES6에서 새롭게 추가됐다. 기본적으로 이 함수는 다음 두 가지 목적을 갖고 있다.

- 함수 작성 문법이 간결하게 된다.
- 상위 범위의 this 객체가 자동으로 화살표 함수의 this가 된다.

자바스크립트 개발자에게 중요한 지식을 계속해서 알아보기 전에 this를 조금 더 살펴보자.

자바스크립트에서 this 객체는 멤버 속성과 메서드를 가지고 있는 소유자 객체 인스턴스이며 호출하는 컨텍스트^{context}에 따라 바뀔 수 있다. 다음 예제의 MyFunction() 함수와 같이 함수에서 직접 호출하는 경우에 상위 this는 해당 함수를 호출하는 곳이 된다. 즉, 현재 범위의 this 객체를 말하며 브라우저에서는 일반적으로 window 객체가 해당된다. 하지만 자바스크립트에서 함수는 예제의 new MyFunction()과 같이 객체 생성자로 사용될 수도 있다. 이 경우 해당 함수 내부의 this 객체는 new MyFunction 생성자를 통해 만들어진 객체 인스턴스가 될 수 있다.

자바스크립트에서 아주 중요한 이 기능을 명확하게 이해하기 위해 예제를 살펴보자. testThis.ts 파일을 새로 만들고 다음 코드를 추가한다.

```
function MyFunction () {
    console.log(this);
}


MyFunction();
let test = new MyFunction();
```

이 코드를 컴파일하고 실행하면 다음과 같은 결과를 볼 수 있다.

```
davidchoi@Davids-MacBook-Pro Chap2 % tsc testThis
davidchoi@Davids-MacBook-Pro Chap2 % node testThis
Object [global] {
  global: [Circular],
  clearInterval: [Function: clearInterval],
  clearTimeout: [Function: clearTimeout],
  setInterval: [Function: setInterval],
  setTimeout: [Function: setTimeout] { [Symbol(util.promisify.custom)]: [Function] },
  queueMicrotask: [Function: queueMicrotask],
  clearImmediate: [Function: clearImmediate],
  setImmediate: [Function: setImmediate] {
    [Symbol(util.promisify.custom)]: [Function]
  }
}
MyFunction {}
```

그림 3.1 testThis 실행 결과

MyFunction을 직접 호출하면 상위 범위는 브라우저에서 실행하지 않았으므로 노드의 글로벌 객체가 된다. 다음으로 new MyFunction()으로 MyFunction 객체를 생성하면 this 객체는 해당 객체 인스턴스가 된다. 이유는 직접 호출한 것과는 대조적으로, 해당 함수가 객체 생성에 사용됐기 때문이다.

이제 화살표 함수를 살펴보자. arrowFunction.ts 파일을 만들고 다음 코드를 추가한다.

```
const myFunc = (message: string): void => {
    console.log(message);
}

myFunc('hello');
```

이 코드를 컴파일하고 실행하면 hello가 출력되는 것을 볼 수 있다. 화살표 함수의 문법 syntax은 함수 타입과 많이 비슷하다. 하지만 완전히 같지는 않다. 코드를 보면 파라미터 괄호 다음에 콜론과 void 타입을 확인할 수 있다. 이것은 이 함수의 반환 타입이다. 함수 타입에서 반환 타입은 => 심볼 다음이다.

화살표 함수에 관해 추가적으로 알아야 할 몇 가지 내용이 있다. 자바스크립트에서 화살표 함수가 아닌 모든 함수는 arguments 컬렉션에 접근할 수 있다. arguments는 함수로 전달되는 파라미터의 컬렉션이다. 화살표 함수에는 고유한 arguments가 없다. 하지만 상위 함수의 arguments에는 접근할 수 있다.

화살표 함수는 몇 가지 방식으로 작성할 수 있다. 다음은 세 가지 작성 방법의 예다.

```
const func = () => console.log('func');
const func1 = () => ({ name: 'dave' });
const func2 = () => {
    const val = 20;
    return val;
}
console.log(func());
console.log(func1());
console.log(func2());
```

세 가지 작성 방법을 각각 살펴보자.

- 첫 번째 func 함수는 볼 수 있는 것처럼 본문에 괄호나 중괄호 없이 함수 본문이 단한 줄로 작성됐고 반환return이 없다.

- 두 번째 func1 함수는 단 한 줄이지만 반환하는 내용이 있다. 이 경우에는 return 키워드가 불필요하며 객체를 반환하는 경우에는 괄호가 필요하다.
- 마지막은 func2 함수다. 이 경우에는 구문이 여러 줄이므로 반환 여부와 관계없이 중괄호가 필요하다.

이 절에서는 화살표 함수를 살펴봤다. 화살표 함수는 최신 자바스크립트와 타입스크립트 코드에서 사용할 수 있는 좋은 기능이다. 따라서 이 기능을 자세히 이해하는 것이 좋다.

⁞⁞▶ this 컨텍스트 변경하기

앞 절에서 this 컨텍스트 객체를 이미 살펴봤다. 설명한 것처럼 자바스크립트에서 함수는 해당 함수를 호출하는 곳caller을 나타내는 this라는 내부 객체에 접근한다. this 사용이 헷갈리는 부분은 함수 호출 방식에 따라 this의 값이 바뀐다는 점이다. 자바스크립트에서는 함수의 this 객체를 주어진 그대로 사용하지 않고 자신이 원하는 대로 재설정할 수 있는 헬퍼helper를 제공한다. apply와 call을 포함한 몇 가지 방식이 존재하지만, 알아야 할 가장 중요한 방식은 bind 키워드다. bind 키워드는 리액트 클래스 기반 컴포넌트에서 주로 사용하기 때문에 이 키워드를 이해하는 것이 중요하다. 리액트 예제를 본격적으로 보여주기에는 아직 이르기 때문에 조금 더 이해하기 쉬운 예제를 살펴보자. bind.ts 파일을 새로 만들고 다음 코드를 추가한다.

```
class A {
    name: string = "A";
    go() {
        console.log(this.name);
    }
}

class B {
    name: string = "B";
    go() {
        console.log(this.name);
    }
```

```
}

const a = new A();
a.go();
const b = new B();
b.go = b.go.bind(a);
b.go();
```

보다시피 이 코드에는 두 개의 개별적인 클래스 A와 B가 존재한다. 이 두 클래스는 모두 go 함수를 가지고 있으며 이 함수에서는 특정 클래스 이름을 출력한다. B 객체 go 함수의 this 객체 bind를 a 객체로 재설정하면 console.log(this.name) 구문에서 a를 this 객체로 사용하도록 변경된다. 이제 컴파일하고 실행하면 다음과 같은 결과를 확인할 수 있다.

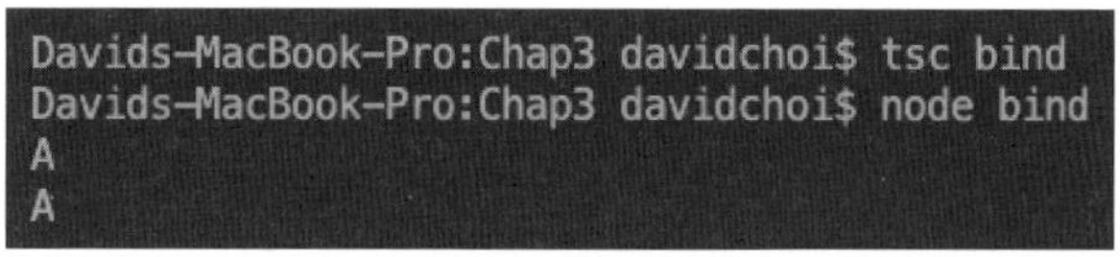

```
Davids-MacBook-Pro:Chap3 davidchoi$ tsc bind
Davids-MacBook-Pro:Chap3 davidchoi$ node bind
A
A
```

그림 3.2 bind 실행 결과

위에서 보이는 것처럼 a.go()에서 A를 출력했고 b.go()에서도 B가 아닌 A가 출력됐다. 이것은 this를 b가 아닌 a로 변경했기 때문이다. 그리고 this 인자에 관해 추가로 알아둘 내용은 bind는 이후에 파라미터를 더 받을 수도 있다는 점이다.

bind와 call, apply의 차이점이 무엇인지 궁금할 수 있다. bind를 사용해 this 컨텍스트를 변경하면 나중에 해당 함수가 호출되는 시점에 변경된 this 객체를 갖게 된다. 하지만 call과 apply는 함수가 호출되는 시점에 사용되고, 호출 시 this 컨텍스트가 즉시 변경된다. call과 apply의 차이점은 call은 사용하는 파라미터 개수가 정해지지 않았고 apply는 파라미터 배열을 사용한다는 점이다. 몇 가지 예를 살펴보자. call.js 파일을 만들고 다음 코드를 추가한다.

```
const callerObj = {
    name: "jon"
}
```

```
function checkMyThis(age) {
    console.log(`What is this ${this}`)
    console.log(`Do I have a name? ${this.name}`)
    this.age = age;
    console.log(`What is my age ${this.age}`);
}

checkMyThis();
checkMyThis.call(callerObj, 25);
```

먼저 callerObj 객체를 새로 만들었다. 이 객체는 name 필드가 있는 json이다. 그 다음으로 checkMyThis 함수를 선언했다. 이 함수에서는 this가 무엇인지 확인하고 이름을 가지고 있는지 확인한다. 마지막에 두 가지 호출을 실행한다. 두 번째 호출은 이상하게 보이지만 checkMyThis.call에서 checkMyThis 함수를 실제로 실행한다는 내용을 기억한다. 이코드를 실행하면 조금 흥미로운 내용을 확인할 수 있다. 다음 명령을 사용해 실행한다.

```
node call
```

다음과 같은 결과를 확인할 수 있다.

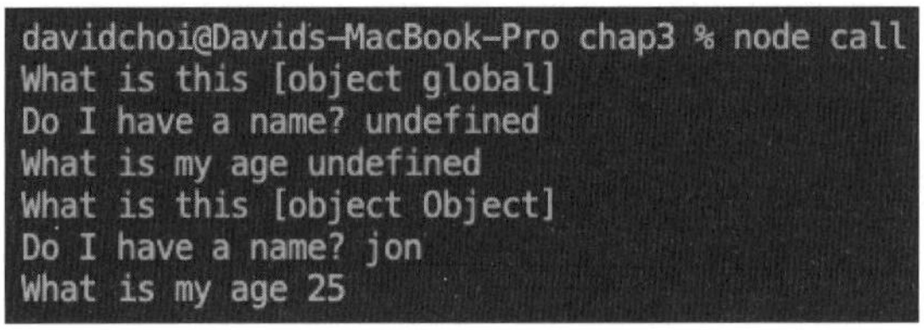

그림 3.3 node call 실행 결과

checkMyThis 함수를 처음 실행하면 아직 덮어쓰지 않은 글로벌 객체가 기본적으로 사용된다. 노드에서는 노드의 글로벌 객체를 사용하지만 브라우저에서는 window 객체가 사용된다. 그리고 name과 age 필드가 undefined라는 것을 확인할 수 있다. 이것은 노드의 글로벌 객체가 name 필드를 가지고 있지 않고 checkMyThis에 파라미터로 age가 전달되지 않았기 때문이다. 하지만 두 번째 함수 실행에서 call이 사용되고, 해당 객체는 표준 객체 타입으로 변경돼 callerObj의 name 필드인 jon이라는 이름과 함수 호출 파라미터로 전달한 25라는 age를 갖게 되는 것을 볼 수 있다. call의 파라미터 목록의 순서는 호출되는 함수의 파라미터 목록의 순서를 따른다는 것을 기억해야 한다. apply의 사용도 마찬가지다. 하지만 apply에서는 파라미터를 배열로 받는다.

이 절에서는 this 컨텍스트 사용에 어려운 점과 bind를 통해 그러한 부분을 처리하는 방법을 살펴봤다. 나중에 리액트 컴포넌트를 만들 때 bind에 대해 더 자세히 알아본다. 하지만 이러한 특정 용도가 아니더라도 때에 따라 함수의 일부 파라미터와 this 컨텍스트를 변경하는 기능이 필요하게 될 것이다. 즉 이러한 기능은 알아둬야 할 아주 중요한 기능이다.

⫶ 스프레드, 구조 분해, 레스트

ES6 이상에서는 변수와 파라미터를 복사하고 출력하는 객체를 처리해주는 새로운 메서드를 제공한다. 이러한 기능은 자바스크립트 코드를 짧고 읽기 편하게 만드는 데 도움을 준다. 최신 자바스크립트에서 이러한 기능은 표준으로 자리 잡고 있으며 따라서 이러한 기능을 이해하고 적절하게 사용하는 것은 중요하다.

스프레드와 Object.assign, Array.concat

자바스크립트의 스프레드spread와 Object.assign, Array.concat 기능은 아주 유사하다. 기본적으로 여러 객체나 배열을 하나의 객체나 배열로 합칠 수 있다. 하지만 엄밀하게는 차이점이 존재한다.

객체를 합치는 방법은 다음과 같이 두 가지이다.

* 스프레드: { ... obja, ...objb }와 같은 방법으로 두 객체의 사본을 변경하지 않고 새로운 객체를 만든다. 두 개 이상의 객체도 처리할 수 있다.

* Object.assign: (obja, objb)와 같은 방법으로 objb의 속성을 obja에 추가한 후 obja를 반환한다. 즉, obja는 변경된다.

다음은 관련 예제다. spreadObj.ts 파일을 새로 만들고 다음 코드를 추가한다.

```
namespace NamespaceA {
    class A {
        aname: string = "A";
    }
    class B {
        bname: string = "B";
    }

    const a = new A();
    const b = new B();
    const c = { ...a, ...b }
    const d = Object.assign(a, b);
    console.log(c);
    console.log(d);

    a.aname = "a1";
    console.log(c);
    console.log(d);
}
```

먼저 스프레드 연산자(...)를 사용해 설정한 새로운 객체 c를 만든다. 그런 다음 Object.assign을 호출해 d를 만든다. 이 코드를 실행해보자. 자바스크립트 ES6 버전에서만 Object.assign을 사용할 수 있기 때문에 target을 해당 버전으로 지정해야 한다. 다음 명령을 사용해 컴파일하고 실행한다.

```
tsc spreadObj -target 'es6'
node spreadObj
```

이 명령을 실행하면 다음과 같은 결과를 확인할 수 있다.

```
Davids-MacBook-Pro:Chap3 davidchoi$ tsc spreadObj --target 'es6'
Davids-MacBook-Pro:Chap3 davidchoi$ node spreadObj
{ aname: 'A', bname: 'B' }
A { aname: 'A', bname: 'B' }
{ aname: 'A', bname: 'B' }
A { aname: 'a1', bname: 'B' }
```

그림 3.4 spreadObj 실행 결과

보다시피 c에는 aname과 bname 속성이 포함돼 있지만 그 자체로 고유한 객체이다.

하지만 d는 실제로 객체 b의 속성이 포함된 객체 a이며, a.aname = 'a1'이 설정된 후에는 변수 aname이 a1과 같아지는 것을 보여준다.

배열을 병합하거나 합치는 두 가지 방법은 다음과 같다.

- 스프레드 연산자: 객체에서 설명한 스프레드 연산자와 같이 여러 배열을 병합해 하나의 새로운 배열을 반환한다. 원래의 배열은 수정되지 않는다.

- Array.concat: 두 배열을 하나의 배열로 병합해 새로운 배열을 만든다. 원래의 배열은 수정되지 않는다.

두 가지 방법을 사용한 예제를 살펴보자. spreadArray.ts 파일을 만들고 다음 코드를 추가한다.

```
namespace SpreadArray {
    const a = [1,2,3];
    const b = [4,5,6];

    const c = [...a, ...b];
    const d = a.concat(b);
    console.log('c before', c);
    console.log('d before', d);

    a.push(10);
    console.log('a', a);
    console.log('c after', c);
    console.log('d after', d);
}
```

볼 수 있듯이 배열 c는 두 배열 a와 b에 스프레드 연산자를 사용해 만든다. 그리고 배열 d는 a.concat(b)를 통해 만든다. 이 경우 결과 배열은 모두 고유하며 원래의 배열을 참조하지 않는다. 앞서 살펴본 것처럼 컴파일 후 실행하면 다음과 같은 내용을 확인할 수 있다.

```
Davids-MacBook-Pro:Chap3 davidchoi$ tsc spreadArray --target 'es5'
Davids-MacBook-Pro:Chap3 davidchoi$ node spreadArray
c before [ 1, 2, 3, 4, 5, 6 ]
d before [ 1, 2, 3, 4, 5, 6 ]
a [ 1, 2, 3, 10 ]
c after [ 1, 2, 3, 4, 5, 6 ]
d after [ 1, 2, 3, 4, 5, 6 ]
```

그림 3.5 spreadArray 실행 결과

배열 d는 배열 a에서 생성됐지만 a.push(10)이 console.log('d after', d) 구문에 영향을 미치지 않는다. 스프레드와 concat은 모두 새로운 배열을 만든다는 것을 알 수 있다.

구조 분해

구조 분해destructuring는 객체의 이름을 사용하는 데 그치지 않고 객체 내부의 속성을 직접 사용하고 출력하기 위한 기능이다. 나중에 예제를 통해 설명하겠지만, 리액트 훅hook과 같은 최신 자바스크립트 개발에서 자주 사용되는 기능이므로 익숙해져야 한다.

객체 구조 분해 예제를 살펴보자. 이 예에서는 좀 더 명확히 설명하기 위해 자바스크립트 파일만 사용한다. destructuring.js 파일을 새로 만들고 다음 코드를 추가한다.

```
function getEmployee(id) {

    return {
        name: "John",
        age: 35,
        address: "123 St",
        country: "United States"
    }
}

const { name: fullName, age } = getEmployee(22);
console.log("employee", fullName, age);
```

getEmployee 함수에서는 서버에 접근해 id를 통해 직원의 정보를 조회한다고 가정한다. 보다시피 직원 객체에는 여러 필드가 있고, 아마도 이 함수를 호출하는 모든 곳에서 이 모든 필드가 필요한 것은 아닐 수 있다. 따라서 객체 구조 분해를 사용해 원하는 필드만 선택한다. 그리고 콜론을 사용해 필드 이름에 fullName 별칭을 지정한다.

구조 분해는 배열에서도 사용할 수 있다. 파일에 다음 코드를 추가해보자.

```
function getEmployeeWorkInfo(id) {

    return [
        id,
        "Office St",
        "France"
    ]
}

const [id, officeAddress] = getEmployeeWorkInfo(33);
console.log("employee", id, officeAddress);
```

이 예제의 경우, getEmployeeWorkInfo 함수에서는 직원의 작업 위치에 관한 자료를 배열로 반환한다. 배열도 구조 분해할 수 있지만 이때 요소의 순서가 중요하다는 것을 기억한다. 두 함수의 실행 결과를 살펴보자. 이 예제는 자바스크립트 파일이기 때문에 노드만 호출하면 된다. 다음 명령을 실행한다.

node destructuring.js

두 함수의 실행 결과는 다음과 같다.

```
Davids-MacBook-Pro:Chap3 davidchoi$ node deconstruction
employee John 35
employee 33 Office St
```

그림 3.6 구조 분해 실행 결과

보다시피 두 함수 모두 정확히 연관된 정보를 반환했다.

레스트

레스트rest는 ... 키워드를 사용해 정해지지 않은 파라미터를 나타낼 수 있도록 하는 기능이다. 레스트 파라미터는 모두 배열이므로 모든 배열 함수에 접근할 수 있다. 레스트 키워드는 "나머지 항목들"을 나타낸다. 이 키워드는 함수를 호출하는 곳에서 얼마나 많은 파라미터를 전달할지 결정하도록 해줌으로써 함수 시그니처를 더욱 유연하게 만들어준다. 마지막 파라미터만 레스트 파라미터가 될 수 있다는 것을 기억한다. 레스트 사용 예제는 다음과 같다. rest.js 파일을 만들고 다음 코드를 추가한다.

```
function doSomething(a, ...others) {
    console.log(a, others, others[others.length - 1]);
}

doSomething(1,2,3,4,5,6,7);
```

보다시피 a 다음에 오는 ...others는 레스트 파라미터를 참조한다. 이것은 레스트 파라미터가 함수의 유일한 파라미터일 필요는 없다는 것을 의미한다. 이 코드를 실행하면 다음과 같은 결과를 확인할 수 있다.

```
Davids-MacBook-Pro:Chap3 davidchoi$ node rest
1 [ 2, 3, 4, 5, 6, 7 ] 7
```

그림 3.7 레스트 실행 결과

doSomething 함수는 두 개의 파라미터, 변수 a와 레스트 파라미터를 전달을 받는다. 그리고 파라미터 a와 레스트 파라미터(파라미터 배열), 레스트 파라미터의 마지막 요소를 로그로 출력한다. 레스트는 스프레드와 구조 분해처럼 자주 사용되진 않는다. 그럼에도 이 기능을 만나게 될 것이므로 내용을 알고 있어야 한다.

이 절에서는 코드를 간결하고 읽기 편하게 만들어주는 자바스크립트의 기능을 살펴봤다. 이러한 기능은 최신 자바스크립트를 프로그래밍할 때 아주 일반적으로 사용되므로 이러한 기능의 사용법을 배우는 것은 많은 도움이 된다. 다음 절에서는 배열을 간단하게 처리할 수 있는 아주 중요하고 많이 사용되는 몇 가지 기능을 살펴본다.

새로운 배열 함수

이 절에서는 ES6에서 배열을 처리하기 위해 추가된 다양한 메서드를 살펴본다. 자바스크립트 프로그램에서는 배열을 다루는 일이 잦고, 이러한 성능 최적화된 메서드를 사용하는 것이 직접 처리하는 것보다 낫기 때문에 아주 중요하다. 그리고 이러한 표준화된 메서드를 사용하면 팀 내에 다른 개발자가 코드를 좀 더 일관성 있게 잘 이해할 수 있다. 리액트와 노드를 개발할 때 이러한 메서드의 장점을 살펴본다. 자, 시작해보자.

find

find 키워드는 찾으려고 하는 기준에 맞는 배열에서 요소의 첫 번째 인스턴스를 찾아준다. 간단한 예제를 살펴보자. find.ts 파일을 만들고 다음 코드를 추가한다.

```
const items = [
    { name: "jon", age: 20 },
    { name: "linda", age: 22 },
    { name: "jon", age: 40}
]

const jon = items.find((item) => {
    return item.name === "jon"
});
console.log(jon);
```

find에 관한 이 코드를 보면 파라미터로 함수를 전달받고 그 함수는 jon이라는 이름을 사용해 항목을 찾는다는 것을 알 수 있다. 해당 항목인지 여부를 확인해 참이라면 find는 해당 항목을 반환한다. 하지만 이 배열에는 jon이라는 항목이 두 개라는 것을 알 수 있다. 이 코드를 컴파일하고 실행해 어떤 값을 반환하는지 확인해보자. 다음 명령을 실행한다.

```
tsc find -target 'es6'
node find
```

이 명령을 컴파일하고 실행하면 다음과 같은 결과를 확인할 수 있다.

```
Davids-MacBook-Pro:Chap3 davidchoi$ tsc find --target 'es6'
Davids-MacBook-Pro:Chap3 davidchoi$ node find
{ name: 'jon', age: 20 }
```

그림 3.8 find 실행 결과

출력 결과에서 첫 번째 발견된 jon 항목이 반환된 것을 알 수 있다. 이것이 find가 동작하는 방식이다. 이 기능은 언제나 배열에서 첫 번째로 반환된 단 하나의 항목만 반환한다.

filter

filter는 찾으려고 하는 기준에 맞는 모든 항목을 반환하는 것을 제외하면 find와 비슷하다. filter.ts 파일을 새로 만들고 다음 코드를 추가한다.

```
const filterItems = [
    { name: "jon", age: 20 },
    { name: "linda", age: 22 },
    { name: "jon", age: 40}
]

const results = filterItems.filter((item, index) => {
    console.log(index);
    return item.name === "jon"
});
console.log(results);
```

보다시피 이 filter 함수는 배열에서 항목의 인덱스 번호에 해당하는 두 번째 파라미터를 부가적으로 전달받을 수 있다. 내부적으로 찾으려는 기준에 맞는 항목이 있는지 확인한다는 점에서 find의 동작과 동일해 보인다. 하지만 filter는 다음과 같이 일치하는 모든 항목을 반환한다.

```
Davids-MacBook-Pro:Chap3 davidchoi$ tsc filter --target 'es6'
Davids-MacBook-Pro:Chap3 davidchoi$ node filter
0
1
2
[ { name: 'jon', age: 20 }, { name: 'jon', age: 40 } ]
```

그림 3.9 filter 실행 결과

보다시피 filter는 해당 필터로 찾으려는 기준에 맞는 모든 항목을 반환하며, 이 예제의 경우는 jon 항목을 모두 반환한다.

map

map 함수는 ES6 스타일로 개발할 때 알아야 할 아주 중요한 배열 함수 중 하나다. 리액트 컴포넌트를 만들 때 자주 볼 수 있으며, 데이터 배열에서 컴포넌트 요소의 컬렉션을 생성하기 위해 사용한다. 이 map 함수는 3장에서 나중에 살펴볼 Map 컬렉션과는 다르다는 것을 기억한다. map.ts 파일을 새로 만들고 다음 코드를 추가한다.

```
const employees = [
    { name: "tim", id: 1 },
    { name: "cindy", id: 2 },
    { name: "rob", id: 3 },
]

const elements = employees.map((item, index) => {
    return `<div>${item.id} - ${item.name}</div>`;
});

console.log(elements);
```

보다시피 이 map 함수는 두 개의 파라미터 item과 index(이 파라미터는 어떤 이름을 사용해도 무방하며 순서가 중요함)를 가지며, 사용자 정의한 반환 값에 각 배열 요소를 연결해준다. 명확하게 이해할 수 있도록 return에서는 모든 항목을 새로운 배열로 반환한다. 이것이 반환한 다음 반복 처리를 중단한다는 의미는 아니다. 이 코드를 실행하면 다음과 같은 DOM 문자열을 결과로 확인할 수 있다.

```
Davids-MacBook-Pro:Chap3 davidchoi$ tsc map --target 'es6'
Davids-MacBook-Pro:Chap3 davidchoi$ node map
[ '<div>1 - tim</div>', '<div>2 - cindy</div>', '<div>3 - rob</div>' ]
```

그림 3.10 map 실행 결과

이 함수는 실제로 아주 일반적인 ES6 배열 함수이므로 동작하는 방식을 이해하는 것은 아주 중요하다. 이 코드를 변경해보고 다양한 배열 항목 타입에서 이 기능을 연습하길 바란다.

reduce

reduce 함수는 배열의 모든 요소를 하나로 합치는 기능을 가지고 있으며 사용자의 로직을 기반으로 하나의 최종 값을 만든다. 예제를 살펴보자. reduce.js 파일을 만들고 다음 코드를 추가한다. 타입스크립트와 헷갈리지 않고 이 기능에 집중하기 위해 자바스크립트 파일을 사용한다.

```
const allTrucks = [
    2,5,7,10
]

const initialCapacity = 0;
const allTonnage = allTrucks.reduce((totalCapacity, currentCapacity) => {
    totalCapacity = totalCapacity + currentCapacity;

    return totalCapacity;
}, initialCapacity);

console.log(allTonnage);
```

이 예제에서는 어떤 트럭 회사에서 소유하고 있는 모든 트럭으로 운반할 수 있는 총 용량을 계산해야 한다고 해보자. allTrucks에서는 소유하고 있는 모든 트럭의 용량을 모두 목록으로 만든다. 그리고 allTrucks.reduce를 사용해 전체 트럭의 총 용량을 구한다. initialCapacity 변수는 시작 값을 지정하기 위해서 사용하며, 지금은 0으로 설정한다. 다음으로 결괏값을 출력하면 다음과 같은 내용을 확인할 수 있다.

그림 3.11 reduce 실행 결과

각 트럭의 용량을 모두 더한 값이 24이므로 전체 트럭의 총 용량은 24이다. 이 reduce 로직은 모든 경우가 가능하다. 반드시 덧셈에서만 사용해야 하는 것은 아니며 뺄셈이나 계산하고 싶은 어떤 로직도 가능하다. 중요한 점은 마지막이 하나의 값이나 객체가 된다는 점이다. 이것이 reduce라고 지칭하는 이유다.

some과 every

이러한 함수는 특정 조건을 테스트하기 위해 만들어졌다. 즉 이 함수는 true나 false만 반환한다. some은 배열의 어떤 요소가 특정 조건에 만족하는지 여부를 테스트하며, every는 모든 요소가 특정 조건에 만족하는지 여부를 테스트한다. 이 두 가지를 모두 살펴보자. someEvery.js 파일을 만들고 다음 코드를 추가한다.

```javascript
const widgets = [
    { id: 1, color: 'blue' },
    { id: 2, color: 'yellow' },
    { id: 3, color: 'orange' },
    { id: 4, color: 'blue' },
]

console.log('some are blue', widgets.some(item => {
    return item.color === 'blue';
}));

console.log('every one is blue', widgets.every(item => {
    return item.color === 'blue';
}));
```

이 코드는 아주 직관적이고 some과 every의 조건은 모두 확인이 된다. 이 코드를 실행하면 다음과 같은 결과를 볼 수 있다.

```
Davids-MacBook-Pro:Chap3 davidchoi$ node someEvery
some are blue true
every one is blue false
```

그림 3.12 someEvery 실행 결과

보다시피 각 테스트의 실행 결과는 유효하다.

이 절에서는 ES6에서 추가된 자바스크립트로 배열을 좀 더 효율적으로 처리하고 사용할 때 도움을 주는 여러 가지 새로운 기능을 살펴봤다. 나중에 직접 앱을 만들 때 코드에서 이러한 함수를 아주 많이 사용하게 될 것이다. 다음은 배열 대신 사용할 수 있는 새로운 컬렉션 타입을 살펴본다.

새로운 컬렉션 타입

ES6에는 Set과 Map이라는 두 가지 새로운 컬렉션이 있다. 이 컬렉션은 특정 시나리오에서 적절하게 사용할 수 있다. 이 절에서는 이러한 두 가지 타입과 코드에서 이러한 타입을 사용하는 방법을 살펴보고 추후 자신의 앱을 만들 때 사용할 수 있도록 한다.

Set

Set은 고유한 값이나 객체의 컬렉션이다. 이 기능은 크고 복잡한 목록에 어떤 항목이 포함돼 있는지 여부를 단순히 확인하려고 할 때 사용하면 좋다. 예제를 살펴보자. set.js 파일을 새로 만들고 다음 코드를 추가한다.

```
const userIds = [
    1,2,1,3
]

const uniqueIds = new Set(userIds);
console.log(uniqueIds);

uniqueIds.add(10);
console.log('add 10', uniqueIds);

console.log('has', uniqueIds.has(3));

console.log('size', uniqueIds.size);

for (let item of uniqueIds) {
    console.log('iterate', item);
}
```

Set 객체에 여러 개의 숫자가 있으며, 이것이 가장 중요한 기능이다. 보다시피 Set은 배열을 생성자의 인수로 받아서 유일한 집합의 배열을 만들어준다.

NOTE

> 집합에서 size는 길이가 아니고 수량을 확인하는 데 사용한다.

마지막에 Set을 반복 처리하는 방법은 배열 인덱스를 사용하는 일반적인 방법과는 다른 것을 알 수 있다. 이 파일을 실행하면 다음과 같은 내용이 결과로 나온다.

```
Davids-MacBook-Pro:Chap3 davidchoi$ node set.js
Set { 1, 2, 3 }
add 10 Set { 1, 2, 3, 10 }
has true
size 4
iterate 1
iterate 2
iterate 3
iterate 10
```

그림 3.13 Set 실행 결과

개념적으로는 배열과 아주 유사하지만 유일한 컬렉션을 처리하는 데 최적화돼 있다.

Map

Map은 키-값의 쌍으로 이루어진 컬렉션이다. 다시 말하면 이는 일종의 사전이다. 모든 Map의 멤버는 하나의 고유 키를 갖는다. Map 객체 예제를 만들어보자. mapCollection.js 파일을 새로 만들고 다음 코드를 추가한다.

```
const mappedEmp = new Map();
mappedEmp.set("linda", { fullName: 'Linda Johnson', id: 1 });
mappedEmp.set("jim", { fullName: 'Jim Thomson', id: 2 });
mappedEmp.set("pam", { fullName: 'Pam Dryer', id: 4 });

console.log(mappedEmp);
console.log('get', mappedEmp.get("jim"));
console.log('size', mappedEmp.size);

for(let [key, val] of mappedEmp) {
```

```
        console.log('iterate', key, val);
    }
```

보다시피 일부 호출은 Set과 아주 유사하다. 하지만 한 가지 차이점은 마지막의 반복하는 부분이다. 이 반복문에서는 키와 값을 가리키는 배열을 사용한다. 이 파일을 실행하면 다음과 같은 결과가 나온다.

그림 3.14 mapCollection 실행 결과

이 결과는 아주 직관적이다. 먼저 `Map` 객체의 모든 목록이 출력됐다. 다음으로 `get`을 사용해 키 값을 통해 `jim` 항목을 가져온다. 다음은 `size`이고, 마지막으로 모든 요소를 반복 처리한다.

이 절에서는 두 가지 새로운 ES6의 컬렉션 타입을 소개했다. 이러한 타입은 자주 사용되진 않지만 유용하며 이러한 컬렉션을 처리해야 하는 경우는 유용할 수 있다. 다음 절에서는 ES7 기능인 `async await`을 살펴본다. `async await`은 자바스크립트 개발자 커뮤니티에서 아주 빠르게 채택했으며, 그 이유는 읽기 어려운 비동기 코드를 보다 쉽게 읽을 수 있도록 만들어주고 마치 동기인 것처럼 표현할 수 있게 해주기 때문이다.

async await

async와 await를 설명하기에 앞서 비동기 코드가 무엇인지 살펴보자. 대부분의 언어에서 코드는 보통 동기이며 구문은 하나가 실행된 다음에 다른 하나가 실행된다는 것을 의미한다. A, B, C 구문이 있다면 B 구문은 A 구문이 완료되기 전까지는 실행할 수 없고

B가 완료되기 전까지 C 구문은 실행될 수 없다. 하지만 비동기 프로그래밍에서는 A 구문이 비동기라면 이 구문이 시작된 후 바로 그다음에 B 구문이 시작된다. B 구문은 A 구문의 실행이 완료될 때까지 기다리지 않는다. 이는 성능 측면에서는 아주 좋지만 코드를 이해하고 수정하기 어렵게 만든다. 자바스크립트의 async await를 사용해 이러한 문제를 해결할 수 있다.

```
function letMeKnowWhenComplete(size, callback) {
    var reducer = 0;
    for (var i = 1; i < size; i++) {
        reducer = Math.sin(reducer * i);
    }
    callback();
}
letMeKnowWhenComplete(100000000, function () {
    console.
        log('Great it completed.');
});
```

이 코드를 보면 letMeKnowWhenComplete 함수의 두 가지 파라미터를 확인할 수 있다. 첫 번째 파라미터는 수학적인 계산을 하기 위한 반복 횟수를 지정하고 두 번째 파라미터는 실제 콜백이다. 이 코드에서 볼 수 있는 것처럼 콜백은 그 이름에서 알 수 있듯이 수학적인 처리가 완료되면 수행되는 함수다. 엄밀하게 기술적으로 콜백은 실제로는 비동기가 아니다. 하지만 부가적인 동작인 콜백은 기다리거나 폴링하지 않고 기본 동작이 완료되고 나면 정확하게 수행된다는 점에서 사실상 동일한 기능을 제공한다. 자, 이제 자바스크립트의 비동기 처리를 위한 첫 번째 방법을 살펴보자.

비동기 실행을 처리하기 위한 첫 번째 자바스크립트 기능은 setTimeout과 setInterval 함수였다. 이 함수는 단순하다. 특정 시간이 도달하면 실행되는 콜백을 인수로 받는다. setInterval의 경우 반복되는 부분만 차이가 있다. 이러한 함수가 정말 비동기인 이유는 타이머가 실행되는 시점에 해당 호출 스택의 외부에서 실행되기 때문이다. 호출 스택은 단순히 현재 스레드에서 실행되는 코드와 데이터의 순서다. 자바스크립트의 경우 호출 스택은 싱글 스레드이기 때문에, 일반적으로 타이머는 자바스크립트를 처리해주는 브라우저의 엔진에서 실행되고 그 결과는 다시 자바스크립트 스레드^(호출 스택)으로 돌아온다. 간단한 예제를 살펴보자. setTimer.js 파일을 새로 만들고 다음 코드를 추가한다.

```
// 1
console.log("Let's begin.");

// 2
setTimeout(() => {
    console.log("I waited and am done now.");
}, 3000);

// 3
console.log("Did I finish yet?");
```

이 코드를 살펴보자. 주요 부분을 분리하기 위해 주석을 추가했다. 첫 번째 주석 1번 다음에 나오는 코드에서는 이 코드가 시작되는 사실을 알려주는 메시지를 출력한다. 다음으로 주석 2번 다음 코드에는 3초 대기 후 화살표 함수 콜백을 실행하는 setTimeout이 존재한다. 이 콜백이 완료됐다는 내용의 로그를 출력한다. setTimeout 이후 주석 3번 다음에서는 타이머가 완료됐는지 여부를 물어보는 또 다른 로그를 확인할 수 있다. 이 코드를 실행하면 다음과 같이 이상한 일이 발생한다.

```
davidchoi@Davids-MacBook-Pro Chap3 % node setTimer
Let's begin.
Did I finish yet?
I waited and am done now.
```

그림 3.15 setTimer 실행 결과

마지막 로그 메시지인 Did I finish yet?이라는 질문이 먼저 실행되고, 그다음으로 I waited and am done now.가 출력된다. 왜 이렇게 될까? setTimeout은 비동기 함수이므로 이 함수가 실행될 때 이 함수 다음에 어떤 코드가 오든지 상관없이 setTimeout이 아직 완료되지 않았더라도 즉시 실행된다. 즉, 이 경우 주석 3번의 로그는 실제로 주석 2번의 콜백 이전에 실행된다. 만약 주석 3번이 주석 2번을 기다리지 않고 즉시 실행해야 하는 어떤 중요한 코드를 포함하고 있다고 가정하면 비동기 호출을 사용해 이를 처리할 수 있다는 것을 알 수 있다. 이제 비동기 호출과 콜백의 이해를 더해 프로미스promise를 살펴보자.

async await 이전에 비동기 코드는 프로미스를 사용해 처리했다. 프로미스는 어떤 불특정 미래 시점이 됐을 때 완료되는 객체다. Promise 코드 예제는 다음과 같다. promise.js 파일을 만들고 다음 코드를 추가한다.

```
const myPromise = new Promise((resolve, reject) => {
    setTimeout(() => {
        //resolve("I completed successfully");
        reject("I failed");
    }, 500);
});

myPromise
.then(done => {
    console.log(done);
})
.catch(err => {
    console.log(err);
});
```

이 코드에서는 먼저 프로미스 객체를 만들고, 내부적으로는 비동기 타이머를 사용해 500밀리초 이후에 구문을 수행한다. 첫 번째 시도에서는 의도적인 reject 호출로 타이머에서 실패가 발생하고 프로미스가 정의된 아래쪽 코드에서는 catch 핸들러로 넘어가게 된다. reject 코드를 주석 처리하고 resolve 코드의 주석을 제거하면 아래쪽 코드에서는 then 핸들러로 넘어가게 된다. 이 코드는 확실히 동작하지만 then이나 프로미스가 더 많이 포함된 더욱 복잡한 프로미스를 상상해보면 읽고 이해하는 데 어려움이 증가한다는 것을 알 수 있다.

여기서 async와 await가 두 가지 중요한 기능을 수행한다. 코드를 깔끔하게 정리해주고, 단순하면서 간결하게 만들어주며, 또한 동기화 코드처럼 보이도록 해 보다 쉽게 따라 할 수 있게 해준다. 예제를 살펴보자. async.js 파일을 새로 만들고 다음 코드를 추가한다.

```
async function delayedResult() {
    return new Promise((resolve, reject) => {
        setTimeout(() => {
            resolve('I completed successfully');
        }, 500);
```

```
    });
}
(async function execAsyncFunc() {
    const result = await delayedResult();
    console.log(result);
})();
```

이 코드에는 delayedResult 함수가 포함돼 있으며, 볼 수 있는 것처럼 함수 앞쪽에 async
가 존재한다. 함수 앞에 async를 붙이면 이 함수가 Promise를 반환하고 비동기적으로 처
리된다는 것을 자바스크립트 런타임^{runtime}에 알려준다. delayedResult 다음에 나오는
execAsyncFunc 함수는 선언과 실행이 동시에 모두 처리된다. 이러한 기능을 즉시 실행되
는 함수 표현식^{IIFE, Immediately Invoked Function Expression}이라고 한다. IIFE는 나중에 살펴보겠으
며, 지금은 계속 진행한다. execAsyncFunc 함수는 async로 동작하며, 볼 수 있는 것처럼
이 함수 내부에서는 await 키워드를 사용한다. await 키워드는 비동기 함수가 수행된다
는 것을 런타임에 알려주고 기다리며, 해당 구문이 완료되면 실제 반환 값을 제공한다.
이 코드를 실행하면 다음과 같은 결과를 확인할 수 있다.

```
Davids-MacBook-Pro:Chap3 davidchoi$ node async
I completed successfully
```

그림 3.16 async 실행 결과

보이는 것처럼 이 result 변수에는 delayedResult에서 반환하는 Promise가 아닌 I
completed successfully 문자열이 포함된다. 이러한 문법은 확실히 Promise then이 중첩
된 구문보다는 간결하고 읽기 편하다. async와 await는 자바스크립트 커뮤니티에서 비
동기 개발에 관한 영역을 완전하게 차지했다. 최신 자바스크립트를 잘 사용하기 위해서
는 이 내용을 반드시 이해해야 한다. 이해를 돕기 위해 한 가지 예제를 더 살펴보자.

> **NOTE**
>
> execAsyncFunc 함수에서 IIEF를 사용해야 했다. 그 이유는 현재 자바스크립트에서는 최상위 수준의
> await를 허용하지 않기 때문이다. 최상위 수준의 await란 다른 async 함수의 내부에 존재하지 않는 함
> 수를 await하도록 호출을 실행하는 것을 말한다. 자바스크립트 ECMAScript 2020에서는 이 기능을 사
> 용할 수 있지만 이 책을 쓰는 시점에는 아직 모든 브라우저에서 완벽하게 지원되지 않는다.

async await는 아주 중요하기 때문에 예제를 하나 더 살펴보자. 네트워크상에 있는 자원을 호출해 어떤 데이터를 불러온다. fetch API를 사용하겠지만 노드에서는 이 기능을 직접 지원하지 않으므로 먼저 npm 패키지를 추가로 설치해야 한다. 설치 순서는 다음과 같다.

1. fetch 패키지를 설치하기 위해 터미널에서 다음 명령을 실행한다.

```
npm i node-fetch
```

2. fetch.js 파일을 만들고 다음 코드를 추가한다.

```
const fetch = require('node-fetch');

(async function getData() {
    const response = await fetch("https://pokeapi.co/api/v2/
      pokemon/ditto/");
    if(response.ok) {
        const result = await response.json();
        console.log(result);
    } else {
        console.log("Failed to get anything");
    }
})();
```

이 예제의 코드는 가독성이 좋고 흐름이 자연스럽다. 볼 수 있는 것처럼 fetch API를 사용하며 이 API는 비동기 네트워크 호출을 할 수 있다. fetch API를 불러온 다음에는 await 호출로 fetch 함수를 실행하는 async 래퍼wrapper 함수를 만든다. 이 URL은 포켓몬Pokémon 캐릭터에 관한 정보를 제공하는 공개된 API로 인증이 필요치 않다. 첫 번째 await 호출은 실제 네트워크 호출을 위한 부분이다. 해당 호출이 완료되면 response.ok를 통해 성공에 대한 확인이 처리된다. 성공이라면 JSON 형태로 데이터를 변환해주는 또 다른 await가 호출이 된다. 모든 await 호출은 해당 함수가 완료되고 반환될 때까지 해당 지점에서 코드를 기다린다.

네트워크 API의 데이터가 없으면 더 이상 진행이 되지 않는다. 따라서 대기하는 방법밖에는 선택지가 없으므로 대기[await]한다. 이 코드를 실행하면 다음과 같은 데이터를 확인할 수 있다.

```
PROBLEMS   OUTPUT   DEBUG CONSOLE   TERMINAL

  name: 'ditto',
  order: 197,
  species: {
    name: 'ditto',
    url: 'https://pokeapi.co/api/v2/pokemon-species/132/'
  },
  sprites: {
    back_default: 'https://raw.githubusercontent.com/PokeAPI/sprites/master/sprites/pokemon/back/132.png',
    back_female: null,
    back_shiny: 'https://raw.githubusercontent.com/PokeAPI/sprites/master/sprites/pokemon/back/shiny/132.png',
    back_shiny_female: null,
    front_default: 'https://raw.githubusercontent.com/PokeAPI/sprites/master/sprites/pokemon/132.png',
    front_female: null,
    front_shiny: 'https://raw.githubusercontent.com/PokeAPI/sprites/master/sprites/pokemon/shiny/132.png',
    front_shiny_female: null
  },
  stats: [
    { base_stat: 48, effort: 0, stat: [Object] },
    { base_stat: 48, effort: 0, stat: [Object] },
    { base_stat: 48, effort: 0, stat: [Object] },
    { base_stat: 48, effort: 0, stat: [Object] },
    { base_stat: 48, effort: 0, stat: [Object] },
    { base_stat: 48, effort: 1, stat: [Object] }
  ],
  types: [ { slot: 1, type: [Object] } ],
  weight: 40
}
davidchoi@Davids-MacBook-Pro Chap3 %
```

그림 3.17 fetch 실행 결과

이 코드를 실행했다면 해당 코드가 완료되기 전에 약간의 지연을 알 수 있었을 것이다. 이는 해당 코드에서 데이터를 조회하는 네트워크 호출이 완료되기까지는 대기가 필요함을 보여준다.

이 절에서는 비동기 프로그래밍이 무엇인지 배웠다. 자바스크립트에서 비동기 프로그래밍의 기초가 되는 프로미스와 비동기 코드를 간결하게 만들어주는 `async await`도 살펴봤다. `async await`는 리액트와 노드 개발에서 많이 사용하게 될 것이다.

⠿ 요약

3장에서는 스프레드를 통해 배열과 객체를 병합하고, 새롭고 개선된 방식으로 배열을 처리하는 방법과 새롭고 아주 일반적인 방식의 비동기 코드 처리 방식인 async await는 물론, 최신의 새롭고 다양한 자바스크립트 프로그래밍의 기능을 살펴봤다. 이러한 기능을 이해하는 것은 최신 자바스크립트와 리액트 개발에서 광범위하게 사용되므로 아주 중요하다.

2부에서는 리액트를 사용해 SPA(싱글 페이지 애플리케이션) 개발하는 내용을 자세히 알아본다. 3장에서 배운 다양한 기능을 사용하게 될 것이다.

2부

리액트로 SPA 개발하기

2부에서는 리액트 웹 애플리케이션을 설정하고 개발하는 방법을 배운다.

2부에서는 다음 장을 포함한다.

- 4장, SPA의 개념과 리액트에서 사용하는 방법
- 5장, 훅을 사용한 리액트 개발
- 6장, create-react-app을 사용한 프로젝트 설정과 Jest 활용 테스트
- 7장, 리덕스와 리액트 라우터

04

SPA의 개념과 리액트에서 사용하는 방법

4장에서는 싱글 페이지 애플리케이션^{SPA}을 살펴본다. 이러한 웹 애플리케이션 프로그래밍 스타일은 웹 개발사에서 상대적으로 새로운 부분이며 최근 많이 사용되고 있다. 그리고 이제는 네이티브 데스크탑 애플리케이션이나 모바일 앱 같은 크고 복잡한 웹 애플리케이션을 만들기 위한 일반적인 방식으로 사용된다.

기존 웹앱 개발 방식을 살펴보고 SPA 스타일 앱이 만들어진 이유를 알아본다. 그리고 리액트를 사용해 성능이 좋고 효율적인 방식의 SPA 스타일의 애플리케이션을 만드는 방법을 배운다.

4장에서는 다음 주제를 다룬다.

- 전통적인 웹사이트 개발 방법 이해하기

- SPA의 이점과 특성 이해하기

- 리액트 SPA 방식 이해하기

⠿ 기술적 요구 사항

4장의 기술적 요구 사항은 3장, 'ES6+로 앱 만들기'와 유사하다. 자바스크립트와 HTML, CSS의 기본적인 이해가 있어야 한다. 또한 마찬가지로 Node.js와 VS Code를 사용한다.

깃허브 저장소는 https://github.com/JungYeolYang/Full-Stack-React-TypeScript-and-Node-acorn이다. Chap4 폴더의 코드를 사용한다.

4장의 코드 폴더를 설정하려면 HandsOnTypescript 폴더에서 Chap4 폴더를 새로 만든다.

⠿ 전통적인 웹사이트 개발 방법 이해하기

이 절에서는 전통적인 웹 페이지 설계와 개발 방법을 살펴봄으로써 SPA 스타일의 프로그래밍이 만들어진 이유를 살펴본다. 이러한 지식을 배움으로써 SPA로 전환하는 이유를 이해할 수 있다.

웹이 시작되는 시점에는 원래 자바스크립트 언어가 존재하지 않았다. 초기 웹은 과학자들 사이에 문서를 공유하기 위해 만들어진 정적인 HTML 페이지가 전부였다. 이러한 문서 형식과 인터넷이 더욱 대중화된 이후 사람들은 커뮤니케이션을 개선하기 위해 이러한 문서에 향상된 스타일링 방식이 필요함을 알게 됐다. 그렇게 CSS가 만들어졌고 이 CSS는 HTML 문서의 레이아웃과 스타일링에 관한 표준이 됐다. 그리고 결국 넷스케이프 브라우저 회사에서는 웹에서 페이지 내용을 좀 더 동적으로 만들어주는 스크립트 언어가 필요하다고 판단했고, 이에 자바스크립트가 만들어졌다.

이러한 기능에도 불구하고 기존 웹은 역시 아주 정적이었던 것이 사실이다. 브라우저에서 URL을 입력해보면 단일 문서를 돌려받게 된다. 이것은 실제로 서버의 파일이며 입력한 모든 URL에서 이와 같이 동작한다. CSS와 자바스크립트는 웹 애플리케이션을 보기 좋고 동적으로 만들어줬지만 웹의 페이지 중심 방식이 바뀌지는 않았다.

웹사이트가 좀 더 복잡해짐에 따라 대부분의 웹 개발자는 웹 문서를 더욱 정교하게 제어해야 했다. 그리고 웹 페이지의 내용과 배치를 동적으로 제어해야 했다. 그러한 이유로 CGI(공용 게이트웨이 인터페이스(Common Gateway Interface))가 만들어졌다. CGI는 SSR(서버 측 렌더링 (Server-Side Rendering))의 초기 모델이다. 이 방법은 기본적으로 브라우저의 요청을 웹 서버에서 받게 되는 것을 의미한다. 하지만 서버에서는 정적인 HTML 페이지를 반환하지 않고, 파라미터와 로직에 따라 상황에 맞는 페이지를 동적으로 생성하고 반환하는 프로세서를 실행하게 된다.

웹사이트가 변화 없는 정적 HTML 페이지를 사용하거나 또는 서버 측 로직을 사용해 서버에서 페이지를 렌더링하는지에 관계 없이 과거에는 완성된 HTML 페이지 파일을 브라우저로 전송하는 데 중점을 뒀다. 일반적인 웹사이트의 동작은 이러한 방식이었다.

이와 같이 하나의 파일 또는 페이지에 기초한 모델은 데스크탑이나 모바일 기기의 네이티브 앱 동작 방식과는 전혀 다르다. 네이티브 앱 모델은 앱 전체가 사용자의 기기에 다운로드 후 설치된다는 점에서 차이가 있다. 따라서 사용자가 앱을 열면 그 즉시 모든 기능을 사용할 준비가 된다. 즉, 화면에 그려야 하는 그 어떤 컨트롤도 이미 가지고 있는 코드에서 처리되므로, 추가적으로 백엔드 서버를 호출할 필요가 없다(그 밖에 데이터를 가져오거나 전송하기 위한 호출은 제외). 이러한 방식은 페이지에 새로운 내용을 보여주기 위해 지속적으로 요청하는 오래된 방식의 전통적인 웹 애플리케이션에 비해 현저하게 빠르고 응답이 더 좋다고 느끼게 한다.

SPA 애플리케이션을 이끄는 힘은 웹앱이 네이티브 기기의 애플리케이션과 아주 흡사하게 유사한 속도와 반응성을 갖도록 하는 데 있다. 따라서 SPA 방식은 웹 애플리케이션을 만들고 네이티브 애플리케이션처럼 보이게 하기 위한 다양한 라이브러리와 기술을 사용한다.

이 절에서는 초기 웹 환경에서 웹사이트를 어떻게 만들었는지 살펴봤다. 당시의 관심사는 HTML 문서 파일을 개별적으로 만들고 제공하는 것이었다. 이러한 스타일의 프로그래밍 방식은 한계가 존재 했으며 특히 네이티브 애플리케이션과 비교할 때 더 그러했고, SPA 방식의 애플리케이션에서는 이러한 한계를 해결하고 웹앱을 네이티브 앱처럼 보이도록 하려 했다는 것을 배웠다. 다음 절에서는 SPA 앱이란 무엇이고 페이지 중심의 기존 웹 개발 방식을 개선할 수 있는지 살펴본다.

⠿ SPA의 이점과 특성 이해하기

이 절에서는 SPA 애플리케이션의 이점과 특성은 무엇이 있는지 살펴본다. 이러한 특성을 이해하면 리액트를 만드는 데 사용된 설계적인 결정 사항을 이해할 수 있게 되고 더불어 리액트 앱을 만드는 데 사용하는 컴포넌트와 관련 라이브러리를 이해할 수 있게 된다.

앞서 언급한 것처럼 SPA 스타일을 사용한 애플리케이션의 장점은 웹앱을 좀 더 네이티브 애플리케이션처럼 보이게 만들어준다는 것이다. 여러 SPA 애플리케이션 메서드를 사용해 프로그램을 특정 기기에 설치된 것 같은 응답과 모양을 만들 수 있다. 전통적인 방식의 웹앱은 페이지의 어떤 변경 사항이라도 처리하려면 서버에 새로운 화면을 가져오는 콜백을 요청해야 하기 때문에 느린 것처럼 보인다. 하지만 SPA 스타일의 앱은 서버에서 새로운 파일이 오는 것을 기다리지 않고 즉시 해당 화면의 영역을 다시 그린다. 따라서 사용자 입장에서 보면 SPA 애플리케이션은 네이티브 기기에 설치된 애플리케이션이라고 할 수 있다.

SPA 애플리케이션을 만드는 작업은 다양한 컴포넌트와 라이브러리를 사용해야 하며 아주 복잡하다. 하지만 앵귤러^{Angular}나 뷰^{Vue}, 리액트^{React} 또는 그 밖에 다른 프레임워크를 사용하더라도 언제나 SPA 애플리케이션에 대한 특정 기능과 요구 사항은 공통적으로 존재한다.

다음은 그러한 요구 사항의 일부이며 그 내용을 살펴보자.

- 이름에서 알 수 있는 것처럼 전체 앱은 단 하나의 HMTL 페이지에서 동작한다. 다양한 화면을 보여주기 위해 개별 페이지를 사용하는 표준 HTML 앱과는 다르게 SPA 애플리케이션의 첫 번째 페이지는 SPA 애플리케이션을 로딩하는 페이지다.

- 정적인 HTML 파일 대신 자바스크립트에서 화면을 동적으로 렌더링한다. 따라서 첫 번째 다운로드한 HTML 페이지는 실제로 거의 대부분 콘텐츠가 비어 있다. 하지만 전체 애플리케이션을 담는 컨테이너인 바디 태그 안에 루트 요소를 갖게 되며 사용자가 해당 애플리케이션을 사용하게 되면 실시간으로 렌더링된다.

- 애플리케이션에서 동작하는 스크립트와 파일은 모두 메인 HTML 파일을 처음 불러오는 시점에 다운로드하는 것이 일반적이다. 하지만 이러한 방식은 바뀌고 있으며 대부분의 애플리케이션에서는 기본적인 수준의 스크립트 파일만 다운로드하고 나머지 스크립트 파일은 필요한 시점에 다운로드한다. 화면의 대기 시간을 감소시켜 사용자 경험user experience을 강화시키는 이러한 기법을 사용하는 방법은 나중에 살펴본다.

- SPA에서 URL 라우팅은 다양하게 처리된다. 자신이 선택한 프레임워크에 따라 SPA 애플리케이션의 가상 라우팅 메커니즘이 달라진다. 가상 라우팅Virtual routing은 단순히 사용자에게 서로 다른 서버 측 URL에 대한 호출이 이루어지는 것처럼 보이지만 실제로 모든 "라우팅"은 서로 다른 화면으로 논리적으로 전환하기 위해 클라이언트의 브라우저에서만 발생한다. 다시 말해, 서버 호출은 없으며 URL 라우팅을 통해 앱을 논리적으로 여러 화면으로 구분할 수 있게 해준다. 예를 들어 사용자가 브라우저에 URL을 입력하는 경우 사용자는 엔터Enter를 눌러 해당 URL의 목적지인 서버로 포스트 백postback이 일어나게 한다. 하지만 SPA 앱에서 일어나는 라우팅의 경우는 해당 포스트 백이 절대 발생하지 않는다. 대신 SPA 애플리케이션은 URL을 애플리케이션의 영역에 대한 일종의 컨테이너처럼 사용해 특정 URL이 전달될 때 해당되는 행위를 발생시킨다. 하지만 여전히 URL 라우팅은 대부분의 사용자가 기대하는 기능이며 화면을 즐겨찾기bookmark할 수 있게 해준다.

이 절에서는 SPA를 구성하는 속성을 살펴봤다. 단 하나의 파일로 전체 애플리케이션을 처리하는 다양한 방법과 이러한 종류의 애플리케이션을 만드는 데 사용되는 방법론을 다뤘다. 다음 절에서는 리액트 SPA 애플리케이션을 만드는 방법과 이러한 방식의 애플리케이션을 만들기 위해 리액트 팀이 내린 결정을 조금 더 자세히 살펴본다.

:: 리액트 SPA 방식 이해하기

이 절에서는 높은 수준의 리액트에 대해 살펴본다. 이러한 내용을 이해하면 리액트의 내부적인 처리 방식의 이해를 통해 더 나은 리액트 기반의 애플리케이션을 만들 수 있게 될 것이다.

앞서 언급한 것처럼 웹사이트는 주로 텍스트 기반 문서인 HTML이다. 이 파일은 코드를 포함하며 브라우저가 DOM^Document Object Model이라고 하는 논리적인 트리를 만드는 데 사용된다. 이 트리는 순서에 따라 파일의 모든 HTML 요소와 구조 안에 있는 다른 요소들과 관계를 나타낸다. 모든 웹사이트는 SPA 스타일이거나 또는 그렇지 않더라도 그 페이지에 DOM 구조를 가지고 있다. 하지만 리액트에서는 독특한 방식으로 DOM의 장점을 사용해 앱을 만들 수 있도록 해준다.

리액트에는 다음과 같은 두 가지 중요한 구조가 있다.

- 리액트에서는 런타임에 가상 DOM을 유지한다. 이 가상 DOM은 브라우저의 DOM과는 구별된다. 이 가상 DOM은 리액트에서 갖고 있으며, 코드의 명령어에 따라 생성되고 유지되는 DOM의 고유한 사본이다. 이 가상 DOM은 내부적으로 리액트 서비스가 처리하는 재조정^reconciliation 과정에서 필요에 의해 생성되고 수정된다. 이 재조정 과정은 리액트에서 브라우저의 DOM과 리액트가 가지고 있는 고유의 가상 DOM을 대조하는 비교 과정이다. 이 재조정 과정을 보통 렌더링 단계^render phase라고 한다. 예컨대 가상 DOM에 브라우저 DOM에는 없는 요소가 포함되는 등의 차이점이 발견되면 리액트에서는 브라우저 DOM으로 명령어를 전송해 해당 요소를 생성하고 해당 브라우저 DOM과 가상 DOM을 일치시킨다. 이와 같이 요소를 추가하거나 수정, 제거하는 과정을 커밋 단계^commit phase라고 한다.

- 리액트 개발에서 또 다른 중요한 특징은 리액트가 상태 기반이라는 것이다. 리액트 애플리케이션은 여러 컴포넌트로 구성되고 각 컴포넌트는 데이터와 같은 지역 상태^local state를 가질 수 있다. 어떤 이유로 이러한 데이터가 변경된다면 리액트에서는 재조정 과정이 실행되고 필요한 경우 해당 DOM을 변경한다.

이러한 개념을 더욱 확실하게 하기 위해 간단한 리액트 애플리케이션 예제를 살펴보자. 하지만 살펴보기에 앞서 리액트 애플리케이션이 무엇으로 구성돼 있는지 알아본다.

리액트 애플리케이션의 여러 가지 속성

기본적으로 최신 리액트 애플리케이션을 동작시키려면 몇 가지 기능이 기본적으로 필요하다. 애플리케이션의 종속성을 관리하기 위한 npm이 필요하다. 앞선 예제에서 살펴본 것처럼 npm은 저장소이며 오픈소스 종속성을 중앙 스토어에서 내려받아 자신의 애플리케이션에서 사용할 수 있게 해준다. 그리고 번들링^{bundling}이라는 것을 처리해주는 도구가 필요하다. 번들링 시스템은 CSS 파일과 같은 에셋^{assets}과 스크립트 파일을 모두 모아 단일 파일 세트로 압축해주는 일종의 서비스다. 압축 과정에서는 스크립트에서 공백과 그 밖에 불필요한 텍스트를 제거해 결과적으로 사용자의 브라우저에서 해당 파일이 가능한 작게 다운로드되도록 한다. 이와 같은 보다 작은 크기의 페이로드는 앱의 기동 시간을 개선해줘 사용자 경험을 향상시킨다. 예제에서 사용할 번들링 시스템은 웹팩^{webpack}이며, 리액트 애플리케이션 번들링에서는 사실상 표준이기 때문에 웹팩을 선택했다. 더불어 npm의 내장 스크립트 시스템을 사용해 작업의 일부를 자동화해주는 스크립트를 만들 수 있다. 예를 들어 테스트 서버를 기동 시키고 테스트를 실행하고 최종 버전의 상용 앱을 생성하는 스크립트를 만들 수 있다.

create-react-app npm 패키지를 사용하면 앞서 언급한 모든 종속성^{dependencies}과 리액트를 개발하기 위한 일반적인 종속성, 앱을 관리하기 위한 내장 스크립트를 받을 수 있다. 이 패키지를 사용해 첫 번째 앱을 만들어보자.

1. 터미널이나 명령줄에서 HandsOnTypescript/Chap4 폴더로 이동한 후, 다음 명령을 실행한다.

```
npx create-react-app try-react --template typescript
```

npm i -g이 아닌 npx를 사용하므로 create-react-app을 설치할 필요가 없다.

2. 이 명령을 완료하면 VS Code를 열고 새로 생성된 try-react 폴더를 연다. 이 폴더는 4장 도입부에서 생성했다.

3. VS Code에서 터미널을 열고 다음 명령을 실행한다.

```
npm run build
```

이 명령으로 상용 버전의 앱이 생성되고 build 폴더에 들어간다. 빌드가 끝나면 VS Code에서 다음과 같은 구조를 확인할 수 있다.

그림 4.1 try-react

맨 위에서부터 create-react-app에서 제공된 내용을 살펴보자.

- build 폴더에는 번들링과 압축^{minified}된 최종 상용^{production} 파일이 들어간다. 이 최종 파일은 가능한 작게 만들어지고 디버그를 위한 정보도 성능 향상을 위해 제거된다.

- 다음으로 node_modules 폴더에는 npm 저장소에서 내려받은 모든 종속성이 포함된다.

- 그리고 public 폴더에는 최종 앱을 만드는 데 사용될 index.html과 같은 정적인 에셋이 들어간다.

- 다음으로 가장 중요한 폴더라고 할 수 있는 src가 있다. 짧은 이름에서 의미하는 것처럼 이 폴더에는 전체 소스 스크립트가 포함된다. 확장자가 .tsx인 파일은 모두 리액트 컴포넌트다. .ts 파일은 순수 타입스크립트 파일이다. 끝으로 .css 파일에는 스타일 속성(파일은 여러 개일 수 있다)이 포함된다. d.ts 파일은 타입스크립트 타입 정보를 포함하는 파일이며, 이 정보는 컴파일러에서 수행되는 정적 타입 검사static type check를 위해 사용된다.

- 다음은 .gitignore 파일이다. 이 파일은 이 책의 소스 코드가 저장된 깃허브 코드 저장소를 사용하기 위한 용도다. 이름에서 알 수 있는 것처럼 이 파일을 통해 깃 시스템에 특정 파일과 폴더를 업로드하지 않고 무시하도록 알려준다.

- package.json과 package-lock.json 파일은 의존성을 구성하고 설정하는 용도다. 추가적으로 이 파일을 통해 빌드, 테스트, 실행 스크립트에 대한 설정을 저장할 수 있고 제스트Jest 테스트 프레임워크를 위한 설정도 저장할 수 있다.

- 마지막으로 tsconfig.json 파일은 2장, '타입스크립트 살펴보기'에서 알아봤다. 이 파일에서 타입스크립트 컴파일러를 설정한다. 기본적으로 strict 모드가 활성화되고 따라서 암시적으로 any나 undefined를 사용할 수 없다.

여기까지 예제 프로젝트 목록을 살펴봤으며 파일의 내용을 살펴보자. 먼저 package.json 파일을 살펴보자. 이 파일에는 다양한 섹션이 존재하며 가장 중요한 일부 섹션을 살펴보자.

- dependencies 섹션에는 앱에서 특정 기능을 사용하기 위한 라이브러리를 포함한다. 이러한 의존성에는 리액트와 타입스크립트, 테스트를 위한 제스트 라이브러리가 포함된다. @types 의존성에는 타입스크립트 정의 파일이 포함된다. 타입스크립트 정의 파일에는 자바스크립트로 작성된 프레임워크용 정적 타입 정보가 저장된다. 즉, 이 파일은 타입스크립트 컴파일러에게 프레임워크에서 사용된 타입의

형태를 알려줘 타입 선언과 검사가 처리되도록 한다.

- devDependencies라고 하는 또 다른 의존성 섹션이 존재한다. 여기서는 이 섹션을 사용하지 않겠지만 일반적으로 개발 시점에 사용되는 의존성을 저장한다. 이는 런타임에 사용되는 의존성을 저장하는 dependencies 섹션과는 용도가 다르다. 어떤 이유로 리액트 팀에서는 이 두 가지를 dependencies에 포함시키는 것으로 결정했다. 여러 프로젝트에서 이 섹션을 만나게 될 것이므로 알고 있어야 한다.

- scripts 섹션은 애플리케이션을 관리하는 스크립트를 저장하기 위한 용도. 예를 들어 start 스크립트는 npm run start나 짧게는 npm start를 호출하기 위해 사용되는 스크립트다. 이 스크립트는 개발 서버에서 애플리케이션을 시작하기 위해 사용한다. 나중에 다루겠지만 서버에 상용 파일을 배포하는 등의 작업을 수행하는 프로젝트 고유의 스크립트를 추가할 수도 있다.

create-react-app에서 생성된 프로젝트는 리액트 팀에 의해 많은 부분이 변경됐다. 리액트 팀에서 최적화를 하면서 이러한 프로젝트의 스크립트와 설정이 쉽게 보이지 않도록 숨겼다. 예를 들어 기본 웹팩 설정과 스크립트가 그와 같다. 숨겨진 설정과 스크립트가 궁금하다면 npm run eject를 실행해 모든 설정과 스크립트를 확인할 수 있다. 하지만 이 동작은 되돌릴 수 없다. 즉, 이전 상태로 돌아갈 수 없게 된다. 이 같은 명령을 사용하는 이점이 많지 않으므로 보통은 사용하지 않는다.

다음으로 스크립트를 살펴보자. src 폴더에서 index.tsx 파일을 열어보면 다음과 같은 내용을 볼 수 있다.

```tsx
import React from 'react';
import ReactDOM from 'react-dom/client';
import './index.css';
import App from './App';
import reportWebVitals from './reportWebVitals';

const root = ReactDOM.createRoot(
  document.getElementById('root') as HTMLElement
);
root.render(
```

```
  <React.StrictMode>
    <App />
  </React.StrictMode>
);

// If you want to start measuring performance in your app, pass a function
// to log results (for example: reportWebVitals(console.log))
// or send to an analytics endpoint. Learn more: https://bit.ly/CRA-vitals
reportWebVitals();
```

다시 말하지만 JSX를 반환하는 리액트 컴포넌트가 포함된 모든 파일은 .tsx 파일 확장자를 가진다. 예제는 이 파일에서부터 시작한다. 그 이유는 이 파일이 리액트 애플리케이션의 진입점entry point이기 때문이다. 리액트에서 런타임 빌드 프로세스를 시작하는 위치다. 이제 위에서부터 살펴보면 의존성을 불러오기 위해 ES6 문법이 사용되고 있다는 것을 알 수 있다. 곧 살펴볼 핵심 App 모듈을 포함해 리액트와 관련 모듈을 불러온다. Import 다음에 렌더링된 내용을 포함시킬 HTML 요소를 인자로 받아 ReactDOM.createRoot가 호출된다. 그리고 호출 결과의 render 메서드를 다시 호출하며 이때 인자로 렌더링이 시작되는 가장 낮은 수준의 리액트 컴포넌트를 전달한다. 결과적으로 이 호출은 연관된 모든 컴포넌트를 HTML로 출력한다. 볼 수 있는 것처럼 App 컴포넌트를 React.StrictMode 컴포넌트로 감쌌다. React.StrictMode 컴포넌트는 단순히 개발에만 도움을 준다. 상용production 모드로 컴파일하면 이 컴포넌트의 효과는 사라지며 성능에 영향을 주지 않는다. 하지만 개발 모드에서는 코드의 잠재적인 문제에 관한 추가적인 정보를 제공한다. 이 내용은 시간이 지남에 따라 변경될 수 있겠지만 현재 제공되는 도움말 목록은 다음과 같다.

- 안전하지 않은 라이프 사이클을 사용한 컴포넌트 식별: componentWillMount와 componentWillReceiveProps, componentWillUpdate 같은 안전하지 않은 라이프 사이클을 호출하는 경우에 나타난다. 훅Hooks을 사용해 코딩하는 경우는 이러한 문제가 적용되지 않지만 기존의 클래스 기반 컴포넌트에 대한 내용을 알고 있는 것이 좋다.

- 레거시 문자열 ref API에 대한 경고: 오래된 HTML 요소 참조 생성 방식은 리액트 컴포넌트와는 대조적으로 문자열을 사용하는 것이다. 예를 들면 <div ref=

"myDiv">{content}</div> 같은 식이다. 이 메서드는 문자열을 사용하므로 문제가 있으며 현재 권장되는 방식은 React.createRef를 대신 사용하는 것이다. 나중에 나오는 장에서 ref를 사용하는 이유에 대해 살펴본다.

- 권장하지 않는 findDOMNode 사용에 대한 경고: findDOMNode는 추상화 원칙을 위배하기 때문에 현재는 사용하지 않는다. 특히 컴포넌트 트리에 있는 부모 컴포넌트에서 특정 자식 컴포넌트를 조작할 수 있다. 이 같은 코드 구현의 결합은 부모 컴포넌트가 트리에 존재하는 어떤 부분에 의존성을 가지는 것이므로 나중에 코드 변경이 어려워진다는 것을 의미한다. 2장, '타입스크립트 살펴보기'에서 추상화를 포함해 객체지향 프로그램의 원칙을 살펴봤다.

- 예상치 못한 부작용 검사: 부작용Side-effect은 의도치 않은 코드의 결과다. 예를 들어 클래스 컴포넌트가 생성자에서 다른 함수나 속성으로부터 자신의 상태를 초기화하는 경우 초기화될 때 가끔 다른 값이 상태로 전달된다면 초기화되지 않게 된다. 이러한 문제를 해결하기 위해 React.StrictMode에서는 생성자나 getDerived StateFromProps 같은 특정 라이프 사이클 호출을 두 번 실행해 이러한 형태의 문제가 발생하는지 알려준다. 이러한 기능은 개발 과정에서만 동작한다.

- 레거시 context API 검사: context API는 리액트의 기능으로 애플리케이션의 모든 컴포넌트에 대한 전역 상태를 제공해준다. 이 API의 새로운 버전이 존재하며 예전 버전의 사용은 권장하지 않는다. 이 기능은 오래된 버전의 API를 사용하고 있는지 검사한다.

처리하는 대부분의 검사는 오래된 클래스 기반의 컴포넌트 스타일에 대한 부분을 해결해준다. 하지만 유지 보수하고 있는 주요한 기존 코드의 대부분은 여전히 클래스를 사용한 오래된 방식으로 작성됐기 때문에 이러한 내용을 이해하는 것은 중요하다.

다음으로 App.tsx 파일을 살펴보자.

```
import React from 'react';
import logo from './logo.svg';
import './App.css';
```

```
function App() {
  return (
    <div className="App">
      <header className="App-header">
        <img src={logo} className="App-logo" alt="logo" />
        <p>
          Edit <code>src/App.tsx</code> and save to reload.
        </p>
        <a
          className="App-link"
          href="https://reactjs.org"
          target="_blank"
          rel="noopener noreferrer"
        >
          Learn React
        </a>
      </header>
    </div>
  );
}
export default App;
```

NOTE

이 예제에서 볼 수 있는 JSX 문법은 실제 HTML이 아니다. 이 내용은 사용자 정의된 자바스크립트다. 따라서 자바스크립트 키워드 사용으로 잠재적인 충돌이 있을 때마다 리액트에서는 또 다른 이름을 사용한다. 예를 들어 class는 자바스크립트의 예약 키워드이기 때문에 리액트는 CSS 클래스를 표현하기 위해 className을 대신 사용한다.

Index.tsx 파일이 리액트의 주요 시작 지점이지만 앱이 될 실제 컴포넌트는 App.tsx 파일에서 시작된다. 따라서 이 파일은 아주 중요한 파일이다.

이 코드의 몇 가지 항목을 살펴보자.

- 먼저 리액트 npm 의존성에서 리액트를 불러온다. npm_modules 폴더 내부를 살펴보면 react라는 하위 폴더가 있고 이 폴더를 import문에서 참조한다는 것을 알 수 있다. 직접 만들지 않고 불러오는 모든 코드는 node_modules 폴더에 존재한다.

- 다음은 logo를 불러온다. 이미지 에셋은 자바스크립트 변수로 불러오게 된다. 여기서는 logo 변수다. 보다시피 npm 모듈이 아니기 때문에 점을 사용한 참조가 필요하다. npm 모듈은 시스템에서 npm_nodules를 검색할 폴더를 알고 있기 때문에 상대 경로가 필요치 않다.

- 다음으로 App.css를 불러온다. 이 파일은 스타일 파일이므로 이와 관련이 있는 자바스크립트 변수가 없다. 이 파일은 npm 패키지가 아니기 때문에 상대 경로도 불필요하다.

- App 컴포넌트는 구문에서 볼 수 있는 것처럼 함수형 컴포넌트다. App 컴포넌트는 전체 애플리케이션에서 사용하는 최상위^{root} 부모 컴포넌트다. 이 컴포넌트는 고유의 상태를 갖지 않고 내용만을 렌더링한다. 즉, return 구문은 렌더링된 내용이며 JSX가 사용된다.

- 이후 장에서 JSX가 무엇인지 좀 더 자세히 살펴본다. 하지만 지금은 JSX가 HTML과 유사한 구문이며 자바스크립트로 작성한다는 것만 알아두자. JSX는 리액트 팀에서 리액트 컴포넌트를 사용해 HTML 내용을 더욱 쉽고 명확하게 작성하기 위해서 만들었다. 기억할 주요한 내용은 JSX가 HTML과 거의 비슷하게 보이지만 실제로 HTML은 아니며 따라서 동작 방식에 약간의 차이가 있다는 점이다.

- 보통은 class로 설정하는 CSS 클래스에 대한 스타일 참조는 코드에서 볼 수 있듯이 className으로 설정한다. 그 이유는 class가 자바스크립트 키워드이므로 사용할 수 없기 때문이다.

- 중괄호는 문자열이 아닌 코드가 전달됐다는 것을 가리킨다. 예를 들어 img 태그의 src 속성은 logo라는 자바스크립트 변수를 그 값으로 전달을 받고 해당 변수는 중괄호 안에 있다. 문자열을 전달하려면 따옴표를 사용한다.

앱의 기본 화면이 어떤지 알아보기 위해 개발 모드에서 앱을 실행해보자. 다음 명령으로 실행한다.

```
npm start
```

이 명령을 실행하면 브라우저에서 다음과 같은 화면을 볼 수 있다.

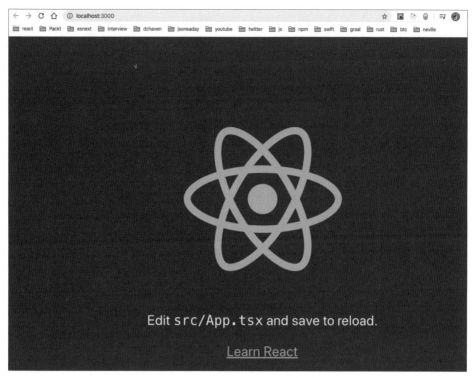

그림 4.2 App 시작 화면

이 애플리케이션의 주요 시작 컴포넌트가 App.tsx 파일이기 때문에 App.tsx의 텍스트와 로고가 나타난다. 코딩을 시작할 때 이 서버가 동작하도록 유지한다. 그리고 스크립트 파일을 저장하면 이 페이지의 변경 사항이 자동으로 업데이트돼 실시간으로 확인할수 있게 된다.

리액트로 컴포넌트를 만드는 방법과 리액트 라우팅 동작 방식을 더욱 잘 이해하기 위해 간단한 첫 번째 컴포넌트를 만들어보자.

1. src 폴더에 Home.tsx 파일을 새로 만들고 다음 코드를 추가한다.

```
import React, { FC } from "react";

const Home: FC = () => {
```

```
  return <div>Hello World! Home</div>;
};

export default Home;
```

2. 보다시피 Hello World!라는 단어가 포함된 div 태크를 반환하는 Home 컴포넌트다. FC라는 함수형 컴포넌트 선언을 사용해 컴포넌트 타입을 지정하고 있다. 함수형 컴포넌트는 오래된 클래스 방식과는 대조적인 리액트 훅Hooks을 사용하는 경우에 컴포넌트를 생성할 수 있는 유일한 방법이다. 이 방법을 사용하는 것은 리액트 팀에서 컴포지션composition이 상속inheritance에 비해 코드 재사용에 더 나은 방식이라고 믿기 때문이다. 하지만 방법이 무엇이든 코드 재사용의 중요성은 여전하다.

3. 이제 이 컴포넌트를 화면에 보여주기 위해 App.tsx 파일에 추가하고 앱에 라우팅도 추가해 확인해보자. 먼저 index.tsx 파일을 다음과 같이 업데이트한다.

```
import React from "react";
import ReactDOM from "react-dom/client";
import "./index.css";
import App from "./App";
import reportWebVitals from "./reportWebVitals";
import { BrowserRouter } from "react-router-dom";

const root = ReactDOM.createRoot(
  document.getElementById("root") as HTMLElement
);
root.render(
  <React.StrictMode>
    <BrowserRouter>
      <App />
    </BrowserRouter>
  </React.StrictMode>
);

// If you want to start measuring performance in your app, pass a
function
// to log results (for example: reportWebVitals(console.log))
// or send to an analytics endpoint. Learn more: https://bit.ly/CRA-
vitals
reportWebVitals();
```

이 index.tsx 파일은 이제 BrowserRouter라는 하나의 컴포넌트다. 이 컴포넌트는 리액트 라우터의 일부분이며 이 애플리케이션 전반에서 라우팅이 발생하도록 해주는 기본 컴포넌트다. App 컴포넌트를 감싸고 있기 때문에 애플리케이션의 나머지 부분은 이 App 컴포넌트의 내부에서 동작하게 된다. 즉 라우팅 서비스가 전체 애플리케이션에서 제공된다는 의미다.

4. 여기서는 리액트 라우터를 사용하게 될 것이기 때문에 두 번째 경로용 Another Screen 컴포넌트도 만들어보자.

```
import React, { FC } from "react";
const AnotherScreen: FC = () => {
  return <div>Hello World! Another Screen</div>;
};

export default AnotherScreen;
```

5. 다음으로 App.tsx 파일을 다음과 같이 업데이트한다.

```
import React from "react";
import "./App.css";
import Home from "./Home";
import AnotherScreen from './AnotherScreen';
import { Switch, Route } from "react-router";

function App() {
  return (
    <div className="App">
      <header className="App-header">
        <Switch>
          <Route exact={true} path="/"
            component={Home}></Route>
          <Route path="/another"
            component={AnotherScreen}></Route>
        </Switch>
      </header>
    </div>
  );
}

export default App;
```

볼 수 있는 것처럼 헤더의 내용이 바뀌었다. 이 파일에서는 헤더 태그 안에 Switch 컴포넌트를 확인할 수 있다. 이 컴포넌트는 거의 스위치 구문처럼 동작한다. 리액트 라우터에게 URL경로와 같은 특정 경로가 전달되면 어떤 컴포넌트를 화면에 출력할 것인지 알려준다. 이 Switch 컴포넌트의 내부에 두 가지 Route 컴포넌트를 확인할 수 있다. 첫 번째 컴포넌트는 path가 "/"와 같다고 표기된 기본 루트 경로를 위한 컴포넌트다. 이 경로에 대해서 리액트 라우트는 Home 컴포넌트를 화면에 출력하게 된다. 여기서 exact는 URL이 완전히 일치해야 함을 의미한다. 두 번째는 "/another" 경로를 위한 컴포넌트다. 즉 이 경로가 URL 박스에 있다면 Another Screen 컴포넌트가 로딩된다.

6. npm start가 실행되도록 두면 다음과 같이 Hello World! Home을 확인할 수 있다.

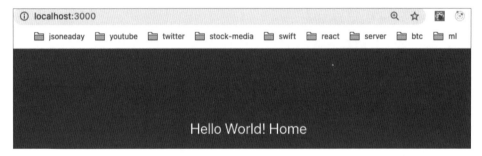

그림 4.3 Home

7. URL을 살펴보면 사이트의 루트라는 것을 확인할 수 있다. 이 URL을 다음과 같이 http://localhost:3000/another로 변경해보자.

그림 4.4 Another screen

볼 수 있는 것처럼 특정 URL에 해당하는 컴포넌트를 로딩하는 규칙에 따라 Another Screen 컴포넌트가 로딩됐다.

추가적으로 크롬 브라우저의 디버거^{debugger}를 열어보면 실제로 특정 경로를 구성하기 위한 네트워크 호출이 없다는 것을 알 수 있다. 이것은 리액트 라우터에서 이러한 경로를 구성하기 위해 아무런 포스트 백도 수행되지 않고 브라우저 내부에서만 수행된다는 것을 확인해준다.

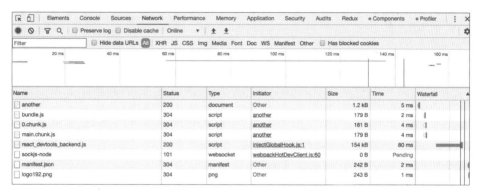

그림 4.5 크롬 디버거

여기까지 리액트 앱과 컴포넌트를 시작해보기 위한 간단한 예제를 만들어봤다.

이 절에서는 리액트의 내부 동작 방식과 리액트 프로젝트를 설정하는 방법을 살펴봤다. 이러한 지식은 다음 여러 장에서 살펴볼 애플리케이션을 만들기 위해 필요하다 .

⠿ 요약

4장에서는 초기 웹 생태계에서 웹사이트를 어떻게 개발했는지 살펴봤다. 그리고 오래된 웹 개발 방식의 한계와 SPA 애플리케이션으로 그러한 한계를 극복하기 위해 시도할 수 있는 방법을 배웠다. SPA 애플리케이션을 이끄는 힘은 웹앱이 더욱 더 네이티브 애플리케이션처럼 동작하도록 만드는 데 있다는 것을 알게 됐다. 끝으로 리액트 개발과 컴포넌트를 만드는 내용을 소개했다.

5장에서는 이러한 지식을 바탕으로 리액트 컴포넌트를 만드는 내용을 자세히 알아본다. 클래스 기반 컴포넌트를 살펴보고 새로운 훅 방식 컴포넌트와 유사성과 차이점을 살펴본다. 지금까지 웹 개발과 리액트 기반 웹 개발에 관해 배운 내용은 5장을 잘 이해하는 데 도움을 줄 것이다.

05

훅을 사용한 리액트 개발

5장에서는 리액트 훅^{Hook}을 사용해 개발하는 방법을 배운다. 훅 개발과 오래된 클래스 기반 방식의 유사점과 차이점을 알아보고 훅을 사용해 개발하는 방법이 리액트 개발에서 더 나은 이유를 알아본다. 훅을 사용해 고품질의 코드를 얻을 수 있는 모범 사례도 살펴본다.

5장에서는 다음 주제를 다룬다.

- 클래스 방식 컴포넌트의 한계와 문제점 이해하기
- 리액트 훅과 장점 이해하기
- 클래스 방식과 훅 방식의 유사점과 차이점

기술적 요구 사항

기본적인 웹 개발과 SPA 방식의 코딩에 대한 이해가 있어야 한다. 그리고 계속해서 노드와 VS Code를 사용한다.

깃허브 저장소는 https://github.com/JungYeolYang/Full-Stack-React-TypeScript-and-Node-acorn이다. Chap5 폴더의 코드를 사용한다.

5장의 코드 폴더를 설정하기 위해 HandsOnTypescript 폴더로 이동한 후 Chap5 폴더를 새로 만든다.

클래스 방식 컴포넌트의 한계와 문제점 이해하기

이 절에서는 클래스 방식 컴포넌트가 무엇인지 살펴본다. 그리고 상속 방식의 코드 재사용과 라이프 사이클을 처리하는 방식이 좋은 의도로 시작했지만 결과적으로는 적절한 코드 재사용과 컴포넌트를 구조화하는 기능을 제공하지 못한 이유를 알아본다. 코드를 클래스 컴포넌트로 작성하지 않지만 클래스 기반 컴포넌트를 이해하는 것은 중요하며, 그 이유는 훅이 아직 조금은 새로운 기술이고 기존 리액트 코드에서는 클래스를 사용하기 때문이다. 즉, 전문적인 개발자라면 그러한 코드 기반이 훅으로 대체될 때까지는 이해하고 유지 보수할 수 있어야 한다.

클래스 방식 컴포넌트의 한계를 이해하기 위해 그러한 방식이 무엇인지 살펴본다. 리액트 애플리케이션은 컴포넌트라고 말하는 여러 가지 개별적인 구조물로 구성돼 있다. 클래스 기반의 방식을 사용한다면 이러한 컴포넌트는 React.Component에서 상속받은 자바스크립트 ES6 클래스가 된다. 하나의 컴포넌트는 기본적으로 하나의 머신이며, 이 머신은 상태 데이터를 포함하고 해당 데이터가 바뀜에 따라 컴포넌트에서는 JSX 언어를 통해 HTML을 만들어낸다. 컴포넌트가 더 복잡할 수는 있지만 기본적인 수준의 컴포넌트는 이와 같다.

클래스 컴포넌트에서는 필요하지 않더라도 고유의 상태를 가지는 것이 일반적이다. 추가적으로 클래스 기반 컴포넌트는 자식 컴포넌트를 가질 수 있다. 자식 컴포넌트는 단순히 다른 리액트 컴포넌트이며 부모 컴포넌트의 render 함수에 포함되므로 부모 컴포넌트가 렌더링되는 시점에 렌더링된다.

클래스 컴포넌트는 React.Component 객체를 상속받아야 한다. 그렇게 함으로써 라이프 사이클 함수를 포함한 리액트 컴포넌트의 모든 기능을 갖게 된다. 이러한 라이프 사이클 함수는 리액트에서 제공되는 이벤트 핸들러로, 개발자가 리액트 컴포넌트가 유지되는 동안 특정 시간에 발생하는 이벤트에 연결할 수 있게 해준다. 즉, 개발자가 자신의 고유 코드와 로직을 원하는 시점에 리액트 컴포넌트 내부에 삽입할 수 있도록 해준다.

상태

4장, 'SPA의 개념과 리액트에서 사용하는 방법'에서 상태에 관해 간단하게 다뤘다. 리액트 컴포넌트를 살펴보기에 앞서 상태를 조금 더 자세히 알아보자. 리액트에서는 JSX를 사용해 브라우저에 HTML을 렌더링한다. 이러한 렌더링을 통해서 컴포넌트 상태가 처리되며, 더 정확하게는 컴포넌트 상태의 변경이 일어난다. 그러면 컴포넌트 상태란 무엇일까? 리액트 클래스 컴포넌트에는 state라는 필드가 존재한다. 이 필드는 객체이면서 관련이 있는 컴포넌트를 기술하는 여러 속성을 포함한다. 함수에는 상태를 적용할 수 없지만 자신의 클래스 컴포넌트의 멤버로 여러 함수를 필요한 만큼 포함시킬 수 있다.

언급한 것처럼 상태 변경은 자신의 컴포넌트를 리액트 시스템이 다시 렌더링하도록 만든다. 상태 변경은 UI 요소만 가지고 있는 컴포넌트를 리액트에서 렌더링하는 것이다. 이는 관심사의 분리separation of concerns와 클린 코드clean code 관행을 유지할 수 있는 좋은 방법이다. 클래스 기반 컴포넌트에서 상태 변경은 setState 함수를 통해 일어난다. 이 함수는 새로운 상태를 전달하는 하나의 파라미터를 가지며 리액트에서는 나중에 비동기적으로 이 상태를 업데이트한다. 즉, 실제 상태 변경이 즉시 이루어지지는 않지만 리액트 시스템에 의해 통제된다.

상태와 더불어 props를 통해 컴포넌트의 상태를 공유할 수 있다. props는 상태의 속성이며 특정 컴포넌트의 자식 컴포넌트로 전달된다. 상태 변경과 마찬가지로 props가 변경되면 자식 컴포넌트에서도 렌더링이 다시 발생한다. 부모 컴포넌트의 렌더링이 다시 발생하면 자식 컴포넌트에서도 렌더링이 다시 발생하게 된다. 여기서 렌더링이 다시 발생하는 것이 전체 UI 업데이트를 말하는 것은 아니다. 이 재조정 과정은 계속 진행되면서 화면의 노출되는 내용과 상태의 변경에 따라 필요한 부분만 변경하게 된다.

라이프 사이클 메서드

다음 이미지는 클래스 기반의 리액트 컴포넌트에서 라이프 사이클 호출에 관한 대략적인 설명이다. 보다시피 아주 복잡하다. 그리고 componentWillReceiveProps(원치 않은 렌더링과 무한 루프 같은 이슈를 발생시켜 완전히 없어짐)와 같이 이 다이어그램에 언급되지 않고 사용을 권장하지 않는 몇 가지 함수도 포함돼 있다.

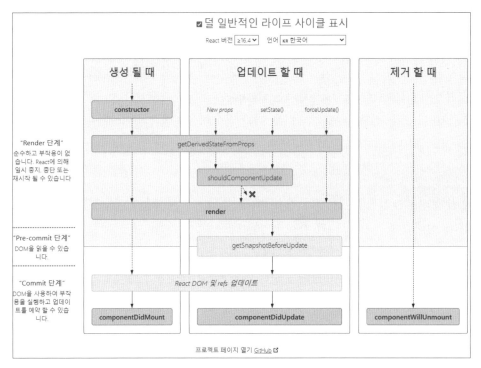

그림 5.1 리액트 클래스 컴포넌트 라이프 사이클
(원본: https://projects.wojtekmaj.pl/react-lifecycle-methods-diagram/)

이 다이어그램을 상위 수준에서부터 살펴보자. 맨 처음으로 생성될 때^{Mounting}, 업데이트할 때^{Updating}, 제거할 때^{Unmounting}를 볼 수 있다. 생성될 때^{Mounting}는 단순히 컴포넌트의 인스턴스를 만들고 초기화한 다음 가상 리액트 돔^{virtual React DOM}에 초기화된 컴포넌트를 추가하는 것이다. 가상 돔은 리액트에서 실제 브라우저의 돔과 가상 돔 사이의 컴포넌트를 재조정하는 데 사용된다는 것을 4장, 'SPA의 개념과 리액트에서 사용하는 방법'에서 살펴봤다. 업데이트할 때^{Updating}는 다시 렌더링하는 것을 의미한다. 이때는 상태가 변경되면 해당 UI가 반드시 업데이트된다. 제거할 때^{Unmounting}는 컴포넌트가 더 이상 사용되지 않을 경우 돔에서 제거됨을 의미한다.

다음으로 라이프 사이클 메서드를 살펴보자. 메서드가 많기 때문에 목록을 제공한다.

생성될 때

생성될 때^{Mounting}는 다음 메서드가 사용된다.

- Constructor: 이 메서드는 라이프 사이클 메서드가 아니고 내장 클래스 생성자다. 이 메서드는 일반적으로 상태를 초기화하고 사용자 정의한 모든 이벤트 함수를 바인딩하는 데 사용된다. 3장, 'ES6+로 앱 만들기'에서 bind를 사용해 함수의 this 객체를 대체한 내용을 다시 떠올려본다.

- getDerivedStateFromProps(props, state): 로컬의 상태가 이 함수를 사용하는 부모의 props를 기반으로 한다면 이 함수를 사용한다. 정적 함수이며, 추가적인 렌더링을 발생시키므로 자주 사용하지 않아야 한다. 업데이트에도 사용할 수 있다.

- render: 이 함수는 다시 렌더링되는 업데이트 중에도 실행할 수 있다. 리액트의 재조정 프로세스를 실행시킨다. 배열이나 일반적인 텍스트에 포함될 수 있는 JSX만 렌더링한다. state나 props에 대한 렌더링할 내용이 없다면 null을 반환한다. 불리언을 반환할 수 있지만 그렇게 동작하는지 확인하는 목적 외에 의미는 없다.

- componentDidMount: 이 함수는 컴포넌트의 생성(초기화) 과정이 끝난 후 실행된다. 네트워크 API를 여기에 둘 수 있다. 그리고 이곳에 이벤트 핸들러 구독^{subscriptions}을 추가할 수도 있지만 componentWillUnmount 함수에서 해당 구독을 취소하는 것을

잊지 말아야 한다. 그렇게 하지 않으면 메모리 릭^{memory leak}의 원인이 될 수 있다. 그리고 이곳에서 setState를 호출해 로컬 상태 데이터를 변경할 수 있으나, 두 번째 렌더링이 발생하므로 자주 사용하지 않아야 한다. setState는 로컬 상태 업데이트에 사용된다.

- 권장하지 않는 (혹은 사용하지 않는) UNSAFE 메서드는 UNSAFE_componentWillMount와 UNSAFE_componentWillReceiveProps, UNSAFE_componentWillUpdate가 있다.

업데이트할 때

업데이트할 때^{Updating} 사용되는 메서드를 살펴보자.

- shouldComponentUpdate(nextProps, nextState): 이 메서드는 다시 렌더링을 해야 하는지 여부를 결정할 때 사용한다. 일반적으로 이전 props와 현재 props를 비교한다.

- getSnapshotBeforeUpdate(prevProps, prevState): 이 메서드는 돔의 렌더링이 발생하기 바로 전에 실행되며 리액트에서 돔을 변경하기 전 해당 돔 상태를 캡처할 수 있다. 이 함수에서 반환된 내용이 componentDidUpdate 함수의 파라미터로 전달된다.

- componentDidUpdate(prevProps, prevState, snapshot): 이 함수는 다시 렌더링하는 동작이 완료된 직후에 실행된다. 여기서 렌더링 완료된 돔을 변경하거나 setState를 호출할 수 있다. 무한 루프 오류가 발생하지 않도록 조건문을 사용한다. snapshot 상태는 getSnapshotBeforeUpdate 함수에서 얻어올 수 있다.

제거할 때

제거할 때^{Unmounting}는 다음 메서드가 사용된다.

- componentWillUnmount: 이 메서드는 C#과 같은 언어의 dispose 함수와 유사하며 이벤트 리스너나 기타 구독을 제거하는 등의 작업을 종료하는 데 사용된다.

이러한 라이프 사이클 메서드를 처리하는 데 있어 주요한 관심사는 불필요하거나 원하지 않는 렌더링이 반복되지 않도록 하는 것이다. 불필요한 렌더링이 다시 발생할 수 있는 부분을 줄이거나 특정 메서드를 사용한 코드가 특정 시간에 동작해야 한다면 prop과 state를 확인해 불필요하게 렌더링이 다시 발생하는 것을 줄이도록 해야 한다. 통제 가능한 렌더링이 중요하며, 그렇지 않으면 느리고 버그가 많은 애플리케이션으로 인해 사용자 경험^{user experience}이 나빠지게 된다.

주요한 호출 부분을 살펴보자. getDerivedStateFromProps에서부터 시작한다. 일반적으로 이 함수는 사용하지 않는 것이 좋고 그렇지 않으면 가끔 사용해야 한다. 경험상 어떤 컴포넌트가 다시 렌더링됐는지 찾아내기가 아주 어려워진다. 일반적으로 원하지 않는 렌더링을 다시 발생시켜 추적이 어려운 의도치 않는 동작이 일어날 수 있다.

리액트 팀에서는 다음과 같은 몇 가지 대안을 권장하며, 거의 대부분 일관성 있게 동작하며 추론하기 쉬우므로 이러한 방법을 사용하는 것이 좋다.

- 바뀐 prop 값에 따라 동작이 발생해야 하는 경우(예: 네트워크로 데이터를 받아오거나, 또 다른 동작이 발생해야 하는 경우) componentDidUpdate를 대신 사용한다. 이 방법은 상태가 변경되는 어떤 동작이 일어나기 전에 확인해주기만 한다면 무한 루프가 발생할 가능성을 줄일 수 있다. 예를 들어 prevProps 파라미터를 사용해 해당 값과, 상태 데이터를 변경하기 위한 setState를 호출하기 전 로컬 상태 값을 비교할 수 있다.

- 메모이제이션^{memoization} 기법을 사용한다. 이 방법은 리액트에서 반드시 필요한 부분은 아니고, 프로그래밍 기법이다. 메모이제이션은 기본적으로 캐시가 만료된다는 것을 제외하면 캐시를 갱신하기 위해 변수의 변경을 사용하는 것은 캐시와 비슷하다. 즉 리액트에서는 단순히 속성이나 함수를 사용해 우선 props 값이 마지막 값과 차이가 있는지 여부를 확인하고 차이가 있다면 상태를 업데이트한다. 리액트에는 React.memo라고 하는 내장 컴포넌트 래퍼^{wrapper}가 제공된다. 이 내장 컴포넌트 래퍼는 자식 컴포넌트의 props가 변경되면 다시 렌더링하게 되고, 부모 컴포넌트가 다시 렌더링되는 경우는 그렇지 않다.

- 컴포넌트를 완벽하게 제어한다. 즉, 고유의 상태를 갖지 않게 하고, props가 변경되거나 부모 컴포넌트가 렌더링될 때마다 부모 컴포넌트의 지시에 따라 렌더링되는 것을 의미한다. 페이스북에서는 컴포넌트의 키(유일한 컴포넌트 식별자)가 변경되면 렌더링이 다시 발생하는 비제어 컴포넌트^{uncontrolled component} 사용을 권장한다. 하지만 이 제안은 동의하지 않는다. 이전에 살펴본 1장의 '타입스크립트 이해하기'에서 캡슐화와 추상화를 떠올려보면, 이는 비제어 컴포넌트의 동작을 부모 컴포넌트가 알 수 없음을 의미한다. 그리고 부모 컴포넌트에서 완벽하게 제어할 수 없음을 의미하기도 하며, 그래서도 안 된다. 즉, 부모 컴포넌트가 원하는 대로 동작하는 비제어 컴포넌트 만들기 위해서는 내부 구현을 변경하고 싶은 마음이 들기 쉽고, 그렇게 되면 부모 컴포넌트와 보다 밀접하게 결합하게 된다. 때에 따라 이렇게 구현하는 것이 불가피할 수 있지만 가능하면 피해야 한다.

- 컴포넌트의 렌더링 상태가 네트워크의 데이터에 따라 달라진다면 네트워크를 호출하는 곳에 componentDidMount를 사용한 후 상태를 업데이트(로딩할 때 한 번만 해당 데이터를 사용한다고 가정)할 수 있다. componentDidMount는 컴포넌트가 처음 로딩될 때만 동작한다는 것을 기억한다. 이 함수를 사용하면 한 번의 추가적인 렌더링을 하게 되지만 원치 않는 렌더링이 발생할 수 있는 잠재적인 문제를 갖는 것보다는 낫다.

- ComponentDidUpdate는 prop의 변경에 따라 상태를 변경해야 하는 시나리오를 처리하는 데 사용할 수 있다. 이 메서드가 렌더링 이후에 호출되기 때문에 상태 변경이 발생하기 전에 props와 상태를 비교하기만 한다면 렌더링의 무한 반복이 발생할 가능성은 적다. 하지만 가능하다면 상태를 파생시키지 않고, 단 하나의 부모 루트 컴포넌트에 상태를 유지하면서 props를 통해 상태를 공유하는 편이 더 낫다. 솔직히 여러 단계 하위의 자식 컴포넌트에 props를 통해 상태를 전달해야 하므로 지루한 작업이다. 그리고 상태 스키마의 구조를 잘 만들어서 특정 자식 컴포넌트에 대한 상태의 경계를 명확히 분리해야 함을 의미하기도 한다. 나중에 훅^{hooks}을 사용하면 단일 상태 객체 보다 훅으로 처리하는 것이 훨씬 쉽다는 것을 배우게 될 것이다. 하지만 그렇더라도 가능한 한 로컬 컴포넌트 상태를 적게 유지하는 것이 리액트 개발의 모범 사례다.

다음과 같이 클래스 컴포넌트를 확인할 수 있는 작은 프로젝트를 만들고 기능을 살펴보자.

1. 명령줄이나 터미널에서 Chap5 폴더로 이동한다.

2. 해당 폴더에서 다음 명령어를 실행한다.

```
npx create-react-app class-components --template typescript
```

3. 다음으로 방금 생성한 class-components 폴더에서 비주얼 스튜디오를 열고 해당 폴더에서 터미널이나 명령줄을 실행한다. src 폴더에 다음과 같은 Greeting.tsx 파일을 새로 만든다.

```tsx
import React from "react";
interface GreetingProps {
    name?: string
}
interface GreetingState {
    message: string
}
export default class Greeting extends React.
    Component<GreetingProps, GreetingState> {
    constructor(props: GreetingProps) {
        super(props);
        this.state = {
            message: `Hello from, ${props.name}`
        }
    }
    render() {
        if (!this.props.name) {
            return <div>no name given</div>;
        }
        return <div>
            {this.state.message}
        </div>;
    }
}
```

이 파일을 보면 먼저 파일 확장자가 tsx라는 것을 알 수 있다. 타입스크립트를 사용하고 리액트 컴포넌트를 생성하는 경우 tsx 파일 확장자를 사용해야 한다. 다음으로 코드를 살펴보면 리액트를 불러오는 것을 확인할 수 있다. 이렇게 하면 해당 Component를 상속받을 뿐만 아니라 JSX 문법까지 접근할 수 있게 해준다. 그리고 두 개의 새로운 GreetingProps와 GreetingState 인터페이스를 볼 수 있다. 다시 말하지만 여기서는 타입스크립트를 사용하고 있으며, 안전한 타입을 사용해야 하므로 컴포넌트로 들어가는 props와 컴포넌트의 내부에서 사용되는 state 두 가지 모두 예상 타입을 만든다. GreetingProps 인터페이스의 name 필드는 선택 사항이며 나중에 사용되므로 undefined로 설정될 수도 있다. 다시 말하지만 부모가 아니고 루트가 아닌 컴포넌트에서 로컬 상태를 갖는 것은 가능하면 피한다. 하지만 여기서는 예시를 보여주기 위해 사용한다.

4. 클래스를 만들 경우 클래스를 익스포트해야 한다. 그래야 해당 클래스를 사용하려는 컴포넌트에서 접근할 수 있다. export 키워드를 사용하고 추가적으로 default 키워드를 사용해 해당 모듈의 주요 익스포트를 지정할 수 있으며, 그렇게 하면 해당 모듈을 불러올 때 괄호가 필요치 않게 된다. 이러한 모듈을 불러오는 예제는 나중에 살펴본다. 클래스 정의 시그니처에서 React.Component<GreetingProps>를 상속하는 것을 볼 수 있다. 이 타입 선언은 이 클래스가 리액트 컴포넌트일 뿐만 아니라 GreetingProps 타입의 prop도 전달할 수 있음을 알려준다. 이 선언이 설정되면 생성자를 정의한다. 이 생성자는 동일한 GreetingProps 타입의 prop을 전달받는다.

> **NOTE**
>
> 자신의 컴포넌트에서 props를 전달받는다면 생성자 내부 처리하는 첫 번째 호출은 기본 클래스 생성자(super(props))를 호출한다는 점이 중요하다. 이렇게 하면 리액트에서 props가 들어오는 것을 인지하고 props가 변경될 때 반응하게 된다. props가 생성자 파라미터로 전달되기 때문에 생성자 내부에서 props객체를 참조하기 위해 this.props를 사용하지 않아도 된다. 그 밖에 다른 곳에서는 this.props를 사용해야 한다.

5. 다음으로 생성자 안에 상태 인스턴스를 만들고 그 아래 행에 해당 변수와 변수의 타입이 GreetingState 타입으로 선언된 것을 볼 수 있다. 끝으로 render 함수가 있으며 이 함수에는 최종적으로 HTML로 변환되는 JSX를 정의한다. render 함수는 this.props.name의 값에 따라 다양한 UI를 보여주기 위한 if/else 논리 구문을 가

진다. render 함수에서는 적절한 UI를 만들고 제어해야 하며 아무런 이유 없이 렌더링하지 않아야 한다. 이러한 방식을 일관성 있게 적용하면 메모리와 성능을 향상시킬 수 있다. 렌더링할 내용이 없는 경우 null을 반환해주어 리액트에서 해당 값을 인식하고 아무것도 렌더링하지 않도록 한다.

6. 이제 남은 처리할 내용은 App.tsx 파일을 업데이트 해 Greeting.tsx 컴포넌트를 포함시키는 것이다. App.tsx 파일을 열고 다음과 같이 수정한다.

```
import React from 'react';
import logo from './logo.svg';
import './App.css';
import Greeting from "./Greeting";
function App() {
  return (
    <div className="App">
      <header className="App-header">
        <img src={logo} className="App-logo" alt="logo"
        />
        <Greeting />
      </header>
    </div>
  );
}
export default App;
```

먼저 Greeting 클래스를 불러온다. Greeting 클래스가 Greeting.tsx 모듈 파일(확장자 불필요)에 대한 default 익스포트이기 때문에 import와 from 사이에 {}를 사용할 필요가 없다. 예컨대 Greeting 클래스가 default 익스포트가 아니고 동일한 모듈 파일에 여러 익스포트가 있다면 import { Greeting } from "./Greeting"과 같은 구문을 사용해야 한다.

7. Greeting 컴포넌트를 사용해 기존 JSX의 일부를 대체했다. Greeting에 name 속성을 전달하지 않았다. 이 앱을 실행하면 무슨 일이 일어나는지 살펴보자. class-components 폴더에서 터미널로 다음 명령을 실행한다.

```
npm start
```

다음과 같은 화면을 볼 수 있다.

그림 5.2 최초 로딩된 애플리케이션

이 메시지는 Greeting 컴포넌트에 name 속성을 전달하지 않았기 때문에 발생했다. 앞서 살펴본 것처럼 해당 필드 타입 정의에 다음에 오는 ? 때문에 이 속성을 비워 두는 것이 가능하다.

8. 이제 App.tsx 파일로 넘어가서 Greeting을 수정해 name 값을 추가한다.

App.tsx의 Greeting 컴포넌트를 다음과 같이 변경한다.

```tsx
import React from 'react';
import logo from './logo.svg';
import './App.css';
import Greeting from "./Greeting";

function App() {
  return (
    <div className="App">
      <header className="App-header">
        <img src={logo} className="App-logo" alt="logo"
        />
        <Greeting name="Dave Choi" />
      </header>
    </div>
  );
}

export default App;
```

name 속성에 이름을 추가했다. 이 이름 대신 원하는 이름을 사용해도 무방하며 그 다음으로 해당 파일을 저장한다. 리액트에는 자동 업데이트 테스트 서버를 포함하고 있으므로 해당 브라우저 페이지는 코드가 새롭게 바뀌면 자동으로 갱신된다. 화면에서 다음과 같이 이름을 확인할 수 있다.

그림 5.3 갱신된 화면

지금까지 단순한 클래스 기반 컴포넌트를 만들어봤다. 이제 몇 가지 라이프 사이클 메서드를 사용해보고 동작 방식을 살펴보자.

1. Greeting.tsx를 다음과 같이 수정하고 getDerivedStateFromProps 함수를 포함시킨다.

```
import React from "react";
interface GreetingProps {
    name?: string
}
interface GreetingState {
    message: string
}
export default class Greeting extends
    React.Component<GreetingProps> {
    constructor(props: GreetingProps) {
        super(props);
        this.state = {
            message: `Hello from, ${props.name}`
        }
    }
    state: GreetingState;
```

2. 다음 코드는 render 함수 위에 getDerivedStateFromProps 함수가 추가되는 것을 제외하고는 동일하다.

```
static getDerivedStateFromProps(props: GreetingProps,
    state: GreetingState) {
    console.log(props, state);
    return state;
}
render() {
    console.log("rendering Greeting")
    if (!this.props.name) {
        return <div>no name given</div>;
    }
    return <div>
        {this.state.message}
    </div>;
}
}
```

보다시피 이 함수는 정적 함수다. 정적 함수는 해당 클래스와 연결돼 있고 클래스의 인스턴스가 아니다. 이 함수에서는 현재 props와 state 값을 받고, 필요한 경우 컴포넌트의 상태를 갱신하기 위해 전달한다. 지금 당장은 로컬 상태를 갱신하지 않는다. props와 state의 로그만 기록하고 state만 반환한다. 이 함수는 상태 객체의 업데이트 여부와 관계없이 상태 객체를 항상 반환한다. 그리고 render 함수에서는 render 함수가 호출됐다는 사실을 콘솔 로그로 기록한다.

3. 지금은 이 코드를 그대로 두고 App.tsx 파일을 다음과 같이 수정해 입력을 받을 수 있게 한다. 입력은 현재 사용자의 이름이다.

```
import React from 'react';
import logo from './logo.svg';
import './App.css';
import Greeting from "./Greeting";
class App extends React.Component {
  constructor(props: any) {
    super(props);

    this.state = {
      enteredName: ""
```

```
  }
  this.onChangeName = this.onChangeName.bind(this);
}

state: { enteredName: string }
onChangeName(e: React.ChangeEvent<HTMLInputElement>) {
  this.setState({
    enteredName: e.target.value
  });
}
```

입력을 받고 저장한 다음, 나중에 사용하기 위해 enteredName 필드가 포함된 상태 객체를 만든다. 그리고 새로운 onChangeName 함수를 만들고 현재 this 클래스 인스턴스에 바인딩한다. 이 내용은 3장, 'ES6+로 앱 만들기'에서 살펴봤다.

4. 다음으로 onChangeName에서는 state의 enteredName 속성을 setState 함수를 통해 사용자 입력값으로 설정한다. 클래스 컴포넌트에서 이 setState 함수를 사용하지 않고 state를 수정하면 절대 안 된다. setState 함수를 사용하지 않으면 해당 상태는 리액트 런타임과 동기화되지 않게 된다.

```
    render() {
    console.log("rendering App");

    return (
      <div className="App">
        <header className="App-header">
          <img src={logo} className="App-logo" alt="logo"
          />
          <input value={this.state.enteredName}
            onChange={this.onChangeName} />
          <Greeting name={this.state.enteredName} />
        </header>
      </div>
    )
  }
}
export default App;
```

5. 그리고 console.log 구문을 추가해 App.tsx render 함수가 호출되는 시점을 확인한다. 값이 this.state.enteredName인 새로운 input 컨트롤을 정의했고 이 컨트롤의 onChange 이벤트를 onChangeName 함수와 연결했다. 이 코드를 저장하고 크롬 개발자 도구를 열어보면 다음과 같은 내용을 확인할 수 있다.

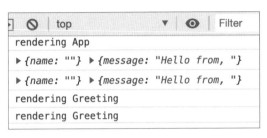

그림 5.4 Greeting 렌더링

몇 가지 렌더링 로그 메시지를 확인할 수 있고 Greeting name prop과 message state 값도 확인할 수 있다. 추가적으로 input에 아무런 값을 넣지 않았으므로 name prop은 공백이며 결과적으로 Greeting 컴포넌트의 name 속성과 message 문자열의 마지막도 공백이다. 여기서 왜 Greeting에 대한 로그가 두 번 실행됐는지 궁금할 수 있다. 개발 목적으로 StrictMode에서 실행을 했기 때문이다.

6. 헷갈리지 않도록 해당 내용을 빠르게 제거하자. index.tsx 파일로 넘어가 코드를 다음과 같이 바꾼다.

```
import React from 'react';
import ReactDOM from 'react-dom';
import './index.css';
import App from './App';
import * as serviceWorker from './serviceWorker';

ReactDOM.render(
  <React.Fragment>
    <App />
  </React.Fragment>,
  document.getElementById('root')
);
```

```
// If you want your app to work offline and load faster,
  // you can change
// unregister() to register() below. Note this comes with
  // some pitfalls.
// Learn more about service workers:
  // https://bit.ly/CRA-PWA
serviceWorker.unregister();
```

StrictMode를 Fragment로 변경했다. div처럼 요소를 감싸는 부모 요소가 없는 JSX 요소만 감싸는 데 사용됐으므로 실제로는 Fragment가 필요치 않지만 여기서는 확인하기 위한 용도로 사용한다. 그리고 나중에 StrictMode 태그로 다시 바꾸기 위한 플레이스 홀더로 남겨둔다.

7. 저장하고 나서 브라우저의 디버그 콘솔을 보면 다음과 같은 내용을 확인할 수 있다.

그림 5.5 브라우저의 디버그 콘솔

지금까지 모든 작업을 진행한 이유는 렌더링을 위한 호출을 구체적으로 발생시킬 수 있다는 것과 어떻게 주의를 기울여야 하는지 보여주기 위함이다.

8. 이제 input에 자신의 이름을 입력하면 다음과 같은 내용을 볼 수 있다.

그림 5.6 App.tsx input

9. 의문이 생기는 부분은 왜 메시지가 "Hello from, "으로 끝나는 것인가라는 점이다. Greeting의 코드를 살펴보면 생성자가 실행되는 동안에 message state 속성만 설정했다는 것을 알 수 있다. 이것은 효과적으로 componentDidMount를 사용한 것과 같다. 즉, 이 이벤트는 화면이 처음 로딩되는 시점에만 실행되기 때문에 this.props. name은 값을 입력하지 않으면 공백이 된다. 그러면 무엇을 해주면 될까? 다음과 같이 getDerivedStateFromProps 함수를 사용할 수 있으며 무슨 일이 일어나는지 살펴보자.

```
export default class Greeting extends React.
    Component<GreetingProps> {
    constructor(props: GreetingProps) {
        super(props);

        this.state = {
            message: Greeting.getNewMessage(props.name)
```

```
        }
    }
    state: GreetingState;
```

10. 이 예제에서 변경해야 하는 Greeting 클래스의 내용만 보여준다. 다음 코드에서는 수정된 getDerivedStateFromProps를 볼 수 있다.

```
static getDerivedStateFromProps(props: GreetingProps,
    state: GreetingState) {
    console.log(props, state);
    if (props.name && props.name !== state.message) {
        const newState = { ...state };
        newState.message =
            Greeting.getNewMessage(props.name);
        return newState;
    }
    return state;
}
static getNewMessage(name: string = "") {
    return `Hello from, ${name}`;
}
render() {
    console.log("rendering Greeting")
    if (!this.props.name) {
        return <div>no name given</div>;
    }
    return <div>
        {this.state.message}
    </div>;
}
}
```

볼 수 있는 것처럼, 이제 이 함수는 더 복잡해지고 새로운 prop과 기존 state 비교를 수행한다. 그리고 state 객체를 복제한다. 이렇게 처리하는 것은 매우 중요하며 그래야 실수로 상태를 직접 변경하지 않게 된다. 그리고 이 메시지를 여러 위치에 설정했으므로 새로운 getNewMessage 정적 함수를 통해 state.message 값을 갱신한다. 이제 이름을 추가해보자. 그러면 메시지에 추가된 이름을 확인할 수 있다. 하지만 Greeting과 App에서는 입력한 모든 글자를 렌더링하게 된다. 지금은 코드가 많지 않아서 그럭저럭 괜찮지만 새로운 여러 속성이 Greeting 컴포넌트의 로컬 상태에 추가돼 보다 더 복잡한 애플리케이션이 됐다고 생각해보면 이러한 부분을 처리하는 작업은 아주 어려워질 수 있다.

이 코드를 다음과 같이 리팩토링하고 이러한 부분을 조금 개선할 수 있을지 살펴보자.

1. App.tsx를 다음과 같이 수정한다.

```
class App extends React.Component {
  constructor(props: any) {
    super(props);

    this.state = {
      enteredName: "",
      message: ""
    }

    this.onChangeName = this.onChangeName.bind(this);
  }

  state: { enteredName: string, message: string }

  onChangeName(e: React.ChangeEvent<HTMLInputElement>) {
    this.setState({
      enteredName: e.target.value,
      message: `Hello from, ${e.target.value}`
    });
  }
}
```

여기서는 App 클래스만 수정됐으므로 해당 부분만 보여준다. 보다시피 state 객체에 message라는 새로운 속성을 추가하고 사용자가 새로운 사용자 이름을 input 요소에 추가할 때마다 해당 속성을 갱신한다. Greeting에서는 message를 곧 제거할 예정이다.

```
  render() {
  console.log("rendering App");
  return (
    <div className="App">
      <header className="App-header">
        <img src={logo} className="App-logo" alt="logo"
        />
```

```
          <input value={this.state.enteredName}
             onChange={this.onChangeName} />
          <Greeting name={this.state.enteredName} />
        </header>
      </div>
    )
  }
}
```

다음으로 이 message 상태 속성을 Greeting 컴포넌트에 prop으로 전달한다.

2. 이제 Greeting 컴포넌트를 살펴본다. 명확히 하기 위해 GreetingFunctional.tsx 파일을 새로 만들고 다음 코드를 추가해보자.

```
import React from "react";

interface GreetingProps {
    message: string
}

export default function Greeting(props: GreetingProps) {
    console.log("rendering Greeting")

    return (<div>
            {props.message}
        </div>);
}
```

3. 이 파일을 추가하고 나면 Greeting을 불러오는 App.tsx 파일도 이 파일을 참조하도록 다음과 같이 수정한다.

```
import Greeting from "./GreetingFunctional";
```

볼 수 있는 것처럼 Greeting은 아주 짧고 단순해졌다. 로컬 상태가 없는 컴포넌트를 클래스가 아닌, 함수로 만드는 것이 모범 사례이기 때문에 이 컴포넌트는 이제 함수형 컴포넌트가 됐다. 메시지가 변경되면 반드시 다시 렌더링이 발생하기 때문에 이를 감소시킬 수는 없지만 이처럼 코드를 줄이고 짧게 만드는 것은 가치가 있다. 그리고 일부 코드를 App.tsx로 옮겼지만 이 코드도 원래 Greeting 컴포넌트에 있던 코드보다 많지 않다.

이러한 형태의 컴포넌트를 만들면 한 가지 문제가 존재한다. 대부분의 상태가 하나의 부모 컴포넌트에 존재하고 하위의 자식 컴포넌트는 props를 전달받게 된다. 즉 복잡한 여러 단계의 컴포넌트 계층 구조에서는 여러 단계의 컴포넌트를 거쳐 props를 전달하기 위한 수많은 보일러플레이트 코드boilerplate code가 만들어질 수 있다. 이러한 시나리오에서는 리액트 컨텍스트Context를 사용해 계층을 통과해 부모의 상태를 직접 자식 컴포넌트에 직접 전달할 수 있다. 하지만 정상적인 컴포넌트 구조를 통과해 어떤 상태를 다른 컴포넌트에 주입하는 것은 안티 패턴anti-pattern, 사용하지 말아야 할 설계 방식과 같기 때문에 컨텍스트 사용을 좋아하지는 않는다. 이러한 방식은 혼란을 주기 마련이고 나중에 코드 리팩토링을 더 어렵게 만든다. 나중에 7장, '리덕스와 리액트 라우터'에서 컨텍스트에 대해 더 자세히 알아본다.

이 절에서는 클래스 기반 리액트 컴포넌트를 살펴봤다. 훅이 아직 상대적으로 최신 기술이기 때문에 대부분의 기존 리액트 앱은 여전히 클래스 기반 컴포넌트를 사용한다. 따라서 이러한 방식의 코드를 이해하는 것은 아직 유효하다. 다음 절에서는 훅 기반 컴포넌트를 살펴본 다음 두 가지 방식을 비교한다.

⠿ 리액트 훅과 장점 이해하기

이 절에서는 리액트 훅을 배운다. 예제 프로젝트를 살펴보면서 동작 방식을 알아본다. 이 책에서는 주로 훅에 관한 내용을 다루기 때문에 적어도 리액트와 관련한 이후 코드를 작성하는 데 도움이 될 것이다.

훅을 사용하는 몇 가지 이유를 살펴보자. 클래스 컴포넌트 절에서 클래스에는 컴포넌트가 살아 있는 동안 발생하는 특정 이벤트를 처리할 수 있도록 해주는 라이프 사이클 메서드가 있다는 내용을 살펴봤다. 리액트 훅을 사용하는 모든 컴포넌트는 함수형 컴포넌트이기 때문에 이와 같은 라이프 사이클 메서드가 없다. 앞선 절의 클래스 컴포넌트 예제 앱에서 GreetingFunctional 함수형 컴포넌트를 만들었다. 함수형 컴포넌트는 자바스크립트 함수와 JSX를 반환한다. 이렇게 변경된 이유는 전체적인 설계가 객체지향 프로그래밍OOP, Object Oriented Programming 상속 모델에서 벗어나 컴포지션을 주요 코드 재사용 모넬로 사용하기 때문이다. 2장, '타입스크립트 살펴보기'의 OOP 상속 모델에서 다뤘으며, 컴포지션은 어떤 부모 클래스를 상속해 기능을 물려받는 대신 단순하게 레고 블록처럼 함수형 컴포넌트를 연결해 화면을 설계하는 것을 의미한다.

이러한 함수형 컴포넌트와 더불어 훅이 존재한다. 훅은 자바스크립트 함수이며 컴포넌트에 특정한 기능을 제공해준다. 그러한 기능에는 상태의 생성과 네트워크 데이터에 대한 접근 및 컴포넌트에서 필요한 그 밖의 거의 모든 것이 포함된다. 또한 훅은 컴포넌트에 한정되지 않으며 따라서 모든 훅은 모든 컴포넌트에서 사용될 수 있다. 즉, 유용하다고 생각하면 틀림없다. 클래스 컴포넌트 프로젝트를 다시 보면 라이프 사이클 이벤트 메서드에서는 로직을 공유할 방법이 없다는 것을 알 수 있다. 로직을 쉽게 추출해 다른 클래스 컴포넌트에서 다시 사용할 수 없다. 이것이 리액트에서 훅 방식을 만든 주요한 이유 중 하나다. 즉 함수형 컴포넌트와 재사용할 수 있는 함수(훅), 이 두 부분이 리액트 훅을 이해하기 위한 핵심이다.

먼저 코드에서 사용하게 될 아주 중요한 훅의 일부 목록을 살펴보자. 예제에서 사용될 코드는 잠시 후에 살펴보고 지금은 대략적인 내용을 훑어본다.

- useState: 훅을 활용한 개발에서 기본적인 함수다. 클래스 컴포넌트의 state와 setState 호출을 대체한다. useState는 나타내고자 하는 상태 속성의 초기 상태를 의미하는 파라미터 값을 전달받는다. 그리고 배열을 반환한다. 첫 번째 항목은 실제 상태 속성이고 두 번째 항목은 해당 속성을 업데이트할 수 있는 함수다. 일반적으로 이 함수는 여러 속성을 갖는 복잡한 객체와는 다르게 단일 값을 업데이트하는 데 사용된다. 복잡한 객체 타입의 상태에 적합한 훅은 useReducer가 될 수 있으며 나중에 설명한다.

- useEffect: 컴포넌트가 화면에 그려진 이후에 동작한다. componentDidMount나 componentDidUpdate와 비슷하지만 이러한 함수는 화면에 그리는 동작이 발생하기 전에 실행된다. 이 함수는 상태 객체를 갱신하는 데 사용한다. 즉, 네트워크 데이터를 가져와 상태를 업데이트해야 하는 경우에 이 함수를 사용할 수 있다. 여기서 이벤트를 구독할 수도 있지만 구독을 해제하는 함수를 반환해 구독 해제를 해야 한다.

각각 유일한 작업을 처리하는 여러 개의 useEffect를 별도로 구현할 수 있다. 이 함수는 보통 화면이 모두 그려진 이후에 실행된다. 즉 어떤 컴포넌트 state나 props가 변경되면 이 함수가 동작한다. 그리고 이 함수의 파라미터에 빈 배열을 전달하면 componentDidMount처럼 한 번만 동작하도록 만들 수 있다.

이 함수는 비동기적으로 동작한다. 스크롤 위치와 같은 화면상의 어떤 요소 값을 알아야 하는 경우 useLayoutEffect를 사용할 수 있다. 이 함수는 동기적으로 동작하며, 특정 요소 값을 현재 화면상에 있는 것처럼 얻어 온 다음 그 값을 사용해 비동기적 방법으로 작업을 수행한다. 하지만 UI를 블록하기 때문에 아주 빠른 작업에만 처리해야 하며 그렇지 않은 경우는 사용자 경험이 저하된다.

- useCallback: 파라미터 세트가 변경되면 함수의 인스턴스를 생성한다. 메모리를 절약하도록 설계됐으며 그렇게 하지 않으면 함수의 인스턴스가 렌더링될 때마다 다시 생성되기 때문이다. 첫 번째 파라미터는 핸들러 함수를 받고 두 번째 파라미터는 변경될 수 있는 항목 배열을 받는다. 항목이 변경되지 않으면 이 콜백은 새로운 인스턴스를 만들지 않는다. 따라서 해당 함수 내부에 사용된 모든 속성은 이전 값이 된다. 이 함수를 처음 접했을 때 이해하는 데 어려움이 있었기 때문에 나중에 이 함수에 관한 예를 들어 설명하겠다.

- useMemo: 오래 걸리는 작업의 결과를 저장하는 데 사용한다. 캐시와 약간 비슷하지만 파라미터의 배열이 변경되는 경우에만 동작하므로 이러한 의미에서는 useCallback과 유사하다. 하지만 useMemo에서는 무거운 계산의 결괏값을 반환한다.

- useReducer: 리액트 리덕스와 유사하게 동작한다. reducer와 initial state 이 두 가지를 파라미터로 받고 두 개의 객체를 반환한다. 반환되는 두 가지 객체는 reducer에 의해서 업데이트될 state 객체와, action이라는 업데이트된 상태 데이터를 받아서 reducer로 전달하는 디스패처dispatcher다. reducer는 필터링 매커니즘처럼 동작하고 action 데이터가 상태를 업데이트하는 방식을 정의한다. 나중에 코드에서 예를 살펴보겠다. 이 메서드는 업데이트돼야 하는 다양한 속성이 포함된 하나의 복합 상태 객체가 필요한 경우에 사용한다.

- useContext: 컴포넌트 간 공유할 수 있는 전역^{global} 상태 데이터를 사용할 수 있는 방법이다. 이 함수는 최소한으로 사용해야 하며 그 이유는 계층 구조와 상관없이 아무렇게나 모든 자식 노드에 상태를 주입할 수 있기 때문이다. Context보다 리액트 리덕스의 사용을 선호하지만 기존 방식을 아는 것은 도움이 된다.

- useRef: 이 함수의 current 속성에 모든 값을 저장하기 위해 사용한다. 이 값은 변경되더라도 렌더링이 다시 발생하지 않고, 값을 생성한 컴포넌트가 살아 있기만 하면 유지된다. 렌더링에 영향을 미치지 않고 상태를 저장하는 방식이다. 이 함수의 용도 중 하나는 DOM 요소의 저장이다. 특정 상황에서 표준 상태 주도^{state-driven} 리액트 모델을 따르지 않고 HTML 요소에 직접 접근해야 할 경우 이러한 기능이 필요할 수 있다. 이러한 목적으로 요소 인스턴스에 접근하기 위해 useRef를 사용한다.

물론 이 외에도 리액트 팀이나 여러 서드 파티^{third party}에서 제공하는 다양한 훅이 존재한다. 훅에 익숙해지고 나면 필요한 훅이나 더 나은 훅을 찾거나 또는 훅을 직접 만들게 될 것이다. 이후에 나오는 프로젝트에서도 훅을 직접 만들게 된다.

훅 예제를 살펴보자. 시작하기 위해 다음과 같이 Chap5에 새로운 프로젝트를 만든다.

1. 명령줄이나 터미널에서 Chap5 폴더로 이동한 후 다음 명령을 실행한다.

```
npx create-react-app hooks-components --template typescript
```

2. 클래스 컴포넌트 프로젝트에 관한 마지막 예제에서 클래스 고유 상태를 갖는 Greeting.tsx 클래스 컴포넌트를 만들었다. 목적에 맞게 리액트 훅 함수형 컴포넌트로 동일한 컴포넌트를 만들어보자. hooks-components 훅 프로젝트의 src 폴더에서 Greeting.tsx 파일을 새로 만들고 다음 코드를 추가한다.

```
import React, { FC, useState, useEffect } from 'react';

interface GreetingProps {
    name?: string
}
const Greeting: FC<GreetingProps> =
```

```
    ({ name }: GreetingProps) => {
        const [message, setMessage] = useState("");
        useEffect(() => {
            if (name) {
                setMessage(`Hello from, ${name}`);
            }
        }, [name])
        if (!name) {
            return <div>no name given</div>;
        }
        return <div>
            {message}
        </div>;
    }
export default Greeting;
```

이 코드는 이름을 prop으로 받고 고유의 로컬 상태를 갖는 버전이다. 로컬 상태는 사용하지 않아야 하지만 보여주기 위한 목적으로 사용했다. 볼 수 있는 것처럼 클래스 컴포넌트 버전보다 더 간단한 방식이다. 그리고 재정의^{override}하기 위한 라이프 사이클 함수도 없다. 여기서는 일반적인 함수의 기능이 필요치 않기 때문에 간결한 화살표 함수를 사용했다. 볼 수 있듯이 Greeting 컴포넌트용 선언이 있다. 이 선언은 FC(함수형 컴포넌트)를 사용하며 GreetingProps 인터페이스와 연결된 제네릭^{generic}이다. 상태는 useState 함수를 통해 message 속성에 저장된다. useState는 클래스가 아니고 함수이기 때문에 짧은 한 줄의 구문이며 생성자가 없다. 파라미터 옆에 GreetingProps는 필요치 않으며, 이 예제에서는 완전하게 작성된 내용을 보여주기 위해 추가했다. 그리고 props 대신 { name }를 전달해 파라미터 구조 분해^{deconstruction}를 사용했다.

다음으로 useEffect 함수가 있다. 설명했던 것처럼 이 함수는 componentDidMount나 componentDidUpdate 함수와 비슷하지만 화면에 드로잉이 끝난 이후에 동작한다. useEffect 함수의 파라미터로 name이 전달되기 때문에 name prop이 업데이트될 때마다 message 상태 속성을 업데이트한다. 이 함수는 클래스 컴포넌트가 아니므로 render 함수가 없다. 이 함수의 반환 값은 렌더링하기 위한 호출이다.

3. 이제 App.tsx 컴포넌트 내에 상태를 두도록 변경한다. 클래스 컴포넌트에서 진행했던 것처럼 GreetingFunctional.tsx를 다음과 같이 만든다.

```tsx
import React from "react";

interface GreetingProps {
    message: string
}

export default function Greeting(props: GreetingProps) {
    console.log("rendering Greeting")

    return (<div>
        {props.message}
    </div>);
}
```

4. 함수형 컴포넌트로 App.tsx를 수정해 이 절에서 살펴본 useReducer 훅을 사용하도록 해보자. import는 동일하므로 생략한다.

```tsx
const reducer = (state: any, action: any) => {
  console.log("enteredNameReducer");
  switch (action.type) {
    case "enteredName":
      if (state.enteredName === action.payload) {
        return state;
      }
      return { ...state, enteredName: action.payload }
    case "message":
      return {
        ...state, message: `Hello, ${action.
          payload}`
      }
    default:
      throw new Error("Invalid action type " + action.
        type);
  }
}

const initialState = {
  enteredName: "",
  message: "",
};
```

reducer와 초기 상태 객체인 initialState를 정의했다. reducer의 기본 시그니처인 state와 action 객체는 둘 다 기술적으로 모든 타입이 될 수 있기 때문에 any 타입이다. reducer 함수를 살펴보면 새로운 상태 객체와 적절하게 업데이트된 멤버를 반환함으로써 다양한 action 타입을 처리하는 것을 알 수 있다. 다시 말하지만 원래 상태 객체를 직접 수정하지 않는 것이 매우 중요하다. 원래 상태 객체를 복사한 후 새로운 객체에 업데이트하고 반환한다. 즉, 이러한 방식이 의도한 useReducer 사용법이다.

상태 객체가 복잡하고 속성을 변경하기 위한 로직이 복잡하다면 useReducer 함수를 사용할 수 있으며, 상태 객체에 관련 로직에 포함하는 것을 고려한다. 다음으로 App 컴포넌트에서 useReducer를 실체로 호출하는 부분을 살펴보자.

```
function App() {
  const [{ message, enteredName }, dispatch] =
    useReducer(reducer, initialState);
  const onChangeName = (e: React.
    ChangeEvent<HTMLInputElement>)
    => {
    dispatch({
      type: "enteredName", payload: e.target.
        value
    });
    dispatch({
      type: "message", payload: e.target.
        value
    });
  }

  return (
    <div className="App">
      <header className="App-header">
        <img src={logo} className="App-logo" alt="logo"
        />
        <input value={enteredName}
          onChange={onChangeName} />
        <Greeting message={message} />
      </header>
    </div>
  )
```

```
    }
export default App;
```

보다시피 이 함수에서는 객체와 dispatch 함수를 반환한다. 객체는 reducer가 실행 된 이후의 전체 상태 객체이지만, 여기서는 message와 enteredName 속성을 직접 호 출할 수 있도록 구조 분해한다. 이렇게 설정한 이후에 onChangeName 이벤트를 정의 한다. 이 이벤트가 발생하면 useReducer 디스패처인 dispatch가 실행되고 적절한 동작[action]으로 전달해 실제 변경을 발생시킨다. 이 코드를 실행하면 이전처럼 동작 하는 것을 볼 수 있다.

이러한 모든 작업을 통해 얻을 수 있는 좋은 점은 reducer 함수를 다른 함수형 컴포넌트 에서 재사용할 수 있다는 점이다. 디스패처를 자식 컴포넌트로 전달해 자식 컴포넌트에 서도 상태의 업데이트를 발생시킬 수 있다.

다음과 같이 해보자.

1. GreetingFunctional.tsx 컴포넌트를 다음 코드로 업데이트한다.

```
import React from "react";

interface GreetingProps {
    enteredName: string;
    message: string;
    greetingDispatcher: React.Dispatch<{
        type: string,
        payload: string
    }>;
}

export default function Greeting(props: GreetingProps) {
    console.log("rendering Greeting")

    const onChangeName = (e: React.
        ChangeEvent<HTMLInputElement>) => {
        props.greetingDispatcher({
            type: "enteredName",
            payload: e.target.value
        });
```

```
        props.greetingDispatcher({
            type: "message",
            payload: e.target.value
        });
    }

    return (<div>
        <input value={props.enteredName} onChange=
            {onChangeName} />
        <div>
            {props.message}
        </div>
    </div>);
}
```

enteredName와 greetingDispatcher를 Greeting 컴포넌트의 props로 전달했다. 다음으로 input과 onChangeName 이벤트를 컴포넌트에서 사용하기 위해 가져왔다.

2. 이제 App.tsx 파일을 다음과 같이 업데이트한다.

```
function App() {
  const [{ message, enteredName }, dispatch] =
    useReducer(reducer, initialState);

  return (
    <div className="App">
      <header className="App-header">
        <img src={logo} className="App-logo" alt="logo" />
        <Greeting
          message={message}
          enteredName={enteredName}
          greetingDispatcher={dispatch} />
      </header>
    </div>
  )
}
```

onChangeName과 input을 제거해 GreetingFunctional.tsx 컴포넌트에서 사용할 수 있게 했다. 그리고 enteredName과 message, dispatch를 Greeting 컴포넌트의 파라미터로 전달한다. 이 코드를 실행하면 자식 컴포넌트인 GreetingFunctional.tsx에서 reducer 업데이트를 발생시키는 것을 확인할 수 있다.

3. 다음으로 useCallback 함수를 살펴보자. App.tsx를 다음과 같이 업데이트한다.

```
function App() {
  const [{ message, enteredName }, dispatch] =
    useReducer(reducer, initialState);
  const [startCount, setStartCount] = useState(0);
  const [count, setCount] = useState(0);
  const setCountCallback = useCallback(() => {
    const inc = count + 1 > startCount ? count + 1 :
      Number(count + 1) + startCount;
    setCount(inc);
  }, [count, startCount]);
  const onWelcomeBtnClick = () => {
    setCountCallback();
  }

  const onChangeStartCount = (e:
    React.ChangeEvent<HTMLInputElement>) => {
    setStartCount(Number(e.target.value));
  }
```

여기서는 startCount을 사용해 사용자의 초기 숫자 값을 받는 input을 추가한다. 다음으로 setCountCallback를 클릭하면 해당 숫자를 증가시킨다. useCallback에서 count 상태를 매개변수로 갖는 방식이다. 그렇게 하는 이유는 count가 변경될 때 setCountCallback에서 현재 값으로 다시 초기화하기 때문이다. 나머지 코드는 다음과 같이 원하는 최종 HTML을 생성해주는 JSX를 반환한다.

```
console.log("App.tsx render");
  return (
    <div className="App">
      <header className="App-header">
        <img src={logo} className="App-logo" alt="logo" />

        <Greeting
          message={message}
          enteredName={enteredName}
          greetingDispatcher={dispatch} />

        <div style={{ marginTop: '10px' }}>
          <label>Enter a number and we'll increment
            it</label>
```

```
        <br />
        <input value={startCount}
          onChange={onChangeStartCount}
          style={{ width: '.75rem' }} /> 
        <label>{count}</label>
        <br />
        <button onClick={onWelcomeBtnClick}>Increment
          count</button>
      </div>
    </header>
  </div>
  )
}
```

Return에서는 숫자를 증가시키는 UI 기능을 제공한다. 이 코드를 실행하고 **Increment count** 버튼을 클릭하면 다음과 같이 숫자가 증가되는 것을 볼 수 있다.

그림 5.7 Increment count 버튼을 8번 클릭한 결과

하지만 전달된 [count, startCount] 배열을 변경해 count 변수를 제거하면 [startCount] 가 된다. 이제 count에 의존성이 없으므로 증가된 값을 유지하지 않는다. 몇 번을 클릭하든 처음 실행할 때 한 번만 계산한다.

그림 5.8 count 제거 후 결과

즉, 해당 함수가 메모리에 캐시돼 항상 동일한 초기 count 값을 사용해 동작하기 때문에 여러 번 클릭하더라도 항상 1만큼만 증가된다.

성능에 관한 예제를 하나 더 살펴보자. 이 예제에서는 다시 렌더링하는 동작을 줄이기 위해 memo 래퍼^{wrapper}를 사용한다. 이 래퍼는 훅은 아니지만 최근에 새롭게 리액트에 추가된 기능이다. 다음 단계를 살펴보자.

1. ListCreator.tsx 파일을 새로 만들고 다음 코드를 추가한다.

```tsx
import React, { FC, useEffect, useRef } from 'react';

export interface ListItem {
    id: number;
}
export interface ListItems {
    listItems?: Array<ListItem>;
}
const ListCreator: FC<ListItems> =
    ({ listItems }: ListItems) => {
        let renderItems = useRef<Array<JSX.Element> |
            undefined>();
        useEffect(() => {
            console.log("listItems updated");
            renderItems.current = listItems?.map((item,
                index) => {
                return <div key={item.id}>
```

```
            {item.id}
          </div>;
      });
    }, [listItems]);

    console.log("ListCreator render");
    return (
      <React.Fragment>
        {renderItems.current}
      </React.Fragment>
    );
  }
export default ListCreator;
```

이 컴포넌트는 항목 리스트를 전달받아서 리스트로 렌더링한다.

2. 이제 증가된 카운트에 따라 새로운 리스트 항목을 전달하도록 App.tsx 파일을 수정한다. 여기서는 App 함수만 작성했으며, ListCreator도 새로 불러와야 한다.

```
function App() {
  const [{ message, enteredName }, dispatch] =
    useReducer(reducer, initialState);
  const [startCount, setStartCount] = useState(0);
  const [count, setCount] = useState(0);
  const setCountCallback = useCallback(() => {
    const inc = count + 1 > startCount ? count + 1 :
      Number(count
        + 1) + startCount;
    setCount(inc);
  }, [count, startCount]);
  const [listItems, setListItems] =
    useState<Array<ListItem>>();

  useEffect(() => {
    const li = [];
    for (let i = 0; i < count; i++) {
      li.push({ id: i });
    }
    setListItems(li);
  }, [count]);
```

볼 수 있는 것처럼 listItems 리스트와 해당 리스트를 채우기 위한 새로운 useEffect 함수가 있다.

```
const onWelcomeBtnClick = () => {
  setCountCallback();
}
const onChangeStartCount = (e:
  React.ChangeEvent<HTMLInputElement>) => {
  setStartCount(Number(e.target.value));
}
console.log("App.tsx render");
return (
  <div className="App">
    <header className="App-header">
      <img src={logo} className="App-logo" alt="logo" />
      <Greeting
        message={message}
        enteredName={enteredName}
        greetingDispatcher={dispatch} />
      <div style={{ marginTop: '10px' }}>
        <label>Enter a number and we'll increment
          it</label>
        <br />
        <input value={startCount}
          onChange={onChangeStartCount}
          style={{ width: '.75rem' }} /> 
        <label>{count}</label>
        <br />
        <button onClick={onWelcomeBtnClick}>Increment
          count</button>
      </div>
      <div>
        <ListCreator listItems={listItems} />
      </div>
    </header>
  </div>
)
}
```

이 예제를 실행하면 숫자를 증가시킬 때뿐만 아니라 이름을 입력하는 경우에도 새로운 리스트 아이템 요소를 얻어오게 된다. 이렇게 동작하는 이유는 부모의 상태가 업데이트돼 부모 컴포넌트가 렌더링될 때마다 모든 자식 컴포넌트도 렌더링되기 때문이다.

3. 렌더링을 줄이기 위해 ListCreator를 다음과 같이 조금 수정해보자.

```
const ListCreator: FC<ListItems> =
    React.memo(({ listItems }: ListItems) => {
        let renderItems = useRef<Array<JSX.Element> |
            undefined>();
        useEffect(() => {
            console.log("listItems updated");
            renderItems.current = listItems?.map((item,
                index) => {
                return <div key={item.id}>
                    {item.id}
                </div>;
            });
        }, [listItems]);

        console.log("ListCreator render");
        return (
            <React.Fragment>
                {renderItems.current}
            </React.Fragment>
        );
    });
```

ListCreator 컴포넌트만 설명했지만 볼 수 있는 것처럼 React.memo 래퍼도 추가했다. 이러한 래퍼에서는 전달된 props가 변경된 경우에만 컴포넌트의 업데이트를 허용한다. 결과적으로 성능상 약간의 이득을 얻었다. 만약 이 컴포넌트가 더 많은 요소를 포함한 복잡한 객체였다면 성능에 큰 차이를 보였을 것이다.

이러한 예제를 통해서 확인한 것처럼 모든 훅은 서로 다른 컴포넌트에서 다양한 파라미터를 가진 동일한 훅을 재사용할 수 있다. 이것이 훅의 핵심적인 내용이며 이제 코드의 재사용이 아주 쉬워졌다.

useState와 useReducer는 단지 여러 컴포넌트에서 함수를 사용할 수 있게 해주는 재사용 가능한 함수다. 따라서 A 컴포넌트에서 useState를 사용하고 B 컴포넌트에서 useState

를 사용하면 상태의 이름이 동일하다고 하더라도 두 컴포넌트 간에 상태를 공유할 수 없게 된다. 즉, 재사용하는 기능이 전부다.

이 절에서는 리액트 훅에 대해 배웠다. 몇 가지 사용 가능한 주요 훅 라이브러리와 그 사용법을 살펴봤다. 나중에 훅을 더 다루겠으며 이후 장에서는 앱을 만든다. 여기서 다룬 훅의 내용은 나중에 컴포넌트를 직접 만들 때 도움이 될 것이다.

⁖ 클래스 방식과 훅 방식의 유사점과 차이점

이 절에서는 리액트에서 클래스 방식과 훅 방식 간의 코드 작성 차이점을 살펴본다. 그리고 리액트 팀에서 훅을 앞으로 나아갈 방향이라고 결정한 이유를 이해하게 된다. 이러한 세부 사항을 알게 되면 코드에 훅을 사용하는 데 있어 자신감을 갖게 될 것이다.

코드 재사용

클래스 기반 라이프 사이클 메서드를 살펴보면 많은 내용을 기억하고 이해해야 할 뿐만 아니라 모든 클래스 컴포넌트에 대한 고유한 라이프 사이클 함수가 구현돼 있다는 것도 알 수 있다. 이러한 부분이 클래스의 코드 재사용을 어렵게 한다. 훅에는 사용할 수 있고 알고 있어야 할 아주 다양한 내장된 훅이 존재한다. 하지만 이러한 훅은 특정 컴포넌트가 아닌 다양한 컴포넌트에서 원하는 대로 재사용할 수 있다. 이것이 훅을 사용하는 핵심적인 이유다. 훅은 어떤 특정 클래스에 종속되지 않기 때문에 코드를 재사용하기 쉽다. 모든 훅은 사용되는 위치에 관계없이 특정 기능을 제공하는 데 초점이 있다. 또한 직접 훅을 만들면 적당한 때 재사용할 수도 있다.

클래스 컴포넌트 프로젝트의 Greeting을 살펴보자. 이 컴포넌트의 코드를 어떻게 재사용할 수 있을까? 만약 코드를 재사용할 수 있다고 하더라도 실질적인 가치나 이득은 없다. 그 밖에도 getDerivedStateFromProps는 다시 렌더링을 유발할 수 있는 복잡도가 더해진다. 그리고 그 밖에 어떤 다른 라이프 사이클 메서드도 사용하지 않았다.

훅 컴포넌트와 리액트에서는 일반적으로 상속보다 컴포넌트화를 우선시한다. 실제로 리액트 팀에서는 상속 대신 코드를 공유하는 방법으로 다른 컴포넌트 안에 컴포넌트를 사용하는 것을 모범 사례라고 말한다.

다시 말해 라이프 사이클 컴포넌트는 일반적으로 특정 컴포넌트에 종속적이지만, 훅은 약간의 적절한 일반화를 통해 여러 컴포넌트에 사용할 수 있다.

단순성

Greeting에 getDerivedStateFromProps를 추가했을 때 이 컴포넌트가 얼마나 커졌는지 떠올려보자. 그리고 항상 생성자를 통해 상태를 초기하고 모든 컴포넌트에 bind를 사용했다. 예제에서는 컴포넌트가 단순하기 때문에 문제가 되지 않았다. 하지만 상용production 코드에서는 모두 bind 호출을 해야 하는 여러 함수가 포함된 컴포넌트를 만나게 될 것이다.

반면, 훅 컴포넌트 프로젝트의 Greeting은 훨씬 단순했다. 해당 컴포넌트가 커지더라도 호출되는 훅은 대부분 반복되므로 코드의 가독성이 더 좋아진다.

∷ 요약

5장에서는 아주 많은 양의 정보를 다뤘다. 클래스 기반 컴포넌트와 클래스 기반 컴포넌트를 다루기 어려운 이유를 알아봤으며 재사용이 쉽고 단순한 훅 기반 컴포넌트를 살펴봤다.

리액트 프로그래밍의 기본적인 사항을 배웠다. 이제 직접 리액트 컴포넌트와 애플리케이션을 만들 수 있게 됐다.

6장에서는 리액트와 관련된 도구를 배운다. 지금까지 배운 지식과 도구에 관한 정보를 더하면 깔끔하고 빠르게 반응하는 코드를 작성할 수 있게 될 것이다.

06

create-react-app을 사용한 프로젝트 설정과 Jest 활용 테스트

6장에서는 리액트 애플리케이션을 만드는 데 도움이 되는 도구를 살펴본다. 높은 수준의 전문적인 애플리케이션을 개발할 때는 언어나 프레임워크와 관계없이 언제나 애플리케이션을 보다 빠르고 고품질의 코드를 만드는 데 도움을 주는 도구를 사용한다. 리액트 개발 생태계도 다르지 않다. 커뮤니티는 특정 도구와 코딩 방법론을 중심으로 형성되며 6장에서는 그러한 내용을 살펴본다. 이 같은 세련된 도구와 방법은 더 좋은 애플리케이션을 코딩할 수 있게 해주고 코드를 새로운 요구 사항에 적합하게 수정하는 데 도움을 준다.

6장에서는 다음 주제를 다룬다.

- 리액트 개발 방법과 빌드 시스템 이해하기

- 리액트 클라이언트 측 테스트 이해하기

- 리액트 개발에 사용하는 일반적인 도구와 사용법

기술적 요구 사항

5장에서 살펴봤던 SPA 코딩 방식과 웹 개발의 기본적인 이해가 있어야 한다. 마찬가지로 노드^{npm}와 VS Code를 사용한다.

깃허브 저장소는 https://github.com/JungYeolYang/Full-Stack-React-TypeScript-and-Node-acorn이다. Chap6 폴더의 코드를 사용한다.

자신의 PC에 Chapter 6 코드 폴더를 설정하려면 HandsOnTypescript 폴더로 이동한 다음 Chap6 폴더를 새로 만든다.

리액트 개발 방법과 빌드 시스템 이해하기

이 절에서는 리액트 애플리케이션을 코딩하고 만들기 위해 사용되는 도구와 사용법을 배운다. 일반적으로 다양한 방법이 최신 자바스크립트 개발에서 사용되며 경쟁 관계에 있는 앵귤러와 뷰 같은 프레임워크에서도 마찬가지다.

크고 복잡한 애플리케이션을 만들기 위해서는 엄청나게 많은 도구가 필요하다. 이러한 도구의 일부는 좀 더 좋은 품질의 코드를 작성하도록 도와주고 또 다른 도구는 코드를 공유하고 관리할 수 있게 해주며 그 밖에도 개발자의 생산성을 향상시키고 코드를 디버깅하고 테스트하기 쉽게 만들기 위해 존재한다. 따라서 최신 리액트 앱을 만들기 위해 사용되는 도구를 배우게 되면 애플리케이션의 동작 이슈를 최소화할 수 있다.

프로젝트 도구

앞서 지나온 장에서 살펴봤듯이 최신 리액트 개발에는 최종 애플리케이션을 만들기 위해 많은 컴포넌트가 사용된다. 프로젝트 구조와 기본적인 의존성에 대해서는 대부분의 개발자가 노드 개발용으로 처음 만들어진 개발 도구^{npm}의 기반이 된 create-react-app을 사용한다. create-react-app으로 할 수 있는 내용은 이미 살펴봤으며, 이 절에서는 그보다 더 자세한 내용을 들여다본다.

하지만 먼저 도구와 코딩 기술을 사용하는 현재 상태에 이르게 된 방식을 이해할 필요가 있다. 이러한 이해를 통해 현재 방식으로 전환된 이유와 거기서 얻은 이득이 무엇인지 더 잘 알 수 있게 된다.

도구 사용 전 처리 방식

웹은 실제로 다양한 기술의 집합체다. 텍스트를 공유하기 위한 기능을 만드는 HTML이 처음으로 만들어졌다. 다음으로 더 나은 스타일과 문서 구조를 만드는 CSS가 나왔다. 그리고 마지막으로 약간의 이벤트 기반 기능과 프로그래밍을 통해 제어할 수 있는 자바스크립트가 이어서 나왔다. 따라서 이러한 기술이 때로는 하나로 결합된 애플리케이션에 통합되는 것이 이상하고 어렵다고 느끼는 것은 놀라운 일이 아니다. 이러한 내용을 모두 포함하면서 도구를 많이 사용하지 않은 예제를 살펴보자.

1. Chap6 폴더에서 터미널이나 명령줄을 연다. OldStyleWebApp 폴더를 새로 만든다.

2. VS Code를 사용해 index.html 파일을 만들고 다음 코드를 추가한다. 다음 코드에서는 간단한 입력을 받아 화면에 표시한다.

```html
<html lang="en">

<head>
    <meta charset="utf-8">
    <title>Learn React</title>
    <link rel="stylesheet" href="core.css">
</head>

<body>
    <label>Enter your name</label>
    <input id="userName" />
    <p id="welcomeMsg"></p>
    <script src="script.js"></script>
</body>

</html>
```

3. 동일한 폴더에 core.css라는 css 파일을 만든다.

4. 동일한 폴더에 script.js라는 js 파일을 만든다.

나중에 CSS와 JS 파일을 작성하겠지만 지금은 당장 문제가 있다. 이 앱을 어떻게 실행해야 할까? 다시 말해 어떻게 동작을 확인하고 문제가 있는지 여부를 확인할 수 있을까? 어떻게 할 수 있는지 살펴보자.

1. 다음과 같이 비주얼 스튜디오 코드의 index.html 파일에서 마우스 오른쪽 버튼을 클릭하고 경로 복사^{Copy Path}를 선택한다.

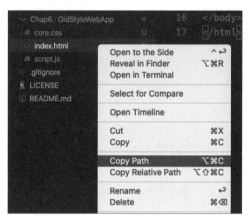

그림 6.1 index.html 경로 복사

2. 다음으로 브라우저를 열고 이 파일의 경로를 URL에 붙여넣는다. 그러면 다음과 같은 화면을 볼 수 있다.

그림 6.2 브라우저에서 index.html

이러한 내용을 알지 못할 수도 있지만 브라우저에서 HTML 파일을 보여주기 위해 HTTP 서버는 필요하지 않다. 하지만 이러한 과정은 그다지 효과적이지 않으며 관련된 파일에 변경이 발생할 때 자동으로 새로고침을 할 수 있다면 그 편이 더 낫다는 것을 알 수 있다.

3. 이제 CSS 파일을 다음과 같이 만들어보자.

```
label {
    color: blue;
}

p {
    font-size: 2rem;
}
```

이 파일을 저장하더라도 브라우저의 `lable` 요소는 자동으로 변경되지 않는다. 브라우저를 새로고침해야 변경된다. 개발 과정에서 변경돼야 하는 파일이 여러 개라면 어떨까? 수동으로 매번 새로고침을 해야 한다면 좋은 경험이 되지 못한다.

4. 다음으로 script.js에 다음과 같은 코드를 추가해보자.

```
const inputEl = document.querySelector("#userName");
console.log("input", doesnotexist);
```

이 코드에는 몇 가지 문제가 있기 때문에 주의 깊게 읽어야 한다. 문제가 무엇인지 살펴보자. 만약 이 파일을 저장한 다음 브라우저 디버깅 도구를 열고 브라우저를 새로고침하면 콘솔Console 탭에서 다음과 같은 오류가 발생하는 것을 볼 수 있다.

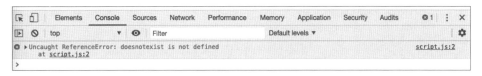

그림 6.3 script.js 최초 오류

이러한 유형의 정의되지 않은 변수 오류는 보통 create-react-app 프로젝트 도구에서 잡아낸다. create-react-app 프로젝트에는 린터linter가 포함돼 있다. 린터는 코드를 검사하는 도구로 코드를 작성할 때 백그라운드에서 동작한다. 린터는 방금 본 것과 같은 일반적인 오류를 검사해 상용 코드에서 오류가 발생하지 않게 한다.

린터의 기능은 더 많지만 나중에 더 자세히 살펴본다. 여기서 중요한 점은 앱이 실행되기 전에 이런 오류를 잡아낸다는 것이다. 그리고 create-react-app이나 이와 같은 일부 내장된 도구에서 이러한 기능을 지원한다.

5. 정확한 변수 이름을 추가하고 브라우저를 다시 로딩해보자. script.js 파일을 다음과 같이 수정하고 저장한 다음 브라우저에서 다시 로딩한다.

```
const inputEl = document.querySelector("#userNam");
console.log("input", inputEl);
```

디버깅 콘솔에서 볼 수 있는 것처럼 로그에서 null을 반환해 inputEl을 찾을 수 없다. 이러한 현상은 input 요소의 id를 userName 대신 userNam으로 잘못 입력해 발생한다. 이제 다시 create-react-app 프로젝트를 실행하면 이러한 종류의 오류는 발생하지 않는다. 그 이유는 대부분의 리액트 코드에서는 HTML 페이지에서 요소를 쿼리하거나 찾지 않기 때문이다. HTML 페이지가 아닌 리액트 컴포넌트를 직접 사용하므로 이러한 종류의 오류를 모두 피할 수 있다. 물론 이러한 동작을 선택하지 않고, useRef를 통해 HTML 요소를 참조할 수 있다. 하지만 그렇게 처리하는 것은 훅을 사용한 정상적인 리액트 생태계의 동작을 벗어나 리액트의 장점을 잃게 되므로 신중하게 사용해야 한다.

6. script.js 파일을 변경해 코드를 완성해보자. 다음과 같이 수정한다.

```
const inputEl = document.querySelector("#userName");
console.log("input", inputEl);
const parEl = document.querySelector("#welcomeMsg");

inputEl.addEventListener("change", (e) => {
    parEl.innerHTML = "Welcome " + e.target.value;
});
```

브라우저를 새로고침해 이 코드를 실행하면 input 박스에 자신의 이름을 입력하고 input 요소의 바깥 부분을 클릭했을 때 다음과 같은 메시지가 출력되는 것을 확인할 수 있다.

그림 6.4 환영 인사말 출력

이 코드는 환영 인사말을 출력하도록 동작한다. 하지만 실수가 발생하기 쉬우며 그 이유를 알려주는 아무런 도움말이 없다. 그리고 브라우저에서 타입스크립트가 동작하지 않기 때문에 타입스크립트도 포함돼 있지 않다. 브라우저에서는 자바스크립트만 실행이 가능하다. 이는 정확하지 않은 타입과 관련된 버그를 피하는 데 유용한 타입 지시자도 누락됐음을 의미한다.

기존 웹 개발 방식의 작업에서 몇 가지 문제를 확인했다. 하지만 이러한 기존 방식의 개발로 인한 문제는 아직 시작하지도 않았다는 것이 현실이다. 예를 들어 HTML에 포함된 스크립트 태그는 처리할 스크립트가 많지 않을 경우에는 얼마든지 할 수 있는 작업이다. 하지만 의존성이 증가하는 경우라면 어떨까? 대규모 애플리케이션에서는 정말 엄청나게 많은 의존성이 포함될 수 있다. 많은 스크립트 태그를 관리하는 것은 아주 어려운 일이다. 뿐만 아니라 많은 자바스크립트 의존성은 더 이상 직접 패키지를 받을 수 있는 URL을 제공하지 않는 경우가 많다.

여러 가지 이야기를 했지만 가장 큰 문제는 아주 자유로운 형식의 코드에 있다. script.js 파일을 다시 보면 거기에 패턴이나 코드의 구조가 없음을 알 수 있다. 물론 팀 자체적으로 패턴을 만들어 이 문제를 해결할 수 있지만 새로운 프로그래머가 팀에 합류하게 된다면 어떨까? 새로 합류한 팀원은 팀에서 정의한 구조화된 코드의 고유한 방식을 배워야 한다.

즉, 핵심은 도구와 구조, 프레임워크에서 일관성 있는 코드를 반복적으로 작성하고 유지 관리하는 방법을 제공한다는 점이다. 이것은 문화적 규범과 관행으로 받아들이고 따라야 할 방식으로, 알고 있는 일종의 프로그래밍 문화라고 생각할 수 있다. 이러한 문화

는 코드의 작성과 공유, 리팩토링을 더욱 쉽게 만들어준다. 지금까지 자유로운 형식의
코드를 살펴봤으니 이제 create-react-app를 자세히 들여다보자.

create-react-app

이전에 살펴본 4장(SPA의 개념과 리액트에서 사용하는 방법)과 5장(훅을 사용한 리액트 개발)에서는 create-react-app을 사용해 기본 애플리케이션 프로젝트를 구성했다. create-react-app 프로젝트 내부를 더 자세히 살펴보자. create-react-app을 구성하고 있는 여러 부분을 좀 더 잘 이해하기 위해서는 먼저 eject를 해야 한다. 여기서 eject의 의미는 보통 숨겨져 있는 내부적인 의존성과 create-react-app을 동작하게 만들어주는 스크립트를 모두 드러내 보인다는 뜻이다.

NOTE

> **Warning: eject가 역공학(reverse)을 의미하지는 않는다**
>
> 거의 대부분의 경우 이득이 많지 않으므로 create-react-app 프로젝트를 eject하지 않는다. 여기서는 이 프로젝트가 어떻게 동작하는지 이해하기 위한 목적으로만 eject한다.

순서는 다음과 같다.

1. Chap6 폴더에 다음 명령을 실행해 새로운 프로젝트를 생성한다.

   ```
   npx create-react-app ejected-app --template typescript
   ```

   이 명령을 실행하면 Chap6 폴더에 ejected-app 프로젝트가 생성된 것을 볼 수 있다.

2. 이제 create-react-app 프로젝트를 eject해보자. 새로 생성된 ejected-app 폴더로 디렉터리를 변경하고 다음 명령을 실행한다.

   ```
   npm run eject
   ```

다음으로 프롬프트에서 y를 입력해 계속 진행한다.

비주얼 스튜디오 코드 탐색기 메뉴에서 이 프로젝트를 처음부터 살펴보자.

- config

  이 폴더에는 프로젝트에서 사용하는 대부분의 설정 파일이 포함된다. 기억할 주요 내용은 리액트 팀에서는 기본적으로 테스트에 제스트^{jest}를 사용하고 자바스크립트 파일의 번들링과 압축에 웹팩^{webpack}을 사용한다. 6장에 있는 '리액트 클라이언트 측 테스트 이해하기' 절에서 제스트를 살펴보고 웹은 이 절의 뒷부분에서 설명한다.

- node_modules

  알고 있는 것처럼 이 폴더에는 프로젝트의 의존성이 포함돼 있다. 보이는 것처럼 의존성을 추가하기 전이지만 기본적으로 설정된 의존성이 상당히 많다. 이러한 의존성을 HTML 스크립트 태그를 사용해 나열하는 것은 아주 어려운 일이 될 것이다. 그리고 이러한 의존성은 대부분 스크립트 태그 참조를 지원하지 않는다.

- public

  이 폴더에는 SPA^{Single-Page Application}를 생성하는데 사용하는 정적인 에셋^{assets}이 포함돼 있다. index.html HTML파일과 PWA 애플리케이션을 만들 때 필요한 manifest.json 파일이 포함된다.

- scripts

  scripts 폴더에는 해당 프로젝트를 관리하는데 사용하는 스크립트가 포함된다. 예를 들면 애플리케이션을 빌드하거나 시작하거나 테스트를 시작할 수 있는 스크립트가 해당된다. 테스트는 나중에 '리액트 클라이언트 측 테스트 이해하기' 절에서 다룬다.

- src

  이 폴더는 당연히 프로젝트의 소스 파일을 포함하는 폴더다.

- .gitignore

  .gitignore는 깃^{git} 소스 코드 저장소에 어떤 파일과 폴더를 추적하지 않을지 알려주는 파일이다. 나중에 이 절에서 깃을 더 자세히 살펴본다.

- package.json

  앞선 여러 장에서 언급한 npm은 원래 노드 서버 프레임워크에서 사용하기 위해 만들어진 의존성 관리 시스템이다. 이 의존성 관리자의 기능과 사용성으로 인해 이 의존성 관리자가 클라이언트 측 개발 표준이 됐다. 따라서 리액트 팀에서는 npm을 프로젝트를 생성하고 의존성을 관리하기 위한 기본 시스템으로 사용한다.

  프로젝트 의존성을 나열하는 것 외에도 프로젝트를 관리하기 위해 실행하는 스크립트를 나열할 수도 있다.

  이 파일에는 제스트와 ESLint, 바벨^{Babel} 등을 설정할 수도 있다.

- Package-lock.json

  이 파일은 의존성과 하위 의존성의 설치 순서와 상관없이 적절한 세트를 유지할 수 있도록 해주는 것과 관계가 있는 파일이다. 이 파일을 직접 사용해 작업하지 않지만, 여러 개발자가 서로 다른 기존 의존성을 사용해 각자의 npm_modules 폴더를 서로 다른 시점에 업데이트하는 경우에 이슈가 발생하는 것을 방지해준다는 것을 알고 있으면 좋다.

- tsconfig.json

  이 파일은 2장, '타입스크립트 살펴보기'에서 이미 살펴봤으며 2장에서 언급한 것처럼 타입스크립트 컴파일러에서 사용할 설정이 포함된다. 일반적으로 리액트 팀에서는 아주 엄격한 컴파일 설정을 선호한다. 그리고 대상 자바스크립트 버전은 ES5다. 이렇게 설정하는 이유는 일부 브라우저가 아직 ES6와 호환되지 않기 때문이다.

create-react-app에는 일부 기능을 활성화하는 두 가지 매우 중요한 도구도 포함돼 있다. 웹팩과 ESLint가 바로 그 도구다. 웹팩은 번들링과 압축^{minification}에 사용하는 도구로 프로젝트를 구성하는 모든 파일을 모아주고, 관련 없고 사용하지 않는 모든 파일을 제거해 몇 가지 파일로 정리하는 작업을 자동으로 처리해준다. 공백이나 사용하지 않는 파일과 스크립트 등 관련 없는 부분을 제거하면 사용자의 브라우저에서 다운로드 되는 파일의 크기를 아주 작게 만들 수 있다. 이러한 방식이 사용자 경험을 좋게 만드는 것은 당연하다. 이러한 핵심 기능에 더해 "핫리로딩hot reloading" 개발 서버도 제공된다. 이 서버에서는 특정 스크립트가 변경되면 페이지 새로 고침을 하지 않아도 자동으로 브라우저에 보이게 해준다. 즉, 대부분의 변경 사항은 브라우저를 새로 고침 해야 했지만 최소한 자동화는 가능하게 된다.

ESLint도 중요한 도구다. 자바스크립트는 스크립트 언어이며 컴파일되는 언어가 아니기 때문에 문법과 코드 유효성을 검사하는 컴파일러를 가지고 있지 않다. 타입스크립트에는 컴파일러가 분명히 존재하지만 타입스크립트 컴파일러는 주로 타입type에 관한 문제를 검사한다. 따라서 ESLint에서는 개발 시점의 코드에 자바스크립트 문법이 유효하게 사용됐는지 확인하는 검사를 수행한다. 더불어 사용자가 직접 코드 형식 규칙을 생성해 사용할 수도 있다. 이러한 규칙은 일반적으로 팀의 모든 멤버가 동일한 스타일(예: 변수 명명 규칙, 괄호 들여쓰기 등)의 코드를 작성할 수 있게 해준다. 규칙을 설정하게 되면 ESLint 서비스에서는 경고 메시지와 함께 이러한 규칙을 사용하도록 강요하게 된다.

이러한 규칙은 자바스크립트에만 국한되지 않고 리액트 같은 프레임워크를 사용해 코드를 작성하는 규칙이 될 수도 있다. 예컨대 create-react-app 프로젝트의 ESLint 설정은 react-app이다. 이 react-app은 리액트 개발 코드 작성 규칙을 모아둔 모음이며 package.json에 명시돼 있다. 따라서 보게 될 메시지는 대부분 자바스크립트 오류가 아니라 리액트 앱 코딩의 모범 사례를 알려주는 규칙에 관한 내용이다.

웹팩은 아주 강력하지만 설정도 대단히 어렵다. 그리고 ESLint 사용자 정의 규칙을 만드는 작업은 아주 많은 시간이 필요할 수도 있다. 하지만 다행히 create-react-app의 또 다른 이점은 이러한 도구에 사용할 수 있는 훌륭한 기본 설정이 제공된다는 점이다.

트랜스파일

1장의 '타입스크립트 이해하기'에서 트랜스파일을 소개했다. 하지만 6장의 create-react-app은 코드 생성의 많은 부분을 트랜스파일에 의존하기 때문에 조금 더 자세히 다룬다. create-react-app에서는 타입스크립트나 바벨을 사용할 수 있으므로 하나의 언어나 하나의 언어 버전으로 코드를 개발해 다양한 언어나 다양한 언어 버전으로 코드를 만들어낼 수 있다. 다음은 타입스크립트의 트랜스파일 과정에서 코드의 흐름을 간단하게 보여주는 그림이다.

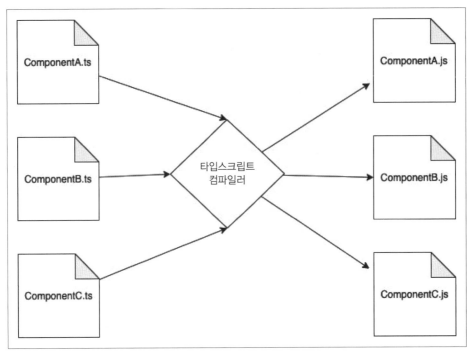

그림 6.5 타입스크립트를 자바스크립트로 트랜스파일

타입스크립트 컴파일러는 프로젝트를 탐색해 일반적으로 src인 최상위 코드 폴더 내부의 ts와 tsx 파일을 모두 찾는다. 만약 오류가 발생하면 멈추고 알려주게 되며 그렇지 않으면 타입스크립트를 파싱하고 변환해 시스템에서 동작할 수 있는 순수 자바스크립트 js 파일로 만들게 된다. 그림에서는 자바스크립트 버전도 변경한다. 즉, 트랜스파일은 컴파일과 거의 비슷하다. 코드의 유효성과 특정 버그를 검사하지만 직접 실행할 수 있는 바이트 코드로 변환되지 않고 다양한 언어나 다양한 언어 버전으로 변환된다. 바벨은 자바스크립트를 만들어낼 수도 있으며 타입스크립트 개발자 코드에서도 동작한다. 하지만 원래 타입스크립트 컴파일러는 타입스크립트를 설계한 팀에서 만들었고 보통은 더 최신이므로 이 컴파일러를 사용하는 것이 좋다.

컴파일 방식으로 트랜스파일을 선택하면 몇 가지 중요한 이득이 있다. 첫 번째는 브라우저에서 코드가 동작하는지 또는 사용자가 먼저 기기에 여러 의존성을 업그레이드하거나 설치해야 하는지 걱정할 필요가 없다. 타입스크립트 컴파일러는 웹 표준 ECMA스크립트(ES3, ES5, ES6 등)로 만들어내며 해당 코드는 모든 최신 브라우저에서 동작하도록 설정된다.

또한 트랜스파일은 개발자가 최종 릴리스하기 전에 최신 버전의 자바스크립트 장점을 채택할 수 있도록 해준다. 자바스크립트는 거의 매년 업데이트되는 주기를 가지고 있기 때문에 언어의 새로운 기능이나 성능의 장점을 채택하는 측면에서 이러한 기능은 아주 유용하다. 예컨대 자바스크립트의 새로운 기능을 고려하고 있는 경우가 여기에 해당될 수 있다. 자바스크립트 언어를 유지 관리하는 표준 기관인 ECMA 협회에서는 자바스크립트의 공식 버전으로 변경을 확정하기 전에 몇 가지 단계를 거친다. 하지만 타입스크립트와 바벨 팀은 이러한 전 단계가 진행되는 과정에 있는 자바스크립트의 새로운 기능을 적용하게 된다. 이러한 이유로 많은 자바스크립트 개발자가 공식적인 표준이 되기도 전에 자신의 코드에 async-await를 사용할 수 있었다.

코드 저장소

코드 저장소는 소스 코드를 여러 개발자 사이에 공유할 수 있도록 해주는 시스템이다. 코드는 업데이트되고 복사되고 병합된다. 대규모 팀에서 이러한 도구는 복잡한 애플리케이션을 만들기 위해 반드시 필요하다. 대부분 알고 있는 최신 소스 코드 관리 저장소는 깃^{Git}이다. 그리고 가장 인기 있는 온라인 저장소 호스트는 깃허브^{GitHub}이다.

깃을 배우는 것은 이 책의 범위를 완전히 벗어나지만 다른 개발자와 의사소통하고 자신의 프로젝트를 유지 관리하는 경우 깃의 기본 개념과 명령을 어느 정도 이해하는 것은 중요하다.

모든 코드 저장소에서 아주 중요한 개념 중 하나는 브랜치^{branch}다. 브랜치는 프로젝트에 다양한 버전을 지정하는 기능을 말한다. 예를 들면 1.0.0과 1.0.1 등의 프로젝트 버전으로 브랜치가 가능하다. 그리고 실험적인 코드나 위험이 큰 코드를 시도하는 경우 앱을 별도의 버전으로 생성할 때 사용할 수 있다. 이와 같은 코드를 메인 브랜치에 포함시키는 것은 좋지 않다. 다음은 다양한 버전의 리액트 깃허브^{React GitHub} 페이지 예다.

그림 6.6 리액트 깃허브

볼 수 있는 것처럼 여러 브랜치가 존재한다. 현재 표에서 안정화 브랜치는 이 스크린샷에 보이진 않지만 일반적으로 마스터^{master}라고 한다.

다시 말하지만 깃을 잘 이해하는 것이 이 책의 내용에서 필요하기 때문에 앞으로 자주 사용하게 될 주요 명령어의 일부를 여기에서 살펴본다.

- **git**: 깃 CLI^{Command-Line Interface, 명령줄 인터페이스}다. 실행하고자 하는 모든 깃 명령어는 이 명령으로 시작한다. git 명령을 사용하면 저장소의 로컬 사본에서 작업하게 된

다. 즉, 온라인에 있는 저장소에서 직접 작업하지 않고 해당 서버에 push하기 전까지 팀 구성원의 저장소에 영향을 미치지 않는다.

- clone: 자신의 로컬 장비에 저장소를 복제해준다. 복제하는 경우 일반적으로 마스터 브랜치가 기본이 된다. 다음은 명령어 예제다.

```
git clone https://github.com/facebook/react.git
```

- checkout: 작업 브랜치를 원하는 여러 브랜치로 변경해준다. 즉, 마스터 브랜치가 아닌 다른 브랜치에서 작업하고자 한다면 이 명령을 사용한다. 예는 다음과 같다.

```
git checkout <branch-name>
```

- add: 필요에 따라 최근 변경한 파일을 추적할 수 있도록 추가해 나중에 저장소에 해당 파일이 commit될 수 있게 알려준다. add 다음에 .을 사용하면 변경된 파일을 한 번에 모두 추가하거나 명시적으로 해당 파일을 알려줄 수 있다.

```
git add <file name>
```

- commit: 로컬에 추가한 파일로 작업 브랜치를 업데이트할 것을 지시한다. -m 파라미터를 추가하면 commit을 설명하는 레이블을 인라인으로 추가할 수 있다. 이 명령은 팀 구성원이 모든 commit의 변경 사항을 추적할 수 있게 해준다.

```
git commit -m "My change to xyz"
```

- push: 이 보조 명령은 로컬에서 커밋한 파일을 원격 저장소에 실제로 이동시킨다.

```
git push origin <branch name>
```

이 절에서는 리액트 개발자가 사용할 수 있는 몇 가지 핵심적인 프로젝트 개발 도구를 살펴봤다. create-react-app과 ESLint, 웹팩, npm에서는 더욱 효과적이면서 오류 발생이 덜하게 개발할 수 있는 아주 유용한 기능을 제공한다. 트랜스파일도 살펴봤다. 트랜스파일을 사용하면 호환성을 위배하지 않으면서 최종 사용자의 기기에서 최신 버전의 언어에 대한 장점을 채택할 수 있는지 확인이 가능하다.

그리고 깃을 빠르게 살펴봤다. 깃은 현재 가장 널리 알려진 소스 코드를 공유할 수 있는 저장소다. 전문적인 개발자라면 틀림없이 이 도구를 프로젝트에서 사용하게 된다.

지금까지 중요하고 핵심적인 도구에 관한 지식을 얻었고 이어서 다음 절에서는 테스트를 다룬다. 최신 개발 관행은 테스트와 테스트 프레임워크를 많이 사용한다. 다행히 자바스크립트에서는 좋은 품질의 테스트를 작성할 수 있도록 도와주는 훌륭한 테스트 도구가 지원된다.

⋙ 리액트 클라이언트 측 테스트 이해하기

단위 테스트는 개발에서 아주 중요한 부분이다. 요즘에는 일정 수준의 단위 테스트 없이 진행되는 대규모 프로젝트는 없다. 테스트의 목적은 코드가 언제나 정확히 기대한 동작을 수행하도록 보장하는 것이다. 특히 코드가 리팩토링으로 변경되는 경우에 그렇다. 보통 실제로 코드를 완전히 새로 만드는 것보다 복잡한 기존 코드를 바꾸는 것이 더 어렵다. 단위 테스트로 기존 코드의 리팩토링 과정에서 발생하는 문제를 막을 수 있다. 그리고 코드에 문제가 발생하더라도 동작하지 않는 코드의 정확한 위치를 알아내 쉽게 수정할 수 있다.

이전에는 리액트에서 일반적으로 사용한 제스트^{Jest}와 엔자임^{Enzyme}이라는 두 개의 주요 테스트 라이브러리가 존재했다. 제스트는 주요한 테스트 라이브러리이며 특정 값을 확인하기 위한 어설션^{assertion} 같은 기본 호출과 테스트 설정을 도와주는 래퍼 함수를 제공한다. 엔자임은 헬퍼의 모음^{set}이며, 제스트와 함께 사용해 리액트 컴포넌트를 테스트할 수 있다. 엔자임은 리액트 컴포넌트의 출력을 테스트하는 목적으로 만들어진 기능을 가지고 있다. 하지만 근래에는 테스팅 라이브러리$^{testing-library}$라고 부르는 라이브러리와 그러한 라이브러리와 관련된 버전이 기본적으로 엔자임의 자리를 차지했다. 그리고 이 라이브러리는 create-react-app에 내장된 기본 컴포넌트 테스트 라이브러리다. 따라서 이 책에서는 제스트와 테스팅 라이브러리$^{testing-library}$를 살펴본다.

모든 단위 테스트는 같은 방식으로 동작한다. 이것은 리액트와 자바스크립트 테스트에서뿐만 아니라 어떤 언어로 테스트하더라도 동일한 방식으로 동작한다. 그렇다면 단위 테스트란 무엇인가? 단위 테스트는 코드의 특정 영역을 확인하는 것이고 코드가 참인 경우에 대해 어설션하는 것이다. 이것이 전부다. 다시 말해 테스트는 예상한 내용이 실제로 사실인지 여부를 확인하는 것이다. 만약 예상한 대로 되지 않는다면 테스트는 실패가 된다. 이처럼 목적은 단순하지만 고품질의 테스트를 만들어내는 것은 단순하지 않다. 따라서 몇 가지 예제를 살펴보겠지만 대규모 애플리케이션 테스트에서는 해당 앱을 만들기 위한 실제 코드만큼은 아니더라도 복잡해질 수 있음을 염두에 두기 바란다. 즉, 테스트 작성에 능숙하게 되기까지 시간이 걸리게 된다.

더 확실하게 이해하기 위해 간단한 테스트를 살펴보자. 다음 내용을 따라 한다.

1. VS Code에서 ejected-app/src/App.test.tsx 경로의 파일을 연다. 이 파일은 App 컴포넌트용 테스트다. 잠시 테스트 내용을 살펴본다.

2. ejected-app에서 터미널을 열고 다음 명령을 실행한다.

```
npm run test
```

이전에 설명했던 내용처럼 프로젝트 관리를 수월하게 해주는 몇 가지 npm 스크립트가 이미 존재하고 그중 하나가 test라고 하는 테스트를 실행시켜주는 스크립트다. 추가적으로 이 테스트 스크립트는 실제로 와치 모드$^{watch mode}$로 테스트를 실행한다. 이 모드에서는 해당 스크립트가 활성화되고, 테스트가 새로 추가되거나 업데이트될 때마다 자동으로 실행된다. 만약 테스트가 실행되지 않고 다음과 같이 프롬프트가 나타나면 a 옵션을 선택한다.

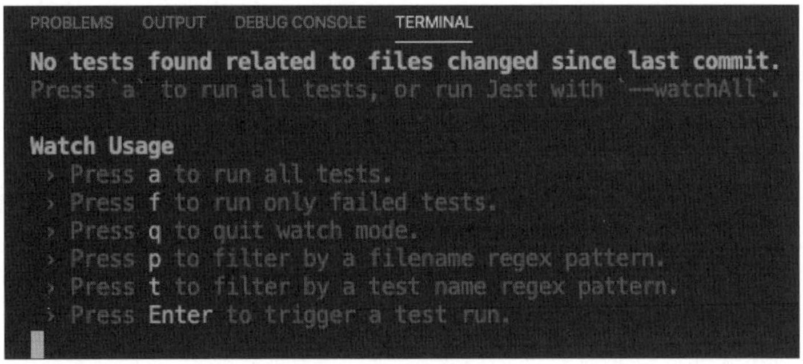

그림 6.7 테스트 실행 옵션

테스트가 실행됐거나 a를 선택했다면 다음과 같은 결과 화면을 볼 수 있다.

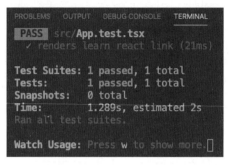

그림 6.8 성공적으로 테스트 완료됨

보다시피 테스트가 자동으로 발견돼 실행된다(현재는 한 가지 테스트만 존재함). 이 동작은 하나의 테스트가 성공하고 기대한 동작이 발생했음을 의미한다. 만일 어떤 테스트가 실패하게 되면 동일한 UI를 통해 실패와 성공한 테스트의 개수를 알려준다.

이제 App.test.tsx의 테스트를 살펴보자.

```
import React from 'react';
import { render, screen } from '@testing-library/react';
import App from './App';

test('renders learn react link', () => {
  render(<App />);
  const linkElement = screen.getByText(/learn react/i);
  expect(linkElement).toBeInTheDocument();
});
```

먼저 이 파일의 이름에 test가 포함돼 있음을 알 수 있다. 이렇게 하면 Jest에게 이 파일이 테스트 파일이라는 것을 알려주게 된다. 어떤 팀에서는 하나의 폴더에 팀의 모든 테스트를 둘 수 있다. 그리고 또 다른 팀에서는 이 예제처럼 실제로 테스트할 파일의 바로 옆에 테스트를 두는 것을 선호할 수 있다. 여기에 정답은 없다. 자신과 자신의 팀에 적절하게 작업하면 된다. 이 책에서는 테스트할 파일의 바로 옆에 테스트를 둔다. test 파일의 내용을 살펴보자.

1. import 중에 @testing-library/react 참조가 있다. 언급한 것처럼 이 라이브러리는 컴포넌트 테스트 결과를 더욱 쉽게 만들어주는 추가적인 몇 가지 도구를 제공한다.

2. 다음으로 test 함수를 보자. 이 함수는 이 한가지 테스트를 위한 캡슐화된 래퍼로 동작한다. 즉, 하나의 테스트와 관련된 모든 내용은 이 함수 내부에서 동작하며 함수 외부에서는 접근할 수 없음을 의미한다. 그리고 이 테스트가 다른 테스트의 영향을 받지 않게 해준다.

3. 이 함수의 첫 번째 파라미터는 설명이다. 설명은 모두 임의로 작성하며 속한 팀에서는 이 설명 작성 방법에 대한 고유한 표준을 만들게 된다. 여기서 집중해야 할 부분은 테스트될 부분에 대해 명확하지만 간략한 설명을 만드는 것이다.

4. 두 번째 파라미터는 실제 테스트를 수행하는 함수다. 이 예제의 테스트에서는 특정 텍스트가 App 컴포넌트에서 만들어낸 HTML에서 나타나는지 여부를 확인한다. 코드를 한 줄씩 살펴보자.

5. 여섯 번째 줄에서 App 컴포넌트를 전달하고 render를 실행한다. 이 render 함수에서는 컴포넌트를 실행하고 만들어진 HTML을 테스트할 수 있는 함수와 특정 속성을 반환한다.

6. 일곱 번째 줄에서 HTML DOM 요소를 getByText의 /learn react/i 파라미터를 통해 얻어 올 수 있으며 이 파라미터는 정규식을 실행하기 위한 문법이다. 이 예제에서는 텍스트로 하드코딩했다.

7. 끝으로 여덟 번째 줄의 어설션은 expect를 호출하며, 이 expect에서는 toBeInThe Document 함수를 사용해 linkElement라는 요소 객체가 DOM에 있을 것으로 예상한다. 일반적으로 테스트를 쉽게 이해하는 방법은 하나의 문장과 같이 테스트의 어설션을 읽는 것이다. 예컨대 이 어설션은 다음과 같이 읽을 수 있다. "나는 문서에 linkElement가 있을 것으로 예상한다." 물론 여기서 문서는 브라우저의 DOM이다. 이러한 방식으로 읽으면 무엇을 의도하는지 아주 명확해진다.

8. 이제 코드를 조금 변경하면 어떤 일이 일어나는지 확인해보자. 다음과 같은 내용으로 App.tsx를 수정한다. 여기서는 **App** 함수만 간략하게 보여준다.

```
function App() {
  return (
    <div className="App">
      <header className="App-header">
        <img src={logo} className="App-logo" alt="logo"
        />
        <p>
          Edit <code>src/App.tsx</code> and save to
          reload.
        </p>
        <a
          className="App-link"
          href="https://reactjs.org"
          target="_blank"
          rel="noopener noreferrer"
        >
          Learn
        </a>
      </header>
    </div>
  );
}
```

Learn React에서 React를 제거한 것을 제외하면 모두 동일하다.

9. 이 파일을 저장하면 다음과 같은 오류가 즉시 발생한다.

```
PROBLEMS   OUTPUT   DEBUG CONSOLE   TERMINAL                          1: node          ∨   +  🗗  🗑  ⌃  ×

 FAIL  src/App.test.tsx
  × renders learn react link (25ms)

  ● renders learn react link

    Unable to find an element with the text: /learn react/i. This could be because the text is broken
    up by multiple elements. In this case, you can provide a function for your text matcher to make your m
    atcher more flexible.

    <body>
      <div>
        <div
          class="App"
        >
          <header
            class="App-header"
          >
            <img
              alt="logo"
              class="App-logo"
              src="logo.svg"
            />
            <p>
              Edit
              <code>
                src/App.tsx
              </code>
               and save to reload.
            </p>
            <a
              class="App-link"
              href="https://reactjs.org"
              rel="noopener noreferrer"
              target="_blank"
            >
              Learn
            </a>
          </header>
        </div>
      </div>
    </body>

      5 │ test('renders learn react link', () => {
      6 │   const { getByText } = render(<App />);
    > 7 │   const linkElement = getByText(/learn react/i);
        │                       ^
      8 │   expect(linkElement).toBeInTheDocument();
      9 │ });
     10 │

      at Object.getElementError (node_modules/@testing-library/dom/dist/config.js:34:12)
      at node_modules/@testing-library/dom/dist/query-helpers.js:71:38
      at getByText (node_modules/@testing-library/dom/dist/query-helpers.js:54:17)
      at Object.<anonymous> (src/App.test.tsx:7:23)

Test Suites: 1 failed, 1 total
Tests:       1 failed, 1 total
Snapshots:   0 total
Time:        0.862s, estimated 1s
Ran all test suites.

Watch Usage: Press w to show more.
```

그림 6.9 App.tsx 변경 후 발생하는 오류

언급한 것처럼, 이 테스트 러너는 와치 모드로 동작하므로 변경 사항을 저장하면 곧바로 테스트 결과를 확인할 수 있다. 보다시피 learn react라는 텍스트가 발견

되지 않았으므로 어설션 expect(linkElement).toBeInTheDocument()는 참^{true}이 아니며 테스트는 실패한다.

create-react-app에서 제공되는 내장 테스트를 살펴봤다. 이제 새로운 컴포넌트를 만들어 처음부터 직접 테스트를 작성해보자. 다음을 따라서 진행한다.

1. 와치 모드라서 오류가 발생할 수 있지만 테스트를 와치 모드에서 실행되도록 하고, 비주얼 스튜디오 코드의 터미널 창 오른쪽 위에 있는 플러스 버튼을 클릭해 새로운 터미널 창을 연다. 이 버튼은 다음 그림에서 볼 수 있는 플러스 기호(+)다.

그림 6.10 새로운 터미널을 만들 수 있는 플러스 기호

2. 이제 src 폴더에서 DisplayText.tsx 파일을 새로 만들고 다음 코드를 추가한다.

```
import React, { useState } from "react";

const DisplayText = () => {
    const [txt, setTxt] = useState("");
    const [msg, setMsg] = useState("");
    const onChangeTxt = (e: React.
        ChangeEvent<HTMLInputElement>)
        => {
        setTxt(e.target.value);
    }

    const onClickShowMsg = (e: React.
        MouseEvent<HTMLButtonElement, MouseEvent>) => {
        e.preventDefault();

        setMsg(`Welcome to React testing, ${txt}`);
    }
```

이 컴포넌트는 단순히 누군가가 이름을 input에 입력하고 **Show Message** 버튼을 클릭하면 새로운 메시지를 표시하게 된다. 먼저 DisplayText라는 새로운 컴포넌트가 정의된 것을 볼 수 있다.

3. 다음으로 컴포넌트의 동작에 필요한 몇 가지 상태와 새로운 텍스트를 처리하고 메시지를 표시하기 위한 이벤트 핸들러를 다음과 같이 만든다. 이 내용은 이미 5장, '훅을 사용한 리액트 개발'의 리액트 컴포넌트를 만드는 방법에서 다뤘다.

```
    return (
        <form>
            <div>
                <label>Enter your name</label>
            </div>
            <div>
                <input data-testid="user-input"
                    value={txt} onChange={onChangeTxt} />
            </div>
            <div>
                <button data-testid="input-submit"
                    onClick={onClickShowMsg}>Show
                    Message</button>
            </div>
            <div>
                <label data-testid="final-msg"
                    >{msg}</label>
            </div>
        </form>
    )
}
export default DisplayText;
```

4. 마지막으로 input과 전송 버튼을 포함한 UI를 반환한다. data-testid 속성은 나중에 테스트에서 해당 요소를 쉽게 찾을 수 있게 해준다. 그리고 App.tsx를 다음과 같이 수정한다.

```
import React from "react";
import DisplayText from "./DisplayText";
import "./App.css";

function App() {
  return (
    <div className="App">
      <DisplayText />
    </div>
  );
```

```
    }

    export default App;
```

이 코드를 실행하고 이름을 입력한 후 버튼을 클릭하면 다음과 같은 내용을 확인할 수 있다.

그림 6.11 테스트를 위한 새로운 컴포넌트

이 화면에서는 단순히 입력한 텍스트를 환영 메시지와 함께 반환한다. 이렇게 단순한 예제이지만 다양한 몇 가지 내용을 테스트할 수 있다. 그중 하나는 input에 텍스트가 입력되면 그 텍스트가 단어인지 숫자나 기호가 아닌지 확인할 수 있다. 또는 버튼이 클릭될 때 메시지가 표시되고 해당 메시지가 "Welcome to React testing" 문자열로 시작하고 사용자가 입력한 텍스트로 끝나는지 확인할 수 있다.

컴포넌트가 만들어졌으니 다음과 같이 이 컴포넌트에 대한 테스트를 만들어보자.

1. tsconfig.json 파일의 내용을 간단히 살펴보자. 앞서 언급한 것처럼 __test__라는 별도의 폴더 안에 자신의 테스트를 두는 것이 일반적이나 컴포넌트 파일이 있는 곳에 둘 수 있다. 여기서는 편리함을 위해 컴포넌트 파일이 있는 곳에 둔다. 그렇게 하려면 tsconfig.json 파일에 다음과 같은 compilerOption을 포함하도록 수정해야 한다.

```
    "types": ["node", "jest"]
```

2. 기존에 작성한 App.tsx를 테스트하기 위해 App.test.tsx를 수정한다.

```
import React from "react";
import { render } from "@testing-library/react";
import App from "./App";

test("renders learn react link", () => {
  const { baseElement } = render(<App />);
  expect(baseElement).toBeInTheDocument();
});
```

3. DisplayText.test.tsx라는 파일을 새로 만들고 다음 초기화 코드를 추가해 이 컴포넌트를 위한 테스트를 만든다.

```
import React from 'react';
import { render, fireEvent } from '@testing-library/react';
import DisplayText from './DisplayText';
import "@testing-library/jest-dom/extend-expect";

describe("Test DisplayText", () => {
  it("renders without crashing", () => {
    const { baseElement } = render(<DisplayText />);
    expect(baseElement).toBeInTheDocument();
  });

  it("receives input text", () => {
    const testuser = "testuser";
    const { getByTestId } = render(<DisplayText />);
    const input = getByTestId("user-input");
    fireEvent.change(input, {
      target: {
        value:
          testuser
      }
    });
    expect(input).toBeInTheDocument();
    expect(input).toHaveValue(testuser);
  })
});
```

시작 부분에서 어설션을 수행할 수 있게 해주는 @testing-library/jest-dom/extend-expect 확장과 @testing-library/react에서 render를 불러온다. expect 키워드 확장은 더 다양한 방법으로 테스트할 수 있는 여러 가지 추가적인 함수를 제공한다. 예컨대 toHaveValue를 사용해 input의 값을 얻어올 수 있다.

이러한 import 다음에는 몇 가지 새로운 문법이 오게 된다. describe는 이름에서 알 수 있듯이 단순하게 그룹 컨테이너를 유용한 레이블과 함께 만들어준다. 이 컨테이너는 하나 이상의 테스트를 가질 수 있지만 이러한 테스트는 모두 특정 컴포넌트나 기능 테스트와 관련이 있어야 한다. 이 예제에서는 DisplayText 컴포넌트를 테스트하려 하므로 describe 내부의 모든 테스트는 이 컴포넌트만 테스트하게 된다.

첫 번째 테스트는 it 함수를 사용해 시작한다. 이 함수는 예제 컴포넌트 DisplayText가 심각한 문제나 오류가 발생하지 않고 HTML로 완전히 렌더링될 수 있는지 확인한다. render 함수에서는 렌더링을 시도하고 expect와 toBeInTheDocument 함수에서는 DOM에 존재하는지 여부를 확인해 렌더링이 성공했는지 여부를 알아낸다. 확인하기 위해 첫 번째 테스트의 const { baseElement }로 시작하는 행 다음에 console.log(baseElement.innerHTML) 코드를 추가한다. 그러면 다음과 같이 터미널에서 HTML 문자열을 확인할 수 있다.

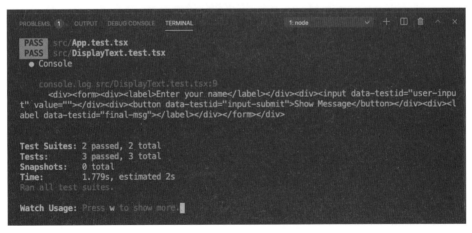

그림 6.12 HTML 테스트 결과 로그

보다시피 div와 그 내부에 form 로그 그리고 그 밖에 예제 컴포넌트 HTML 로그를 확인할 수 있다. 이 방법을 사용하면 렌더링된 내용을 확인할 수 있고, 필요한 경우 구문 분석 방법을 확인할 수 있다.

다음 테스트도 it 함수로 시작하며, 이 함수에서는 input 요소가 정확히 렌더링됐는지 확인하고 input 요소에 입력한 값을 얻어온다. 이러한 방식이 이상하게 보일 수 있지만 리액트에서 input 컨트롤을 채워 넣는 것은 직관적이지 않고 onChange 이벤트에 반응해야 한다는 점을 기억한다. 여러 개의 input 요소가 존재할 수 있기 때문에 data-testid 속성을 getByTestId 함수로 전달해 특정 input 요소를 찾는다. 다음으로 변경된 값을 삽입하기 위해 fireEvent.change 함수를 사용해 문자열 값을 받아서 전달한다. 다음으로 해당 값이 실제로 input에 추가됐는지 여부를 확인한다.

```
it("receives input text", () => {
  const testuser = "testuser";

  const { getByTestId } = render(<DisplayText />);
  const input = getByTestId("user-input");
  fireEvent.change(input, {
    target: {
      value:
        testuser
    }
  });
  expect(input).toBeInTheDocument();
  expect(input).toHaveValue(testuser);
})
```

4. 이제 컴포넌트에 대한 엔드 투 엔드end to end 테스트를 보여주기 위한 테스트를 하나 더 만들어보자. 두 번째 it 함수 다음에 다음 코드를 추가한다.

```
it("shows welcome message", () => {
  const testuser = "testuser";
  const msg = `Welcome to React testing,
  ${testuser}`;
  const { getByTestId } = render(<DisplayText />);
  const input = getByTestId("user-input");
```

```
    const label = getByTestId("final-msg");
    fireEvent.change(input, {
      target: {
        value:
          testuser
      }
    });
    const btn = getByTestId("input-submit");
    fireEvent.click(btn);
    expect(label).toBeInTheDocument();
    expect(label.innerHTML).toBe(msg);
  });
```

이 테스트는 input에 값을 추가한다는 점에서 두 번째 테스트와 비슷하지만 이 테스트에서는 계속해서 button과 label을 얻어온다. 그리고 일반적인 코드에서 lable을 환영 메시지로 채우는 버튼 클릭을 흉내 낸 클릭 이벤트를 만든다. 다음으로 label의 내용을 확인한다. 마찬가지로 이 파일을 저장하면 테스트가 재실행되고, 모든 내용은 통과^{PASS}하게 된다.

5. 다음으로 스냅샷^{snapshot}이라는 내용도 살펴보자. 리액트 개발의 많은 부분이 앱에서 사용할 수 있는 동작^{actions}이나 행위^{behavior}만 있는 것이 아니라 실제로 사용자에게 보여지는 UI 개발이 많은 부분을 차지하는 것이 사실이다. 따라서 스냅샷 테스트를 통해 원하는 HTML 요소의 UI가 컴포넌트에 의해서 실제로 생성됐는지 확인할 수 있다. 다음 코드를 "renders without crashing" 테스트 다음에 추가해보자.

```
  it("matches snapshot", () => {
    const { baseElement } = render(<DisplayText />);
    expect(baseElement).toMatchSnapshot();
  });
```

이 render 함수는 baseElement 속성을 사용해 DisplayText 컴포넌트의 루트 요소를 반환하게 돼 있다. 그리고 toMatchSnapshot이라고 하는 새로운 expect 함수가 사용된 것을 볼 수 있다.

이 함수는 다음 두 가지 내용을 처리한다.

- 처음 실행에서는 src 폴더의 루트에 __snapshot__ 폴더를 만든다.

- 다음으로는 테스트 파일과 동일한 이름의 확장자가 .snap인 파일을 추가하거나 업데이트한다. 따라서 예제의 테스트 파일 스냅샷 파일은 Display Text.test.tsx.snap이 된다.

이 스냅샷 파일의 내용은 컴포넌트의 HTML 요소다. 따라서 생성되는 스냅샷은 다음과 같은 모양이다.

```
// Jest Snapshot v1, https://goo.gl/fbAQLP

exports[`Test DisplayText matches snapshot 1`] = `
<body>
  <div>
    <form>
      <div>
        <label>
          Enter your name
        </label>
      </div>
      <div>
        <input
          data-testid="user-input"
          value=""
        />
      </div>
      <div>
        <button
          data-testid="input-submit"
        >
          Show Message
        </button>
      </div>
      <div>
        <label
          data-testid="final-msg"
        />
      </div>
    </form>
  </div>
</body>
`;
```

볼 수 있는 것처럼 이 스냅샷은 DisplayText 컴포넌트에서 생성되며 만들고자 하는 HTML의 동일한 복사본이다. 그리고 설명과 snapshot 1이라는 표시를 볼 수 있다. 계속해서 스냅샷을 추가하면 숫자가 증가하게 된다.

6. 좋다. 지금까지 스냅샷을 추가했고 첫 번째 테스트를 성공적으로 실행했다. DisplayText JSX를 변경하면 어떤 일이 일어나는지 살펴보자. DisplayText.tsx 파일을 다음과 같이 변경한다(간결하게 컴포넌트 정의 부분만 표시한다).

```
const DisplayText = () => {
    const [txt, setTxt] = useState("");
    const [msg, setMsg] = useState("");
    const onChangeTxt = (e: React.
        ChangeEvent<HTMLInputElement>) => {
        setTxt(e.target.value);
    }
    const onClickShowMsg = (e:
        React.MouseEvent<HTMLButtonElement, MouseEvent>) => {
        e.preventDefault();
        setMsg(`Welcome to React testing, ${txt}`);
    }
```

이전 코드가 모두 동일하게 남아 있지만 return에는 다음과 같이 더미dummy div 태그를 추가한다.

```
}
    return (
        <form>
            <div>
                <label>Enter your name</label>
            </div>
            <div>
                <input data-testid="user-input"
                    value={txt}
                    onChange={onChangeTxt} />
            </div>
            <div>
                <button data-testid="input-submit"
                    onClick={onClickShowMsg}>Show
                    Message</button>
            </div>
            <div>
```

```
            <label data-testid="final-msg" >{msg}
            </label>
        </div>
        <div>
            this is just a test entry
        </div>
    </form>
  )
}
```

이 파일을 저장하면 테스트가 다시 실행되고 다음과 같은 내용을 확인할 수 있다.

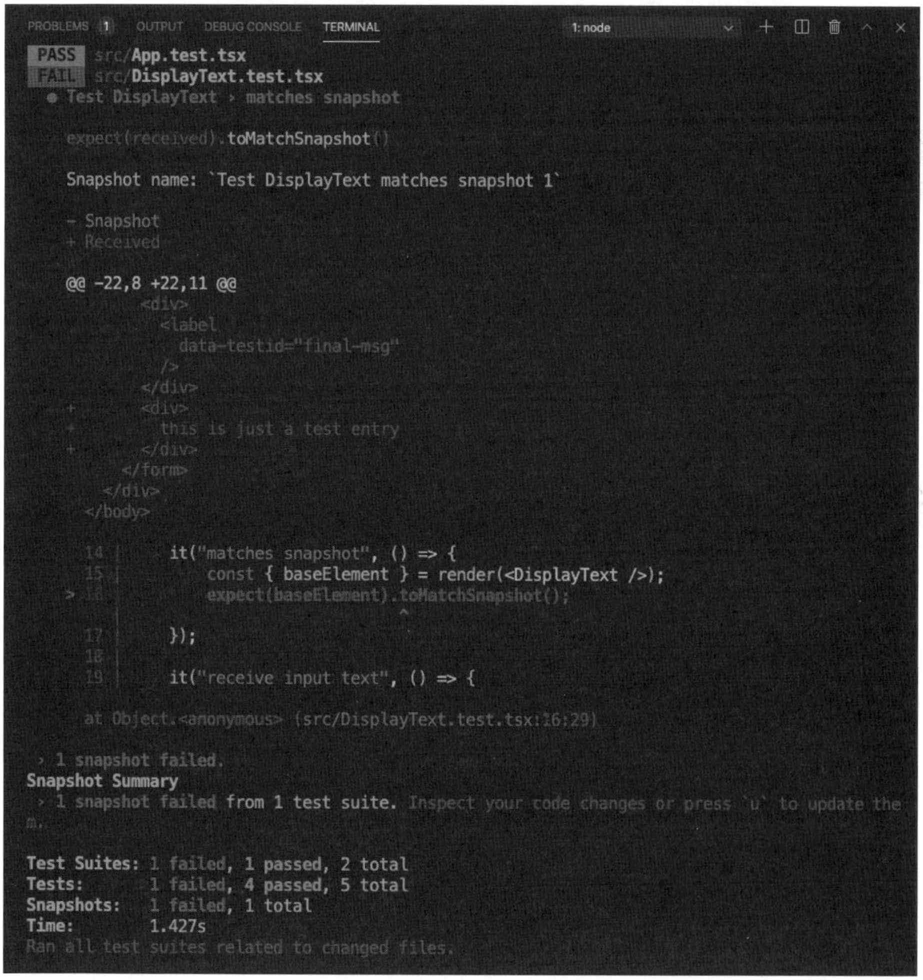

그림 6.13 실패한 스냅샷 테스트

이 스냅샷 테스트는 현재 UI가 스냅샷과 일치하지 않으므로 실패했다. 그렇다면 이 스냅샷을 `DisplayText` 컴포넌트 UI로 변경하려면 어떻게 해야 할까? 이 경우에는 먼저 w 문자를 입력 후 **Watch Usage** 목록에서 u 문자를 입력해 스냅샷을 강제로 업데이트할 수 있다. 이와 같이 동작하지 않는다면 테스트를 중지하고 다시 시작한다. **Watch Usage** 목록은 다음과 같은 모양이다.

```
Watch Usage
 › Press a to run all tests.
 › Press f to run only failed tests.
 › Press u to update failing snapshots.
 › Press i to update failing snapshots interactively.
 › Press q to quit watch mode.
 › Press p to filter by a filename regex pattern.
 › Press t to filter by a test name regex pattern.
 › Press Enter to trigger a test run.
```

그림 6.14 Watch Usage 목록

7. u를 선택하고 나면 스냅샷 파일이 성공적으로 업데이트되고 스냅샷 테스트가 완료된다. 로컬 경로의 스냅샷 파일을 열어보면 앞서 컴포넌트에 추가한 새로운 `div` 태그를 확인할 수 있다.

지금까지 테스트를 시작하는 데 도움이 되는 몇 가지 내용을 살펴봤다. 다음은 모킹이라는 주제를 다룬다.

모킹

모킹mocking은 단순히 테스트에서 특정 기능을 기본값으로 대체하는 것이다. 모킹의 한 예로 네트워크 호출을 수행하는 것 같지만 실제로는 하드코딩된 값을 반환하도록 할 수 있다. 그렇게 하는 이유는 하나의 단위나 작은 코드 조각만 테스트하기 위함이다. 테스트하려는 내용과 관련 없는 코드의 일부를 모킹해 혼선을 피하고 테스트가 일관성 있게 동작하는지 확인한다. 예컨대 코드의 `input`을 테스트한다면 네트워크 호출과 입력 요소는 특별히 관련이 없기 때문에 네트워크 호출의 실패가 테스트 결과에 영향을 미치지 않아야 한다. 종단간^{end-to-end} 테스트를 수행하거나 통합^{integration} 테스트를 수행한다면 네트워크 호출도 고려할 수 있다. 하지만 이러한 테스트는 단위 테스트와는 다른 테스트이며 여기서는 그러한 내용을 다루지 않는다. 어떤 팀에서는 통합 테스트를 별도의 QA 팀에서 수행한다. 현재 리액트 컴포넌트에 관한 테스팅 라이브러리에서는 실제로 모킹을 권장하지 않는다. 이 방법은 테스트가 실제 코드와 유사하지 않게 진행되기 때문이다. 하지만 때에 따라서는 모킹하는 방법이 유용하기 때문에 컴포넌트를 모킹하는 방법도 설명한다.

jest.fn 모킹

노드 개발에서도 사용되는 Jest를 통한 모킹을 살펴보자. Jest로 모킹하는 첫 번째 방법은 fn을 사용해 특정 함수를 모킹하는 것이다. 이 함수는 자신이 원하는 목^{mock}을 설정하기 위해 처리돼야 하는 모든 작업을 수행하는 또 다른 함수를 파라미터로 가진다. 임의의 기존 코드와 값을 교체하는 이러한 기능 외에도 목을 생성하면 mock이라는 멤버에 접근할 수 있다. 이 멤버에서는 목^{mock} 호출에 관한 매트릭을 제공한다. 이러한 내용은 개념을 잡기 어려우니 다음 예제를 만들어보자.

1. DisplayText 컴포넌트를 수정해 네트워크로 웹 API를 호출하도록 만들어보자. JsonPlaceholder 웹 API를 사용한다. 이 API는 무료로 제공되는 서비스로 JSON을 반환하는 web API를 제공한다. DisplayText의 새로운 속성을 만들어보자. 이 속성은 username에서 사용자의 전체 이름을 반환해주는 함수다. 먼저 App 함수 파일을 다음과 같이 업데이트한다.

```
function App() {
  const getUserFullname = async (username: string):
    Promise<string> => {
    const usersResponse = await
      fetch('https://jsonplaceholder.typicode.com/users');
  if (usersResponse.ok) {
    const users = await usersResponse.json();
    const userByName = users.find((usr: any) => {
      return usr.username.toLowerCase() === username;
    });
```

```
      return userByName.name;
    }
    return "";
  }
  return (
    <div className="App">
      <DisplayText getUserFullname={getUserFullname} />
    </div>
  );
}
```

여기서는 getUserFullname 함수를 만들고 DisplayText 컴포넌트에 속성으로 전달한다. 보다시피 JsonPlaceholder의 웹 API를 네트워크를 통해 호출한다. users 컬렉션으로 불러오고 해당 컬렉션을 find 배열 함수를 통해 필터링한다. 결과는 userByName.name를 호출해 username에서 사용자의 전체 이름을 얻어오게 된다.

2. 이제 변경된 DisplayText 컴포넌트 코드를 살펴보자.

```
import React, { useState, FC } from "react";

interface DisplayTextProps {
    getUserFullname: (username: string) =>
        Promise<string>;
}

const DisplayText: FC<DisplayTextProps> =
    ({ getUserFullname }) => {
        const [txt, setTxt] = useState("");
        const [msg, setMsg] = useState("");

        const onChangeTxt = (e: React.
            ChangeEvent<HTMLInputElement>) => {
            setTxt(e.target.value);
        }

        const onClickShowMsg = async (e:
            React.MouseEvent<HTMLButtonElement, MouseEvent>) => {
            e.preventDefault();
            setMsg(`Welcome to React testing, ${await
                getUserFullname(txt)}`);
        }
```

getUserFullname 함수를 포함하기 위해 DisplayTextProps라는 인터페이스를 새로 정의한 부분을 제외하면 대부분의 코드는 동일하다. 이 함수는 App 컴포넌트의 prop에 전달된다. 그런 다음 해당 함수를 사용해 onClickShowMsg 이벤트 핸들러에서 사용자의 전체 이름과 함께 환영 메시지를 보여준다.

```
        return (
            <form>
                <div>
                    <label>Enter your name</label>
                </div>
                <div>
                    <input data-testid="user-input"
                        value={txt}
                        onChange={onChangeTxt} />
                </div>
                <div>
                    <button data-testid="input-submit"
                        onClick={onClickShowMsg}>Show Message</
                    button>
                </div>
                <div>
                    <label data-testid="final-msg" >{msg}</
                    label>
                </div>
            </form>
        )
    }
export default DisplayText;
```

이 코드의 나머지 부분은 동일하며 완성됐다. 이제 이 앱을 실행하면 다음과 같은 내용을 확인할 수 있다.

그림 6.15 사용자의 전체 이름

보다시피 **bret**이라는 사용자의 전체 이름은 **Leanne Graham**이다.

다음으로 Jest를 사용해 테스트와 목^{mock}을 작성해보자.

1. DisplayText.test.tsx 파일을 열면 모든 테스트에 새로운 getUserFullname 속성이
   포함되지 않았기 때문에 모든 테스트가 실패한다. 따라서 테스트와 목에 이 함수
   를 업데이트한다. 새로운 테스트는 다음과 같다.

```
import React from 'react';
import { render, fireEvent, cleanup, waitFor } from
"@testing-library/react";
import DisplayText from './DisplayText';
import "@testing-library/jest-dom/extend-expect";
```

도입 부분에 @testing-library/react에서 waitFor 함수를 새로 불러오는 것을 확
인할 수 있다. 이 함수는 테스트에서 비동기 호출을 처리할 수 있게 해준다. 예컨
대 getUserFullname은 비동기 호출이므로 await를 사용해야 한다. 만약 await하지
않게 되면 다음 단계로 넘어가기에 앞서 해당 호출이 끝날 때까지 기다리지 않게
돼 실패하게 된다.

```
afterEach(cleanup);

describe("Test DisplayText", () => {
  const userFullName = "John Tester";

  const getUserFullnameMock = (username: string):
    [Promise<string>, jest.Mock<Promise<string>, [string]>] => {
    const promise = new Promise<string>((res, rej) => {
      res(userFullName);
    });
    const getUserFullname = jest.fn(
      async (username: string): Promise<string> => {
        return promise;
      });

    return [promise, getUserFullname];
  }
```

다음으로 확인할 내용은 새로운 두 멤버 userFullName과 getUserFullnameMock이다. 목 함수를 여러 번 실행하게 될 것이기 때문에 getUserFullnameMock 함수를 만들고 재사용해 getUserFullname 목 함수와 몇 가지 다른 필요한 항목을 전달한다.

하지만 이렇게 복잡한 이유는 무엇일까? 코드를 살펴보면서 어떻게 동작하는지 알아보자.

- userFullName 변수를 설정한 후 getUserFullnameMock 함수를 생성한다. 볼 수 있는 것처럼 getUserFullnameMock 함수는 실제 getUserFullname 함수처럼 파라미터로 username을 받고 promise와 Mock 객체를 반환한다.

- getUserFullnameMock 내부의 정의에서는 프로미스 객체를 인스턴스화하고 jest.fn을 사용해 getUserFullname 함수를 모킹한다. 네트워크 호출을 시뮬레이션하기 위해 프로미스가 필요하며 나중에 이 프로미스는 testing-library의 waitFor 호출을 사용해 await한다.

- 언급한 것처럼 jest.fn은 목 인스턴스를 만들고 원하는 대로 동작하도록 만들기 위해 사용한다. 이 예제에서는 모킹한 getUserFullname 함수에서 네트워크를 통해 호출하므로 jest.fn 목에서 프로미스를 반환하도록 해야 한다. 그러면 이 함수에서는 바로 위 행에서 생성한 프로미스를 반환해 원하는 동작을 하게 된다.

- 그리고 마지막으로 프로미스와 새로운 getUserFullname 목 함수를 모두 반환한다.

- 여기서 상당한 문제를 겪게 될 것이다. 하지만 이 예제의 경우는 느리고 오류가 발생하기 쉬운 네트워크 호출을 사용하지 않는 편이 낫다. 그렇지 않고 네트워크 호출을 사용했는데 실패하게 되면 테스트와 코드가 실패했다고 잘못 알게 된다.

- 다음으로 테스트에서 목을 어떻게 사용하는지 살펴보자.

```js
it("renders without crashing", () => {
  const username = "testuser";
  const [promise, getUserFullname] =
    getUserFullnameMock(username);
  const { baseElement } = render(<DisplayText
    getUserFullname={getUserFullname} />);
  expect(baseElement).toBeInTheDocument();
});
it("matches snapshot", () => {
  const username = "testuser";
  const [promise, getUserFullname] =
    getUserFullnameMock(username);
  const { baseElement } = render(<DisplayText
    getUserFullname={getUserFullname} />);
  expect(baseElement).toMatchSnapshot();
});
it("receive input text", () => {
  const username = "testuser";
  const [promise, getUserFullname] =
    getUserFullnameMock(username);
  const { getByTestId } = render(<DisplayText
    getUserFullname={getUserFullname} />);
  const input = getByTestId("user-input");
  fireEvent.change(input, {
    target: {
      value:
        username
    }
  });
  expect(input).toBeInTheDocument();
  expect(input).toHaveValue(username);
});
```

처음 몇 개의 테스트에서는 단순히 getUserFullname 함수를 DisplayText의 속성으로 전달한다. 다른 방식으로는 사용하지 않으며 DisplayText의 필수 속성이므로 필요하다.

2. 마지막 테스트에서는 환영 메시지를 테스트하기 때문에 수정한다. 다음과 같이 마지막 테스트를 변경한다.

```
it("shows welcome message", async () => {
  const username = "testuser";
  const [promise, getUserFullname] = getUserFullnameMock(username);

  const msg = `Welcome to React testing, ${userFullName}`;
  const { getByTestId } = render(
    <DisplayText getUserFullname={getUserFullname} />
  );
  const input = getByTestId("user-input");
  const label = getByTestId("final-msg");
  fireEvent.change(input, { target: { value: username } });
  const btn = getByTestId("input-submit");
  fireEvent.click(btn);

  expect(label).toBeInTheDocument();
  await waitFor(() => expect(label.innerHTML).toBe(msg));
});
```

이 마지막 테스트에서는 getUserFullname 함수에서 사용자의 fullname이 제공되고 이것은 다시 레이블에 표시되는 환영 메시지에 포함되기 때문에 환영 메시지를 테스트한다. 이 테스트를 하기 위해 expect와 toBe를 사용해 어설션을 처리한다. 추가적으로 toBe 바로 위에 await waitFor 호출에 주목한다. 이 호출이 먼저 실행돼야 한다. 그 이유는 getUserFullname 함수가 async 함수이므로 그 결과를 얻어오려면 대기해야 하기 때문이다.

jest.fn을 사용하면 코드 일부를 모킹할 수 있으며, 일관성 있는 값을 제공받을 수 있다. 즉, 이 방법으로 특정 코드 단위만 테스트하고 일관성 있게 재현되는 테스트를 만들 수 있다.

컴포넌트 모킹

모킹의 두 번째 형태는 전체 컴포넌트를 모두 대체하는 방법으로, 다른 코드를 테스트하려고 하는 경우에 실제 컴포넌트의 위치에 대체할 컴포넌트를 사용하는 것이다. 이 방법을 확인하기 위해 다음 단계를 따라 해보자.

1. 입력된 사용자의 이름에 따라 사용자의 todo 리스트[todos]를 보여주는 DisplayText 컴포넌트를 만들어보자. 다음과 같이 컴포넌트를 수정한다.

```
import React, { useState, FC } from "react";

interface DisplayTextProps {
    getUserFullname: (username: string) =>
        Promise<string>;
}

const DisplayText: FC<DisplayTextProps> = ({
    getUserFullname })
    => {
    const [txt, setTxt] = useState("");
    const [msg, setMsg] = useState("");
    const [todos, setTodos] = useState<Array<JSX.Element>>();
```

여기서는 나중에 사용하기 위한 몇 가지 상태를 만든다.

```
const onChangeTxt = (e: React.
    ChangeEvent<HTMLInputElement>)
    => {
    setTxt(e.target.value);
}
```

그리고 사용자에게 입력을 받은 username 값으로 input을 업데이트한다.

```
const onClickShowMsg = async (e:
    React.MouseEvent<HTMLButtonElement, MouseEvent>) => {
    e.preventDefault();
    setMsg(`Welcome to React testing, ${await
        getUserFullname(txt)}`);
    setUsersTodos();
}
```

Show Message 버튼을 클릭하면 메시지와 todo 리스트가 보이도록 업데이트한다.

2. 다음으로 메시지의 앞에 붙이기 위한 값으로 prop을 받는다.

```
const setUsersTodos = async () => {
    const usersResponse = await
        fetch('https://jsonplaceholder.typicode.com/users');
    if (usersResponse.ok) {
        const users = await usersResponse.json();
        const userByName = users.find((usr: any) => {
            return usr.username.toLowerCase() ===
                txt;
        });
        console.log("user by username", userByName);
```

username에서 사용자의 fullname을 구한 방법과 유사하게 JSONPlaceholder API를 호출해 사용자의 todo 리스트를 구한다. 먼저 users 컬렉션에서 user를 찾는다.

```
        const todosResponse = await
            fetch('https://jsonplaceholder.typicode.com/todos');
        if (todosResponse.ok) {
            const todos = await todosResponse.json();
            const usersTodos = todos.filter((todo:
                any) => {
                return todo.userId === userByName.id;
            });
            const todoList = usersTodos.map((todo:
                any) => {
                return <li key={todo.id}>
                    {todo.title}
                </li>
            });
            setTodos(todoList);
            console.log("user todos", usersTodos);
        }
    }
}
```

다음으로 todos 컬렉션에서 앞서 찾은 user와 todos를 매칭한다.

3. 마지막으로 다음과 같이 UI를 통해 ul(순서 없는 목록) 요소에 todo 리스트todos를 반환한다.

```
return (
    <form>
        <div>
            <label>Enter your name</label>
        </div>
        <div>
            <input data-testid="user-input"
                value={txt}
                onChange={onChangeTxt} />
        </div>
        <div>
            <button data-testid="input-submit"
                onClick={onClickShowMsg}>Show Message</
            button>
        </div>
        <div>
            <label data-testid="final-msg" >{msg}</
            label>
        </div>
        <ul style={{
            marginTop: '1rem', listStyleType:
                'none'
        }}>
            {todos}
        </ul>
    </form>
)
}
```

다음은 브라우저에서 보게 될 내용이다(이 web API에서는 username이 bret인 경우만 todo 리스트가 존재한다). 보이는 텍스트는 빈 공간을 채우기 위한 의미 없는 글lorem ipsum, 로렘 입숨로 JSONPlaceholder API에서 제공된다.

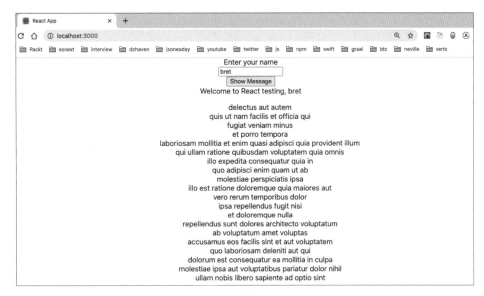

그림 6.16 사용자의 todo 리스트

사용자 bret의 todo 리스트가 표시된다.

이제 이 todo 리스트를 테스트하지 않고 DisplayText 컴포넌트를 테스트한다고 가정한다. 어떻게 이 코드를 리팩토링해야 테스트가 모놀리식^{monolithic}을 벗어날 수 있을까? DisplayText 컴포넌트를 리팩토링해 todos 기능을 고유의 컴포넌트로 추출해보자.

1. DisplayText 파일을 다음과 같이 수정한다.

```
import React, { useState, FC } from "react";
import UserTodos from "./UserTodos";

interface DisplayTextProps {
    getUserFullname: (username: string) =>
        Promise<string>;
}

const DisplayText: FC<DisplayTextProps> = ({
    getUserFullname }) => {
    const [txt, setTxt] = useState("");
    const [msg, setMsg] = useState("");
    const [todoControl, setTodoControl] =
```

```
        useState<ReturnType<typeof UserTodos>>();

const onChangeTxt = (e: React.
    ChangeEvent<HTMLInputElement>) => {
    setTxt(e.target.value);
}
```

먼저 todoControl이라는 상태^{state}를 만든다. 이 상태의 타입은 새로운 UserTodos
컴포넌트의 타입으로 나중에 살펴본다. 유틸리티 타입인 ReturnType을 통해 이 타
입을 구했다. 볼 수 있는 것처럼 객체를 통해 타입 정의를 생성하는 간단한 방식이다.

```
const onClickShowMsg = async (e:
    React.MouseEvent<HTMLButtonElement, MouseEvent>) => {
    e.preventDefault();
    setTodoControl(null);
    setMsg(`Welcome to React testing, ${await
        getUserFullname(txt)}`);
    setTodoControl(<UserTodos username={txt} />);
}
```

이 onClickShowMsg 이벤트 핸들러에서는 setTodoControl을 호출해 UserTodos 컴포
넌트 username을 전달한다.

```
return (
    <form>
        <div>
            <label>Enter your name</label>
        </div>
        <div>
            <input data-testid="user-input"
                value={txt}
                onChange={onChangeTxt} />
        </div>
        <div>
            <button data-testid="input-submit"
                onClick={onClickShowMsg}>Show Message</
            button>
        </div>
        <div>
            <label data-testid="final-msg" >{msg}</
            label>
```

```
          </div>
          {todoControl}
        </form>
    )
  }
export default DisplayText;
```

그리고 끝으로 todoControl은 UI를 통해 표시된다.

2. 이제 새로운 UserTodos 컴포넌트를 만들어보자. UserTodos.tsx 파일을 만들고 다음 코드를 추가한다.

```
import React, { FC, useState, useEffect } from 'react';
interface UserTodosProps {
  username: string;
}
```

여기서는 부모 컴포넌트로부터 username을 prop으로 받는다.

```
const UserTodos: FC<UserTodosProps> = ({ username }) => {
  const [todos, setTodos] = useState<Array<JSX.
    Element>>();

  const setUsersTodos = async () => {
    const usersResponse = await
      fetch('https://jsonplaceholder.typicode.com/users');
    if (usersResponse) {
      const users = await usersResponse.json();
      const userByName = users.find((usr: any) => {
        return usr.username.toLowerCase() ===
          username;
      });
      console.log("user by username", userByName);
```

먼저 users 컬렉션에서 사용자들을 가져온 후 username과 일치하는 한 명의 사용자를 찾기 위해 필터링한다.

```
      console.log("user by username", userByName);
      const todosResponse = await
        fetch('https://jsonplaceholder.typicode.com/todos');
      if (userByName && todosResponse) {
```

```
      const todos = await todosResponse.json();
      const usersTodos = todos.filter((todo:
        any) => {
        return todo.userId === userByName.id;
      });
      const todoList = usersTodos.map((todo:
        any) => {
        return <li key={todo.id}>
          {todo.title}
          </li>
      });
      setTodos(todoList);
      console.log("user todos", usersTodos);
    }
  }
}
```

그리고 찾아낸 사용자와 일치하는 todos를 가져온다. 다음으로 자바스크립트 map 함수를 실행해 각 todo에 대한 li 요소 컬렉션을 생성한다.

```
  useEffect(() => {
    if (username) {
      setUsersTodos();
    }
  }, [username]);
useEffect를 통해 username prop이 변경될 때마다 todos 목록을 업데이트한다.
  return <ul style={{
    marginTop: '1rem', listStyleType:
      'none'
  }}>
    {todos}
  </ul>;
}
export default UserTodos;
```

그리고 마지막으로 ul(순서 없는 목록) 요소에 todos를 출력한다. 이 코드를 실행하고 **Show Message**를 클릭하면 다음과 같은 내용을 확인할 수 있다.

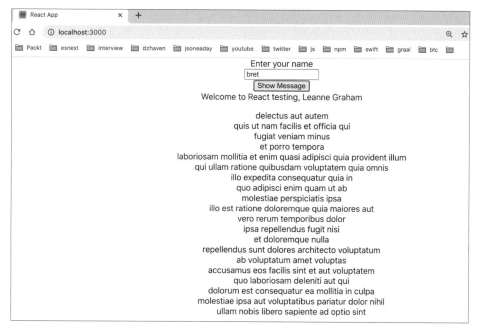

그림 6.17 리팩토링한 todos

이제 `UserTodos` 컴포넌트를 모킹한 새로운 테스트를 추가해 `DisplayText`를 독립적으로 테스트할 수 있도록 한다. 제스트로 모킹하는 방법은 두 가지가 있다. 모킹하기 위한 인라인 콜을 사용하거나 목 파일을 사용할 수 있다. 이 예제에서는 목 파일을 사용한다. 다음 과정을 살펴보자.

1. src 폴더에서 __mocks__ 폴더를 새로 만든다. 해당 폴더 안에 UserTodos.tsx 파일을 만들고 다음 코드를 추가한다.

```
import React, { ReactElement } from 'react';

export default (): ReactElement => {
  return <></>;
};
```

이 파일은 함수 컴포넌트의 모킹 버전이다. 여기서는 아무것도 반환하지 않고 실제 멤버가 없다. 즉, 실제 컴포넌트와는 다르게 어떠한 네트워크 호출이나 테스트에 필요한 HTML을 만들어내지 않는다.

2. 이제 DisplayText.test.tsx를 다음 코드로 업데이트해보자.

```
import React from 'react';
import { render, fireEvent, cleanup, waitFor } from
'@testing-library/react';
import DisplayText from './DisplayText';
import "@testing-library/jest-dom/extend-expect";

jest.mock("./UserTodos");

afterEach(cleanup);

describe("Test DisplayText", () => {
  const userFullName = "John Tester";

  const getUserFullnameMock = (username: string):
    [Promise<string>, jest.Mock<Promise<string>,
      [string]>] => {
    const promise = new Promise<string>((res, rej) => {
      res(userFullName);
    });
    const getUserFullname = jest.fn(async (username:
      string):
      Promise<string> => {
      return promise;
    });
    return [promise, getUserFullname];
  }
```

먼저 테스트의 바깥쪽에 UserTodos 컴포넌트 목을 불러온 것을 확인할 수 있다. 테스트 안에서 이 부분을 처리하면 동작하지 않으므로 이렇게 해야 한다.

테스트의 나머지 부분은 동일하지만 이제 내부적으로 UserTodos 목을 사용한다. 결과적으로 네트워크 호출이 없으므로 테스트는 보다 빠르게 동작한다. 새로 습득한 테스트 기법을 연습하기 위해 별도의 UserTodos 컴포넌트를 직접 만들어보기를 바란다.

이번 절에서는 제스트와 테스팅 라이브러리를 통해 리액트 애플리케이션을 테스트하는 방법을 배웠다. 단위 테스트는 애플리케이션 개발에서 아주 중요한 부분이고 전문 개발 자라면 거의 매일 테스트를 작성하게 될 것이다. 여기서 배운 내용은 코드를 작성하고 리팩토링하는 이 두 가지 부분에 도움이 될 것이다.

다음 절에서는 계속해서 리액트 애플리케이션 개발에 사용하는 일반적인 도구들을 살펴보고 개발자의 스킬 셋에 추가해보자.

⁑ 리액트 개발에 사용하는 일반적인 도구와 사용법

리액트 애플리케이션을 작성하는 데 유용한 여러 가지 도구가 존재한다. 그러한 도구는 너무 많아서 일일이 나열하기 어렵기 때문에 가장 일반적인 몇 가지 도구를 살펴본다. 이러한 도구는 코드를 작성하고 디버깅하는 데 필수적이므로 이러한 도구에 스스로 익숙해지기까지 어느 정도 시간을 들여야 한다.

VS Code

이 책 전반에서 VS Code를 코드 편집기로 사용했다. 자바스크립트를 개발할 때 VS Code는 현재 사용되고 있는 가장 인기 있는 편집기가 분명하다. 다음은 VS Code를 최적으로 사용하기 위해 알아야 할 몇 가지 내용이다.

- VS Code는 코드 작성에 도움이 되는 대규모의 확장 생태계가 제공된다. 이러한 확장은 대부분 개발자의 설정에 따라 다르기 때문에 빠르게 찾아봐야 한다. 여기서는 사용해보면 좋을 몇 가지 일반적인 확장 프로그램을 소개한다.

  Visual Studio IntelliCode: AI 기반의 코드 완성과 문법 하이라이트 언어 서비스를 제공한다.

  Apollo GraphQL: GraphQL의 코드를 완성해주고 형식을 맞춰주는 헬퍼다.

  리액트 관련 플러그인: 코드 조각^{snippet}을 제공해주거나 NPM 같은 서비스와 연동할 수 있는 다양한 리액트 관련 플러그인이 존재한다. 다음은 몇 가지 예다.

그림 6.18 VS Code 리액트 플러그인

- VS Code에는 내장 디버거가 포함돼 있어 코드를 멈추고 변숫값을 확인할 수 있다. 크롬 디버거를 사용하는 방식이 프론트엔드 개발에서 표준이고 코드를 멈추는 것도 가능하다. 이 내용은 여기서는 설명하지 않고 노드^{Node}를 사용하는 부분에서 설명한다.

- 환경 설정 파일: VS Code에서는 워크스페이스와 settings.json 파일, 이 두 가지 방법으로 프로젝트 환경을 설정할 수 있다. VS Code는 폰트와 확장자, 윈도우 등을 아주 다양하게 구성할 수 있다. 이러한 구성을 전역으로 설정하거나 프로젝트 별로 설정할 수 있다. 예시로 보여주기 위해 .vscode/settings.json 파일을 ejected-app 프로젝트에 포함시켰다. 워크스페이스 파일은 기본적으로 설정 파일과 동일하지만 하나의 폴더를 여러 프로젝트에서 사용한다. 워크스페이스 파일은 <워크스페이스 이름>.code-workspace 형식이다.

프리티어

코드를 작성할 때 가독성을 좋게 하기 위해 일관성 있는 스타일을 사용하는 것은 아주 중요하다. 예를 들어 많은 개발자로 구성된 대규모 팀을 상상해보면 만약 구성원들이 모두 여러 가지 방법대로 들여쓰기와 변수 명명 등을 자신의 스타일로 작성한다면 그 자체가 혼돈이 될 것이다. 자바스크립트 형식에 관해서는 읽고 이해하기 쉽게 만들어주는 업계 표준 방식이 존재한다. 프리티어^{Prettier}와 같은 도구에서 이러한 기능이 제공된다.

프리티어에서는 누가 코드를 작성하든지 해당 코드를 저장할 때 자동으로 일관성 있고 가독성이 좋은 형식으로 만들어준다. 프리티어 설치 후 settings.json이나 워크스페이스 파일에 설정을 해야 한다. 이 설정도 마찬가지로 ejected-app 프로젝트의 예제 .vscode/settings.json 파일에 포함돼 있다.

크롬 디버거

크롬 브라우저에서는 내장 웹 개발 도구가 제공된다. 이 도구에는 콘솔 메시지를 확인하고 자바스크립트 코드에 중단점을 설정하고, 브라우저에서 처리된 네트워크를 호출하고, 모든 페이지의 HTML을 확인할 수 있는 기능이 포함된다. 아무런 플러그인이 없어도 이러한 기능을 확장할 수 있다. 수많은 프론트엔드 개발자에게 크롬 브라우저는 코드를 디버깅하기 위한 중요한 도구다.

ejected-app용 디버거를 살펴보고 기본적인 내용을 살펴보자.

1. ejected-app의 로컬 인스턴스가 실행 중이 아니라면 실행하고 크롬 브라우저에
서 기본 localhost:3000 URL을 연다. 다음으로 **F12** 키를 눌러 크롬 디버거를 열
거나 크롬 설정 메뉴에서 도구 더보기의 개발자 도구를 선택한다. 디버거에서 다
음과 같은 **Elements(요소)** 탭을 확인할 수 있으며 보통 크롬 화면의 하단에 표시
된다.

그림 6.19 크롬 디비거 Elements 탭

보이는 것처럼 앱의 외부에 root div 태그가 있다. 그리고 사용자 Bret의 todos를
구하기 위한 웹 API를 호출한 상태를 확인할 수 있다. 즉, 크롬 디버거를 사용해
HTML 요소를 찾고 해당 요소의 속성을 확인하고 CSS 값을 사용해 정확히 원하는
UI를 만들 수 있다.

2. 다음으로 **Console** 탭에서는 다음과 같은 내용을 확인할 수 있다.

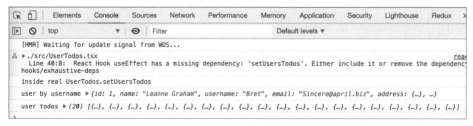

그림 6.20 크롬 디버거 Console 탭

여기서는 값과 함수의 반환 데이터를 확인해 원하고 기대한 대로 동작하는지 파악할 수 있다.

3. 크롬 디버거에서는 실행 중인 코드를 멈출 수 있다. **Sources** 탭을 열고 User Todos.tsx 파일을 찾은 다음 다음과 같이 중단점breakpoint을 추가한다.

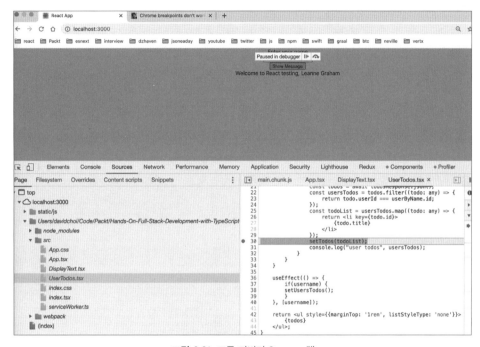

그림 6.21 크롬 디버거 Sources 탭

보이는 것처럼 30번 라인 옆에 점dot으로 표시된 중단점에서 멈추는 것이 가능하다. 특정 변수 위에 마우스를 올려보면 해당 변수의 현재 값을 확인할 수 있으며, 다른 컴포넌트와 같은 특정 객체인 경우에도 확인할 수 있다. 코드에서 이슈를 디버깅할 때 이 기능은 아주 유용하다. 이 기능은 소스 맵source map을 통해 동작한다. 소스 맵은 소스 코드와 압축된minify 런타임 코드를 매핑하거나 연결하는 일련의 파일이다. 이 파일은 개발 시점에 생성돼 브라우저로 전송되고 런타임runtime에 중단점을 통해 멈추고 변숫값을 볼 수 있게 된다.

4. 이제 중단점을 제거하고 **Network** 탭으로 가보자. 이 탭에서는 브라우저에서 생성
   한 네트워크 연결을 모두 보여준다. 여기는 데이터와 같은 네트워크 리소스뿐만
   아니라 이미지나 HTML 파일과 같은 정적인 파일을 가져오기 위한 호출도 포함된
   다. 이 탭을 열고 사용자 Bret의 todos를 가져오는 호출을 실행하게 되면 다음과
   같은 내용을 확인할 수 있다.

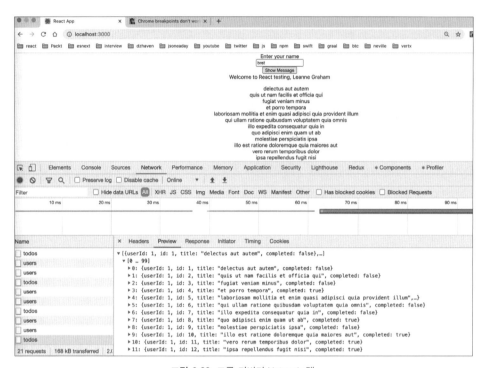

그림 6.22 크롬 디버거 Network 탭

보이는 것처럼 웹 API 호출을 통해 돌아오는 응답 데이터를 모두 확인할 수 있다.
네트워크 리소스에서 유입되는 데이터를 비교할 수 있게 해줘, 유입되는 데이터와
코드에서 사용하는 부분을 비교할 수 있어 유용하다. 이 도구는 나중에 GraphQL
호출을 처리할 때도 사용한다.

지금까지 크롬 디버거를 빠르게 살펴봤다. 크롬에서는 리액트 개발 시 도움이 되는 확
장도 제공한다. 리액트 개발자 도구는 컴포넌트 구조에 대한 정보와 각 컴포넌트의 속
성 정보를 제공한다. 예제 앱을 보면 다음과 같다.

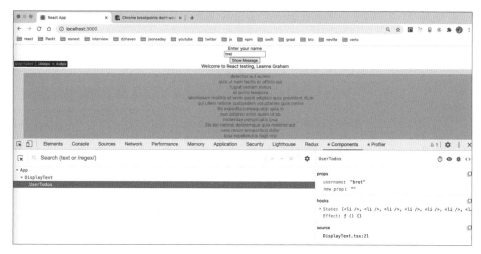

그림 6.23 리액트 개발자 도구

이 도구는 컴포넌트 구조를 보여주고 현재 선택된 컴포넌트의 속성을 알려준다. 그리고 그 컴포넌트 구조에서 특정 컴포넌트를 선택하면 해당 컴포넌트를 구성하는 요소를 화면에 강조해 보여준다. 이는 HTML 구조와는 다르게 리액트 컴포넌트 구조의 관점에서 요소를 볼 수 있게 해주는 유용한 도구다. 크롬 확장 생태계는 대규모이며 그 안에 Redux와 Apollo GraphQL 확장도 존재한다. 이러한 내용은 8장, 'Node.js와 Express를 사용한 서버 측 개발'과 9장, 'GraphQL'에서 각각 살펴보겠다.

그 밖의 IDE

이 책에서는 VS Code를 코드 편집기로 사용한다. 이 도구는 정말 좋기 때문에 가장 인기 있는 자바스크립트와 타입스크립트 편집기로 사용된다. 하지만 반드시 이 도구를 사용해야 하는 것은 아니다. 그리고 알고 있어야 하는 대체 수단이 존재한다. 그중에 몇 가지 도구를 소개한다.

- **Atom**: VS Code 다음으로 가장 인기 있는 무료 편집기다.

- **Sublime Text**: 빠르고 반응성이 좋은 편집기로 역시 무료 버전이다.

- **Vim**: 유닉스 텍스트 편집기로 코드 편집에 자주 사용된다.

- **Webstorm**: JetBrains사의 상업용 편집기다.

좋은 코드 편집기는 생산성을 확실하게 향상시킬 수 있으므로 직접 사용해보기를 바란다.

이 절에서는 리액트 개발에서 아주 일반적으로 사용하는 몇 가지 도구를 살펴봤다. 이러한 내용이 애플리케이션 코드 작성에서 긴밀한 작업은 아니지만 고품질의 코드를 보다 빠르게 작성하는 데 도움을 주기 때문에 아주 중요하다. 그리고 버그를 찾는 것은 때에 따라서 버그를 해결하는 것보다 더 어려울 수도 있기 때문에 이러한 도구의 사용은 코드 작성에서 어려운 부분을 줄여주기도 한다.

⠿ 요약

6장에서는 전문 프론트엔드 개발자가 고품질의 코드를 작성하는 데 도움이 되는 다양한 도구를 살펴봤다. 코드 작성에 사용하는 VS Code 편집기나 코드 공유에 사용하는 깃 소스 코드 저장소와 같이 여기서 언급한 모든 도구는 프론트엔드 엔지니어의 작업을 수행하는 데 아주 중요하다.

이러한 도구를 배움으로써 더 나은 프로그래머가 될 수 있고 코드의 품질은 대체로 증가하게 된다. 더불어 이러한 도구들을 사용하면 직접 문제를 모두 해결하려고 시도하는 것보다 문제를 더 빠르게 추적할 수 있도록 해주고 보다 쉽게 해결할 수 있게 해주기 때문에 개발자의 삶의 질도 향상된다.

7장에서는 리덕스와 리액트 라우터로 리액트의 지식을 확장해본다. 리덕스는 전역 상태를 관리할 수 있게 해주고 리액트 라우터는 클라이언트 측 URL을 만드는 데 도움을 준다. 이 두 프레임워크는 리액트 커뮤니티에서 많이 사용하고 있으며 더 정교하고 좋은 기능의 애플리케이션을 만들 수 있는 다양한 기능을 제공한다.

07

리덕스와 리액트 라우터

7장에서는 리덕스^{Redux}와 리액트 라우터$^{React\ Router}$를 살펴본다. 리덕스는 리액트 애플리케이션 전반에서 공유되는 전역 상태$^{global\ state}$를 관리하는 가장 일반적인 방식이다. 리덕스 전역 상태를 사용하면 많은 양의 보일러 플레이트 코드를 줄여 애플리케이션을 간소화할 수 있다. 리액트 라우터도 역시 클라이언트 측 URL 라우팅을 제어하기 위해 가장 많이 사용하는 프레임워크다. 클라이언트 측 URL 라우팅을 사용하면 SPA 애플리케이션이 사용자에게 익숙한 고전적인 방식의 웹 애플리케이션처럼 사용자가 앱에 있는 위치를 알려주는 방식으로 동작하도록 해준다. 이러한 두 가지 기술은 표준 웹앱 같은 룩앤필$^{look\ and\ feel}$의 SPA 애플리케이션을 만들기 위해 필요하다.

7장에서는 다음 주제를 다룬다.

- 리덕스 상태
- 리액트 라우터

⋙ 기술적 요구 사항

리액트를 사용한 웹 개발에 대한 기본적인 이해가 있어야 한다. 그리고 노드와 VS Code 를 사용한다.

깃허브 저장소는 https://github.com/JungYeolYang/Full-Stack-React-TypeScript-and-Node-acorn이다. Chap7 폴더의 코드를 사용한다.

7장의 코드 폴더를 설정하기 위해 자신의 HandsOnTypescript 폴더에서 Chap7 폴더 를 새로 만든다.

⋙ 리덕스 상태

리덕스는 리액트 애플리케이션의 전역 상태를 만들고 관리하기 위해 가장 많이 사용하는 엔터프라이즈급 프레임워크다(리액트뿐만 아니라 모든 자바스크립트 앱에서 리덕스 사용 가능). 새로운 여러 프레임워크가 만들어졌고 그 가운데 일부는 상당한 팔로워를 얻었다. 하지만 리덕스는 여전히 가장 일반적으로 사용된다. 리덕스가 처음에는 어려울 수 있다. 하지만 일단 배우고 나면 리덕스가 가지고 있는 많은 장점과 크고 복잡한 리액트 애플리케이션에서 주력 프레임워크로 사용되는 이유를 알게 될 것이다.

4장, 'SPA의 개념과 리액트에서 사용하는 방법'과 5장, '훅을 사용한 리액트 개발'에서 리액트 상태를 살펴봤다. 다시 이야기해보면 리액트에서 상태나 컴포넌트의 데이터는 모든 UI의 변경을 유발하는 주요한 요인이다. 이는 리액트 프레임워크가 그러한 상태의 변경에 반응하기 때문이고, 프레임워크 이름에 "react"라는 단어가 사용된 이유다(반응형이라고도 한다). 따라서 일반적으로 상태를 만들고 관리하려면 대부분 컴포넌트나 컴포넌트의 최상위 컴포넌트를 로컬 상태와 연관지어야 한다.

컴포넌트 기반 상태는 제한이 있다. 상태가 컴포넌트나 컴포넌트 구조에 한정되지 않는 경우가 존재한다. 상태는 경우에 따라서 여러 컴포넌트에서 필요하거나, 애플리케이션을 구성하는 컴포넌트가 아닌 다른 서비스에서 필요할 수 있다. 여기에 추가적으로 리액트 상태는 props처럼 오직 한 방향으로 부모 컴포넌트에서 자식 컴포넌트로 전달된다. 반대 방향으로 처리되면 안 된다. 결과적으로 이러한 제한은 리액트에서 상태의 사용 방식을 제한한다. 따라서 리덕스에서는 전역적으로 상태를 공유하는 것뿐만 아니라 필요에 따라 모든 컴포넌트의 상태 업데이트와 주입^{injection} 메커니즘도 제공한다.

조금 더 구체적인 예를 들어보자. 일반적으로 엔터프라이즈급 애플리케이션에는 항상 인증이 포함된다. 사용자가 인증되고 나면 해당 사용자에 대한 특정 데이터를 전달받는다. 예를 들면 사용자의 이름과 사용자 ID, 이메일 등이다. 이러한 데이터는 애플리케이션의 컴포넌트에서 중요한 부분에 사용되므로 불합리해 보이지 않는다. 하지만 모든 컴포넌트 호출에서 이러한 데이터를 얻어오고 컴포넌트 고유의 상태를 로컬에 저장하도록 하는 것은 지루한 작업이고 오류를 유발하기 쉽다. 이러한 방법을 사용하면 여러 데이터 사본이 존재하게 되고 해당 사본이 데이터가 변경돼 어떤 컴포넌트에서는 오래된 버전의 데이터를 가지게 된다.

이러한 불일치는 소스 코드의 버그가 될 수 있다. 따라서 데이터를 클라이언트의 단 한 곳에 저장하고 이 데이터를 필요로 하는 모든 컴포넌트와 공유하는 것이 좋다. 데이터가 변경되는 경우 이러한 방식을 통해 해당 데이터가 포함된 앱의 모든 컴포넌트에서 최신의 정상적인 데이터를 사용하도록 할 수 있다. 이것이 리덕스가 애플리케이션에서 처리하는 내용이며, 단일 진실 공급원^{SSOT, Single Source Of Truth}이라고 할 수 있다.

리덕스는 데이터 저장 서비스로 리액트 애플리케이션의 모든 전역 공유 데이터를 저장한다. 리덕스에서는 저장뿐만 아니라 데이터를 추가, 삭제, 공유하는 데 필요한 기본적인 함수를 제공한다. 하지만 리액트 상태와 한 가지 다른 부분은 리덕스 상태는 반드시 UI의 변경을 발생시키지는 않는다는 점이다. 만약 그렇게 하고 싶다면 그렇게 만들 수 있지만 그렇게 하기 위한 명확한 이유가 존재하지 않는다. 따라서 이러한 내용을 염두에 두기 바란다.

리덕스를 설정하는 방법을 살펴보자.

1. 다음과 같이 Chap7 폴더에 리액트 프로젝트를 새로 만든다.

```
npx create-react-app redux-sample --template typescript
```

2. 프로젝트가 구성됐으면 프로젝트를 열고 명령줄을 사용해 redux-sample 디렉터리로 이동한다.

3. 이제 리덕스를 설치한다. 실제로 몇 가지 다른 종속성이 설치된다. 먼저 다음 명령을 실행한다.

```
npm i redux react-redux @types/redux @types/react-redux
```

이 명령을 사용하면 타입스크립트 타입을 포함한 주요 종속성이 설치된다.

여기까지 기본적인 설정을 마쳤으며, 더 알아보기에 앞서 리덕스에 대한 몇 가지 내용을 더 이해해야 한다. 리덕스는 리듀서reducer와 액션action이라는 한 쌍의 개념을 사용한다. 이 둘이 어떻게 동작하는지 살펴보자.

리듀서와 액션

리덕스에서는 모든 데이터가 단 하나의 저장소에 존재한다. 따라서 모든 전역 데이터는 하나의 리덕스 객체 안에 존재하게 된다. 이러한 설계의 문제점은 데이터는 전역 상태이고 여러 앱의 기능에서는 여러 가지 유형의 데이터가 필요하지만 항상 모든 데이터가 애플리케이션의 모든 부분과 관련돼 있지는 않다는 점이다. 그래서 리덕스 제작자는 리듀서로 필터링해 단일 저장소를 여러 개의 청크로 나누는 체계를 만들어냈다. 따라서 컴포넌트 A에서만 특정 부분의 데이터가 필요하다면 전체 저장소를 처리하지 않아도 된다.

이러한 설계는 데이터 관심사를 분리하는 좋은 방법이다. 하지만 이 같은 설계가 갖는 부작용은 다른 부분에 영향을 주지 않고 관련 있는 부분의 데이터만 업데이트할 방법이 필요하다는 점이다. 이것이 바로 액션이 하는 일이다. 액션은 특정 리듀서에만 데이터를 제공하는 객체다.

지금까지는 리듀서와 액션의 동작에 관해 개괄적인 내용을 살펴봤다. 이제 다음 예제 코드를 살펴보자.

1. src 하위에 store 폴더를 새로 만든다.

2. 다음으로 AppState.ts 파일을 만든다. 이 파일은 글로벌 상태를 제공하는 AppState 타입의 rootReducer라는 통합된 리듀서 객체를 저장한다. 해당 파일에 다음 코드를 추가한다.

```
import { combineReducers } from "redux";

export const rootReducer = combineReducers({
});

export type AppState = ReturnType<typeof rootReducer>;
```

rootReducer는 모든 리듀서를 통합한 객체를 제공한다. 아직은 아무런 리듀서도 없지만 설정이 완료되면 실제 리듀서가 추가된다. combineReducers에서는 모든 리듀서를 하나의 객체로 묶어준다. 그리고 마지막 줄에서는 ReturnType 유틸리티 타입을 사용해 rootReducer 기반의 타입스크립트 타입을 만든 후 AppState이라는 새로운 타입을 내보낸다.

> **NOTE**
>
> 유틸리티 타입은 단순히 헬퍼 클래스로 타입스크립트 팀에서 특정 기능을 제공하기 위해 만들었다. 이 헬퍼 클래스에는 아주 다양한 유틸리티 타입이 존재하며 다음 링크에서 목록을 확인할 수 있다.
>
> https://www.typescriptlang.org/ko/docs/handbook/utility-types.html

3. 다음으로 configureStore.ts 파일을 만든다. 이 파일은 리덕스와 앱에서 사용되는 실제 저장소 객체를 포함한다. 파일의 내용은 다음과 같다.

```
import { createStore } from "redux";
import { rootReducer } from "./AppState";

const configureStore = () => {
  return createStore(rootReducer, {});
};
export default configureStore;
```

보다시피 리덕스의 createStore 메서드는 AppState 객체인 rootReducer 기반의 실제 저장소를 만드는 데 사용된다. configureStore를 내보내, 나중에 저장소의 생성을 수행하는 데 사용한다.

4. 이제 index.tsx 파일을 수정해 configureStore 메서드를 호출하고 앱용 리덕스를 초기화도록 한다. index.tsx 파일을 다음과 같이 수정한다.

```tsx
import React from "react";
import ReactDOM from "react-dom/client";
import "./index.css";
import App from "./App";
import { Provider } from "react-redux";
import configureStore from "./store/configureStore";
import reportWebVitals from "./reportWebVitals";

const root = ReactDOM.createRoot(
  document.getElementById("root") as HTMLElement
);
root.render(
  <React.StrictMode>
    <Provider store={configureStore()}>
      <App />
    </Provider>
  </React.StrictMode>
);
```

먼저 react-redux의 Provider를 불러온다. Provider는 리액트 컴포넌트로 모든 컴포넌트의 부모 컴포넌트처럼 동작하며 저장소 데이터를 제공한다. 더불어, Provider는 configureStore 함수의 반환 값을 받아서 초기화된 저장소를 전달받는다.

```
// If you want to start measuring performance in your app,
pass a function
// to log results (for example: reportWebVitals(console.log))
// or send to an analytics endpoint. Learn more:
https://bit.ly/CRA-vitals
reportWebVitals();
```

이 주석 처리된 코드는 create-react-app 프로젝트의 내용이다. 코드의 완성도를 높이기 위해 여기 포함시켰다. 이제 기본적인 수준의 리덕스 설정이 완료됐다. 계속해서 이 예제에 사용자 객체를 가져오는 호출을 만든다. 6장의 'create-react-app을 사용한 프로젝트 설정과 Jest 활용 테스트'에서 배운 JSONPlaceholder API를 사용한다. 로그인이 성공하면 사용자 정보를 리덕스에 리듀서로 넣어 공유한다. 다음과 같이 진행한다.

1. 다음과 같이 store 폴더에 UserReducer.ts 파일을 새로 만든다.

```
export const USER_TYPE = "USER_TYPE";
```

먼저 USER_TYPE이라는 액션 타입 상수를 만든다. 이 부분은 선택 사항이지만 오타와 같은 문제를 피할 수 있다.

```
export interface User {
    id: number;
    username: string;
    email: string;
    city: string;
}
```

다음으로 User를 나타내는 타입을 만든다.

```
export interface UserAction {
    type: string;
    payload: User | null;
}
```

액션은 일반적으로 타입과 페이로드를 멤버로 가진다. 이러한 멤버를 갖는 UserAction 타입을 만든다.

```
export const UserReducer = ( state: User | null = null,
    action: UserAction): User | null => {
    switch(action.type) {
        case USER_TYPE:
            return action.payload;
        default:
            return state;
    }
};
```

그리고 마지막으로 UserReducer라는 리듀서를 만든다. 리듀서는 항상 state와 action을 파라미터로 가진다. state는 전체 상태가 아니라 특정 리듀서와 연관이 있는 부분적인 상태라는 것을 기억한다. 이 리듀서는 action 타입에 따라 전달된 state가 자신의 상태인지 여부를 알 수 있다. 그리고 원래의 상태는 절대 변경되지 않는다는 점도 기억한다. 이 내용은 매우 중요하다. 상태는 절대로 직접 바꿀 수 없다. 따라서 조건문의 default를 사용해 상태를 있는 그대로 반환하거나 그렇지 않으면 다른 데이터를 반환해야 한다. 이 예제에서는 action.payload를 반환한다.

2. 이제 다시 AppState.ts 파일로 돌아가 리듀서를 새로 추가한다. 파일의 내용은 다음과 같다.

```
import { combineReducers } from "redux";
import { UserReducer } from "./UserReducer";

export const rootReducer = combineReducers({
  user: UserReducer
});

export type AppState = ReturnType<typeof rootReducer>;
```

리덕스 저장소에는 user라는 새로운 멤버가 포함됐다. 이 멤버는 UserReducer를 통해 업데이트 된다. 만약 리듀서가 더 있다면 단순히 이름을 지정하고 해당되는 리듀서와 함께 user 아래쪽에 추가하면 combineReducers 리덕스 함수에서 모든 리듀서를 묶어 하나로 통합된 rootReducer 만들어준다.

3. 이제 새로운 상태를 사용해보자. App.tsx 파일을 다음과 같이 업데이트한다.

```
import React, { useState } from 'react';
import './App.css';

function App() {
  const [userid, setUserid] = useState(0);
  const onChangeUserId = (e: React.
    ChangeEvent<HTMLInputElement>) => {
    console.log("userid", e.target.value);
    setUserid(e.target.value ? Number(e.target.value) :
      0);
```

```
  }
  return (
    <div className="App">
      <label>user id</label>
      <input value={userid} onChange={onChangeUserId} />
    </div>
  );
}


export default App;
```

userid를 파라미터로 받은 다음 해당 ID에 따라 JSON Placeholder API에서 연관된 user를 얻어온다. 그렇게 하기 위해 특정 리덕스 관련 훅을 사용해야 하며, 그래야 얻어 온 user를 리덕스 저장소에 추가할 수 있다.

4. 다음과 같이 App.tsx의 App 컴포넌트를 업데이트해보자.

```
import React, { useState } from 'react';
import { useDispatch } from 'react-redux';
import './App.css';
import { USER_TYPE } from "./store/UserReducer";


function App() {
  const [userid, setUserid] = useState(0);
  const dispatch = useDispatch();
```

볼 수 있는 것처럼 dispatch라는 리덕스 훅을 추가 했다. useDispatch 훅을 통해 dispatch의 인스턴스를 얻는다. dispatch는 리덕스 함수로 액션 데이터를 리덕스에 전달한다. 그리고 리덕스는 해당 액션을 처리하기 위해 각각의 리듀서로 전달한다. 다음으로 해당 액션 타입을 인지한 리듀서는 상태 페이로드로 액션 데이터를 받는다.

```
  const onChangeUserId = async (e:
    React.ChangeEvent<HTMLInputElement>) => {
    const useridFromInput = e.target.value ?
      Number(e.target.value) : 0;
    console.log("userid", useridFromInput);
    setUserid(useridFromInput);
```

```
      const usersResponse = await
        fetch('https://jsonplaceholder.typicode.com/users');
      if (usersResponse.ok) {
        const users = await usersResponse.json();
        console.log("users", users);
        const usr = users.find((userItem: any) => {
          return userItem && userItem.id ===
            useridFromInput;
        });
        console.log("usr", usr);
        dispatch({
          type: USER_TYPE,
          payload: {
            id: usr.id,
            username: usr.username,
            email: usr.email,
            city: usr.address.city
          }
        });
      }
```

onChangeUserId 핸들러 안에서 JSONPlaceholder API를 호출한다. 그리고 usersResponse 응답 객체를 사용해 네트워크 API의 결과를 얻는다. 다음으로 UI를 통해 획득한 user ID로 필터링해 원하는 사용자를 구한다. 그리고 dispatch를 사용해 액션을 리듀서로 전달한다. 여기서 onChangeUserId는 비동기async 함수다.

```
    }
    return (
      <div className="App">
        <label>user id</label>
        <input value={userid} onChange={onChangeUserId} />
      </div>
    );
  }
```

이 UI에서는 userid를 입력으로 받는다.

이제 하위 컴포넌트를 만들어보자. 이 하위 컴포넌트는 사용자와 관련된 데이터를 모두 출력할 수 있다.

1. UserDisplay.tsx 컴포넌트를 새로 만들고 다음 코드를 추가한다.

```tsx
import React, { useRef } from "react";
import { AppState } from "./store/AppState";
import { useSelector } from "react-redux";
const UserDisplay = React.memo(() => {
  const renderCount = useRef(0);
  console.log("renders UserDisplay", renderCount.current++);
  const user = useSelector((state: AppState) => state.user);

  if (user) {
    console.log("user", user);
    return (
      <React.Fragment>
        <div>
          <label>username:</label>
           {user.username}
        </div>
        <div>
          <label>email:</label>
           {user.email}
        </div>
        <div>
          <label>city:</label>
           {user.city}
        </div>
      </React.Fragment>
    );
  } else {
    return null;
  }
});
export default UserDisplay;
```

useSelector 훅에서는 특정 user 리듀서를 얻어온다. 이 훅은 파라미터로 함수를 받고 이 함수에서는 모두 하나로 통합된 리듀서 상태를 받은 후 해당 user 리듀서만 반환해준다. 이 컴포넌트에서는 발견된 사용자의 속성을 출력하며 리덕스와 해당 user 리듀스에서 얻어온 속성이다. 사용자가 발견되지 않으면 null을 반환한다.

2. 다음으로 UserDisplay 컴포넌트를 App 컴포넌트에 추가해보자.

```
import React, { useState } from 'react';
import './App.css';
import { useDispatch } from 'react-redux';
import { USER_TYPE } from './store/UserReducer';
import UserDisplay from './UserDisplay';
```

여기서 UserDisplay 컴포넌트를 새로 추가한다.

```
function App() {
  const [userid, setUserid] = useState(0);
  const dispatch = useDispatch();
  const onChangeUserId = async (e:
    React.ChangeEvent<HTMLInputElement>) => {
    const useridFromInput = e.target.value ?
      Number(e.target.value) : 0;
    console.log("userid", useridFromInput);
    setUserid(useridFromInput);
    const usersResponse = await
      fetch('https://jsonplaceholder.typicode.com/users');
    if (usersResponse.ok) {
      const users = await usersResponse.json();
      const usr = users.find((userItem: any) => {
        return userItem && userItem.id ===
          useridFromInput;
      });
      dispatch({
        type: USER_TYPE,
        payload: {
          id: usr.id,
          username: usr.username,
          email: usr.email,
          city: usr.address.city
        }
      });
    }
  }
```

여기까지는 실제로 변경되지 않았다.

```
  return (
    <React.Fragment>
```

```
        <div className="App">
          <label>user id</label>
          <input value={userid} onChange={onChangeUserId}
          />
        </div>
        <UserDisplay />
      </React.Fragment>
    );
}


export default App;
```

이제 반환된 JSX UI에서 사용자 정보를 표시하는 UserDisplay를 사용한다.

3. 다음으로 브라우저에서 http://localhost:3000를 로딩하고 user id에 1을 입력하면 다음과 같은 내용을 확인할 수 있다.

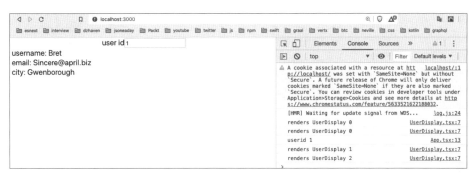

그림 7.1 리덕스 저장소의 사용자 객체

지금까지 리덕스 저장소 사용 방법에 관한 간단한 예제를 살펴봤다. 이제 더 나아가 동일 저장소에 여러 개의 리듀서를 두면 어떻게 되는지 알아보자.

1. PostDisplay.tsx 파일을 새로 만들고 다음 코드를 추가한다. 이 컴포넌트에서는 JSON Placeholder API에서 게시한 코멘트를 출력한다.

```
import React, { useRef } from 'react';
import { AppState } from './store/AppState';
import { useSelector } from 'react-redux';


const PostDisplay = React.memo(() => {
```

```
    const renderCount = useRef(0);
    console.log("renders PostDisplay", renderCount.current++);
    const post = useSelector((state: AppState) => state.post);
```

다시 이전 예제와 같이 여기서도 useSelector를 사용해 상태 데이터를 설정한다.

```
    if(post) {
        return (<React.Fragment>
            <div>
                <label>title:</label>
                 {post.title}
            </div>
            <div>
                <label>body:</label>
                 {post.body}
            </div>
        </React.Fragment>);
    } else {
        return null;
    }
});

export default PostDisplay
```

보다시피 UserDisplay 와 매우 비슷하지만 title과 body 같은 post 관련 정보를 출력한다.

2. 이제 리덕스 코드를 수정해 새로운 리듀서를 추가한다. 먼저 store 폴더에 Post Reducer.ts 파일을 새로 만들고 다음 코드를 추가한다.

```
export const POST_TYPE = "POST_TYPE";

export interface Post {
    id: number;
    title: string;
    body: string;
}

export interface PostAction {
    type: string;
    payload: Post | null;
```

```
        }

export const PostReducer = ( state: Post | null = null,
    action: PostAction): Post | null => {
    switch(action.type) {
        case POST_TYPE:
            return action.payload;
        default:
            return state;
    }
};
```

다시 말하지만 이 코드는 UserReducer와 아주 비슷하지만 사용자가 아닌 게시에
목적이 있다.

3. 다음으로 AppState.tsx 파일을 수정해 리듀서를 새로 추가해야 한다. 다음 코드를
추가한다.

```
import { combineReducers } from "redux";
import { UserReducer } from "./UserReducer";
import { PostReducer } from "./PostReducer";

export const rootReducer = combineReducers({
  user: UserReducer,
  post: PostReducer
});

export type AppState = ReturnType<typeof rootReducer>;
```

PostReducer를 추가한 것이 전부다.

4. 이제 App컴포넌트를 수정해 JSON Placeholder API에서 ID로 구체적인 특정 게
시물을 찾는 코드를 추가한다. 다음 코드로 App을 업데이트한다.

```
import React, { useState } from "react";
import { useDispatch } from "react-redux";
import "./App.css";
import { USER_TYPE } from "./store/UserReducer";
import UserDisplay from "./UserDisplay";
import PostDisplay from "./PostDisplay";
import { POST_TYPE } from "./store/PostReducer";
```

```
function App() {
  const [userid, setUserid] = useState(0);
  const dispatch = useDispatch();
  const [postid, setPostId] = useState(0);
```

어떤 리듀서도 전용 dispatch가 없다. 그 이유는 디스패처가 일반적인 실행 함수이기 때문이다. 결국 액션은 적절한 리듀서로 라우팅된다.

onChangeUserId는 변경된 부분이 없지만 코드를 완성하기 위해 보여준다.

```
const onChangeUserId = async (e:
  React.ChangeEvent<HTMLInputElement>) => {
  const useridFromInput = e.target.value ?
    Number(e.target.value) : 0;
  console.log("userid", useridFromInput);
  setUserid(useridFromInput);

  const usersResponse = await
    fetch('https://jsonplaceholder.typicode.com/users');
  if (usersResponse.ok) {
    const users = await usersResponse.json();

    const usr = users.find((userItem: any) => {
      return userItem && userItem.id ===
        useridFromInput;
    });

    dispatch({
      type: USER_TYPE,
      payload: {
        id: usr.id,
        username: usr.username,
        email: usr.email,
        city: usr.address.city
      }
    });
  }
}
```

onChangePostId는 post와 관련된 데이터 변경을 처리하기 위한 새로운 이벤트 핸들러다.

```
const onChangePostId = async (e:
  React.ChangeEvent<HTMLInputElement>) => {
  const postIdFromInput = e.target.value ?
    Number(e.target.value) : 0;
  setPostId(postIdFromInput);

  const postResponse = await
    fetch("https://jsonplaceholder.typicode.com/posts/"
      + postIdFromInput);
  if (postResponse.ok) {
    const post = await postResponse.json();
    console.log("post", post);
    dispatch({
      type: POST_TYPE,
      payload: {
        id: post.id,
        title: post.title,
        body: post.body
      }
    })
  }
}
```

OnChangePostId는 dispatch 함수를 통해 관련된 action을 전달한다.

UI는 UserDisplay 컴포넌트와 분리해 새로운 PostDisplay 컴포넌트를 처리하도록 약간 수정했다.

```
return (
  <React.Fragment>
    <div style={{ width: "300px" }}>
      <div className="App">
        <label>user id</label>
        <input value={userid} onChange={onChangeUserId}
        />
      </div>
      <UserDisplay />
    </div>
    <br />
    <div style={{ width: "300px" }}>
      <div className="App">
        <label>post id</label>
```

```
          <input value={postid} onChange={onChangePostId}
          />
        </div>
        <PostDisplay />
      </div>
    </React.Fragment>
  );
}
```

이 코드를 실행하고 다음과 같이 postid만 변경하면 흥미로운 내용을 확인할 수 있다.

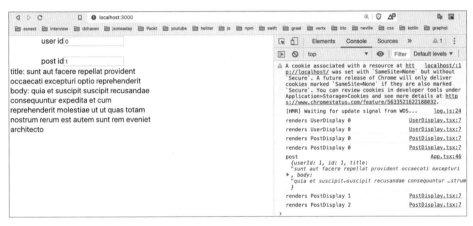

그림 7.2 PostDisplay 실행 결과

postid를 변경하면 콘솔에서 UserDisplay에 관한 로그가 나오지 않는다. 이것은 리덕스 저장소가 리액트 렌더링 파이프라인과 직접 연결돼 있지 않고 특정 상태 변경과 연관된 컴포넌트만 다시 렌더링한다는 것을 보여준다. 이는 리액트 컨텍스트와는 다른 동작이며 원치 않는 렌더링을 줄여주어 성능에 이득이 될 수 있다. 컨텍스트에 관해서는 다음 절에서 살펴본다.

이 절에서는 리액트의 전역 상태 관리에 가장 많이 사용하는 방식인 리덕스를 살펴봤다.

대규모 애플리케이션에서는 일반적으로 많은 전역 데이터 공유가 일어나기 때문에 전역 상태 관리자를 자주 사용하게 된다. 예제 애플리케이션에서는 로그인한 사용자에 관한 정보와 그 밖에 해당 앱 전반에 공유하는 데이터를 저장하므로 이러한 기능은 가치가 있다.

리액트 컨텍스트

컨텍스트context는 훅보다 조금 먼저 나온 새로운 기능이다. 컨텍스트는 별도의 의존성이 아니라 리액트 코어에 내장돼 있다. 리덕스와 유사한 기능으로 상태가 단일 소스single source에 저장되고, 컴포넌트의 구조를 따라 수동으로 props를 전달하지 않고 컴포넌트 간에 공유할 수 있게 해준다.

이러한 기능은 개발자 코딩 관점에서 아주 효율적이다. 상태를 상위 컴포넌트에서 하위 컴포넌트로 전달하기 위해 많은 양의 보일러 플레이트 코드를 작성하지 않아도 되기 때문이다. 다음은 대규모 리액트 앱에서 가능한 구조를 시각적으로 표현했다.

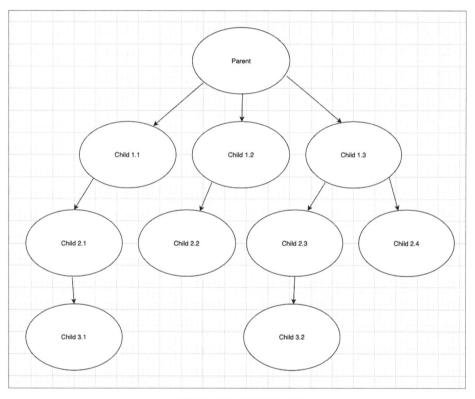

그림 7.3 리액트 컴포넌트 구조

이 예제 다이어그램에는 하나의 상위 컴포넌트가 있고 상위 컴포넌트 JSX에서 사용하는 여러 개의 하위 컴포넌트를 가지고 있다. 이러한 하위 컴포넌트도 마찬가지로 자신의 하위 컴포넌트를 가지고 있고 그 하위도 역시 마찬가지다. 모든 컴포넌트 구조에서 사용하기 위해 모두 props를 전달하도록 구성을 했다면 상당한 양의 코드가 될 것이다. 특히 일부 상위 컴포넌트로 콜백하는 함수를 전달하는 구조에서는 더욱 그럴 것이다. 이러한 류의 prop 관계는 개발자에게 데이터의 관계를 고려해 컴포넌트 사이에 데이터를 전달해야 하는 방법을 추가적으로 알아야 하는 부담을 주게 된다.

리액트 컨텍스트와 리덕스는 모두 상태를 전달하는 보일러 플레이트를 작성할 필요가 없는 좋은 방법이다. 그리고 소규모 프로젝트에서는 컨텍스트가 잘 동작한다. 하지만 대규모 프로젝트에서는 컨텍스트를 사용하지 않는 것이 좋다.

리액트 컨텍스트는 여러 상위 제공자parent providers를 가질 수 있다. 즉, 하나 이상의 루트 root 컨텍스트를 가질 수 있다. 대규모 애플리케이션에서는 이러한 기능이 혼란을 주고 더 많은 보일러 플레이트 코드를 만들어낼 수 있다. 그리고 전역 상태 제공자가 더해지면 헷갈릴 수 있다. 개발 팀에서 컨텍스트와 리덕스를 모두 사용하기로 결정한다면 언제 이들을 각각 사용해야 할까. 이 둘을 모두 사용한다면 두 가지 방식의 전역 상태 관리를 유지 보수해야 한다.

추가적으로 컨텍스트는 리덕스와 다르게 리듀서의 개념이 없다. 따라서 컨텍스트를 사용하는 모든 사용자는 모든 상태 데이터 셋을 전달받게 된다. 이는 관심사의 분리SoC, Separation of Concerns 관점에서 좋은 방식은 아니다. 시간이 지남에 따라 특정 컴포넌트에서 처리해야 하는 데이터의 하위 집합이 무엇인지 헷갈리게 된다.

모든 컴포넌트 사용자가 모든 상태 데이터를 사용할 수 있도록 하는 방식에 대한 추가적인 또 하나의 부작용은 컴포넌트가 실제로 특정 상태 멤버에 접근하지 않았더라도 모든 컨텍스트의 변경을 통해 다시 렌더링이 발생한다는 점이다. 예를 들어, 컨텍스트 상태가 { username, userage }와 같은 모양이고 자신의 컴포넌트에서는 username만 사용한다고 해보자. userage만 변경된 경우라도 해당 컴포넌트에서 다시 렌더링이 발생한다. memo를 사용하는 경우에도 마찬가지다(5장, '훅을 사용한 리액트 개발'에서 memo를 살펴봤다). 이렇게 동작하는 예제를 통해 살펴보자.

1. 혼선을 줄이기 위해 index.tsx에서 React.StrictMode와 Provider를 제거한다. 나중에 다시 추가할 것이다. 이제 index.tsx는 다음과 같다.

```
import React from "react";
import ReactDOM from "react-dom/client";
import "./index.css";
import App from "./App";
import reportWebVitals from "./reportWebVitals";

const root = ReactDOM.createRoot(
  document.getElementById("root") as HTMLElement
);
root.render(<App />);
```

다시 말하지만 다음 코멘트는 create-react-app에서 제공되는 내용이고 예제 코드의 완성도를 위해 포함시켰다.

```
// If you want to start measuring performance in your app,
pass a function
// to log results (for example: reportWebVitals(console.log))
// or send to an analytics endpoint. Learn more:
https://bit.ly/CRA-vitals
reportWebVitals();
```

경고 메시지가 발생하는 것을 줄이기 위해 사용하지 않는 import를 모두 제거한다.

2. 다음으로 두 개의 하위 컴포넌트를 만든다. 각 컴포넌트는 고유의 멤버를 사용한다. 먼저 다음 코드를 사용해 UserAgeComp.tsx 컴포넌트를 만든다.

```
import React, { useContext } from 'react';
import { TestContext } from './ContextTester';

const UserAgeComp = () => {
    const { userage } = useContext(TestContext);
    return <div>
        {userage}
    </div>
};

export default UserAgeComp;
```

이 코드에서는 나중에 생성할 useContext 혹을 사용해 TestContext의 userage 멤버만 사용하도록 객체 구조 분해 할당을 사용하고 표시만 한다. 이제 다음 코드를 사용해 UserNameComp.tsx를 만든다.

```tsx
import React, { useContext, useRef } from 'react';
import { TestContext } from './ContextTester';

const UserNameComp = React.memo(() => {
    const renders = useRef(0);
    console.log("renders UserNameComp", renders.
        current++);

    const username = "dave"; //useContext(TestContext);
    console.log("username UserNameComp", username);

    return <div>
        {username}
    </div>
});

export default UserNameComp;
```

username에 컨텍스트를 사용하지 않아서 놀랐을 수도 있지만(주석 처리함) 컨텍스트 사용에 대한 결과를 보여주기 전에 먼저 이 컴포넌트가 기대한 대로 동작하는 것을 보여주고 싶었다. 이 컴포넌트는 두 가지 주요 기능을 가지고 있다. 컴포넌트가 렌더링된 횟수를 계산하는 ref와 표시되는 username 변수다. 그리고 renders 카운트도 로그로 남겨 다시 렌더링이 발생한 시점을 보여준다.

3. 이제 컨텍스트를 갖는 상위 컴포넌트를 만들어야 한다. ContextTester.tsx 파일을 만들고 다음 코드를 추가한다.

```tsx
import React, { createContext, useState } from 'react';
import UserNameComp from './UserNameComp';
import UserAgeComp from './UserAgeComp';
```

createContext를 사용해 상태를 갖는 TestContext 객체를 만든다.

```tsx
export const TestContext = createContext<{
    username:
```

```
        string, userage: number}>({ username: "",
        userage: 0});
    const ContextTester = () => {
        const [userage, setUserage] = useState(20);
        const [localState, setLocalState] = useState(0);
        const onClickAge = () => {
            setUserage(
                userage + 1
            );
        }
        const onClickLocalState = () => {
            setLocalState(localState + 1);
        }

        return (<React.Fragment>
            <button onClick={onClickAge}>Update age</button>
            <TestContext.Provider value={{
                username: "dave",
                userage
            }}>
                <UserAgeComp />
            </TestContext.Provider>
            <UserNameComp />
            <br />
            <button onClick={onClickLocalState}>Update
                localstate</button>
             <label>{localState}</label>
        </React.Fragment>);
    }
export default ContextTester;
```

이 컴포넌트는 두 가지 주요한 내용을 보여준다. 그중 하나는 onClickLocalState 핸들러에 의해 증가된 localState의 값이고 다른 하나는 두 하위 컴포넌트 User NameComp와 UserAgeComp에 대한 렌더링이다. UserNameComp는 지금은 TestContext 컨텍스트 컴포넌트의 외부에 존재하며, 따라서 TestContext의 변경에 영향을 받지 않는다. 이 내용은 아주 중요한 부분이다.

4. 다음으로 Update age나 Update localstate를 클릭하면 UserNameComp의 console. log 구문이 전혀 실행되지 않는 것을 확인할 수 있다. 해당 로그 구문은 페이지가 처음 로드될 때 한 번만 실행됐다. 이는 UserNameComp에서 memo를 사용하기 때문에

그렇게 동작하는 것이다. memo는 props가 변경되는 경우에만 다시 렌더링된다. 다음과 같이 **Console** 탭에서 단 한 세트의 로그만 확인할 수 있다. 의존성을 곧 다시 추가하게 될 것이므로 경고는 무시한다.

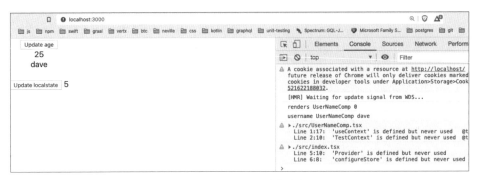

그림 7.4 컨텍스트 렌더링 결과

5. 자, 이제 다음으로 UserNameComp에서 TestContext의 username을 사용하도록 해보자. UserNameComp는 다음과 같다.

```
import React, { useContext, useRef } from 'react';
import { TestContext } from './ContextTester';

const UserNameComp = React.memo(() => {
    const renders = useRef(0);
    console.log("renders UserNameComp", renders.
        current++);

    const { username } = useContext(TestContext);
    console.log("username UserNameComp", username);

    return <div>
        {username}
    </div>
});

export default UserNameComp;
```

볼 수 있는 것처럼 이제 UserNameComp에서는 TestContext의 username 변수를 사용한다. userage 변수를 전혀 사용하지 않고 하드코딩된 값을 가진 username을 호출하게 되므로 절대 변경되지 않는다. 따라서 이론상으로 UserNameComp의 username 상태는 절대 변경되지 않고 따라서 다시 렌더링이 일어나지 않아야 한다. 이제 TestContext 태그 내부에도 UserNameComp를 배치한다. 이렇게 하는 이유는 컴포넌트가 컨텍스트의 상태를 사용해야 하는 경우 해당 컨텍스트 태그 내부에 있어야 하기 때문이다. ContextTester를 다음과 같이 수정한다.

```
import React, { createContext, useState } from 'react';
import UserNameComp from './UserNameComp';
import UserAgeComp from './UserAgeComp';

export const TestContext = createContext<{ username:
    string, userage: number }>({ username: "", userage: 0 });

const ContextTester = () => {
    const [userage, setUserage] = useState(20);
    const [localState, setLocalState] = useState(0);

    const onClickAge = () => {
        setUserage(
            userage + 1
        );
    }

    const onClickLocalState = () => {
        setLocalState(localState + 1);
    }

    return (<React.Fragment>
        <button onClick={onClickAge}>Update age</button>
        <TestContext.Provider value={{ username: "dave", userage }}>
            <UserAgeComp />
            <br />
            <UserNameComp />
        </TestContext.Provider>

        <br />
        <button onClick={onClickLocalState}>Update localstate</button>
         <label>{localState}</label>
    </React.Fragment>);
}

export default ContextTester;
```

username은 "dave"로 하드코딩돼 절대 바뀌지 않는다. 그리고 보다시피 UserName
Comp는 TestContext 안으로 이동했다.

6. 이제 이 코드를 실행하고 버튼을 몇 번 클릭하면 다음과 같은 내용을 확인할 수 있다.

그림 7.5 컨텍스트 사용한 재렌더링

UserNameComp 컴포넌트는 localState 변수만 변경되는 경우에도 계속 다시 렌더링
된다. 왜 이런 일이 발생할까? TestContext는 다른 리액트 컴포넌트와 같다. 그리
고 이 컴포넌트는 memo를 사용하지 않는다. 따라서 상위 컴포넌트 ContextTester가
다시 렌더링되면 해당 컴포넌트도 모든 하위 컴포넌트에 대한 연쇄 반응으로 다시
렌더링된다. 이것이 UserNameComp 컴포넌트에서 userage 변수를 전혀 사용하지 않
음에도 계속 다시 렌더링되는 이유다.

컨텍스트는 몇 가지 사용상 문제가 있다. 개인적인 의견으로는 대규모 리액트 애플리케이션의 경우 둘 중에 선택해야 한다면 더 복잡하기는 하지만 리덕스를 사용하는 편이 더 낫다.

이 절에서는 기본적인 컨텍스트를 살펴봤다. 컨텍스트는 상대적으로 배우고 사용하기 쉽다. 그리고 소규모 프로젝트에서는 아주 잘 동작한다. 하지만 컨텍스트의 단순한 설계 때문에 복잡한 프로젝트에서는 더 정교한 전역 상태 관리 시스템을 선택할 수 있다.

리액트 라우터

리액트 라우터는 리액트에서 가장 일반적으로 사용되는 라우팅 프레임워크다. 이 프레임워크는 상대적으로 쉽게 배우고 사용할 수 있다. 4장, 'SPA의 개념과 리액트에서 사용하는 방법'에서 살펴본 것처럼 라우팅은 웹 개발에서 어느 곳에나 존재한다. 웹앱 사용자가 기대하는 기능이므로 리액트 앱에서 라우팅을 사용하는 방법을 배우는 것은 반드시 필요하다.

리액트 라우터에서 라우트는 단순하게 자신의 애플리케이션 컴포넌트를 포함하는 리액트 라우터 컴포넌트이며 결과적으로 이러한 컴포넌트에서는 화면을 표시한다. 다시 말해 리액트 라우터에서 라우트는 가상 위치에 대한 논리적 표현이다. 이러한 가상 위치는 단지 URL 라벨[label]이고 어떤 서버에도 실제로 존재하지 않는다. 리액트 라우터에서 "routers"는 상위 컴포넌트처럼 동작하고 화면을 렌더링하는 컴포넌트는 하위 컴포넌트처럼 동작한다. 이러한 내용을 단순히 읽는 것으로는 이해하기에 조금 어려우므로 예제를 만들어보자.

1. 터미널에서 다음 명령을 호출해 Chap7 폴더에 리액트 프로젝트를 만든다.

```
npx create-react-app try-react-router --template typescript
```

2. 프로젝트가 만들어졌다면 새로 생성된 try-react-outer 폴더로 이동한 후 다음과 같이 몇 가지 패키지를 추가해보자.

```
npm i react-router-dom@5.3.0 @types/react-router-dom
```

리액트 라우터는 몇 가지 버전이 있으며 dom용 버전을 사용한다.

3. 다음으로 index.tsx 파일을 수정해 앱에 최상위[root] 리액트 라우터 컴포넌트를 추가한다. index.tsx를 다음과 같이 수정한다.

```tsx
import React from "react";
import ReactDOM from "react-dom/client";
import "./index.css";
import App from "./App";
import reportWebVitals from "./reportWebVitals";
import { BrowserRouter } from "react-router-dom";

const root = ReactDOM.createRoot(
  document.getElementById("root") as HTMLElement
);
root.render(
  <React.StrictMode>
    <BrowserRouter>
      <App />
    </BrowserRouter>
  </React.StrictMode>
);

// If you want to start measuring performance in your app,
pass a function
// to log results (for example: reportWebVitals(console.log))
// or send to an analytics endpoint. Learn more:
https://bit.ly/CRA-vitals
reportWebVitals();
```

App 컴포넌트를 래핑한 새로운 최상위 컴포넌트 BrowserRouter를 추가했다. BrowserRouter가 관련이 있는 라우팅을 처리하는 하위 컴포넌트로 다양한 props를 전달하는 단일 상위 컴포넌트라는 부분에서 리덕스의 Provider와 어느 정도 닮았다. props는 곧 살펴보겠으며 지금은 리액트 라우터의 설정을 마무리해보자.

4. 다음으로 이 도구에서 라우팅을 제공해주므로 개별 라우트를 설정해야 한다. 하지만 결국 라우트는 화면을 표시하는 컴포넌트에 대한 컨테이너이기 때문에 먼저 두

개의 화면 컴포넌트를 만든다. ScreenA.tsx를 만들고 다음 코드를 추가한다.

```
import React from "react";

const ScreenA = () => {
  return <div>ScreenA</div>;
};

export default ScreenA;
```

이 코드는 브라우저에 ScreenA를 표시하는 단순한 컴포넌트다.

5. 이제 ScreenB.tsx 파일을 만들고 다음 코드를 추가한다.

```
import React from "react";

const ScreenB = () => {
  return <div>ScreenB</div>;
};

export default ScreenB;
```

이 코드도 마찬가지로 브라우저에 ScreenB를 표시하는 단순한 컴포넌트다.

6. 다음으로 라우트를 만들어보자. App.tsx를 열고 다음 코드를 추가한다.

```
import React from "react";
import "./App.css";
import { Switch, Route } from "react-router-dom";
import ScreenA from "./ScreenA";
import ScreenB from "./ScreenB";

function App() {
  return (
    <Switch>
      <Route exact={true} path="/" component={ScreenA} />
      <Route path="/b" component={ScreenB} />
    </Switch>
  );
}

export default App;
```

여기서 일어나는 일은 앱이 다양한 조건에 따라 가능한 라우트로 렌더링된다는 것이다. Switch 컴포넌트에는 브라우저의 URL과 Route 인스턴스의 경로 속성 매칭을 통해 라우트를 선택하기 위해 정의한 상위 컴포넌트가 포함된다. 예를 들어 앱을 시작하고 "/" 라우트(예제 애플리케이션의 최상위 경로)로 이동하면 다음과 같은 내용을 확인할 수 있다.

그림 7.6 ScreenA로 라우팅

그렇지 않고 "/b" 라우트로 이동하면 다음과 같이 ScreenB를 확인할 수 있다.

그림 7.7 ScreenB로 라우팅

이 절의 도입부에서 명시한 것처럼 리액트 라우터의 라우트는 리액트 컴포넌트다. 이러한 컴포넌트는 보이는 UI가 없기 때문에 이상하다고 생각될 수 있다. 그럼에도 불구하고 이 컴포넌트는 하위 컴포넌트를 렌더링하고 고유의 UI가 없는 것을 제외하면 상위 컴포넌트다.

이제 처음 앱이 로딩되면 다른 파일보다 먼저 index.tsx 파일이 로딩된다는 것을 알고 있다. 그리고 이 파일은 코어 리액트 라우터 서비스가 존재하는 곳에 있다. 이 서비스에서 URL을 만나게 되면 App.tsx 파일에 정의된 라우트 목록을 확인해 매칭되는 라우트를 선택한다. 매칭되는 라우트가 선택되면 해당 라우트의 하위 컴포넌트가 렌더링된다. 예컨대 path="/b"가 포함된 라우트는 ScreenB 컴포넌트가 렌더링된다.

라우팅 코드를 자세히 살펴보자. 라우트 예제를 다시 살펴보면 첫 번째 라우트에 exact 속성이 있다는 것을 알 수 있다. 이 속성은 리액트 라우터의 라우트 매칭 정의에 정규식을 사용하지 않고 정확한 매칭을 사용한다는 것을 말해준다. 다음으로 path 속성을 확인할 수 있다. 이 속성은 루트 도메인 다음에 오는 URL 경로다. 이 경로는 기본적으로 포함되는 경로다. exact 속성이 포함되지 않았다면 path 속성과 동일한 값이 포함된 모든 URL을 허용하고 첫 번째로 매칭되는 라우트를 렌더링한다.

다음으로 component 속성이 있다. 이 속성은 렌더링될 하위 컴포넌트를 참조한다. 단순한 시나리오에서는 이 속성을 사용해도 잘 동작한다. 하지만 컴포넌트에 추가적인 props를 전달해야 한다면 어떨까? 리액트 라우터에서는 render라는 또 다른 속성을 제공하며 이를 통해 "render 속성"을 사용할 수 있다.

render 속성은 함수를 파라미터로 받는 속성이다. 상위 컴포넌트에서 렌더링을 수행하면 내부적으로 render 함수가 호출된다. 다음 예제를 살펴보자.

1. ScreenC.tsx 컴포넌트를 새로 만들고 다음 코드를 추가한다.

```tsx
import React, { FC } from "react";

interface ScreenCProps {
  message: string;
}

const ScreenC: FC<ScreenCProps> = ({ message }) => {
  return <div>{message}</div>;
};

export default ScreenC;
```

ScreenC 컴포넌트는 다른 컴포넌트와 거의 비슷하다. 하지만 여기서는 message라는 prop을 전달받아 화면에 표시하는 데 사용한다. 이 prop을 리액트 라우터의 render 속성을 통해 전달하는 방법을 살펴보자.

2. 이제 다음과 같이 App 컴포넌트를 수정해 새로운 컴포넌트를 라우트로 추가해 보자.

```
import React from "react";
import "./App.css";
import { Switch, Route } from "react-router-dom";
import ScreenA from "./ScreenA";
import ScreenB from "./ScreenB";
import ScreenC from "./ScreenC";

function App() {
  const renderScreenC = (props: any) => {
    console.log("ScreenC props", props);
    return <ScreenC {...props} message="This is Screen C" />;
  };

  return (
    <Switch>
      <Route exact={true} path="/" component={ScreenA} />
      <Route path="/b" component={ScreenB} />
      <Route path="/c" render={renderScreenC} />
    </Switch>
  );
}

export default App;
```

renderScreenC 함수를 만들었고 이 함수에서는 파라미터로 props를 받아서 ScreenC 컴포넌트로 전달한 다음 해당 컴포넌트를 반환한다. props를 전달하면서 "This is Screen C" 문자열도 message 속성에 함께 전달한다. Route의 component 속성을 사용하려고 했다면 message 속성을 전달할 방법이 없게 되므로 render 속성을 사용한다.

3. 다음으로 render 속성을 사용하는 새로운 Route를 추가하고 renderScreenC 함수를 전달한다. "/c" 경로로 가면 기본적인 부분은 다른 화면과 동일하고 This is Screen C 메시지를 포함하는 다음과 같은 내용을 확인할 수 있다.

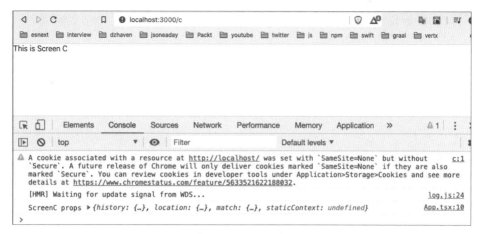

그림 7.8 ScreenC로 라우팅

컴포넌트로 전달되는 props에 대한 로그를 포함시켜 history와 location, match 멤버의 내용을 확인할 수 있게 했다. (props:any) => { … }를 시그니처로 갖는 render 함수 renderScreenC를 나중에 다시 사용하게 될 것이다. props 파라미터는 리액트 라우터 서비스의 Route 컴포넌트에 의해 전달된다. 이러한 라우팅 속성은 나중에 다시 살펴본다.

자 이제 render 속성을 사용해 스크린 컴포넌트 렌더링을 보다 적절하게 컨트롤하는 방법을 알게 됐다. 일반적인 URL에서도 스크린에 데이터를 전달하는 파라미터를 가질 수 있다. 리액트 라우터를 사용해 이를 처리하는 방법을 살펴보자.

1. ScreenC용 Route를 다음과 같이 수정한다.

```
<Route path="/c/:userid" render={renderScreenC} />
```

userid 필드가 URL의 파라미터다.

2. 다음으로 ScreenC 컴포넌트를 수정해 Route props를 받아서 새로운 userid 파라미터 필드를 처리하도록 해보자.

```
import React, { FC } from "react";
```

```
interface ScreenCProps {
  message: string;
  history: any;
  match: any;
}

const ScreenC: FC<ScreenCProps> = (props) => {
  return (
    <div>
      <div>{"Your id is " + props.match.params.userid}
      </div>
      <div>{props.message}</div>
    </div>
  );
};

export default ScreenC;
```

모든 props 멤버를 작성하지 않고 얻어 오기 위해 객체 구조 분해 할당의 사용을
중단했다. 다음으로 이 컴포넌트에서는 props로 history와 match props 멤버를
받아서 match.params.userid 속성을 사용해 userid 필드를 처리한다. history 객체
가 이미 멤버로 location을 포함하기 때문에 ScreenCProps 인터페이스에 해당 멤
버를 추가하지 않았다. 이 스크린은 다음과 같다.

그림 7.9 파라미터를 통해 ScreenC로 라우팅

볼 수 있는 것처럼 userid 파라미터의 값이 1인 경우를 보여준다.

리액트 라우터를 좀 더 현실적으로 사용해봤지만 리액트 라우터의 동작 방식에 관해 알
아야 할 또 다른 중요한 특성이 있다. 리액트 라우터는 기본적으로 URL의 스택처럼 동
작한다. 다시 말해 어떤 사용자가 사이트의 URL을 방문하는 경우 순차적으로 처리된다.
A로 이동하고 그다음으로 B 그리고 A로 다시 돌아갈 수 있고 그 후 C 등으로 이동한다.

그리고 그 결과는 사용자의 브라우저 히스토리 스택에 저장될 수 있다. 스택을 통해 새로운 URL로 진행하거나 이전에 방문한 URL로 되돌아갈 수 있다. 이러한 브라우저의 동작 특성은 리액트 라우터의 history 객체에서도 대부분 동일하다.

이제 다시 예제 코드를 업데이트해 history 객체에서 제공되는 일부 기능을 살펴보자.

1. ScreenC 컴포넌트를 다음과 같이 수정한다.

```
import React, { FC, useEffect } from "react";

interface ScreenCProps {
  message: string;
  history: any;
  match: any;
}

const ScreenC: FC<ScreenCProps> = (props) => {
  useEffect(() => {
    setTimeout(() => {
      props.history.push("/");
    }, 3000);
  });

  return (
    <div>
      <div>{"Your id is " + props.match.params.userid}
      </div>
      <div>{props.message}</div>
    </div>
  );
};

export default ScreenC;
```

볼 수 있는 것처럼 useEffect를 도입하고 이 함수에서 타이머를 사용해 3초 대기 후 history.push 함수를 사용해, URL을 ScreenA 컴포넌트에 의해서 렌더링되는 "/"로 리다이렉션한다.

2. history 객체 내부에 또 다른 함수를 사용해보자. 다시 ScreenC를 다음과 같이 수정한다.

```
import React, { FC } from "react";

interface ScreenCProps {
  message: string;
  history: any;
  match: any;
}

const ScreenC: FC<ScreenCProps> = (props) => {
  const onClickGoback = () => {
    props.history.goBack();
  };

  return (
    <div>
      <div>{"Your id is " + props.match.params.userid}
      </div>
      <div>{props.message}</div>
      <div>
        <button onClick={onClickGoback}>Go back</button>
      </div>
    </div>
  );
};

export default ScreenC;
```

이번에는 버튼을 만들었다. 이 버튼은 history.goBack 함수를 사용해 이전 URL로 되돌아간다. 이 코드를 확인하기 위해 먼저 localhost:3000/b URL로 웹 페이지를 연 후 localhost:3000/c/2 URL로 이동한다. 그러면 다음과 같은 화면을 확인할 수 있다.

그림 7.10 Go back 버튼이 있는 ScreenC로 라우팅

3. **Go back** 버튼을 확인할 수 있다. 버튼을 클릭하면 "/b" 라우트로 되돌아가게 된다.

4. 한 가지 더 확인할 내용은 최근 추가된 리액트 라우터의 훅 기능이다. 이제는 하위 컴포넌트의 props를 사용해 route 속성을 전달할 필요 없이 그냥 훅을 사용하면 된다. 훅의 예는 다음과 같다. 편리함을 위해 훅을 사용하지 않은 부분을 주석 처리해 남겨둔다.

```
import React, { FC } from "react";
import { useHistory, useParams } from "react-router-dom";
```

여기서는 useHistory와 useParams 훅을 새로 추가한다.

```
interface ScreenCProps {
  message: string;
  history: any;
  match: any;
}

interface Params {
  userid: string;
}

const ScreenC: FC<ScreenCProps> = (props) => {
// useEffect(() => {
//   setTimeout(() => {
//     props.history.push("/");
//   }, 3000);
// });
  const history = useHistory();
  const { userid } = useParams<Params>();
```

다음으로 useHistory와 useParams 훅을 호출해 history와 userid URL 파라미터를 얻어온다.

```
const onClickGoback = () => {
  // props.history.goBack();
  history.goBack();
};

return (
```

```
  <div>
    {/* <div>{"Your id is " + props.match.params.
  userid}</div>
  */}
    <div>{"Your id is " + userid}</div>
    <div>{props.message}</div>
    <div>
      <button onClick={onClickGoback}>Go back</button>
    </div>
  </div>
  );
};

export default ScreenC;
```

다음으로 여기서는 훅 객체를 사용해 이전과 동일한 메시지를 표시한다. 이 기능은 정말 사용하기 쉽고 좋다.

물론 history 객체와 리액트 라우터에는 전체적으로 더 많은 기능이 있지만, 여기서는 그러한 기능을 적절히 소개했으며 앞으로 살펴볼 장에서 앱을 개발할 때 이러한 기능을 더 많이 사용한다.

라우팅은 웹 개발에서 중요한 부분이다. 라우트는 사용자가 애플리케이션의 어느 곳에 있는지 알려주고 상황을 알 수 있게 해준다. 라우팅은 개발자에게 애플리케이션을 논리적인 부분으로 구조화하고 연관된 항목을 하나로 그룹화할 수 있게 해준다. 리액트 라우터에서는 애플리케이션에서 정교하게 라우팅할 수 있게 프로그래밍 가능한 다양한 기능을 제공함으로써 이러한 내용을 모두 처리할 수 있게 해준다.

⁙ 요약

7장에서는 아주 중요한 리액트 관련 프레임워크를 몇 가지 살펴봤다. 리덕스는 애플리케이션의 전역 상태를 관리하기 위한 정교한 도구다. 리액트 라우터에서는 전통적인 스타일의 웹 URL의 룩앤필을 가진 클라이언트 측 URL 관리를 제공한다.

리덕스와 리액트 라우터와 같은 고품질의 기술을 사용하면 더 좋은 코드를 작성할 수 있다. 그리고 이러한 기술은 사용자에게 최고의 경험을 제공할 수 있게 만들어준다.

클라이언트 측 기술에 중점을 둔 2부의 마지막에 왔다. 이제 3부에서 서버 측 기술에 관해 살펴볼 것이다.

3부

Express와 GraphQL 웹
서비스 개발 이해하기

여기서는 웹 서비스에서 수행하는 내용과 Express와 GraphQL을 통해 고성능 서비스
를 만드는 방법을 살펴본다.

3부에는 다음 장이 포함돼 있다.

- 8장, Node.js와 Express를 사용한 서버 측 개발
- 9장, GraphQL
- 10장, 타입스크립트와 GraphQL 의존성으로 Express 프로젝트 구성하기
- 11장, 온라인 포럼 애플리케이션
- 12장, 온라인 포럼 애플리케이션 리액트 클라이언트 만들기
- 13장, Express와 Redis로 세션 상태 구성하기
- 14장, TypeORM으로 저장소 계층과 Postgres 구성하기
- 15장, GraphQL 스키마 추가하기 - 1부
- 16장, GraphQL 스키마 추가하기 - 2부
- 17장, AWS에 애플리케이션 배포하기

08

Node.js와 Express를 사용한 서버 측 개발

8장에서는 Node.js와 Express를 살펴본다. 노드를 사용해 효율적인 웹 서비스를 만드는 방법을 배운다. 그리고 노드와 Express의 관계와 이를 함께 사용해 웹 API를 만드는 방법을 이해한다.

8장에서는 다음 주제를 다룬다.

- 노드 동작 방식 이해하기

- 노드의 기능 학습하기

- Express로 노드 개발을 개선하는 방법 이해하기

- Express 기능 학습하기

- Express로 웹 API 만들기

⁑ 기술적 요구 사항

자바스크립트를 사용한 웹 개발의 기본적인 이해가 있어야 한다. 노드와 VS Code를 사용한다.

깃허브 저장소는 https://github.com/JungYeolYang/Full-Stack-React-TypeScript-and-Node-acorn이다. Chap8 폴더의 코드를 사용한다.

8장의 코드 폴더를 설정하기 위해 자신의 HandsOnTypescript 폴더에서 Chap8 폴더를 새로 만든다.

⁑ 노드 동작 방식 이해하기

노드는 가장 많이 사용하는 자바스크립트 프레임워크다. 수많은 웹사이트에서 핵심 기술로 사용된다. 이유는 많다. 노드는 상대적으로 코드를 작성하기 쉽다. 속도가 빠르고 클러스터링과 워커 스레드 등과 함께 사용하면 확장이 가능하다. 노드에서 자바스크립트를 사용하기 때문에 프론트에서 백엔드까지 단일 언어만 사용해 풀스택 애플리케이션을 만들 수 있다. 이러한 모든 특성 때문에 웹을 대상으로 하는 경우 노드는 훌륭한 선택지가 된다. 이 절에서는 노드 아키텍처와 강력한 성능을 내는 방법을 알아본다.

시작하기에 앞서 노드가 서버에 한정된 프레임워크가 아니라는 점을 알아야 한다. 노드는 실제로 웹 서버만이 아니라 범용 런타임 환경이다. 노드에서는 일반적으로 자바스크립트에서는 제공되지 않는 파일 시스템에 접근하는 기능과 유입되는 네트워크 연결을 받아주는 등의 기능을 제공한다.

노드의 동작 방식을 설명하기 위해 웹 브라우저를 예로 들어보자. 브라우저 역시 자바스크립트 코드(HTML과 CSS 포함)의 런타임 환경이다. 브라우저는 기본 수준의 자바스크립트 언어 기능을 제공하는 코어 자바스크립트 엔진을 사용해 동작한다. 여기에는 유효한 자바스크립트 코드를 읽는 언어 인터프리터와 다양한 기기에서 코드를 실행해주는 가상 머신이 포함된다.

이 코어 위에서 브라우저는 앱이 실행되는 보안 메모리 컨테이너인 샌드박스를 제공한다. 그리고 일반적으로 웹 API(서버 측이 아닌 브라우저 수준의 API)라고 알려진 자바스크립트 기능을 추가로 제공한다. 웹 API는 코어 자바스크립트 엔진을 보강해 DOM^{Document Object Model} 액세스와 같은 기능을 제공하며 자바스크립트 코드에서 HTML 문서에 접근하고 조작할 수 있게 한다. 그리고 다른 장비로 비동기 네트워크 호출을 할 수 있는 fetch와 그래픽을 위한 WebGL 등 그 밖에 여러 기능을 제공한다. 전체 목록은 https://developer.mozilla.org/ko/docs/Web/API에서 확인할 수 있다.

이러한 기능은 자바스크립트에서 기본적으로 제공되는 것 이상을 추가로 제공한다. 생각해보면 본질적으로 자바스크립트는 언어일 뿐이며 웹 등의 특정 플랫폼에 국한되지 않기 때문에 그렇다고 이해할 수 있다.

노드는 코어 자바스크립트 엔진(구글 크롬의 V8 엔진)을 사용하고 코드를 실행시키기 위한 런타임 컨테이너를 제공하는 브라우저와 유사한 모델을 따른다. 하지만 노드는 브라우저가 아니므로 그래픽을 표시하는 데 치중되지 않은 여러 추가적인 기능을 제공한다.

자, 그렇다면 노드는 무엇인가? 노드는 범용 런타임 환경으로 고성능과 확장성에 중점을 둔다. 노드를 사용해 컴퓨터 관리 스크립트와 터미널 프로그램을 포함한 다양한 종류의 애플리케이션을 만들 수 있다. 노드의 확장 기능은 웹 서버로도 적합하다.

노드에는 런타임 프로그래밍에 사용할 수 있는 여러 기능이 있지만 그 중심에는 libuv가 있다. Libuv는 C로 작성된 노드 서비스로 운영체제 커널과 인터페이스 역할을 하고 비동기 입력과 출력 기능을 제공한다. 적절한 시점에 이러한 서비스에 접근하기 위해 libuv에서는 이벤트 루프^{event loop}라는 기능을 사용해 작업을 처리한다. 이 기능은 잠시 후 설명한다. libuv 외에도 노드에는 크롬의 확장 프로그램과 유사하게 기능을 추가할 수 있는 시스템을 가지고 있다. 이 시스템을 통해 개발자는 C++로 노드를 확장할 수 있고 기본적으로 포함되지 않은 고성능의 기능을 추가할 수 있다. 개발자가 자바스크립트를 사용해 C++을 호출하려면 자바스크립트를 C++로 바꿔주는 Addons라는 바인딩 시스템을 사용할 수 있다. libuv와 이벤트 루프를 조금 더 살펴보자.

이벤트 루프

노드의 중심에는 libuv와 이벤트 루프가 있다. 이들은 노드를 확장해주는 주요 기능이다. Libuv의 주요 기능은 운영체제의 비동기 입력과 출력 기능에 접근하는 것이다. 노드에서는 리눅스와 맥OS, 윈도우를 지원한다. 하지만 운영체제의 기능에 접근하는 것이 언제나 가능한 것은 아니므로 스레드 풀을 유지하면서 특정 스레드 내에서 작업이 실행되게 함으로써 효과적으로 동기 작업을 비동기로 만든다. 하지만 노드 확장성의 핵심적인 요소는 스레드가 아닌 비동기 I/O다. 타이머를 실행하고 네트워크 연결을 허용하고 운영체제의 소켓을 사용하고 파일 시스템에 접근하는 기능은 libuv에서 나왔다.

그렇다면 이벤트 루프는 무엇인가? 이벤트 루프는 크롬의 이벤트 루프와 유사한 libuv의 작업 실행기task runner로 비동기 콜백 작업을 반복적으로 실행한다. 높은 수준에서 동작하는 방식을 보면 다음과 같다.

특정 비동기 작업이 시작되면 이벤트 루프에서 수행된다. 이벤트 루프에서는 단계phase 적으로 처리하거나 묶음set으로 처리를 수행한다. 다음 다이어그램에서 볼 수 있는 것처럼 먼저 타이머timers를 시작하고, 이미 대기 중인 타이머 콜백이 있다면 순서대로 콜백을 실행한다(그렇지 않으면 나중에 다시 돌아오고, 타이머가 완료되면 콜백을 대기열에 넣는다). 다음으로 모든 보류된 콜백pending callbacks(운영체제에서 설정한 콜백, 예: TCP 오류) 등을 단계별로 처리한다. 작업은 libuv에서 수행되는 경우 완전히 비동기지만 콜백은 그렇지 않을 수 있다. 즉, 대기열에서 현재 콜백이 반환될 때까지 다음 콜백이 실행되지 않게 이벤트 루프를 막을 수 있다. 다음은 이러한 동작 방식을 대략적으로 보여주는 다이어그램이다.

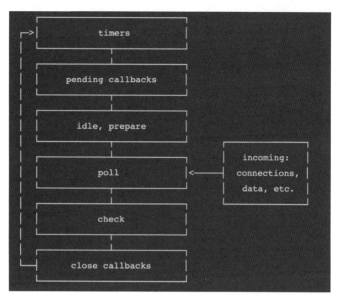

그림 8.1 노드 이벤트 루프(출처: 노드 설명서)

- **타이머**^{timers}: setTimeout()과 setInterval()로 스케줄링한 콜백을 실행한다.

- **대기 콜백**^{pending callbacks}: 다음 루프 반복으로 연기된 I/O 콜백을 실행한다.

- **준비**^{idle, prepare}: 내부적으로만 사용한다.

- **폴**^{poll}: 새로운 I/O 이벤트를 가져온다. I/O와 연관된 콜백(닫기 콜백, 타이머로 스케줄링된 콜백, setImmediate()를 제외한 거의 모든 콜백)을 실행한다.

- **검사**^{check}: setImmediate() 콜백은 여기서 호출된다.

- **닫기 콜백**^{close callbacks}: 일부 닫기 콜백, 예를 들어 socket.on('close',...)이 여기서 실행된다.

단계^{phase}를 비동기 작업과 해당 콜백으로 생각할 수도 있다.

모든 프레임워크는 강점과 약점을 가지고 있다. 노드의 주요 강점은 비동기 I/O 확장성에 있다. 즉, 노드는 많은 동시 접속이 필요한 동시 작업이 많은 작업에 가장 적합하다. 노드 10.5 버전에서 노드 팀은 멀티 스레드 기능을 추가하기 위해 워커 스레드를 도입해 계산에 시간이 많이 들어 CPU에서 처리해야 하는 작업을 수행하도록 했다. 하지만 노드의 주요 강점은 이것이 아니다. 계산에 시간이 많이 걸리는 작업에 대해서는 더 나은 선택지가 있을 수 있다. 하지만 이 책에서 노드를 사용하는 첫 번째 목적은 리액트 프론트엔드에서 사용하기 위한 확장 가능한 API를 만드는 데 있으므로 노드는 아주 적합하다.

이 절에서는 Express나 Koa 같은 래퍼 라이브러리를 전혀 사용하지 않고 노드로 코드를 작성해보면서 노드를 더 자세히 알아본다. 이렇게 하면 노드 코어가 동작하는 방식을 명확하게 이해할 수 있을 뿐만 아니라 노드와 Express의 차이점을 잘 이해할 수 있다.

⁝▶ 노드의 기능 학습하기

앞 절에서는 노드가 무엇이고 확장성이 좋은 이유에 대해 높은 수준에서 개념적인 내용을 살펴봤다. 이 절에서는 노드로 코드를 작성해보면서 이러한 확장성을 활용한다. 그리고 노드를 설치하고 프로젝트를 구성하고 노드 API를 살펴본다.

노드 설치하기

노드로 코드를 작성하기 전에 먼저 노드를 설치해야 한다. 7장에서 이미 설치했지만 노드는 자주 업데이트되기 때문에 설치 방법을 다시 떠올려보자.

1. https://nodejs.org/ko/로 이동한다. 이 책을 작성하는 시점에 노드 페이지는 다음과 같다.

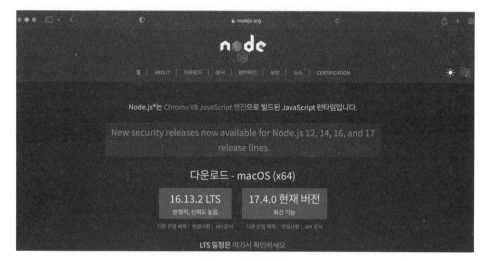

그림 8.2 노드 웹사이트

상용 환경에서 사용하려면 볼 수 있는 것처럼 좀 더 보수적인 경로로 이동해 LTS Long-Term Support 버전을 사용해야 하지만 이 책에서는 최신 버전을 배우기 때문에 현재 버전을 선택한다.

> **NOTE**
>
> 일반적으로 최신 노드 버전은 조금 더 빠르고 보안성이 개선과 버그 수정이 포함된다. 하지만 새로운 문제점도 포함될 수 있으므로 상용 환경의 서버에 업그레이드하는 경우는 주의해야 한다.

노드를 설치하면 최신 npm 패키지 관리자도 포함된다.

2. 원하는 버전을 클릭하면 자신의 운영체제에 맞는 설치 패키지를 저장하는 메시지가 표시된다. 해당 패키지를 저장하고 실행한다. 그러면 다음과 같은 화면을 볼 수 있다.

Node.js 설치
Node.js 설치 프로그램 시작하기
This package will install:
소개
• Node.js v17.4.0 to /usr/local/bin/node
• npm v8.3.1 to /usr/local/bin/npm
계속

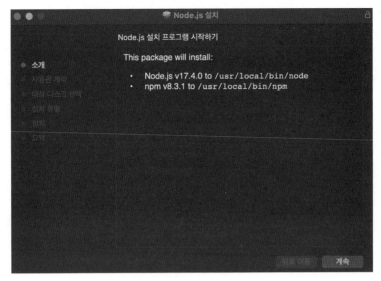

그림 8.3 노드 설치

설치 화면의 안내를 따라 설치를 완료한다.

이제 노드 런타임과 npm 패키지 관리자가 설치되거나 업데이트됐다. 앞서 언급한 것처럼 노드는 서버 프레임워크일 뿐만 아니라 완전한 런타임 환경으로 아주 다양한 애플리케이션을 만들 수 있게 해준다. 예컨대 노드는 REPL이라는 명령줄 인터페이스를 가지고 있다. 다음과 같이 명령줄이나 터미널을 열고 node를 입력하면 자바스크립트 명령을 입력 받을 수 있게 변환되는 것을 볼 수 있다.

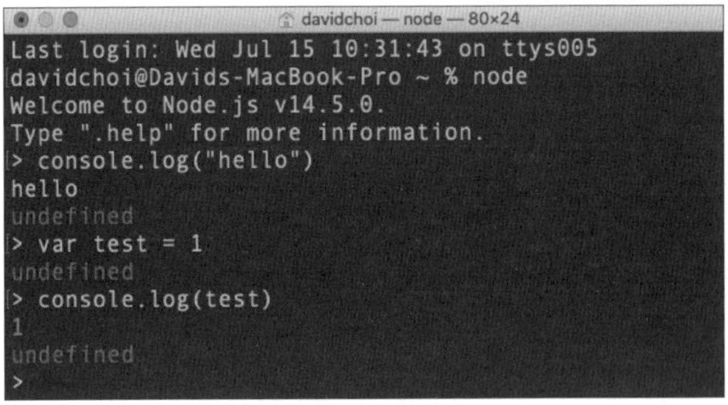

davidchoi — node — 80×24
Last login: Wed Jul 15 10:31:43 on ttys005
davidchoi@Davids-MacBook-Pro ~ % node
Welcome to Node.js v14.5.0.
Type ".help" for more information.
> console.log("hello")
hello
undefined
> var test = 1
undefined
> console.log(test)
1
undefined
>

그림 8.4 노드 REPL

이 책에서는 REPL을 사용하지 않지만 이러한 기능이 존재함을 알려주고 나중에 프로젝트에서 사용해볼 수 있도록 언급했다. REPL은 https://nodejs.org/api/repl.html#repl_design_and_features의 공식 문서에서 더 자세한 내용을 확인할 수 있다. undefined가 반환된 부분은 모든 명령에서 아무것도 반환되지 않았기 때문이며 자바스크립트에서는 이러한 경우에 항상 undefined가 된다.

자, 이제 첫 번째 노드 애플리케이션을 만들고 노드의 기능을 조금 더 살펴보자.

1. VS Code를 열고 Chap8 폴더에서 터미널을 연다.

2. Chap8 폴더에서 try-node 폴더를 새로 만든다.

3. app.js 파일을 만든다. 지금은 작업을 단순하게 하기 위해 타입스크립트를 사용하지 않는다.

4. app.js에 다음과 같이 간단한 콘솔 메시지를 추가한다.

```
console.log("hello world");
```

그리고 다음과 같이 실행한다.

```
node app.js
```

그렇게 하고 나면 다음과 같은 결과를 확인할 수 있다.

그림 8.5 app.js 실행 결과

특별히 쓸모 있는 애플리케이션은 아니지만 보다시피 노드에서 표준 자바스크립트 코드를 실행한다. 이제 조금 더 쓸모 있는 애플리케이션을 만들어보자. 다음 과정을 통해 파일 시스템에 접근한다.

1. 동일한 app.js 파일에서 콘솔 메시지를 삭제하고 다음 코드를 추가한다.

```
const fs = require("fs");
```

이 코드는 현재 import를 처리하는 형식이 아니기 때문에 혼란스러울 수 있다. 하지만 오래된 대부분의 노드 코드에서 CommonJS 형식의 구문을 사용해 의존성을 가져오기 때문에 여기에 포함시켰다.

2. 파일을 생성하고 해당 파일의 내용을 읽어오는 코드를 다음과 같이 작성한다.

```
fs.writeFile("test.txt", "Hello World", () => {
  fs.readFile("test.txt", "utf8", (err, msg) => {
    console.log(msg);
  });
});
```

이 코드를 실행하면 다음과 같은 실행 결과와 try-node 폴더에 생성된 test.txt 파일을 확인할 수 있다.

그림 8.6 app.js 실행 결과

fs에 관한 구문은 오래된 콜백 형식을 사용하므로 약간 불편하다. 노드는 자바스크립트에서 프로미스와 async await를 수용하기 이전에 만들었으며 따라서 일부 호출에서는 아직도 비동기 콜백 형식을 사용한다. 하지만 프로미스를 사용할 수 있는 최신 fs 버전이 존재하므로 대신 사용할 수 있다. 즉, 최신 버전에서는 async await를 사용할 수 있다. 구문은 다음과 같다.

```
const fs = require("fs/promises");

(async function () {
  await fs.writeFile("test-promise.txt", "Hello Promises");
  const readTxt = await fs.readFile("test-promise.txt",
    "utf-8");
  console.log(readTxt);
})();
```

최상위 await 호출을 만들 수 있는 IIFE(즉시 호출 함수 표현식)를 사용한다. 이전 버전의 노드를 사용한다면 fs/promises가 11 버전에서 안정화됐으므로 promisify라는 도구를 통해 콜백 형식의 호출을 래핑해 async await 형식으로 동작하게 할 수 있다.

그럼에도 이전 콜백 형식의 호출 방식을 아는 것은 중요하다. 노드 코드가 과거에 작성된 방식이고 이러한 형식의 노드 코드가 지금도 많이 남아 있기 때문이다.

3. 코드 시작 부분에서 fs를 불러오기 위해 require를 사용했음을 확인했다. 새로운 방식의 불러오는 구문으로 변경해보자. 두 가지를 처리해야 한다. 파일의 확장자를 .js에서 .mjs로 변경하고 require 구문을 다음과 같이 수정한다.

```
import fs from "fs";
```

app.mjs를 실행하면 동일하게 동작하는 것을 알 수 있다. package.json의 설정 플래그를 "type" : "module"로 설정할 수도 있지만 이 예제 앱에서는 npm을 사용하지 않았다. 추가적으로 이 플래그를 전역으로 설정하게 되면 더 이상 require를 사용할 수 없다. 이러한 방법은 일부 이전 버전의 npm 의존성에서 require를 사용해 불러오기를 수행하기 때문에 문제가 될 수 있다.

> **NOTE**
>
> 이전에 사용하던 ––experimental–modules 명령줄 플래그는 import를 사용할 수 있게 해주지만, 지금은 더 이상 사용하지 않으며 최신 버전의 노드에서는 사용하지 않아야 한다.

간단한 노드 서버 만들기

노드에서는 콜백과 CommonJS 같은 오래된 자바스크립트 기술을 일부 사용한다는 것을 알았다. 노드는 ES6 이상의 최신 자바스크립트 버전과 자바스크립트 프로미스보다 이전에 만들어졌다. 그럼에도 노드는 여전히 잘 동작하고 업데이트되며, 나중에 라이브러리가 추가되면 대부분의 경우에 async await과 프로미스를 사용할 수 있게 될 것이다.

이제 좀 더 실제적인 노드 서버 예제를 만들어보자. 다음과 같이 npm을 사용해 새 프로젝트를 만든다.

1. Chap8 폴더에서 node-server 폴더를 새로 만든다.

2. node-server 폴더로 이동한 후 다음 명령으로 npm을 초기화한다.

```
npm init
```

3. 이 패키지 이름은 node-server로 하고 나머지 package.json 속성은 기본으로 선택한다.

4. 최상위 경로에 server.mjs 파일을 새로 만들고 다음 코드를 추가한다.

```
import http from "http";
```

곧 타입스크립트를 사용할 것이니 염려하지 않아도 된다. 지금은 노드를 설명하는 데 중점을 두고 단순하게 하기 위해 이같이 한다.

5. 노드 코어의 http 라이브러리를 불러왔다. 다음으로 서버 객체를 만들기 위해 createServer를 사용한다. createServer 함수는 두 개의 파라미터를 갖는 함수를 인자로 사용한다. 그 파라미터는 req와 res이며 각각 Request와 Response 타입이다. Request 객체는 사용자의 요청과 관련된 모든 멤버를 가진다. 그리고 응답은 해당 응답을 돌려보내기 전에 수정할 수 있다.

createServer 핸들러 함수의 끝에서 명시적으로 res.end를 사용해 호출을 끝내고 텍스트를 반환한다. 만약 end를 보내지 않으면 응답은 절대 완료되지 않으며 브라우저에 아무것도 표시되지 않는다.

```
const server = http.createServer((req, res) => {
  console.log(req);
  res.end("hello world");
});
```

6. 마지막으로 새로운 요청을 기다리고 듣기 위한 새로운 서버 객체를 사용한다. 이 객체의 `listen` 함수에는 서버의 시작을 출력해주는 콜백 함수와 포트 번호가 사용된다.

```
const port = 8000;
server.listen(port, () => {
  console.log(`Server started on port ${port}`);
});
```

7. 이 코드를 다음과 같이 server.mjs를 사용해 실행한다. 정확하게 .mjs 확장자를 사용해야 한다.

```
node server.mjs
```

지금은 자동으로 다시 로드되는 기능이 없다는 것을 기억한다. 따라서 코드가 변경되면 수동으로 중단하고 다시 시작해야 한다. 나중에 이 프로젝트에 기능을 계속해서 추가하면서 자동으로 로드되는 기능을 추가한다.

8. 브라우저에서 http://localhost:8000을 열면 브라우저에 hello world가 출력되고 콘솔에서 다음과 같은 내용을 확인할 수 있다.

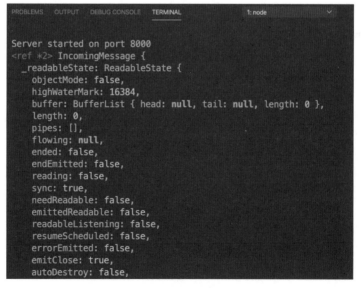

그림 8.7 첫 번째 노드 서버 실행 결과

이 터미널에서는 req 객체와 해당 객체의 멤버를 보여준다. Request와 Response는 곧 더 자세히 알아본다.

또 다른 흥미로운 내용은 전달한 URL이 무엇이든지 상관없이 항상 동일하게 hello world 텍스트를 반환한다는 점이다. 이는 아무런 라우트 처리를 구현하지 않았기 때문이다. 라우트 처리는 노드를 정확히 사용하기 위해 배워야 하는 또 다른 내용이다.

브라우저를 계속 새로고침하면 서버에서 hello world를 계속 응답한다. 보다시피 해당 서버는 일반적인 스크립트 프로그램이 반환 후 종료되는 것과 달리 아무리 많은 요청을 보내더라도 유지된다. 이러한 동작은 노드의 핵심인 이벤트 루프가 새로운 작업을 계속해서 대기하고 해당 작업을 충실하게 처리하는 일종의 무한 루프이기 때문에 가능하다.

축하한다. 첫 번째 노드 서버를 실행했다. 소박한 시작이지만 실제로 브라우저에서 호출하면 서버에서 응답하게 된다. 문제없이 잘 동작한다.

Request와 Response

브라우저의 요청이 서버에 도달하면 모든 서버 프레임워크에서는 일반적으로 두 객체 Request와 Response를 갖게 된다. 이 두 객체에서는 브라우저에서 들어온 요청과 브라우저로 반환할 응답에 관한 데이터를 제공한다. 브라우저에서 이러한 객체가 어떻게 구성돼 있는지 살펴보자. 브라우저를 다시 로드하고 크롬 개발자 도구에서 네트워크 탭을 확인한다.

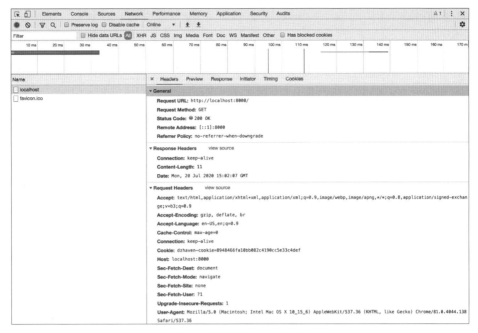

그림 8.8 크롬 개발자 도구 네트워크 탭

이 화면은 브라우저 관점의 내용이고 노드에서는 이러한 객체에 더 많은 정보가 존재한다. 실제 웹 서버를 만들어보기 전에 웹 요청의 구성을 먼저 이해해야 한다. 따라서 비교적 중요한 몇 가지 항목에 대해 어떤 의미가 있는지 설명한다.

요청 URL

요청 URL은 명확히 서버로 전송된 완전한 URL 경로를 나타낸다. 완전한 경로를 서버에서 알아야 하는 이유는 수많은 추가 정보가 이 URL을 통해 전송될 수 있기 때문이다. 예컨대 URL이 http://localhost:8000/home?userid=1인 경우 실제로 상당량의 정보가 존재한다. 먼저 서버에 home 하위 디렉터리의 웹 페이지나 API 데이터를 찾고 있다는 정보를 알려준다. 그러면 서버에서는 이 URL에 해당되는 HTML 페이지나 데이터만 포함하는 응답을 반환하도록 조정한다. 그리고 userid 파라미터가 전달됐다. 이 파라미터는 서버에서 해당 요청에 대한 고유의 데이터를 제공하는 데 사용된다. 파라미터는 물음표 다음에서 시작되고 여러 개의 파라미터는 & 기호로 구분한다.

요청 메서드

요청 메서드는 HTTP 동사[verb]를 말한다. 동사는 단순히 서버에게 클라이언트가 하려는 동작이 무엇인지 알려주는 설명이다. 기본 동사는 GET이다. GET은 이름에서 알 수 있는 것처럼 브라우저가 어떤 데이터를 읽으려고 한다는 것을 의미한다. 그 밖에 동사로는 생성이나 입력을 나타내는 POST, 업데이트를 나타내는 PUT, 삭제를 나타내는 DELETE가 있다. 9장의 'GraphQL'에서는 GraphQL이 POST 메서드만 사용하는 부분을 보게 되겠지만 이는 실제로 여러 동사의 사용 방법은 엄격한 규칙이 아니고 가이드 라인에 가깝기 때문에 오류가 아니다. 한 가지 추가적으로 알아야 할 내용은 GET을 사용하는 경우 '요청 URL' 항목의 예제에서 본 것처럼 필요한 모든 파라미터가 URL을 통해 제공된다는 점이다. 하지만 POST에서는 파라미터가 요청 본문으로 제공된다. 이러한 차이점에 관해서는 8장에 있는 'Express 기능 학습하기' 절에서 더 자세히 알아본다.

상태 코드

모든 웹 요청은 요청의 결과를 나타내는 다음과 같은 코드를 반환한다. 예컨대 상태 코드 200은 성공을 나타낸다. 여기서는 모든 상태 코드를 나열하지 않겠지만 아주 일반적인 코드는 경우에 따라 디버깅에 도움이 되기 때문에 알고 있어야 한다.

오류 코드	설명
201(Created, 작성됨)	성공적으로 요청됐으며 서버가 새 리소스를 작성함
400(Bad Request, 잘못된 요청)	서버가 브라우저에서 보낸 요청의 구문을 인식하지 못함
401(Unauthorized, 권한 없음)	특정 URL에 대한 권한이 실패함
403(Forbidden, 금지됨)	보통 URL이 공개되지 않음
404(Not Found, 찾을 수 없음)	서버에서 요청한 페이지를 찾을 수 없음
500(Inter Server Error, 내부 서버 오류)	서버의 오류가 발생해 요청을 수행할 수 없음
502(Bad Gateway, 불량 게이트웨이)	서버가 게이트웨이나 프록시 역할을 하고 있거나 또는 업 스트림 서버에서 잘못된 응답을 받음
503(Service Unavailable, 서비스를 사용할 수 없음)	서버가 요청에 응답할 수 없는 일시적인 상태

그림 8.9 오류 코드

헤더

헤더는 설명이나 메타데이터 역할을 하는 추가적인 정보를 제공한다. 다양한 종류의 헤더가 존재하며 이러한 헤더의 종류에는 일반, 요청, 응답, 엔터티가 있다. 모든 헤더를 살펴보지 않겠지만 몇 가지 헤더는 익숙해져야 한다. 다음은 요청 헤더의 목록이다.

요청 헤더	설명
User-Agent	요청을 전송한 브라우저와 OS
Referrer	사용자가 바로 직전에 머물렀던 웹 링크 주소
Cookie	작은 텍스트 파일로 사용자와 현재 웹사이트에 대한 세션 정보가 포함돼 있다. 서버에서 쿠키에 원하는 내용을 추가할 수 있으며 일반적으로 세션 식별자와 사용자 식별 토큰이 포함돼 있다.
Content-Type	요청 본문의 미디어 타입 정보. 예컨대 POST와 PUT의 경우 본문에 json 문자열이 포함된다는 것을 나타내는 application/json이 될 수 있다.

그림 8.10 요청 헤더

다음은 응답 헤더다.

응답 헤더	설명
Access-Control-Allow-Origin	요청할 때 다른 URL을 허용하는 CORS(Cross-Origin Resource Sharing)를 사용할 수 있음. *(아스타리스크)는 모든 URL을 허용함
Allow	사용할 수 있는 HTTP 동사를 나타냄

그림 8.11 응답 헤더

이러한 내용은 물론 재미가 없다. 하지만 요청과 응답을 만들 때 어떤 내용이 포함되는지 알면 웹의 동작 방식을 더욱 잘 이해하게 되고 결과적으로 더 나은 웹앱을 작성할 수 있게 된다.

라우팅

라우팅은 어떤 의미에서는 서버로 파라미터를 전달하는 것과 많이 닮았다. 서버에서 특정 라우트를 확인할 때 서버는 특정 방식의 응답이 필요함을 알게 된다. 응답은 특정 데이터를 반환하거나 데이터베이스에 데이터를 기록하는 동작이 될 수 있으며, 라우트를 사용해 각 요청에 대한 서버의 동작 방식을 제어할 수 있다.

노드를 사용해 라우트를 처리해보자.

1. node-server 프로젝트의 server.mjs 파일에 있는 server 객체를 다음과 같이 수정한다.

```
const server = http.createServer((req, res) => {
  if (req.url === "/") {
    res.end("hello world");
  } else if (req.url === "/a") {
    res.end("welcome to route a");
  } else if (req.url === "/b") {
    res.end("welcome to route b");
  } else {
    res.end("good bye");
  }
});
```

보다시피 req.url 필드를 받아서 여러 URL과 비교한다. 일치하는 각각의 URL에서는 고유한 텍스트와 함께 응답을 종료한다.

2. 서버를 다시 실행하고 각 라우트를 입력한다. 예를 들어 http://localhost:8000/a를 입력하면 다음과 같은 화면을 확인할 수 있다.

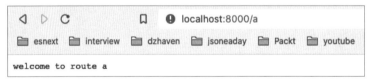

그림 8.12 라우트 /a

3. 자, 이제 POST 요청을 받으면 어떻게 되는지 확인해보자. createServer 함수를 다음과 같이 변경한다.

```
const server = http.createServer((req, res) => {
  if (req.url === "/") {
    res.end("hello world");
```

```
  } else if (req.url === "/a") {
    res.end("welcome to route a");
  } else if (req.url === "/b") {
    res.end("welcome to route b");
  } else if (req.url === "/c" && req.method === "POST") {
    let body = [];
    req.on("data", (chunk) => {
      body.push(chunk);
    });
    req.on("end", () => {
      const params = Buffer.concat(body);
      console.log("body", params.toString());
      res.end(`You submitted these parameters:
${params.toString()}`);
    });
  } else {
    res.end("good bye");
  }
});
```

/c 라우트를 사용하는 또 다른 if else 구문과 POST 메서드 타입을 추가했다. 이
호출에서 게시된 데이터를 가져오기 위해 data 이벤트를 처리한 다음 해당 호출을
반환할 수 있도록 end 이벤트를 처리해야 한다는 부분에서 놀랐을 수 있다.

이 부분이 어떤 내용인지 설명한다. 노드는 매우 저수준이며 더 나은 성능과 보다
쉬운 작업을 위해 복잡한 세부 사항을 숨기지 않는다. 요청이 만들어지고 어떤 정
보가 서버로 전송될 때 이 데이터는 스트림으로 전송된다. 즉, 데이터가 한 번에
전송되지 않고 조각으로 전송된다. 노드에서는 이러한 사실을 개발자에게 숨기지
않고 해당 데이터를 청크로 받을 수 있는 이벤트 시스템을 사용한다. 이렇게 하는
이유는 얼마나 많은 데이터가 유입될지 명확하지 않기 때문이다. 데이터의 수신이
완료되면 해당 시점에 end 이벤트가 발생한다.

이 예제에서 data 이벤트는 데이터를 하나의 배열에 모으기 위해 사용됐다. 그리
고 end 이벤트는 해당 배열을 메모리 버퍼에 담기 위해 사용됐으며, 이 버퍼에서
모두 처리된다. 여기에서는 JSON이므로 문자열로 변환한다.

4. 내용을 확인하기 위해 curl을 사용해 POST 요청을 전송해보자. curl은 명령줄 도구이며 브라우저를 사용하지 않고 웹 서버에 요청할 수 있게 해준다. 이 도구는 확인용으로 최적이다. 터미널에서 다음 코드를 실행한다. 만약 윈도우 사용자라면 먼저 curl을 설치해야 한다. 맥OS에는 포함돼 있다.

```
curl --header "Content-Type: application/json" --request
POST --data '{"userid":"1","message":"hello"}' "http://
localhost:8000/c"
```

다음과 같은 내용이 응답으로 출력된다.

```
davidchoi@Davids-MacBook-Pro ~ % curl --header "Content-Type: application/json" --
request POST --data '{"userid":"1","message":"hello"}' "http://localhost:8000/c"
You submitted these parameters: {"userid":"1","message":"hello"}
```

그림 8.13 curl POST 실행 결과

확실히 여기까지는 모두 동작하지만 개발 생산성 관점에서는 이상적이지 않다. 이러한 if else 구문을 하나의 createServer 함수에 30번씩 사용하지는 않는다. 이러한 부분이 이론과 실제 운영의 차이다. 나중에 Express를 통해 노드 이외의 추가적인 래퍼를 제공함으로써 이러한 종류의 문제를 회피해 보다 신뢰할 수 있고 더 빠르게 개발하는 방법을 살펴본다. 8장에 있는 'Express로 노드 개발을 개선하는 방법 이해하기' 절에서 해당 내용을 다룬다. 노드 코딩에 도움이 되는 몇 가지 도구를 먼저 살펴보자.

디버깅

리액트에서 살펴본 것처럼 디버거는 코드의 문제 해결에 도움을 주는 아주 중요한 도구다. 노드의 경우에는 물론 브라우저의 도구를 사용할 수 없지만 VS Code에 내장된 디버거가 있으며 이 도구에서는 코드에 중단점을 만들고 값을 확인할 수 있게 해준다. 디버거를 살펴보자. 이 도구는 Express에서도 사용한다.

1. VS Code의 디버거(실행 및 디버그) 아이콘을 클릭하면 다음과 같은 화면을 볼 수 있다. 책을 쓰는 시점의 버전은 다음과 같은 모양이다.

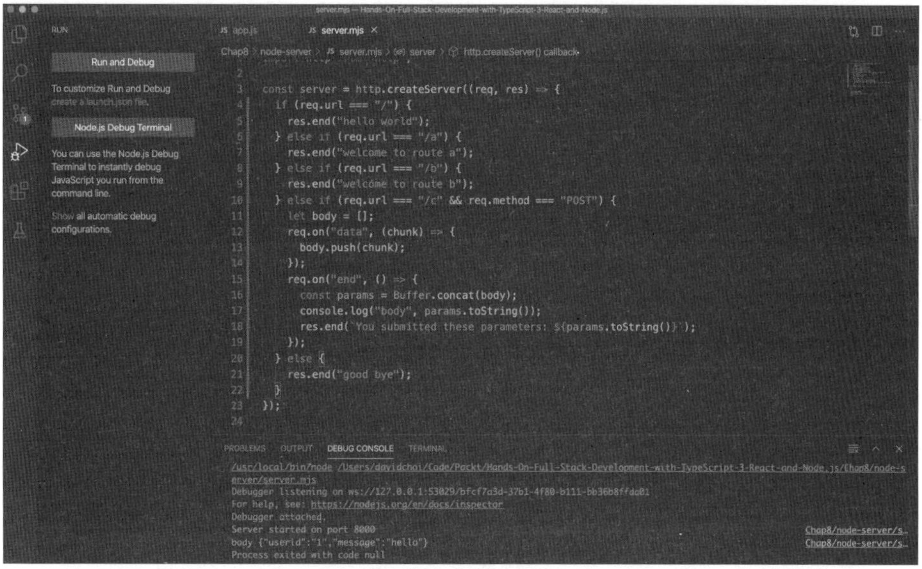

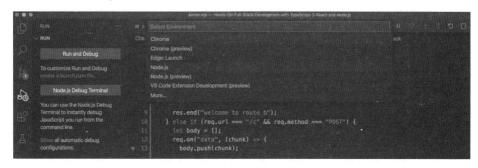

그림 8.14 VS Code 디버거 메뉴

첫 번째 버튼은 디버거를 실행하고 두 번째 버튼은 터미널 디버거를 보여준다. 디버거를 실행하면 일반적으로 런타임에 일어나는 오류를 보여주는 디버거 콘솔을 볼 수 있다.

2. VS Code 디버거를 실행하려면 **Run and Debug** 버튼을 클릭한다. 그러면 다음 스크린샷에서 볼 수 있는 드롭다운 컨트롤을 확인할 수 있다. **Node.js**를 선택하면 디버그 세션으로 노드 세션이 시작된다. 계속, 일시 정지, 재시작, 종료 버튼은 오른쪽 상단에 있다. VS Code의 디버그 모드의 동작은 npm start 명령을 사용해 실행한 노드와는 전혀 다른 노드가 실행된다는 점에 유의한다.

그림 8.15 Node.js 디버거 선택

3. 디버거를 시작하고 숫자 옆을 클릭해 중단점을 설정했다면 그 지점에서 코드를 일시 정지할 수 있다. 그렇게 하면 해당 범위와 관련된 값을 볼 수 있다.

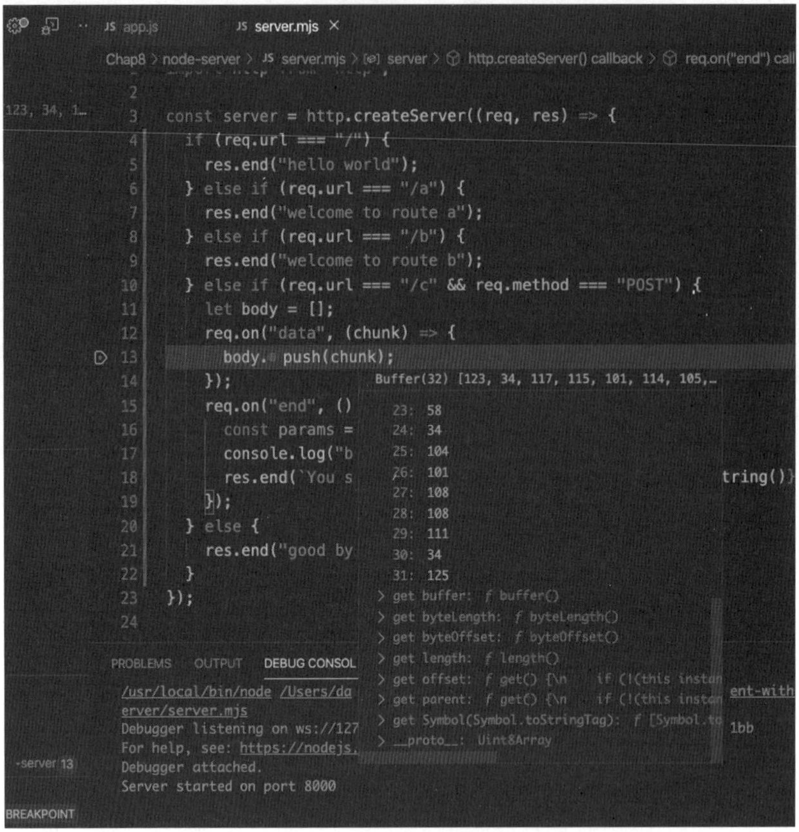

그림 8.16 소스 코드 창에서 중단점

보다시피 data 이벤트 내부의 13행에 중단점을 설정했고 현재 청크를 볼 수 있다. **계속** 버튼을 클릭하거나 **F5** 키를 누르면 프로그램이 계속해서 실행된다.

4. 중단점의 동작 중에 값에 마우스를 올려보는 것이 도움이 되지만 앱을 디버깅하는 방법이 이것만 있는 것은 아니다. 디버거 화면에서도 중단점에서 멈춘 시점의 값이 무엇인지 알 수 있다. 다음 스크린샷을 살펴보자.

그림 8.17 전체 디버그 창

스크린샷 중앙의 중단점을 보면, end 이벤트 핸들러 범위 안에서 멈췄음을 알 수 있다. 다음 기능 목록을 살펴보자.

- 왼쪽 상단의 **VARIABLES** 메뉴에서 Local 섹션과 중단된 현재 코드의 범위에 존재하는 params와 this 값을 확인할 수 있다. 다시 말하지만 지금은 end 이벤트에 대한 이벤트 핸들러가 있는 Local 범위를 살펴보고 있기 때문에 값이 두 개만 존재한다.

- 왼쪽 중앙에 있는 **WATCH** 메뉴에서는 직접 추가한 params라는 값을 볼 수 있다. 이 섹션에는 더하기 기호가 있으며 관심이 있는 변수를 추가할 수 있고 해당 변수가 범위에 들어올 때 해당 시점의 값을 보여준다.

- 다음으로 왼쪽 아래 **CALL STACK** 메뉴를 확인할 수 있다. 호출 스택은 프로그램에서 실행 중인 호출의 목록이다. 이 목록은 역순으로 표시되며 마지막 명령이 맨 위로 올라간다. 이러한 호출은 보통 직접 작성하지 않은 노드나 다른 프레임워크의 코드가 대부분이다.

- 그리고 오른쪽 아래에는 앱이 동작할 때 로그나 오류를 표시해주는 **DEBUG CONSOLE** 탭이 있다. 이 탭의 아래에서도 코드를 입력해 결과를 확인할 수 있다. 여기서는 params 변수를 입력했고 버퍼가 출력됐다.

- 마지막으로 오른쪽 위에는 디버깅을 다시 시작할 수 있는 버튼이 있다. 왼쪽 첫 번째 버튼은 **계속** 버튼으로 마지막 중단점부터 앱을 계속해서 실행시킨다. 그다음 버튼은 **단위 실행** 버튼으로 바로 다음 행으로 이동하고 거기서 멈춘다. 그다음 버튼은 **단계 정보** 버튼이며 실행되는 함수나 클래스의 정의로 안으로 이동한다. 다음으로 **단계 출력** 버튼이 있으며 상위 호출자caller로 돌아간다. 마지막으로 정사각형 버튼은 앱을 완전히 종료시킨다.

여기까지 VS Code 디버거를 빠르게 소개했다. VS Code 디버거는 나중에 Express와 GraphQL을 살펴보면서 더 많이 사용하게 된다.

지금까지 살펴본 것처럼 변경이 발생할 때마다 노드 서비스를 수동으로 다시 시작하는 것은 조금 불편하고 개발을 더디게 한다. 따라서 nodemon이라는 도구를 사용해 스크립트 수정 사항을 저장할 때마다 노드 서버가 자동으로 재시작되도록 해보자.

1. 다음 명령을 실행해 nodemon을 전역으로 설치한다.

```
npm i nodemon -g
```

이 명령은 전체 시스템에 nodemon을 전역으로 설치해준다. 전역으로 설치하면 다시 설치하지 않아도 모든 앱에서 nodemon을 실행할 수 있다. 맥OS와 리눅스에서는 이 명령 앞에 권한을 상승시켜주는 sudo를 붙여야 전역으로 설치할 수 있다.

2. 다음으로 앱 시작 시 이 도구가 실행되도록 한다. package.json 파일에서 "scripts" 섹션을 찾고 "start"라는 하위 필드를 추가한 후 다음 명령을 추가한다.

```
nodemon server.mjs
```

이제 package.json "scripts" 섹션은 다음과 같은 모양이다.

```
"scripts": {
  "test": "echo \"Error: no test specified\" && exit 1",
  "start": "nodemon server.mjs"
},
```

그림 8.18 package.json "scripts" 섹션

3. 이제 다음 명령을 사용해 새로운 스크립트를 실행한다.

```
npm start
```

수동으로 npm 명령을 실행하는 경우 npm run <파일 이름>으로 실행해야 한다. 하지만 start 스크립트에서는 run 명령을 생략할 수 있다.

이전과 동일하게 앱이 실행되는 것을 볼 수 있다.

4. 이제 앱이 실행되며 server.mjs 파일을 변경한 후 저장해보자. `listen` 함수의 문자열을 `The server started on port ${port}`로 변경한다. 이 변경 사항을 저장하면 노드가 다시 시작되고 터미널에 새로운 텍스트가 보이는 것을 확인할 수 있다.

5. package.json의 설정은 VS Code 디버거에 영향을 주지 않는다. 따라서 자동으로 다시 시작되도록 설정하려면 마찬가지로 설정을 해야 한다. 다음과 같은 디버거 메뉴로 다시 돌아가서 **create a launch.json file** 버튼을 클릭한다.

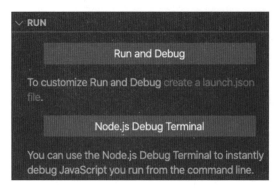

그림 8.19 새로운 launch.json 파일 생성

이 버튼을 클릭하면 깃허브 저장소의 최상위 폴더(해당 프로젝트의 최상위 폴더가 아님)의 .vscode 폴더에 있는 launch.json 파일을 볼 수 있다. 이 파일에는 다음과 같은 설정이 포함돼 있다. 이 파일에는 여러 가지 설정이 포함될 수 있다.

```
{
  // Use IntelliSense to learn about possible attributes.
  // Hover to view descriptions of existing attributes.
  // For more information, visit:
  // https://go.microsoft.com/fwlink/?linkid=830387
  "version": "0.2.0",
  "configurations": [
    {
      "type": "node",
      "request": "launch",
      "name": "Launch node-server Program",
      "skipFiles": ["<node_internals>/**"],
      "program": "${workspaceFolder}/Chap8/nodeserver/server.mjs",
      "runtimeExecutable": "nodemon",
```

```
        "restart": true,
        "console": "integratedTerminal"
     }
    ]
  }
```

configurations 필드가 배열임을 알 수 있으며 계속해서 이 파일에 설정을 추가할
수 있음을 의미한다. 이 설정에서는 type이 node다. 그리고 name은 "Launch node-
server Program"으로 수정했다. runtimeExecutable은 node 대신 nodemon으로 바꿨
다. 그리고 이제 console은 터미널에 통합됐다. 디버거에서 nodemon을 사용하려면
디버거 콘솔이 아닌 **TERMINAL** 탭으로 전환한다.

6. 이제 최소한 하나의 launch.json이 설정됐으며 디버그 메뉴가 다음과 같이 표시
   된다.

그림 8.20 launch.json으로 설정한 디버거

드롭다운 컨트롤에서 Launch node-server Program이 표시되지 않으면 해당 설
정을 선택한 후 **디버깅 시작** 버튼을 클릭한다. 그러면 디버거가 다시 실행되는 것을
확인할 수 있으며 이번에는 자동으로 다시 시작된다.

7. 이제 조금만 변경하게 되면 디버거가 자동으로 다시 시작된다. 예제에서는 `listen` 함수의 로그 메시지에서 T를 제거했다.

```
22      }
23    });
24
25    const port = 8000;
26    server.listen(port, () => {
27      console.log(`he server started on port ${port}`);
28    });
29
```

```
PROBLEMS   OUTPUT   DEBUG CONSOLE   TERMINAL

Debugger attached.
[nodemon] 2.0.4
[nodemon] to restart at any time, enter `rs`
[nodemon] watching path(s): *.*
[nodemon] watching extensions: js,mjs,json
[nodemon] starting `node ./Chap8/node-server/server.mjs`
Debugger listening on ws://127.0.0.1:53593/444ce7b4-3fe4-4b4a-bc06-e44da273e093
For help, see: https://nodejs.org/en/docs/inspector
Debugger attached.
The server started on port 8000
[nodemon] restarting due to changes...
[nodemon] starting `node ./Chap8/node-server/server.mjs`
Debugger listening on ws://127.0.0.1:53676/21d6cee7-b4b3-4167-b67a-fbfdd49be6cf
For help, see: https://nodejs.org/en/docs/inspector
Debugger attached.
he server started on port 8000
```

그림 8.21 자동으로 다시 시작된 디버거

8. 이제 노드로 작성한 코드를 쉽게 멈추고 디버깅을 할 수 있게 됐다.

지금까지 개발과 디버깅에 도움이 되는 몇 가지 도구를 빠르게 소개했다.

이 절에서는 노드를 사용해 직접 서버를 작성하는 방법을 배웠다. 그리고 개발 과정을 개선해줄 수 있는 도구와 디버깅 방법도 살펴봤다. 직접 노드를 사용해 코드를 작성하는 것은 소모적이고 직관적이지 않을 수 있다. 다음 절에서는 Express를 살펴보고 이를 통해 노드 개발 경험을 좀 더 좋게 만드는 방법을 알아본다.

⠿ Express로 노드 개발을 개선하는 방법 이해하기

지금까지 살펴본 것처럼 직접 노드를 사용해 코드를 작성하는 것은 어색하고 불편하다. 사용하기 쉬운 API를 사용하면 생산성을 향상시킬 수 있다. 이것이 Express 프레임워크에서 추구하는 내용이다. 이 절에서는 Express가 무엇이고 어떻게 노드 앱을 더욱 쉽게 작성할 수 있도록 도와주는지 살펴본다.

Express는 독립적으로 동작하는 자바스크립트 서버 프레임워크가 아니다. Express는 노드 위에 올린 코드 계층이기 때문에 노드를 사용하고 자바스크립트 서버를 좀 더 쉽고 효과적으로 개발할 수 있다. 노드처럼 Express는 고유한 핵심 기능을 가지고 있으며 의존성 패키지를 통해 일부 기능을 추가할 수 있다. 그리고 Express는 추가적인 기능을 제공해주는 풍부한 미들웨어 생태계와 같은 중요한 요소도 가지고 있다.

그렇다면 Express는 무엇인가? Express 웹사이트에서는 미들웨어를 순서대로 호출하는 애플리케이션이라고 정의한다. 다음 다이어그램을 보면서 설명한다.

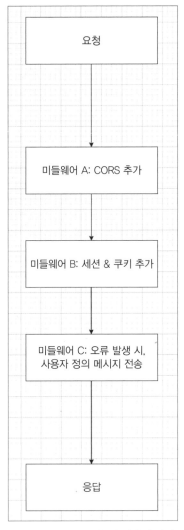

그림 8.22 Express의 요청과 응답 과정

서버에 새로운 요청이 들어오면 이 요청을 처리하기 위한 경로를 따라 순서대로 이동한다. 일반적으로 요청을 하게 되면 다음으로 그 요청이 해석돼 처리되고 나서 특정 응답을 받게 된다. 하지만 Express를 사용하면 이 처리 과정에 여러 함수를 주입해 고유한 특정 작업을 처리할 수 있다.

그림 8.22에서 볼 수 있는 예시에서는 첫 번째로 CORS 기능을 추가하는 미들웨어가 나온다. CORS는 서버 측에서 하나 이상의 여러 URL 도메인의 요청을 허용할 수 있는 방법이다. 다음으로 세션과 쿠키를 처리하는 미들웨어가 있다. 세션은 사용자가 현재 사용하는 웹사이트와 관련해 수집되는 고유한 데이터다. 예를 들면 사용자의 로그인 ID가 될 수 있다. 그리고 마지막은 오류를 처리하는 미들웨어다. 여기서는 발생하는 오류에 따라 보여줄 고유한 메시지를 정의하게 된다. 물론 필요에 따라서 더 많은 미들웨어를 추가할 수 있다. 여기서 핵심은 Express에서는 일반적으로 노드에 포함돼 있지 않은 추가적인 기능을 아주 간단하게 주입할 수 있다는 점이다.

이러한 미들웨어 기능 이외에도 Express에서는 Request과 Response 객체에 개발자의 생산성을 더 강화시킬 수 있는 기능을 포함시킬 수 있다. 다음 절에서 이러한 기능과 Express를 더 자세히 살펴본다.

⠿ Express 기능 학습하기

Express는 기본적으로 노드용 미들웨어 실행기다. 하지만 언제나 그렇듯 이와 같은 단순한 설명은 적절하게 사용하기 위해 필요한 정보로는 부족하다. 따라서 이 절에서는 Express를 살펴보고 예제를 통해 Express의 기능을 학습한다.

node-server 프로젝트에 Express를 설치해보자. 다음 명령을 터미널에서 입력한다.

```
npm i express
```

이 명령을 사용하면 다음과 같이 새로운 의존성 섹션이 package.json 파일에 업데이트된다.

```
"author": "",
"license": "ISC",
"dependencies": {
  "express": "^4.18.1"
}
```

그림 8.23 업데이트된 package.json

이제 코드를 작성하기 전에 몇 가지 내용을 이해해야 한다. 다시 말하지만 언급한 것처럼 Express는 노드에 대한 래퍼다. 즉, Express는 이미 내부적으로 노드를 사용하고 있다는 의미다. 따라서 Express를 사용해 코드를 작성하는 경우 노드를 직접 호출하지 않는다. 이것이 어떤 내용인지 살펴보자.

1. expressapp.mjs라는 서버 파일을 새로 만들고 다음 코드를 추가한다.

```
import express from "express";

const app = express();

app.listen({ port: 8000 }, () => {
  console.log("Express Node server has loaded!");
});
```

볼 수 있는 것처럼 express의 인스턴스를 만들고 listen 함수를 호출한다. express. listen 함수에서는 내부적으로 노드의 createServer와 listen 함수를 호출한다. 실행하면 다음과 같은 로그 메시지를 확인할 수 있다.

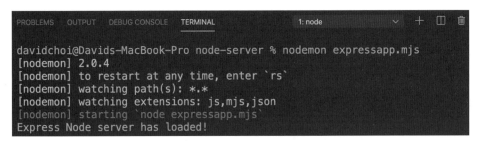

그림 8.24 expressapp.mjs 파일의 실행 결과

자 이제 Express 서버가 실행됐다. 하지만 일부 미들웨어를 추가하기 전까지 이 서버에서는 아무것도 처리하지 않는다. Express용 미들웨어는 몇 가지 주요한 영역이나 보호 아래서 실행된다. 애플리케이션 전체에서 실행되는 미들웨어가 있고, 라우팅하는 동안에만 실행되는 미들웨어가 있고, 오류가 발생하면 실행되는 미들웨어가 있다. 또한 내부적으로 사용하는 Express의 핵심이 되는 미들웨어가 있다. 그리고 미들웨어의 작업을 처리하기 위해 직접 코드를 구현하지 않고 타사의 미들

웨어 npm 패키지를 사용할 수도 있다. 이미 앞에서 살펴본 'Express로 노드 개발을
개선하는 방법 이해하기' 절의 그림 8.22에서 이러한 내용을 일부 살펴봤다.

2. 이 미들웨어에 내용을 추가해보자. 다음 코드를 사용해 expressapp.mjs를 수정
한다.

```
import express from "express";

const app = express();

app.use((req, res, next) => {
  console.log("First middleware.");
  next();
});
app.use((req, res, next) => {
  res.send("Hello world. I am custom middleware.");
});

app.listen({ port: 8000 }, () => {
  console.log("Express Node server has loaded!");
});
```

이 첫 번째 예제에서는 app 객체의 use 함수를 사용해 앱 수준의 미들웨어를 사용
하는 것으로 결정했다. 이는 라우트와 관계없이 전체 애플리케이션의 모든 요청을
이 두 미들웨어에서 처리함을 의미한다.

미들웨어를 살펴보자. 첫 번째로 유의할 점은 모든 미들웨어는 코드에 정의된 순
서대로 처리된다는 점이다. 두 번째는 미들웨어의 끝에서 호출을 종료하지 않는다
면, 다음 미들웨어로 진행하기 위한 next 함수를 호출해야 하며 그렇지 않으면 처
리가 중단된다.

첫 번째 미들웨어는 일부 텍스트를 로그로 남기고 두 번째 미들웨어는 Express의
send 함수를 사용해 브라우저의 화면에 출력한다. send 함수는 종료를 처리하기 때
문에 노드의 end 함수와 많이 비슷하지만, 이 함수는 text/html 타입의 content-
type 헤더를 되돌려준다. 만약 노드였다면 헤더를 직접 명시적으로 전달해야 한다.

3. 다음으로 라우터용 미들웨어를 추가해보자. 기술적으로는 use 함수에 /routea와 같은 라우트를 전달할 수 있다. 하지만 router 객체를 사용해 하나의 컨테이너에 여러 라우트를 포함시키는 것이 좋다. Express에서는 라우터도 마찬가지로 미들웨어다. 다음 예제를 살펴보자.

```
import express from "express";

const router = express.Router();
```

먼저 express.Router 타입의 새로운 라우터 객체를 생성했다.

```
const app = express();

app.use((req, res, next) => {
  console.log("First middleware.");
  next();
});
app.use((req, res, next) => {
  res.send("Hello world. I am custom middleware.");
});
app.use(router);
```

이전과 같은 미들웨어를 app 객체에 추가했고 이 미들웨어는 모든 경로에서 전역으로 실행된다. 다음으로 앱의 미들웨어로 router 객체도 추가했다. 하지만 이 라우터 미들웨어는 다음과 같이 정의된 특정 라우트에서만 동작한다.

```
router.get("/a", (req, res, next) => {
  res.send("Hello this is route a");
});
router.post("/c", (req, res, next) => {
  res.send("Hello this is route c");
});
```

다시 두 개의 미들웨어를 router 객체에 추가했다. 하나는 get 메서드 함수를 사용하는 /a 라우트용이고 나머지 하나는 post 메서드 함수를 사용하는 /c 라우트용이다. 다시 말하지만, 이러한 함수는 사용할 수 있는 HTTP 동사를 나타낸다. 다음 listen 함수 호출은 이전과 동일하다.

```
app.listen({ port: 8000 }, () => {
  console.log("Express Node server has loaded!");
});
```

이제 http://localhost:8000/a URL로 이동해 이 코드를 실행하면 이상한 일이 발생한다. 'Hello this is route a'라는 텍스트가 보이지 않고 'Hello world. I am custom middleware.'라는 텍스트가 보이게 된다. 그 이유를 추측할 수 있겠는가? 답은 미들웨어 순서에 있으며, 두 번째 앱 수준의 미들웨어에서 res.send를 호출하기 때문에 모든 호출이 거기에서 끝나고 다음 미들웨어로 진행되지 않기 때문이다.

'Hello world. I am custom middleware.' 메시지를 전송하는 두 번째 app.use 호출을 제거하고 http://localhost:8000/a로 이동한다. 이제 다음과 같이 메시지를 확인할 수 있다.

그림 8.25 /a 라우트용 미들웨어

이제 이 라우트는 동작한다. 하지만 브라우저에서 http://localhost:8000/c로 이동하게 되면 이 라우트는 동작하는가? 이 라우트는 동작하지 않고 Cannot GET /c 메시지를 보여준다. 예상할 수 있는 것처럼 브라우저는 GET 호출이 기본이지만 /c 라우트는 POST만 사용할 수 있는 라우트다. 터미널로 가서 'Express 기능 학습하기' 절에서 마지막으로 사용했던 POST curl 명령을 실행하면 다음과 같은 내용을 확인할 수 있다.

```
davidchoi@Davids-MacBook-Pro ~ % curl --header "Content-Type: application/json"
equest POST --data '{"userid":"1","message":"hello"}' "http://localhost:8000/c"
Hello this is route c%
davidchoi@Davids-MacBook-Pro ~ %
```

그림 8.26 /c 라우트

보다시피 적절한 텍스트 메시지가 수신됐다.

4. 이제 타사의 미들웨어를 추가해보자. 'Express 기능 학습하기' 절에서 POST 데이터를 파싱하는 방법과 노드 사용이 얼마나 어려운지 살펴봤다. 이 예제에서 POST 데이터의 파싱을 쉽게 처리하기 위해 body-parser 미들웨어를 사용해보자. 코드를 다음과 같이 수정한다.

```
import express from "express";
import bodyParser from "body-parser";
```

먼저 body-parser 미들웨어를 불러온 후 맨 처음 부분에 추가해 필요에 따라 모든 핸들러에서 자동으로 JSON 문자열을 파싱된 객체로 변환하도록 한다.

```
const router = express.Router();
const app = express();

app.use(bodyParser.json());
```

다음으로 /c 라우트 핸들러를 수정해 텍스트 메시지가 message 필드로 전달된 값이 되도록 한다.

```
app.use((req, res, next) => {
  console.log("First middleware.");
  next();
});

app.use(router);
router.get("/a", (req, res, next) => {
  res.send("Hello this is route a");
});
router.post("/c", (req, res, next) => {
  res.send(`Hello this is route c. Message is
  ${req.body.message}`);
});
```

이러한 작업은 대부분 data와 end 같은 노드 이벤트를 사용하는 것보다 훨씬 쉽다.

5. 이제 마지막으로 오류 처리 미들웨어를 만들어보자. bodyParser.json() 미들웨어 호출 바로 아래에 다음 코드를 추가하기만 하면 된다.

```
app.use((req, res, next) => {
  console.log("First middleware.");
  throw new Error("A failure occurred!");
});
```

첫 번째 사용자 정의한 미들웨어에서 오류가 발생한다.

```
app.use(router);
router.get("/a", (req, res, next) => {
  res.send("Hello this is route a");
});
router.post("/c", (req, res, next) => {
  res.send(`Hello this is route c. Message is ${req.body.
    message}`);
});

app.use((err, req, res, next) => {
  res.status(500).send(err.message);
});
```

코드의 마지막 미들웨어로 오류 핸들러를 추가했다. 이 미들웨어에서는 이전에 처리되지 않은 모든 에러를 잡아내고 동일한 상태와 메시지를 전송한다.

```
app.listen({ port: 8000 }, () => {
  console.log("Express Node server has loaded!");
});
```

6. http://localhost:8000/a로 이동하면 다음과 같은 메시지를 확인할 수 있다.

그림 8.27 오류 메시지

최상위 수준 미들웨어에서 오류를 발생하기 때문에 모든 라우터에서 이 오류가 발생한다. 따라서 오류 핸들러 미들웨어를 통해서 처리한다.

여기까지 Express 프레임워크 개요와 그 기능을 살펴봤다. Express는 아주 단순하고 명확하게 노드를 사용해 개발할 수 있게 만들어준다. 다음 절에서는 Express와 노드를 사용해 웹의 기본 데이터 스키마인 JSON을 반환하는 웹 API 개발에 대해 살펴본다.

⁝⁝ Express로 웹 API 만들기

이 절에서는 웹 API를 알아본다. 웹 API는 현재 웹에서 데이터를 제공하기 위해 가장 흔히 사용하는 방식이다. 최종 애플리케이션에서는 GraphQL를 사용할 예정이므로 웹 API를 사용하지 않는다. 하지만 웹 API 설계에 관해서도 어느 정도 이해하는 것이 좋다. 인터넷에서 웹 API는 아주 일반적으로 사용되며, GraphQL도 유사하게 동작하기 때문이다.

웹 API란 무엇인가? API^{Application Programming Interface}는 표준 애플리케이션 프로그래밍 인터페이스를 말한다. 즉, 하나의 프로그래밍 시스템과 다른 시스템 간에 상호작용하는 방식을 의미한다. 웹 API는 웹 기술을 사용해 다른 시스템에 프로그래밍 서비스를 제공하는 것이다. 보통 웹 API에서는 바이너리 데이터와는 대조적인 JSON 형식의 문자열 데이터를 주고받는다.

모든 웹 API는 URI로 표현되는 엔드포인트를 갖는다. 이 URI는 기본적으로 URL과 같다. 이 경로는 정적이어야 하며 바뀌지 않아야 한다. 만약 변경이 필요하다면 API 제공자가 오래된 URI는 그대로 남겨두고 버전 업그레이드를 알 수 있는 새로운 URI을 만들어 버전 업데이트를 처리한다. 예컨대 URI가 /api/v1/users로 시작된다면 다음 업데이트 주기에 /api/v2/users가 될 수 있다.

이해를 돕기 위해 간단한 웹 API를 만들어보자.

1. 새로운 라우트를 사용해 expressapp.mjs 파일을 다음과 같이 수정해보자.

```
import express from "express";
import bodyParser from "body-parser";

const router = express.Router();
```

```
const app = express();

app.use(bodyParser.json());

app.use((req, res, next) => {
  console.log("First middleware.");
  next();
});
```

오류를 발생하는 부분을 제거한 내용을 제외하면 여기까지는 모두 동일하다.

```
app.use(router);
router.get("/api/v1/users", (req, res, next) => {
  const users = [
    {
      id: 1,
      username: "tom",
    },
    {
      id: 2,
      username: "jon",
    },
    {
      id: 3,
      username: "linda",
    },
  ];
  console.log(req.query.userid);
  const user = users.find((usr) => usr.id == req.query.
    userid);
  res.send(`User ${user?.username}`);
});
```

첫 번째 미들웨어에서는 /api/v1/users 경로를 보여준다. 이러한 경로 형태는 웹 API에서 거의 표준이나 다름없다. 이 경로는 버전과 조회할 데이터와 관련된 컨테이너를 가리킨다. 여기서 컨테이너는 users다. 예를 들기 위해 하드코딩된 users 배열을 사용해 id가 일치하는 사용자를 찾는다. id는 숫자이고 req.query로 들어오는 모든 내용이 문자열이므로 ===가 아닌 ==를 사용한다. 브라우저에서 해당 URL을 불러오면 다음과 같은 내용을 볼 수 있다.

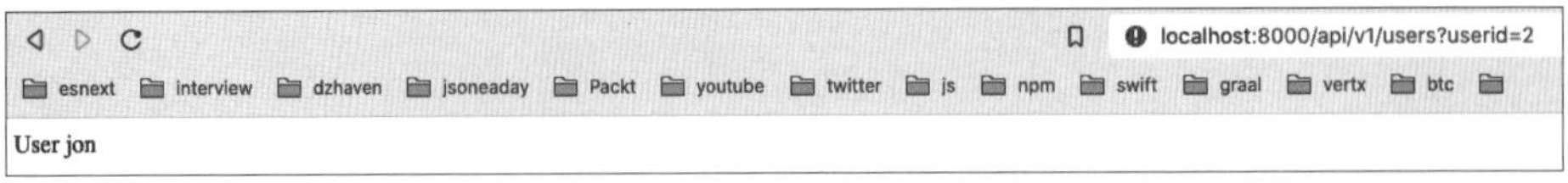

그림 8.28 사용자에 대한 GET 요청 결과

볼 수 있는 것처럼 두 번째 사용자는 jon이 반환된다.

2. 다음 미들웨어에서는 그룹에 대해서 거의 동일한 내용을 처리한다. 두 리소스 경로 간에 경로가 일치되는 방식을 알아야 한다. 이는 웹 API에서 중요한 기능이다. 배열에서 하나의 항목을 가져오지만, 여기서는 POST 메서드를 사용하므로 body에서 파라미터를 가져오게 된다.

```
router.post("/api/v1/groups", (req, res, next) => {
  const groups = [
    {
      id: 1,
      groupname: "Admins",
    },
    {
      id: 2,
      groupname: "Users",
    },
    {
      id: 3,
      groupname: "Employees",
    },
  ];
  const group = groups.find((grp) => grp.id == req.body.
    groupid);
  res.send(`Group ${group.groupname}`);
});
```

이 URI를 터미널 명령으로 실행하면 다음과 같은 내용을 확인할 수 있다.

그림 8.29 그룹에 대한 POST 요청 결과

볼 수 있는 것처럼 첫 번째 그룹은 Admins가 반환된다. 코드의 나머지 부분은 동일하다.

```
app.use((err, req, res, next) => {
  res.status(500).send(err.message);
});

app.listen({ port: 8000 }, () => {
  console.log("Express Node server has loaded!");
});

Important Note
```

NOTE

웹 API는 웹 기술에 따라 다르기 때문에 GET, POST, PATCH, PUT, DELETE와 같은 HTTP 메서드 호출을 모두 제공한다.

여기까지 Express와 노드를 사용해 웹 API를 만드는 내용을 빠르게 소개했고 노드의 전반적인 내용과 노드에서 가장 중요한 Express 프레임워크를 살펴봤다.

⁝⁝ 요약

8장에서는 노드와 Express를 배웠다. 노드는 웹에 존재하는 서버의 상당 부분을 구동하는 핵심적인 서버 측 기술이다. 그리고 Express는 가장 인기 있고 웹 애플리케이션 개발에 자주 사용되는 노드 기반의 프레임워크다. 이제 웹사이트를 만들기 위한 프론트엔드와 백엔드 기술의 동작 방식에 대한 전체적인 그림을 갖게 됐다.

9장에서는 GraphQL을 살펴본다. GraphQL는 많은 인기를 얻고 있으며 웹 기반 API 서비스 제작에 사용되는 비교적 새로운 표준이다. 이 내용을 다루고 나면 자신의 프로젝트를 만드는 데 필요하는 모든 지식을 얻게 될 것이다.

09

GraphQL

9장에서는 현재 사용되고 있으며 많은 인기를 얻고 있는 웹 기술인 GraphQL을 배운다. 페이스북(메타)과 트위터, 〈뉴욕타임스〉, 깃허브와 같은 기업을 포함해 여러 대기업에서 API에 GraphQL을 채택했다. 무엇 때문에 GraphQL이 이렇게 인기가 있는지, 그 내부 동작 방식과 어떻게 이러한 기능의 장점을 취할 수 있는지 살펴보자.

9장에서는 다음 주제를 다룬다.

- GraphQL 이해하기
- GraphQL 스키마 이해하기
- typedef와 resolver 이해하기
- 쿼리와 뮤테이션, 구독 이해하기

⁝⁝ 기술적 요구 사항

노드를 사용한 웹 개발의 기본적인 이해가 있어야 한다. 노드와 VS Code를 사용한다.

깃허브 저장소는 https://github.com/JungYeolYang/Full-Stack-React-TypeScript-and-Node-acorn이다. Chap9 폴더의 코드를 사용한다.

9장의 코드 폴더를 설정하기 위해 자신의 HandsOnTypescript 폴더에서 Chap9 폴더를 새로 만든다.

⁝⁝ GraphQL 이해하기

이 절에서는 GraphQL이 무엇이고 어떤 이유로 만들어졌으며 어떤 문제를 해결할 수 있는지 살펴본다. GraphQL을 만들게 된 근본적인 이유를 이해하는 것은 중요함과 동시에 더 좋은 웹 API를 설계하는 데 도움이 된다.

그렇다면 GraphQL이 무엇인가? 다음은 GraphQL의 주요한 몇 가지 특징이다.

- GraphQL은 페이스북에서 만든 데이터 스키마 표준이다.
  GraphQL에서는 데이터와 데이터 타입, 관련된 데이터 쿼리를 정의하는 표준 언어를 제공한다. GraphQL은 계약contract을 제공하는 인터페이스와 거의 유사하다고 생각할 수 있다. 코드가 존재하지 않지만 어떤 타입type과 쿼리query를 사용할 수 있는지 확인할 수 있다.

- GraphQL은 여러 플랫폼과 프레임워크, 언어에서 동작한다.
  GraphQL을 사용해 API를 만드는 경우 사용하는 운영체제나 프로그래밍 언어와 상관없이 동일한 GraphQL 언어를 사용해 데이터와 데이터 타입, 쿼리를 작성할 수 있다. 아주 다양한 시스템과 플랫폼에서 일관성 있고 신뢰할 수 있게 데이터를 표현하는 것이 클라이언트와 시스템을 위해서 좋은 것은 물론이다. 그렇게 되면 자신이 선택한 프로그래밍 언어와 프레임워크를 계속 사용할 수 있기 때문에 프로그래머에게도 이점이 있다.

- GraphQL은 호출자에게 쿼리 내용에 대한 제어를 반환한다.

  표준 웹 서비스에서는 서버에서 데이터 필드 반환을 제어했다. 하지만 GraphQL API에서는 클라이언트에서 전달받으려는 필드를 정의한다. 이러한 방법을 통해서 클라이언트에서는 더 나은 제어를 할 수 있고 네트워크 대역폭의 사용과 비용을 줄일 수 있다.

일반적으로 GraphQL 엔드포인트는 중요한 두 가지 용도가 있다. 하나는 다른 데이터 서비스를 통합해주는 게이트웨이의 역할이고, 나머지 하나는 데이터 저장소에서 직접 데이터를 전달받아 클라이언트로 전달하는 메인 웹 API 서비스 역할이다.

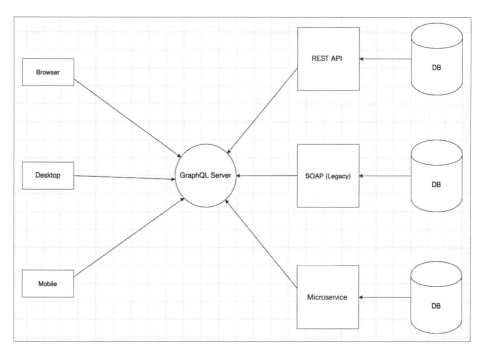

그림 9.1 게이트웨이 역할의 GraphQL

볼 수 있는 것처럼 GraphQL은 모든 클라이언트의 SSOT^{the Single Source Of Truth, 단일 진실 공급원} 역할을 한다. 다양한 시스템에서 지원되는 GraphQL의 표준 기반 언어로 인해 이러한 기능이 잘 수행된다.

자신의 애플리케이션에서는 웹 API를 모두 GraphQL로 할 수 있지만, 기존 웹 서비스에서도 GraphQL을 혼용해 사용할 수 있으므로 일부 서비스 호출만 GraphQL로 처리할 수 있다. 즉, 전체 애플리케이션을 다시 작성하지 않아도 됨을 의미한다. 따라서 자신의 현재 애플리케이션 서비스를 중단하지 않고 GraphQL을 적절한 곳에 천천히 신중하게 도입할 수 있다.

이 절에서는 GraphQL을 추상적인 수준에서 살펴봤다. GraphQL에는 데이터 언어가 포함돼 있어 서버 프레임워크나 애플리케이션 프로그래밍 언어, 운영체제와 상관없이 사용할 수 있다. 이러한 유연함이 GraphQL을 웹이나 조직의 전반에서 강력한 데이터 공유 도구로 만들었다. 다음 절에서는 GraphQL 스키마 언어를 살펴보고 동작 방식을 알아본다. 이는 데이터 모델을 구조화하고 GraphQL 서버를 설정하는 방법을 이해하는 데 도움이 된다.

⁘ GraphQL 스키마 이해하기

명시한 것처럼 GraphQL은 엔터티 데이터에 타입 정보와 구조를 제공하기 위해 사용하는 언어다. 어떤 제공자가 구현한 GraphQL 서버를 사용했는지 여부와 상관없이 클라이언트에서는 동일한 데이터 구조가 반환될 것임을 예상할 수 있다. 클라이언트에 대해 서버의 세부적인 구현을 추상화하는 이러한 방법은 GraphQL의 강점 중 하나다.

간단한 GraphQL 스키마를 만들고 그 내용을 살펴보자.

1. Chap9 폴더에서 graphql-schema 폴더를 새로 만든다.

2. 해당 폴더에서 터미널을 열고 다음 명령을 실행하고 기본값을 선택한다.

   ```
   npm init
   ```

3. 이제 다음 패키지를 설치한다.

   ```
   npm i express apollo-server-express @types/express
   ```

그리고 이후에 살펴볼 makeExecutableSchema와 IResolvers를 사용하기 위해 다음 패키지도 설치한다.

```
npm i @graphql-tools/schema
npm i @graphql-tools/utils
```

이어서 다음 패키지도 설치한다.

```
npm i graphql
npm I apollo-server-core
```

apollo-server-express 최신 버전 가이드는 다음 링크에서 자세히 확인할 수 있다.

```
https://www.apollographql.com/docs/apollo-server/integrations/
middleware/#apollo-server-express
```

4. 다음 명령으로 타입스크립트를 초기화한다.

```
tsc -init
```

이 명령이 실행되고 나면 기본 tsconfig.json 설정이 strict 모드라는 것을 알 수 있다.

5. typeDefs.ts라는 타입스크립트 파일을 새로 만들고 다음 코드를 추가한다.

```
import { gql } from "apollo-server-express";
```

이 import에서는 GraphQL 스키마 언어의 구문 형식을 지정하고 강조해주는 gql 객체를 불러온다.

```
const typeDefs = gql`
  type User {
    id: ID!
    username: String!
    email: String
  }
  type Todo {
    id: ID!
```

```
    title: String!
    description: String
  }

  type Query {
    getUser(id: ID): User
    getTodos: [Todo!]
  }
`;
```

이 언어는 정말 단순하고 타입스크립트와 많이 닮았다. 처음 부분에는 type 키워드로 지정한 User 엔터티가 있다. type은 GraphQL의 키워드이며 특정 구조의 객체가 정의됐다는 것을 알려준다. 볼 수 있는 것처럼 User 타입에 여러 개의 필드가 있다. id 필드는 ID! 타입이다. ID 타입은 고유한 값을 가리키는 내장된 타입이며, 기본적으로 일종의 GUID이다. 느낌표는 해당 필드가 null이 될 수 없다는 것을 알려준다. 다음으로 username 필드를 볼 수 있으며 이 필드는 String! 타입으로 null이 될 수 없는 문자열 타입이라는 것을 의미한다. 그리고 description 필드가 있으며 느낌표가 없는 String 타입이므로 null이 될 수 있다.

Todo 타입도 비슷한 필드를 가지고 있다. 다음으로 Query 타입에 주목한다. Graph QL에서는 쿼리도 타입이라는 것을 보여준다. 따라서 이 두 getUser와 getTodos 쿼리를 보면 User와 Todo 타입을 만든 이유가 이 두 Query 메서드의 반환 값이기 때문이라는 것을 알 수 있다. getTodos 함수에서는 괄호 안에 null이 될 수 없는 Todo의 배열을 반환한다는 점에 유의한다. 마지막으로 다음과 같이 typeDefs 변수를 사용해 타입 정의를 내보낸다.

```
export default typeDefs;
```

타입 정의는 Apollo GraphQL에서 스키마 파일에 스키마 타입을 기술하기 위해 사용한다. 서버에서 GraphQL 데이터를 제공하기 전에 서버에는 애플리케이션의 타입과 타입의 필드, 해당 서버에서 API로 제공될 쿼리가 모두 나열된 완전한 스키마 파일이 먼저 준비돼 있어야 한다.

추가로 알아야 할 내용은, GraphQL에는 이 언어에 내장된 몇 가지 기본 스칼라 타입이 존재한다는 것이다. Int와 Float, String, Boolean, ID이 그것이다. 스키마 파일에서 본 것처럼 이러한 타입에서는 타입 표기법을 사용하지 않아도 된다.

이 절에서는 단순한 GraphQL 스키마 파일의 구조를 살펴봤다. 나중에 API를 만들 때 이 구문을 사용한다. 다음 절에서는 GraphQL 언어를 더 자세히 살펴보고 resolver가 무엇인지 알아본다.

⁝⁝ typedef와 resolver 이해하기

이 절에서는 GraphQL 스키마를 더 자세히 알아보고 실제 작업을 처리하는 resolver 함수도 구현한다. 그리고 Apollo GraphQL과 GraphQL 서버 인스턴스를 만드는 방법 도 소개한다.

리졸버란 무엇인가? 리졸버는 데이터 저장소에서 데이터를 가져오거나 수정하는 함수 이다. 그리고 이 데이터는 GraphQL 타입 정의를 통해 매칭된다.

리졸버의 역할을 더 자세히 알아보기 위해 이전 프로젝트를 계속해서 만든다. 다음 단 계를 살펴보자.

1. UUID 의존성을 설치한다. 이 도구를 사용하면 ID 타입에 대한 유일한 ID를 만들 수 있다.

```
npm i uuid @types/uuid
```

2. 서버를 시작할 수 있는 server.ts 파일을 새로 만든다. 코드는 다음과 같다.

```
import express from "express";
import { ApolloServer } from "apollo-server-express";
import { ApolloServerPluginDrainHttpServer } from "apollo-server-core";
import { makeExecutableSchema } from "@graphql-tools/schema";
import http from "http";
import typeDefs from "./typeDefs";
import resolvers from "./resolvers";
```

여기서는 서버 설정에 필요한 의존성을 불러온다. typeDefs 파일은 이미 만들었고 resolvers 파일은 잠시 후에 만든다

3. 다음으로 Express 서버 앱 객체를 만들고 createServer에서 웹 서버 객체를 생성할 때 사용한다.

```
const app = express();
const httpServer = http.createServer(app);
```

4. makeExecutableSchema에서는 typeDefs 파일과 resolvers 파일의 조합으로 프로그래밍 방식의 스키마를 만든다.

```
const schema = makeExecutableSchema({
  typeDefs, resolvers
});
```

5. 마지막으로 GraphQL 서버 인스턴스를 만들고 start 메서드를 호출한다.

```
const apolloServer = new ApolloServer({
  schema,
  context: ({ req, res }: any) => ({ req, res }),
  csrfPrevention: true,
  cache: "bounded",
  plugins: [ApolloServerPluginDrainHttpServer({ httpServer })],
});

apolloServer.start().then(() => {
  apolloServer.applyMiddleware({ app, cors: false});
  httpServer.listen({ port: 8000 }, () => {
    console.log("GraphQL server ready.");
  });
});
```

context는 Express의 요청과 응답 객체로 구성된다. 그리고 미들웨어를 추가한다. 이 미들웨어는 app이라는 GraphQL용 Express 서버 객체다. cors 옵션은 GraphQL이 CORS로 동작하지 않음을 나타낸다. CORS는 이후의 장에서 앱을 만들 때 다루겠다.

이제 8000포트를 수신하는 Express 서버가 시작되고, `listen` 핸들러에서는 서버의 시작을 알려주는 메시지를 출력한다.

다음으로 리졸버를 만들어보자.

1. resolvers.ts 파일을 만들고 다음 코드를 추가한다.

```typescript
import { IResolvers } from "apollo-server-express";
import { v4 } from "uuid";
import { GqlContext } from "./GqlContext";

interface User {
  id: string;
  username: string;
  description?: string;
}

interface Todo {
  id: string;
  title: string;
  description?: string;
}
```

2. 타입스크립트를 사용하므로 반환되는 객체를 표현하기 위해 타입을 사용해야 하며, 이것이 User와 Todo의 내용이다. 이러한 타입은 GraphQL을 통해 typeDefs.ts 파일에 작성된 동일한 이름의 GraphQL 타입과 매칭된다.

```typescript
const resolvers: IResolvers = {
  Query: {
    getUser: async (
      obj: any,
      args: {
        id: string;
      },
      ctx: GqlContext,
      info: any
    ): Promise<User> => {
      return {
        id: v4(),
```

```
        username: "dave",
      };
    },
```

첫 번째 리졸버 함수는 getUser 쿼리와 매칭된다. 파라미터가 id뿐만이 아니라는 점에 주목한다. 이것은 Apollo GraphQL에서 전달되며 호출에 대한 추가 정보를 포함한다. 여기서는 시간을 절약하기 위해 User 객체를 하드코딩했다. GqlContext 타입은 나중에 만들겠으며 기본적으로 8장, 'Node.js와 Express를 사용한 서버 측 개발'에서 살펴본 요청과 응답 객체를 포함하는 컨테이너다.

3. getUser와 유사하게 getTodos 리졸버에서도 비슷한 파라미터를 받고 하드코딩된 Todo를 반환한다.

```
getTodos: async (
  parent: any,
  args: null,
  ctx: GqlContext,
  info: any
): Promise<Array<Todo>> => {
  return [
    {
      id: v4(),
      title: "First todo",
      description: "First todo description",
    },
    {
      id: v4(),
      title: "Second todo",
      description: "Second todo description",
    },
    {
      id: v4(),
      title: "Third todo",
    },
  ];
},
```

4. 다음으로 resolvers 객체를 내보낸다.

```
   },
};

export default resolvers;
```

보다시피 실제 데이터 수집은 일반적인 타입스크립트 코드를 사용한다. 만약 자바나 C# 등의 다른 언어를 사용하더라도 리졸버에서는 단순히 CRUD^{Create Read Update Delete} 작업이 잘 처리된다. 다음으로 GraphQL 서버에서는 해당 데이터 엔터티 모델을 타입 정의 스키마 파일의 타입으로 변환한다.

5. 이제 GqlContext 타입을 만들어보자. GqlContext.ts 파일을 만들고 다음 코드를 추가한다.

```
import { Request, Response } from "express";

export interface GqlContext {
  req: Request;
  res: Response;
}
```

이 코드는 GraphQL 리졸버 호출에서 타입을 안전하게 컨텍스트로 제공해주는 간단한 쉘 인터페이스다. 이 타입에는 Express의 Request와 Response 객체가 포함된다.

6. 타입스크립트를 사용하고 있으므로 다음 명령을 실행해 이 코드를 자바스크립트로 컴파일한다.

```
tsc
```

이 명령은 모든 ts 파일에 해당하는 js 파일을 생성해준다.

7. 이제 새로 생성된 코드를 실행할 수 있다. 다음 명령을 실행한다.

```
nodemon server.js
```

8. http://localhost:8000/graphql을 열면 , 다음 화면을 볼 수 있으며 **Query your server** 버튼을 선택한다.

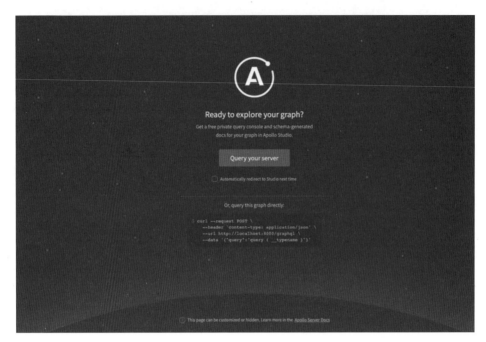

그림 9.2.1 GraphQL 개발 클라이언트 첫 화면

버튼을 선택하면 GraphQL 플레이그라운드 화면을 볼 수 있다. Apollo GraphQL 에서 제공하는 쿼리를 테스트할 수 있으며 수동으로 쿼리를 확인해볼 수 있다. 모양은 다음과 같다.

그림 9.2.2 GraphQL 개발 클라이언트

왼쪽의 JSON 모양의 쿼리를 실행했고, 오른쪽에 그 결과도 마찬가지로 JSON 형태임을 볼 수 있다. 왼쪽 쿼리를 보면 명시적으로 id 필드만 요청하고 있으며 결과적으로 id 필드만 반환된다. 일반적인 반환 형식은 data > ⟨함수 이름⟩ > ⟨필드⟩이다. 확인해보기 위해 getTodos 쿼리를 실행한다.

9. 그 밖에 알아야 할 내용은 **Documentation** 탭이다. 이 탭에서는 가능한 쿼리와 뮤테이션, 구독을 모두 보여준다. 모양은 다음과 같다. 이 내용은 다음 절에서 더 살펴본다.

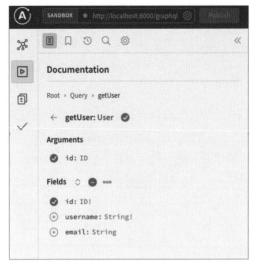

그림 9.3 Documentation 탭

10. 끝으로 **SCHEMA** 탭에서는 모든 엔터티와 쿼리의 스키마 타입 정보를 보여준다.

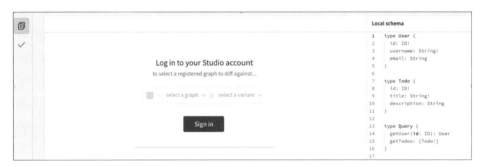

그림 9.4 SCHEMA 탭

typeDefs.ts 파일과 같은 모양이다.

이 절에서는 간단한 GraphQL 서버를 구동해 리졸버를 살펴봤다. 실제로 리졸버는 GraphQL 함수의 절반에 해당한다. 그리고 Apollo GraphQL 라이브러리를 사용해 간단한 GraphQL 서버를 실행하는 방법이 상대적으로 쉽다는 것도 살펴봤다. 다음 절에서는 뮤테이션과 구독을 살펴보면서 쿼리를 더 자세히 알아볼 것이다.

⫶ 쿼리와 뮤테이션, 구독 이해하기

GraphQL API 생성하면 단순히 데이터만 얻어오는 것보다 더 많은 내용을 처리할 수 있다. 데이터를 저장소에 저장하거나 일부 데이터가 변경될 때 알려줄 수 있다. 이 절에 서는 GraphQL을 사용해 이러한 동작을 처리하는 방법을 살펴본다.

먼저 뮤테이션을 사용해 데이터를 기록하는 방법을 살펴보자.

1. addTodo라는 뮤테이션을 만든다. 보다 현실적인 뮤테이션을 만들기 위해 임시 데 이터 저장소가 필요하며, 따라서 테스트 용도의 인메모리in-memory 데이터 저장소를 만든다. db.ts 파일을 만들고 다음 코드를 추가한다.

```
import { v4 } from "uuid";

export const todos = [
  {
    id: v4(),
    title: "First todo",
    description: "First todo description",
  },
  {
    id: v4(),
    title: "Second todo",
    description: "Second todo description",
  },
  {
    id: v4(),
    title: "Third todo",
  },
];
```

내보내려는 배열에 이전 목록의 Todo를 추가했다.

2. 다음으로 typeDefs.ts 파일을 수정해 새로운 뮤테이션을 추가한다. 다음과 같이 수정한다.

```
import { gql } from "apollo-server-express";

const typeDefs = gql`
```

```
    type User {
      id: ID!
      username: String!
      email: String
    }

    type Todo {
      id: ID!
      title: String!
      description: String
    }

    type Query {
      getUser(id: ID): User
      getTodos: [Todo!]
    }

    type Mutation {
      addTodo(title: String!, description: String): Todo
    }
  `;

export default typeDefs;
```

볼 수 있는 것처럼 나머지 쿼리는 모두 동일하고 Mutation 타입을 새로 추가했다. 이 타입에는 데이터를 변경하는 모든 쿼리가 포함된다. 그리고 addTodo 뮤테이션 도 새로 추가했다.

3. 다음으로 addTodo 리졸버를 추가한다. resolvers.ts 파일에 다음 코드를 추가한다.

```
Mutation: {
    addTodo: async (
      parent: any,
      args: {
        title: string;
        description: string;
      },
      ctx: GqlContext,
      info: any
    ): Promise<Todo> => {
      todos.push({
        id: v4(),
```

```
        title: args.title,
        description: args.description
      });
      return todos[todos.length - 1];
    },
  },
```

볼 수 있는 것처럼 Mutation이라는 새로운 컨테이너 객체가 있고 그 안에 addTodo 뮤테이션이 있다. 이 뮤테이션은 쿼리와 비슷한 파라미터를 가지고 있지만 todos 배열에 새로운 Todo가 포함된다. 이 코드를 플레이그라운드에서 실행하면 다음과 같은 내용을 확인할 수 있다.

그림 9.5 GraphQL 플레이그라운드에서 addTodo 뮤테이션 실행 결과

쿼리가 Query 타입인 경우 쿼리 앞에 query를 붙이지 않을 수 있다. 하지만 뮤테이션에서는 반드시 mutation을 앞에 붙여야 한다. 요청한 대로 id와 `title`을 돌려받는다.

다음으로 구독을 살펴보자. 구독은 특정 데이터가 변경되는 경우 알려주는 방법이다. addTodo에서 Todo 객체를 새로 추가하는 경우 알림을 받도록 해보자.

1. PubSub 타입 객체를 이용하기 위해 다음 라이브러리를 설치한다.

```
npm i graphql-subscriptions
npm i ws
npm i graphql-ws
```

그리고 graphql-subscriptions 라이브러리의 PubSub 타입 객체를 GraphQL 서버와 웹소켓 서버 컨텍스트에 추가한다. 이 객체를 통해 구독(변경 발생 시 알림 요청)과 게시(변경 발생 시 알림 전송)를 모두 처리한다. server.ts 파일을 다음과 같이 수정한다.

```
import express from "express";
import { ApolloServer } from "apollo-server-express";
import { ApolloServerPluginDrainHttpServer } from "apollo-server-core";
import { makeExecutableSchema } from "@graphql-tools/schema";
import http from "http";
import { PubSub } from "graphql-subscriptions";
import { WebSocketServer } from "ws";
import { useServer } from "graphql-ws/lib/use/ws";
import typeDefs from "./typeDefs";
import resolvers from "./resolvers";
```

먼저 PubSub 타입을 불러온다. 그리고 나중에 사용할 createServer도 불러온다.

2. 다음은 PubSub 타입의 pubsub 객체다.

```
const app = express();
const pubsub = new PubSub();
```

3. 그리고 GraphQL 서버와 웹 소켓 서버 컨텍스트에 pubsub 객체를 추가한다. 이 객체는 리졸버에서 사용한다.

```
const wsServer = new WebSocketServer({
  server: httpServer,
  path: "/graphql-ws",
});
```

```
const serverCleanup = useServer(
  {
    schema,
    context: () => {
      return { pubsub };
    },
  },
  wsServer
);

const apolloServer = new ApolloServer({
  schema,
  context: ({ req, res }: any) => {
    return { req, res, pubsub };
  },
  csrfPrevention: true,
  cache: "bounded",
  plugins: [
    ApolloServerPluginDrainHttpServer({ httpServer }),
    {
      async serverWillStart() {
        return {
          async drainServer() {
            await serverCleanup.dispose();
          },
        };
      },
    },
  ],
});
```

4. 직접 노드에서 httpServer 인스턴스를 만들고 httpServer 객체에서 listen을 호출한다.

```
const httpServer = createServer(app);

apolloServer.start().then(() => {
  apolloServer.applyMiddleware({ app, cors: true });
  httpServer.listen({ port: 8000 }, () => {
    console.log("GraphQL server ready.");
  });
});
```

5. 다음으로 typeDefs.ts 파일을 수정해 뮤테이션을 새로 추가한다. 다음 타입을 추가한다.

```
type Subscription {
    newTodo: Todo!
  }
```

6. 그리고 resolvers.ts 파일에 다음과 같이 새로운 구독 리졸버를 추가한다.

```
import { IResolvers } from "apollo-server-express";
import { v4 } from "uuid";
import { GqlContext } from "./GqlContext";
import { todos } from "./db";

interface User {
  id: string;
  username: string;
  email?: string;
}

interface Todo {
  id: string;
  title: string;
  description?: string;
}

const NEW_TODO = "NEW TODO";
```

여기서는 새로운 구독 이름으로 NEW_TODO 상수를 새로 만들었다. 구독은 올바르게 구독하고 게시할 수 있도록 일종의 고유한 키와 같은 유일한 라벨이 있어야 한다.

```
const resolvers: IResolvers = {
  Query: {
    getUser: async (
      parent: any,
      args: {
        id: string;
      },
      ctx: GqlContext,
      info: any
    ): Promise<User> => {
      return {
```

```
        id: v4(),
        username: "dave",
      };
    },
```

쿼리에 아무런 변경이 없지만 코드를 완성하기 위해 포함시켰다.

```
  getTodos: async (
    parent: any,
    args: null,
    ctx: GqlContext,
    info: any
  ): Promise<Array<Todo>> => {
    return [
      {
        id: v4(),
        title: "First todo",
        description: "First todo description",
      },
      {
        id: v4(),
        title: "Second todo",
        description: "Second todo description",
      },
      {
        id: v4(),
        title: "Third todo",
      },
    ];
  },
},
```

마찬가지로 쿼리는 동일하다.

```
Mutation: {
  addTodo: async (
    parent: any,
    args: {
      title: string;
      description: string;
    },
    { pubsub }: GqlContext,
```

ctx 객체의 위치에 pubsub 객체만 필요하므로 이를 사용하기 위해 구조 분해 할당한다.

```
    info: any
  ): Promise<Todo> => {
    const newTodo = {
      id: v4(),
      title: args.title,
      description: args.description,
    };
    todos.push(newTodo);
    pubsub.publish(NEW_TODO, { newTodo });
```

여기에는 새로운 Todo가 추가될 때 알려주는 publish 함수가 있다. newTodo 객체가 publish 호출에 포함되며 나중에 구독자subscriber에게 제공된다는 것을 기억한다.

```
    return todos[todos.length - 1];
    },
  },
  Subscription: {
    newTodo: {
      subscribe: (parent, args: null, { pubsub }:
        GqlContext) =>
        pubsub.asyncIterator(NEW_TODO),
```

다음으로 새로 추가된 Todo를 구독한다. 이 newTodo 구독은 함수가 아니라는 점에 유의한다. newTodo는 subscribe라는 멤버를 가진 객체다.

```
    },
  },
};

export default resolvers;
```

나머지 부분은 이전과 동일하다.

7. 이 코드를 확인해보자. 먼저 **tsc**로 코드를 컴파일하고 서버를 시작한 후 플레이그 라운드를 새로고침한다. 그리고 플레이그라운드에서 새 탭을 연 다음 이 구독을 입력하고 **Subscription** 버튼을 클릭한다.

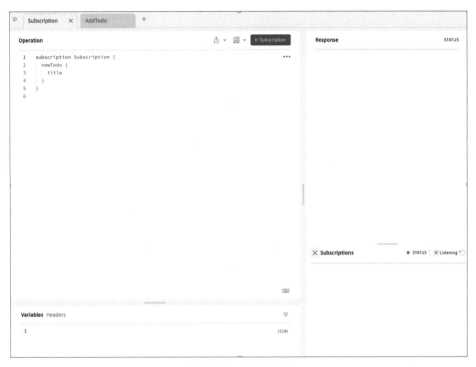

그림 9.6 newTodo 구독

Subscription 버튼을 클릭하면 아무런 일도 일어나지 않는다. 새로운 Todo가 아직 추가되지 않았기 때문이다. **addTodo** 탭으로 다시 돌아가서 새로운 Todo를 추가해보자. 그렇게 하고 난 다음 **Subscription** 탭으로 돌아오면 다음과 같은 내용을 확인할 수 있다.

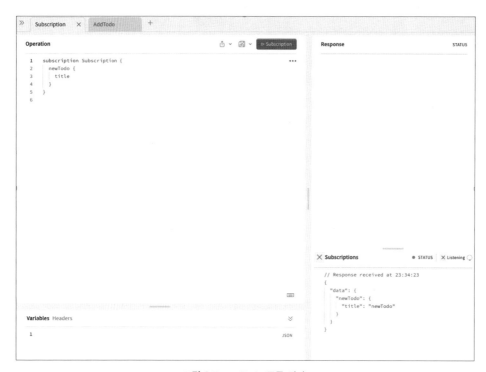

그림 9.7 newTodo 구독 결과

볼 수 있는 것처럼 잘 동작하고 Todo가 새로 추가됐다.

이 절에서는 GraphQL 쿼리와 뮤테이션, 구독을 살펴봤다. 애플리케이션 API를 만들 때 이러한 기능을 사용한다. GraphQL은 업계 표준이므로 모든 GraphQL 클라이언트 프레임워크는 어떤 공급자의 GraphQL 서버 프레임워크에서도 동작한다. 그리고 GraphQL API를 사용한 클라이언트에서는 서버나 공급자와 관계없이 일관성 있는 동작과 동일한 쿼리 언어를 사용할 수 있다. 이러한 부분이 GraphQL의 강점이다.

⦂ 요약

9장에서는 웹 API를 만들기 위한 기술의 하나로 많은 인기를 얻고 있고 새로운 기술인 GraphQL의 기능과 강점을 알아봤다. GraphQL은 아주 좋은 기술이며 업계 표준이기 때문에 여러 가지 서버와 프레임워크, 언어에서 언제나 일관성 있는 동작을 기대할 수 있다.

10장에서는 지금까지 배웠던 기술을 하나로 합쳐 타입스크립트와 GraphQL, 여러 헬퍼 라이브러리를 사용해 Express 서버를 만들어볼 것이다.

10

타입스크립트와 GraphQL 의존성으로 Express 프로젝트 구성하기

최신 자바스크립트 프로그래밍을 배우는 데 큰 걸림돌 중의 하나는 엄청난 양의 패키지와 의존성이 존재한다는 점이다. 프로젝트에서 적절한 패키지를 선택하기 위한 노력이 너무 많이 들어 힘들 수 있다. 10장에서는 잘 구성된 타입스크립트와 Express와 GraphQL 프로젝트를 설정하는 방법을 배운다. 그리고 어떤 의존성이 인기 있고 이러한 의존성을 사용하면 자신의 프로젝트에 어떻게 도움이 되는지 살펴본다.

10장에서는 다음 주제를 다룬다.

- 타입스크립트 기반 Express 프로젝트 만들기

- 프로젝트에 GraphQL과 의존성 추가하기

- 보조 패키지 살펴보기

기술적 요구 사항

노드와 Express, GraphQL을 사용한 웹 개발의 기본적인 이해가 있어야 한다. 노드와 VS Code를 사용한다.

깃허브 저장소는 https://github.com/JungYeolYang/Full-Stack-React-TypeScript-and-Node-acorn이다. Chap10 폴더의 코드를 사용한다.

10장의 코드 폴더를 설정하기 위해 자신의 HandsOnTypescript 폴더에서 Chap10 폴더를 새로 만든다.

타입스크립트 기반 Express 프로젝트 만들기

이 절에서는 서버에서 사용할 프로젝트를 만든다. 모든 의존성을 직접 살펴보고 선택한 후 애플리케이션에서 각 의존성이 수행할 역할을 알아본다. 그리고 나면 서버 앱을 만드는 데 필요한 튼튼한 기초를 다지게 될 것이다.

노드 프로젝트를 만들 때 사용할 수 있는 미리 제작된 다양한 프로젝트 템플릿이 존재한다. 타입스크립트 사용자에게 잘 알려진 템플릿은 마이크로소프트사의 TypeScript-Node-Starter 프로젝트다. 여기에는 여러 가지 사용하기 좋은 의존성이 포함돼 있다. 안타깝지만 MongoDB 사용자를 위해 설계됐으며 10장에서는 Postgres를 사용한다.

또 다른 프로젝트 템플릿으로는 Express를 만든 팀에서 제작한 express-generator가 있다. 이 템플릿은 파라미터를 받아서 기본적인 프로젝트를 구성하는 CLI다. 하지만 이 템플릿 생성기는 pug나 ejs와 같은 템플릿 엔진을 사용해 서버 측 HTML을 처리하는 서버를 대상으로 설계됐다. 10장에서는 SPA 애플리케이션용 API를 만들기 때문에 필요하지 않다. 게다가 여기에는 API를 만드는 데 도움이 되는 GraphQL 패키지가 포함돼 있지 않다.

따라서 부가적인 패키지를 사용하지 않고 연습을 하기 위해 프로젝트를 직접 만들어보자. 이러한 방법을 통해 앱을 만들기 위해 필요한 모든 부분을 확인할 수 있고 각 부분에서 처리되는 내용을 이해할 수 있게 된다. 다음 단계를 따라 해보자.

1. Chap10 폴더에 node-server 폴더를 새로 만든다.

2. 터미널에서 다음 명령을 실행한다.

```
npm init
```

3. 다음으로 타입스크립트를 설치하고 초기화한다.

```
npm i typescript
tsc -init
```

4. tsconfig.json 파일을 다음과 같이 수정한다.

```json
{
  "compilerOptions": {
    "target": "es6",
    "module": "commonjs",
    "lib": ["ES6", "ES2017", "ES2018", "ES2019",
    "ES2020"],
    "sourceMap": true,
    "outDir": "./dist",
    "rootDir": "src",
    "moduleResolution": "node",
    "removeComments": true,
    "noImplicitAny": true,
    "strictNullChecks": true,
    "strictFunctionTypes": true,
    "noImplicitThis": true,
    "noUnusedLocals": true,
    "noUnusedParameters": false,
    "noImplicitReturns": true,
    "noFallthroughCasesInSwitch": true,
    "allowSyntheticDefaultImports": true,
    "esModuleInterop": true,
    "emitDecoratorMetadata": true,
    "experimentalDecorators": true
  },
  "exclude": ["node_modules"],
  "include": ["./src/**/*.tsx", "./src/**/*.ts"]
}
```

tsconfig.json 파일은 이미 2장의 '타입스크립트 살펴보기'에서 살펴봤지만 여기에서 다시 살펴보자.

- 자체 서버에서 동작하므로 ES6를 대상으로 하고 적절한 노드 버전을 사용해 V8 버전을 제어할 수 있다.

- module 시스템은 commonjs을 사용해 모듈에서 require와 import을 혼합해 사용하는 문제를 피할 수 있다.

- 최신 자바스크립트 버전을 사용하므로 lib에서는 해당 버전을 허용하도록 설정했다.

- outDir 필드는 transpiled js 파일이 저장될 폴더를 나타낸다.

- rootDir는 소스 코드가 저장되는 디렉터리를 나타낸다.

- TypeORM으로 emitDecoratorMetadata와 experimentalDecorator를 허용한다. 데이터베이스에 접근하는 저장소 계층의 의존성에서 이 설정이 사용된다.

- exclude와 include 폴더는 그 이름에서 암시하는 것처럼 타입스크립트 컴파일러에서 사용할 수 있거나 숨기려는 폴더를 나타낸다.

5. 다음으로 기본적인 의존성을 몇 가지 추가해보자.

```
npm i express
npm i @types/express jest @types/jest ts-jest nodemon
ts-node-dev @faker-js/faker -D
```

이 패키지를 살펴보자.

- Express와 해당 타입스크립트 타입을 모두 설치했다.

- 테스트를 위한 jest와 해당 타입을 모두 설치했다.

- ts-jest 패키지를 사용해 타입스크립트로 테스트를 작성할 수 있다.

- nodemon은 의존성을 모두 보여주기 위해 표기했지만 이미 8장의 'Node.js와 Express를 사용한 서버 측 개발'에서 설치했던 버전이 전역으로 동작한다.

- faker는 테스트와 모킹을 하기 위한 가짜 데이터 생성기다.

- ts-node-dev는 타입스크립트가 조금이라도 변경되면 노드 서버를 다시 시작해준다.

지금까지 기본적인 의존성을 설치했으니 모두 잘 동작하는지 확인하기 위해 Express 서버를 시작해보자.

1. 8장의 'Node.js와 Express를 사용한 서버 측 개발'에서 했던 것처럼 서버를 초기화해주는 서버 구성 스크립트를 만들어야 한다. src 폴더를 만들고 그 폴더 안에 index.ts라는 또 다른 파일을 만든다. 그런 뒤 다음 코드를 추가한다.

```
import express from "express";
import { createServer } from "http";

const app = express();

const server = createServer(app);

server.listen({ port: 8000 }, () => {
  console.log("Our server is running!");
});
```

기본적으로 이 코드는 이전에 진행했던 내용과 같다. 즉, express 인스턴스를 만들고 서버를 만드는 데 사용한다.

2. 다음으로 package.json 안에 "start" 스크립트를 만든다. 해당 파일을 열고 "scripts" 섹션을 찾는다. 그리고 기존 "test" 항목 아래 다음 코드를 추가한다.

```
"scripts": {
    "test": "echo \"Error: no test specified\" && exit 1",
    "start": "ts-node-dev --respawn src/index.ts"
  },
```

이 명령은 ts-node-dev를 사용해 타입스크립트의 변경이 발생했는지 감시하고 "respawn"한다. 즉, 필요에 따라 자동으로 노드를 다시 시작하게 된다.

3. 이제 다음 명령을 입력하면 서버가 동작한다.

```
npm start
```

서버가 실행되면 다음과 같은 내용을 확인할 수 있다.

```
kakao_ent@lloydlee node-server % npm start
> server@1.0.0 start /Users/kakao_ent/IdeaProjects/sub-project/books/Full-Stack-React-TypeScript-and-Node/Chap10/node-server
> ts-node-dev --respawn src/index.ts

[INFO] 16:56:32 ts-node-dev ver. 2.0.0 (using ts-node ver. 10.9.1, typescript ver. 3.9.10)
Our server is running!
```

그림 10.1 첫 번째 서버 실행 결과

서버가 명령에 따라 실행되고 로그 메시지가 콘솔에 출력됐다.

4. 해당 로그 메시지를 변경해 index.ts 파일을 수정해보면 다음 스크린샷에서 보이
는 것처럼 서버가 자동으로 다시 시작되는 것을 확인할 수 있다.

```
kakao_ent@lloydlee node-server % npm start
> server@1.0.0 start /Users/kakao_ent/IdeaProjects/sub-project/books/Full-Stack-React-TypeScript-and-Node/Chap10/node-server
> ts-node-dev --respawn src/index.ts

[INFO] 16:56:32 ts-node-dev ver. 2.0.0 (using ts-node ver. 10.9.1, typescript ver. 3.9.10)
Our server is running!
[INFO] 16:57:30 Restarting: /Users/kakao_ent/IdeaProjects/sub-project/books/Full-Stack-React-TypeScript-and-Node/Chap10/node-server/src/index.ts has be
en modified
Our server is running great!
```

그림 10.2 서버 재시작

서버가 다시 시작되고 새로운 Our server is running great! 메시지가 표시됐다.

이 절에서는 서버에서 필요한 주요 의존성을 살펴봤다. 이러한 패키지는 모두 Graph
QL API를 만들기 위한 다른 패키지와 함께 사용된다. 다음 절에서는 GraphQL 의존성
을 추가한다.

⁝⁝ 프로젝트에 GraphQL과 의존성 추가하기

GraphQL은 이미 9장의 'GraphQL'에서 살펴봤다. 10장에서는 다음 패키지를 살펴보
고 사용하게 될 연관된 새로운 패키지를 소개한다.

앱에서 사용하게 될 몇 가지 GraphQL 관련 패키지는 다음과 같다.

- graphql

  이 패키지는 GraphQL에 대한 자바스크립트용 참조 구현체다. GraphQL 재단에서 만들었으며 GraphQL 쿼리 테스트를 처리하는 데 사용한다.

- graphql-middleware

  이 패키지를 사용해 코드를 리졸버 동작의 앞이나 뒤에 주입할 수 있다. 가능한 작업에는 인증 확인과 로깅이 포함되며 이것만 가능한 것은 아니다.

- graphql-tools

  이 패키지에서는 GraphQL 쿼리를 테스트하고 모킹할 수 있는 헬퍼를 제공한다.

- apollo-server-express

  Express GraphQL 서버를 만드는 데 사용할 주요 라이브러리이며 9장의 'GraphQL'에서 이미 사용했었다.

여기까지가 GraphQL 구현을 위해 사용할 주요 패키지다. 다음으로 GraphQL 서버를 만들고 이 서버에 대한 몇 가지 테스트를 만든다. 11장 이후에서는 10장에서 사용한 다양한 패키지를 하나의 프로젝트로 통합하게 된다. 다음 과정을 살펴보자.

1. Chap10 폴더에 gql-server라는 또 다른 폴더를 만든다. 그리고 터미널에서 해당 폴더로 이동한 후 다음 명령을 실행한다.

   ```
   npm init
   ```

2. 모두 디폴트로 선택한다. 그리고 다음 명령을 실행한다.

   ```
   npm i express graphql @graphql-tools/schema @graphql-tools/mock
   graphql-middleware apollo-server-express uuid
   ```

3. 모두 완료되고 나면 다음 명령을 실행한다.

   ```
   npm i @types/express typescript @types/jest @faker-js/faker jest
   nodemon ts-jest ts-node-dev @types/uuid -D
   ```

4. 다음 명령을 사용해 타입스크립트를 초기화한다.

```
tsc -init
```

5. 이 명령이 완료되면 node-server 프로젝트의 tsconfig.json 파일 내용을 새로운 gql-server 프로젝트 폴더의 tsconfig.json 파일에 복사한다.

6. 이제 다음과 같이 package.json 파일에서 scripts 섹션의 start 항목을 추가한다.

```
"scripts": {
  "test": "echo \"Error: no test specified\" && exit 1",
  "start": "ts-node-dev --respawn src/server.ts"
},
```

그림 10.3 start 스크립트

7. 다음으로 gql-server 폴더에서 src 폴더를 새로 만들어보자. 그리고 Chap9/graphql-schema 프로젝트에서 db.ts, GqlContext.ts, resolvers.ts, server.ts, typeDefs.ts 파일을 모두 복사해 이 src 폴더에 붙여넣는다. 추가로 예제 실행을 위해 다음의 명령으로 패키지를 설치한다.

```
npm i graphql-subscriptions graphql-ws ws
npm i -D @types/ws
```

8. 다음 명령을 사용해 앱이 실행되는지 확인한다.

```
npm start
```

이제 다음과 같이 미들웨어를 추가하고 어떻게 동작하는지 확인해보자.

1. src 폴더에서 Logger.ts 파일을 새로 만들고 다음 코드를 추가한다.

```
export const log = async (
  resolver: any,
  parent: any,
  args: any,
  context: any,
  info: any
) => {
```

```
  if (!parent) {
    console.log("Start logging");
  }

  const result = await resolver(parent, args, context, info);

  console.log("Finished call to resolver");

  return result;
};
```

이 코드에서는 모든 리졸버 호출을 가로채 해당 resolver 함수가 동작하기 전에 로깅한다. parent 객체가 null인지 확인해 resolver 호출이 아직 실행되지 않았다는 것을 알 수 있다. getTodos 리졸버에 로깅을 추가해보자. resolvers.ts 파일을 열고 getTodos 함수 본문의 시작과 return 구문 사이에 다음 행을 추가한다.

```
console.log("running getTodos");
```

2. 이제 server.ts 파일을 수정해 이 로거를 사용하도록 한다. server.ts를 다음과 같이 수정한다.

```
import express from "express";
import { ApolloServer } from "apollo-server-express";
import { ApolloServerPluginDrainHttpServer } from "apollo-server-core";
import { makeExecutableSchema } from "@graphql-tools/schema";
import http from "http";
import { PubSub } from "graphql-subscriptions";
import { WebSocketServer } from "ws";
import { useServer } from "graphql-ws/lib/use/ws";
import typeDefs from "./typeDefs";
import resolvers from "./resolvers";
import { applyMiddleware } from "graphql-middleware";
import { log } from "./Logger";
```

여기에서는 applyMiddleware 함수와 앞에서 만든 log 미들웨어를 불러왔다. applyMiddleware 함수는 graphql-middleware 패키지에서 제공되며 Apollo 서버와 Express 인스턴스를 연결만 해주는 Apollo applyMiddleware 함수와는 다르다.

```
const app = express();
const httpServer = http.createServer(app);
const pubsub = new PubSub();

const schema = makeExecutableSchema({
  typeDefs,
  resolvers,
});

const schemaWithMiddleware = applyMiddleware(schema, log);

const wsServer = new WebSocketServer({
  server: httpServer,
  path: "/graphql-ws",
});

const serverCleanup = useServer(
  {
    schema: schemaWithMiddleware,
    context: () => {
      return { pubsub };
    },
  },
  wsServer
);

const apolloServer = new ApolloServer({
  schema: schemaWithMiddleware,
  context: ({ req, res }: any) => {
    return { req, res, pubsub };
  },
  csrfPrevention: true,
  cache: "bounded",
  plugins: [
    ApolloServerPluginDrainHttpServer({ httpServer }),
    {
      async serverWillStart() {
        return {
          async drainServer() {
            await serverCleanup.dispose();
          },
        };
      },
    },
```

```
        ],
    });
```

이 코드에서는 makeExecutableSchema에서 만든 스키마를 applyMiddleware 함수에서 사용해 미들웨어 관련 스키마를 만든다. 그리고 이 schemaWithMiddleware 스키마를 Apollo 서버에 적용한다. 이 코드의 나머지 부분은 변경 사항이 없으므로 여기에서 언급하지 않았다.

3. 서버가 아직 시작되지 않았다면 서버를 시작하고 브라우저에서 GraphQL 서버 URL을 연다. getTodos 호출을 실행하면 다음과 같이 todos 데이터가 들어오는 것을 볼 수 있다.

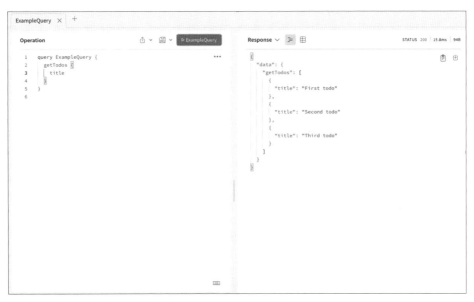

그림 10.4 getTodos 호출 결과

VS Code 터미널에서 설정해둔 console.log 메시지를 확인할 수 있다.

```
kakao_ent@lloydlee gql-server % npm start

> gql-server@1.0.0 start /Users/kakao_ent/IdeaProjects/sub-project/books/Full-Stack-React-TypeScript-and-Node/Chap10/gql-server
> ts-node-dev --respawn src/server.ts

[INFO] 18:06:46 ts-node-dev ver. 2.0.0 (using ts-node ver. 10.9.1, typescript ver. 3.9.10)
GraphQL server ready.
Start logging
running getTodos
```

그림 10.5 getTodos 호출 결과

이 미들웨어가 실행되면 로그를 남긴다. 그리고 실제 리졸버가 실행되면 데이터가 반환된다.

자, 지금까지 호출을 가로채 자신의 코드를 GraphQL 처리 과정에 주입할 수 있도록 해주는 GraphQL 미들웨어를 살펴봤다. 이제 GraphQL을 사용해 몇 가지 테스트를 만들어보자.

1. 테스트 용도로 GraphQL 쿼리 실행기를 만든다. testGraphQLQuery.ts 파일을 새로 만들고 다음 코드를 추가한다.

```
import { graphql, GraphQLSchema } from "graphql";
```

수동으로 쿼리를 만들고 스키마 파일을 입력할 수 있는 graphql과 GraphQLSchema를 불러온다.

2. 다음과 같이 파라미터의 사용 여부를 나타내는 GraphQL 타입인 Maybe를 불러온다.

```
import { Maybe } from "graphql/jsutils/Maybe";
```

3. Options 인터페이스를 만든다. 이 인터페이스는 나중에 쿼리를 실행하기 위한 testGraphQLQuery 함수의 파라미터 타입의 역할을 한다.

```
interface Options {
  schema: GraphQLSchema;
  source: string;
  variableValues?: Maybe<{ [key: string]: any }>;
}
```

[key: string]은 객체 속성 이름을 나타낸다. 예를 들면 myObj["some name"]과 같다. testGraphQLQuery 함수는 필수 파라미터를 사용해 호출하고 관련 데이터를 반환한다.

```
export const testGraphQLQuery = async ({
  schema,
  source,
  variableValues,
}: Options) => {
  return graphql({
    schema,
    source,
    variableValues,
  });
};
```

4. 다음으로 테스트를 작성한다. getUser.test.ts 파일을 만들고 다음 코드를 추가
한다.

```
import typeDefs from "./typeDefs";
import resolvers from "./resolvers";
import { makeExecutableSchema } from "@graphql-tools/schema";
import { addMocksToSchema } from "@graphql-tools/mock";
import { faker } from "@faker-js/faker";
import { testGraphQLQuery } from "./testGraphQLQuery";
```

다른 import는 따로 설명이 필요 없지만 faker는 테스트 객체의 필드에 대한 가짜
항목을 만드는 데 사용하기 위해 불러온다.

5. describe를 사용해 테스트를 설정한 다음 원하는 필드를 사용해 getUser용 쿼리를
만든다.

```
describe("Testing getting a user", () => {
  const GetUser = `
      query GetUser($id: ID!) {
          getUser(id: $id) {
              id
              username
              email
          }
      }
    `;
```

6. 다음으로 먼저 테스트에서 typeDefs와 resolvers를 합쳐주는 함수를 통해 스키마를 만든 후 모킹한 User 객체의 가짜 데이터 필드를 설정한다.

```
it("gets the desired user", async () => {
  const schema = makeExecutableSchema({ typeDefs, resolvers });
  const userId = faker.random.alphaNumeric(20);
  const username = faker.internet.userName();
  const email = faker.internet.email();
  const mocks = {
    User: () => ({
      id: userId,
      username,
      email,
    }),
  };
```

6장, 'create-react-app을 사용한 프로젝트 설정과 Jest 활용 테스트'에서 살펴본 것처럼 모킹을 사용하면 다른 항목에 대한 영향을 우려하지 않고 테스트하려는 단위 코드에만 집중할 수 있다.

7. addMocksToSchema를 사용해 모킹한 User 객체를 스키마에 추가해 관련된 쿼리가 만들어지면 반환되도록 한다.

```
console.log("id", userId);
console.log("username", username);
console.log("email", email);

const schemaWithMocks = addMocksToSchema({ schema, mocks });
```

8. 끝으로 testGraphQLQuery 함수를 통해 모킹된 데이터를 받는다.

```
const queryResponse = await testGraphQLQuery({
    schema: schemaWithMocks,
    source: GetUser,
    variableValues: { id: faker.random.alphaNumeric(20) },
  });
  const result = queryResponse.data ? queryResponse.data.getUser :
null;
  console.log("result", result);
  expect(result).toEqual({
```

```
      id: userId,
      username,
      email,
    });
  });
});
```

반환된 객체가 동일한 필드를 가지고 있다면 이는 해당 호출에서 User 객체를 받아오기 위해 모든 코드 경로를 통과한 것이므로 getUser 쿼리의 로직이 동작한다는 것을 말한다.

9. 테스트를 실행하기 전에 package.json 파일에 jest용 설정을 추가한다. 설정의 마지막에 다음 내용을 추가한다.

```
"jest": {
  "transform": {
    ".(ts|tsx)": "<rootDir>/node_modules/ts-jest/preprocessor.js"
  },
  "testRegex": "(/__tests__/.*|\\.(test|spec))\\.(ts|tsx|js)$",
  "moduleFileExtensions": [
    "ts",
    "tsx",
    "js"
  ]
}
```

이 설정에서 testRegex는 spec이나 test가 이름에 포함된 파일은 모두 테스트하고, transform은 모든 타입스크립트 파일을 실행하기 전에 먼저 자바스크립트로 트랜스파일하도록 한다.

10. `gql-server` 경로에서 터미널을 통해 jest 명령을 실행하면 다음과 같은 결과를 확인할 수 있다.

```
davidchoi@Davids-MacBook-Pro gql-server % jest
ts-jest[main] (WARN) Replace any occurrences of "ts-jest/dist/preprocessor.js" or
 "<rootDir>/node_modules/ts-jest/preprocessor.js" in the 'transform' section of
your Jest config with just "ts-jest".
 PASS  src/getUser.test.ts
  Testing getting a user
    ✓ gets the desired user (26 ms)

  console.log
    id oz3zqctmuf57ohres88m

      at src/getUser.test.ts:31:13

  console.log
    username Adonis34

      at src/getUser.test.ts:32:13

  console.log
    email Gavin_Crist@yahoo.com

      at src/getUser.test.ts:33:13

  console.log
    result [Object: null prototype] {
      id: 'oz3zqctmuf57ohres88m',
      username: 'Adonis34',
      email: 'Gavin_Crist@yahoo.com'
    }

      at src/getUser.test.ts:43:13

Test Suites: 1 passed, 1 total
Tests:       1 passed, 1 total
Snapshots:   0 total
Time:        4.293 s
Ran all test suites.
```

그림 10.6 GraphQL 쿼리 테스트 결과

볼 수 있는 것처럼 테스트가 통과된다. 모킹한 User의 필드가 동일하다는 것을 보여주기 위해 몇 가지 log 구문을 추가했다. 이러한 부분이 테스트를 이해하기 어렵게 만들 수 있기 때문에 직접 작성할 때는 제외해도 무방하다.

자신의 package.json 파일의 scripts에서 "test" 항목을 "test" : "jest"로 변경할 수 있다. 이러한 방식으로 다른 NPM 스크립트와 일관성을 유지한다. 그리고 다른 NPM 스크립트처럼 npm run test 명령을 사용해 실행할 수 있다.

이 절에서는 GraphQL에서 사용할 수 있는 몇 가지 NPM 패키지를 살펴봤다. 이러한 패키지는 더욱 신뢰할 수 있는 서버를 만들고 테스트할 수 있게 도움을 준다. 다음 절에서는 서버를 만드는 데 도움이 되는 다른 몇 가지 패키지를 더 살펴본다.

보조 패키지 살펴보기

10장에서는 프로젝트에서 사용하면 좋은 몇 가지 보조적인 의존성을 살펴본다. 서버의 중심에는 노드와 Express, GraphQL이 존재한다. 하지만 이 서버가 완벽하게 모든 기능을 수행하도록 만드는 데 필요한 여러 가지 기능도 존재한다.

다음은 애플리케이션 전반에서 사용하게 될 몇 가지 패키지다. 이러한 패키지를 통해 코드 작성을 줄이고 핵심적인 비즈니스 로직을 작성하는 데 집중할 수 있다.

- bcryptjs

  모든 서버는 보안을 위해 데이터 암호화가 어느 정도 필요하게 된다. 확실한 예로는 사용자의 비밀번호를 들 수 있다. Bcrypt는 업계 표준 암호화 알고리듬으로 C++와 자바 같은 다양한 플랫폼에서 사용할 수 있다. bcryptjs는 이 알고리듬의 자바스크립트 구현체이며 예제 애플리케이션을 암호화하는 데 사용할 수 있다.

- cors

  웹은 보안 위협과 서버를 망가뜨리려는 해커들로 가득 차 있다. 이 때문에 모든 웹 서버의 일반적인 동작은 동일한 도메인에서 들어오는 클라이언트 요청만 허용한다. 마이크로서비스와 프록시 같은 복잡한 서버 구성에서는 동일한 도메인만 허용하는 것이 불가능하다. 그래서 다른 도메인에서 들어오는 요청도 허용하는

CORS^Cross-Origin Resource Sharing가 만들어졌다. cors 패키지는 서버에서 CORS를 처리해주는 도구다.

- date-fns

  자바스크립트 Date 객체는 직접 다루기 까다롭기로 악명높다. date-fns에서는 날짜와 시간을 파싱하고 형식을 지정하고 출력하는 데 사용할 수 있는 다양한 메서드를 제공한다.

- dotenv

  대부분의 대규모 애플리케이션에서는 보안에 민감한 데이터와 설정을 보호하고 관리하기 위해 설정 정보를 중앙에서 저장해야 한다. dotenv를 사용하면 민감한 정보 설정을 최종 사용자에게 보여주지 않고 유지 관리할 수 있다.

- nodemailer

  nodemailer를 사용해 노드 서버에서 이메일을 보낼 수 있다. 예를 들어 사용자의 비밀번호를 초기화하거나 웹사이트에서 활동한 내역을 알려주기 위해 메일을 보낼 수 있다.

- request

  이 패키지를 사용해 노드 서버에서 HTTP 요청을 만들 수 있다. 예를 들어 타사나 내부의 다른 API에서 데이터를 가져와야 할 경우에 이 패키지를 사용할 수 있다.

- querystring

  querystring을 사용하면 쉽게 객체에서 URL 쿼리 문자열 파라미터를 생성하고, POST 요청 본문을 필드로 파싱할 수 있다. 이 패키지는 request 패키지와 함께 사용할 수 있다.

- randomstring

  무작위의 임시 비밀번호를 만드는 데 사용할 수 있다.

더 다양한 패키지가 존재하며 애플리케이션을 만들 때 사용할 수 있다. 예를 들어 어떤 패키지는 Postgres 데이터베이스나 Redis에 접속할 수 있도록 해준다. 이러한 패키지는 책에서 관련된 부분이 나오면 해당 패키지의 동작을 더 명확하게 이해할 수 있기 때문에 그 시점에 언급하겠다.

이 절에서는 프로젝트에서 사용할 수 있는 여러 가지 다양한 패키지를 살펴봤다. 이러한 도구가 애플리케이션에서 주요 관심사는 아니지만 그럼에도 정말 중요하다. 이러한 의존성을 직접 만들려면 보안이나 시간 관리와 같은 다양한 분야의 전문가가 돼야 한다. 하지만 이러한 분야는 추구하는 목표가 아니기 때문에 엄청난 낭비가 될 것이다.

⸙ 요약

10장에서는 애플리케이션 개발에 사용할 수 있는 부가적인 NPM 패키지 의존성을 살펴봤다. 이러한 도구는 커뮤니티에서 많이 사용하므로 테스트가 잘 돼 있고 신뢰할 수 있다. 노드 생태계의 패키지를 사용하는 것은 노드에서 제공되는 가장 가치 있는 혜택 가운데 하나다. 이러한 패키지를 사용하면 부가적인 코드를 직접 작성하고 테스트하고 유지 관리하는 일을 덜 수 있다.

11장에서는 어떤 애플리케이션을 만들지 자세히 살펴본다. 애플리케이션을 구성하는 다양한 컴포넌트를 살펴보고 애플리케이션의 리액트 코드를 작성한다.

11

온라인 포럼 애플리케이션

얼마나 많은 책을 봤는지와는 상관없이 개발자는 특정 기술 스택을 사용한 애플리케이션을 실제로 만들어보지 않고는 해당 기술 스택을 사용한 프로그래밍 방법을 배울 수 없다. 11장에서는 만들고자 하는 애플리케이션을 살펴본다. 앞서 살펴봤던 여러 가지 주제를 어떻게 적용하는지 알아본다. 애플리케이션의 기능과 해당 기능이 포함되는 이유를 살펴본다. 나(데이비드 최)는 최근에 개발한 DzHaven과 같은 포럼 형태의 애플케이션을 만들어본 많은 경험을 가지고 있다. 따라서 이 책을 학습하는 독자라면 실제로 현실 세계에서 사용되는 애플리케이션에 사용하는 상용 환경에 가까운 코드를 배우게 될 것이다.

11장에서는 다음 주제를 다룬다 .

- 포럼 애플리케이션 분석

- 포럼 인증 분석

- 스레드 관리 분석

- 스레드 포인트 시스템 분석

⠶ 포럼 애플리케이션 분석

말했다시피 포럼 애플리케이션을 만든다. 스택오버플로^{StackOverflow}나 Bitcointalk.org와 같은 다른 포럼 애플리케이션의 형태와 어느 정도 유사하다. 사용자가 주제를 게시하거나 애플리케이션의 커뮤니티에 있는 다른 사용자에게 질문하고 답변을 받을 수 있다.

단일 포럼 애플리케이션을 만드는 이유는 무엇인가?

단순하고 간단한 여러 애플리케이션을 만들어 자바스크립트 개발 방법을 설명할 수 있다. 하지만 단순한 앱으로 풀스택 프로그래밍을 설명하는 방법의 문제점은 최신 자바스크립트 애플리케이션의 모든 기능을 보여줄 수 없다는 것이다. 다시 말해, 인증이나 데이터베이스 접근과 같은 특정 기능 구현 방식에 대한 지식에 빈틈이 생길 수 있다.

그래픽이 많이 사용되는 사진이나 비디오 애플리케이션을 만들 수도 있다. 하지만 이러한 앱의 문제는 그래픽 디자인과 미학적인 부분에 중점을 두게 된다는 점이다. 그리고 사진이나 비디오를 편집하는 작업도 좋지만 그러한 기술이 일반적인 풀스택 프로그래밍이 되지는 않는다. 이와 같은 앱에는 문제가 없지만 이 책의 주요한 목적은 그래픽 전문가가 되는 방법이 아니고, 명확하게 풀스택 애플리케이션을 코딩하는 방법을 배우는 것이다.

포럼 애플리케이션은 대규모 풀스택 애플리케이션에서 필요한 수많은 프레임워크를 적절한 깊이로 이해할 수 있게 해줄 것이다. 그리고 공개적으로 접속할 수 있는 웹사이트를 통해 수많은 사용자에게 제공되는 앱에서 구현해야 하는 기능도 배울 수 있다. 높은 수준에서는 다음과 같은 기술적인 기능을 구한다.

- 보안
  포괄적으로 말하면 웹 보안은 두 가지 중요한 부분을 포함한다. 인증은 서버에서 사용자가 자신이 누구인지 확인하는 기능이고 권한 부여는 사용자가 애플리케이션 기능에 접근을 제어하는 기능이다.

- 세션과 쿠키

  서버 측 세션을 통해 사용자가 웹사이트에서 현재 활동하는 내용에 대한 데이터를 유지할 수 있다. 세션과 쿠키를 사용해 사용자를 확인하고 사용자가 웹사이트를 사용하는 동안 편리한 경험을 제공해줄 수 있다.

- ORM

  객체 관계 매퍼ORM, Object Relational Mapper는 SQL이 아닌 코드(이 책에서는 타입스크립트)를 사용해 데이터베이스와 상호작용할 수 있게 해주는 기술이다.

- 데이터베이스 접근과 저장소 계층

  데이터베이스 접근은 복잡하기 때문에 데이터베이스 접근과 나머지 애플리케이션 코드를 분리할 수 있는 리포지터리Repository 패턴을 사용한다.

근래 애플리케이션은 기본적으로 모바일에서 사용할 수 있다. 사용자는 모바일 폰에서 접근해 애플리케이션 커뮤니티에 참여할 수 있는지 확인한다. 따라서 애플리케이션에 반응형 메서드를 사용해 앱이 데스크탑과 모바일 기기에서 모두 동작할 수 있도록 한다. 반응형 웹 디자인은 애플리케이션 화면이 기기의 화면 크기와 치수에 맞게 적절히 변경되는 것을 의미한다. 이러한 부분을 처리하기 위해 최신 CSS와 자바스크립트 기술을 사용한다.

이 절에서는 만들게 될 애플리케이션의 유형과 그러한 유형을 선택한 이유를 살펴봤다. 다음 절에서는 포럼 인증과 관련된 몇 가지 기능을 살펴본다.

포럼 인증 분석

모든 대규모의 다중 사용자 애플리케이션에서는 사용자를 인식하고 인증하는 시스템을 사용해야 한다. 포럼 애플리케이션에서도 다르지 않다.

사용자는 포럼 주제를 게시할 수 있고 포럼 질문에 답변할 수 있다. 따라서 사용자는 자신의 고유한 활동을 다른 사용자의 활동과 구별할 수 있어야 한다. 즉 로그인 시스템을 만들어 사용자가 자신의 고유한 계정을 사용해 웹사이트에서 활동하고 인증하도록 해야 한다. 따라서 다음 기능을 만든다.

- 로그인/로그아웃

  이 기능에는 사용자가 로그인과 로그아웃할 수 있는 GraphQL 리졸버뿐만 아니라 ID와 비밀번호를 입력할 수 있는 화면이 포함된다. 그리고 다양한 기술을 사용해 해당 시간에 사용자의 활동에 대한 고유한 세션 상태를 제공한다.

- 등록 시스템

  등록 시스템에서는 화면과 리졸버를 모두 포함하며 사용자가 사이트에서 자신의 고유한 활동을 구별할 수 있는 고유한 계정을 만들 수 있다.

- 비밀번호 초기화

  사용자가 필요할 경우에 안전한 방법으로 자신의 비밀번호를 변경할 수 있다.

- 프로필 화면

  사용자의 계정 정보를 보여주는 화면이다. 사용자 계정 정보에는 이메일과 사용자 ID가 포함된다. 그리고 사용자가 게시한 주제와 답변을 모두 포함해 이전 게시물을 모두 볼 수 있는 기능을 제공한다.

- 카테고리

  카테고리에 따라 그룹을 짓는 기능은 사용자가 관심이 있는 카테고리의 게시물만 볼 수 있게 만들어 불만이 생기지 않게 한다.

- 이메일 알림

  사용자에게 연락해 웹사이트에 새로 반영된 내용이나 뉴스 등을 이메일을 통해 알려줄 수 있는 시스템이다. 예를 들면 사용자가 등록한 이메일이 해당 사용자가 접근했고 유효한지 확인하기 위한 이메일이 될 수 있다.

이 절에서는 사용자를 인증하고 웹사이트에서 해당 사용자와 해당 사용자의 활동을 식별할 수 있게 해주는 기능을 살펴봤다. 다음 절에서는 애플리케이션에서 주요한 대화 도구인 스레드를 구현하는 방법을 살펴본다.

⁘ 스레드 관리 분석

웹사이트의 모든 게시물은 스레드의 시작이라고 생각할 수 있다. 즉 처음 게시된 스레드를 통해 주제에 대한 토론이 시작되고 답변의 이어지게 된다. 따라서 애플리케이션에서는 사용자가 첫 번째 스레드 게시물을 추가함으로써 토론이 시작될 수 있게 해야 한다. 그러면 이 게시물은 모든 사용자가 볼 수 있고 그 게시물에 답변할 수 있다. 처음 게시물을 포함한 모든 스레드 항목은 해당 게시물을 작성한 사용자에게 유일하게 식별된다. 따라서 이러한 기능을 구현하기 위해서는 다음 기능이 필요하다.

- 주제 스레드 게시/수정 기능
  이 기능은 작성자가 주제 게시물을 추가하고 수정할 수 있고, 작성자가 게시한 주제가 모두에게 보여야 한다. 그리고 사용자는 자신의 UserProfile 화면에서 자신의 게시물을 모두 확인할 수 있다.

- 주제 스레드에 답변 기능
  이 기능을 통해 주제를 시작한 사용자와 다른 사용자가 게시된 주제에 자신의 답변을 할 수 있다. 그리고 게시된 주제와 해당 주제와 관련된 모든 답변을 화면에서 볼 수 있다.

애플리케이션의 복잡도를 최소한으로 줄이기 위해 사용자는 특정 답변에 답변을 할 수 없고 메인 주제에만 답변할 수 있다. 하지만 다른 게시물을 인용해 답변하는 것은 가능하다.

이 절에서는 애플리케이션의 주요 기능에 관한 내용을 살펴봤다. 새로운 스레드를 생성하고 답변하는 기능을 더 좋게 개선하기 위해 다른 기능을 더 추가해야 하지만 이 기능은 이 애플리케이션에서 핵심 기능이다. 다음 절에서는 스레드 포인트 시스템을 살펴본다.

🎯 스레드 포인트 시스템 분석

사용자는 좋아하는 답변에 태그하고 공감을 표시할 수 있다. 인기 있는 게시물을 보여주는 것은 사용자가 원활하게 커뮤니케이션 할 수 있게 도와준다. 이 절에서는 사용자가 게시물에 공감을 표시하는 방법을 살펴본다.

이러한 기능을 사용할 수 있도록 앱에 다음 내용을 포함시킨다.

- 포인트 시스템
  포인트 시스템을 통해 사용자가 게시된 스레드와 답변에 공감/비공감을 표시할 수 있다.

- 조회 수 표시
  스레드 게시물이 사용자에게 조회된 횟수를 보여준다.

- 답변 수 표시
  게시물의 답변 수를 사용자에게 표시해 어떤 주제가 인기 있고 유행하는지 알려준다.

이 절에서는 시스템에서 사용자가 특정 게시물에 대해 자신의 기분을 표시하고 어떤 주제가 인기 있는지 볼 수 있게 해주는 기능이 어떻게 중요한지 살펴봤다. 포인트 시스템은 사용자의 참여와 활동을 향상시켜준다.

🎯 요약

11장에서는 이후에 만들게 될 애플리케이션과 해당 애플리케이션에 포함될 기능 목록, 이러한 유형의 애플리케이션을 만드는 이유를 살펴봤다. 풀스택 애플리케이션이기 때문에 만들게 될 코드는 상당히 복잡하고 도전적이다. 이 애플리케이션의 궁극적인 크기와 범위에 놀랄 수도 있다. 하지만 완료하게 되면 정교한 최신 애플리케이션을 온전히 처음부터 끝까지 만들어보게 되는 것이다.

12장에서는 애플리케이션의 리액트 클라이언트 측 코드를 작성한다. 백엔드를 만들지 않았기 때문에 완전히 마무리되지는 않는다. 하지만 클라이언트 측 코드의 대부분을 만들고 많은 화면을 보게 될 것이다.

12

온라인 포럼 애플리케이션
리액트 클라이언트 만들기

지금까지 먼 길을 왔다. 12장에서는 리액트 클라이언트를 시작으로 애플리케이션의 코드를 작성한다. 지금까지 살펴본 장에서 배운 모든 내용을 가지고 새로운 훅 API를 사용해 리액트 앱을 만든다. 그리고 모바일과 데스크탑 기기를 모두 처리할 수 있게 화면이 전환되는 모바일 클라이언트를 만들기 위해 반응형 기술을 사용한다.

∷ 기술적 요구 사항

리액트와 노드, Express, GraphQL을 사용한 웹 개발의 이해가 있어야 한다. 그리고 CSS에도 익숙해야 한다. 마찬가지로 코드를 작성하기 위해 노드와 VS Code를 사용한다.

깃허브 저장소는 https://github.com/JungYeolYang/Full-Stack-React-TypeScript-and-Node-acorn이다. Chap12 폴더의 코드를 사용한다.

12장의 코드 폴더를 설정하기 위해 자신의 HandsOnTypescript 폴더에서 Chap12 폴더를 새로 만든다.

초기 버전의 리액트 애플리케이션 만들기

이 절에서는 리액트 클라이언트를 만든다. GraphQL API와 인증 기능, 게시물 스레드 등과 같은 백엔드 기능이 필요하기 때문에 아직은 완전한 클라이언트를 완성할 수 없다. 하지만 주요 화면을 만들고 리덕스와 리액트 라우터를 설정한다.

이 절에는 아주 많은 양의 코드가 있다. 휴식을 자주 갖고 자신의 속도대로 진행하길 바란다. 코드를 만드는 동안 자주 반복해서 리팩토링하고 개선하게 될 것이다. 때로는 코드를 재사용한다. 가끔은 코드 재사용으로 디자인과 코드의 가독성이 좋아지기도 한다. 진행하다 막히는 경우는 깃허브 소스 코드를 참조하기를 바란다. 이 절은 지금까지 책 내용 중에서 가장 도전적인 부분이다.

NOTE

중복되는 코드를 모두 본문에 보여주지는 않는다. 따라서 소스 코드를 다운로드하고 편집기에서 확인하면서 따라 하기 바란다.

이 절에서는 다음 주제를 다룬다.

- 리액트 프로젝트 설정과 의존성 구성

- 스타일 지정과 배치

- 핵심 컴포넌트와 기능 만들기

TIP

처음부터 모든 내용을 컴파일하고 실행하는 것은 실제로 배우는 데 어떤 도움도 되지 않는다. 처음 배울 때는 단순히 컴파일하고 실행하는 데 초점을 두지 말고, 직접 실험하고 수정해보기를 바란다. 다시 말해 코드가 컴파일이 되지 않으면 코드 컴파일을 중단하고 수정한다. 이것이 자신이 진행하고 있는 내용을 이해하게 되는 유일한 방법이다.

create-react-app을 사용해 기본 프로젝트를 만들어보자. 그리고 리덕스와 리액트 라우터를 추가한다.

1. 터미널에서 Chap12 폴더로 이동한 후 다음 명령을 실행한다.

```
npx create-react-app super-forum-client --template typescript
```

2. 새로 만든 super-forum-client 폴더로 이동한 후 동작을 확인하기 위해 start 명령을 실행한다.

```
npm start
```

3. 리덕스와 리액트 라우터를 설치한다.

```
npm i redux react-redux @types/redux @types/react-redux
react-router-dom@^5.3.3 @types/react-router-dom
```

> **NOTE**
>
> 앱이 적절하게 시작되지 않고 NPM 패키지에 문제가 있다면 package-lock.json 파일과 node_modules 폴더를 삭제해본다. 그리고 npm install 명령으로 클린 설치를 수행한다.

자, 이제 핵심 패키지를 설치했다. 코드를 작성하기 전에 애플리케이션을 어떻게 배치할 것인지 생각해야 한다. 이 예제의 경우는 모바일 기기와 데스크탑에서 모두 동작하도록 만든다. 이러한 방식으로 폰과 데스크탑, 랩탑에서 동작하는 단일 애플리케이션을 가질 수 있다.

이러한 목표에 도달하는 방법에는 여러 가지가 있다. UI를 만들고 배치하는 데 도움을 받을 수 있는 아이오닉Ionic과 같은 UI 프레임워크나 부트스트랩Bootstrap 등의 라이브러리를 사용할 수 있다. 이러한 프레임워크는 아주 훌륭하고 잘 동작하지만 웹에서 어떻게 레이아웃과 스타일을 지정하는지 그 동작에 관한 세부 사항은 공개되지 않는다. 그리고 프레임워크를 사용하면 사이트의 일부 내용을 제어할 수 없으므로 동일한 프레임워크를 사용하는 다른 사이트와 비슷한 모양이 될 수도 있다.

CSS Grid

애플리케이션에서는 반응형 웹 디자인을 사용한다. 반응형 웹 디자인은 단순히 웹 애플리케이션이 다양한 기기와 화면 크기에 따라 변환되도록 하는 방법이다. 웹 기술을 사용한다면 반응형 웹 디자인을 처리할 수 있는 다양한 방식이 존재한다. 그중 하나가 CSS Grid다. 이 시스템을 사용하면 애플리케이션 화면을 구조화해 데스크탑 공간을 최적화할 수 있다. 그리고 동시에 모바일 기기에서도 자동으로 재구성할 수 있다. 이와 같은 이유로 레이아웃을 만들기 위해 CSS Grid와 그 밖에 여러 웹 기술을 사용한다.

CSS Grid에서는 부트스트랩과 같은 프로그램으로 할 수 있는 대부분의 기능을 제공한다. 하지만 CSS Grid는 타사 라이브러리가 아닌 CSS 웹 표준의 일부다. 따라서 자신의 레이아웃이 웹에서 항상 동작하며, 어느 날 갑자기 전혀 지원되지 않는 경우는 없다.

그렇다면 CSS Grid는 무엇인가? CSS Grid는 표준 CSS에 내장된 레이아웃 메서드로 rows와 columns를 사용해 유연한 레이아웃을 만들 수 있게 해준다. 레이아웃을 구성하기 위해 table을 사용하던 방식을 대체하기 위해 만들어졌다. CSS Grid는 아주 기능이 많으며 여러 가지 방법으로 동일한 작업을 처리할 수 있다. 간단하게 설명하기 위해 이 같은 내용을 처리할 수 있는 한 가지 방법을 살펴본다. 나중에 이러한 기능이 유용하다고 생각되면 더 많은 옵션을 찾아볼 수 있다. CSS Grid를 사용해보자.

1. 먼저 프로젝트로 돌아가서 App.tsx 파일을 열고 App 객체의 내용을 제거하고 다음과 같이 수정한다.

```
import React from 'react';
import './App.css';

function App() {
  return (
    <div className="App">
      <nav className="navigation">Nav</nav>
      <div className="sidebar">Sidebar</div>
      <div className="leftmenu">Left Menu</div>
      <main className="content">Main</main>
      <div className="rightmenu">Right Menu</div>
    </div>
```

```
  );
}
export default App;
```

보다시피 대부분의 내용을 제거하고 레이아웃 플레이스 홀더로 바꿨다. 물론 나중에는 이러한 요소를 컴포넌트로 만들겠지만, 지금은 Grid 레이아웃의 동작을 확인하는 데 초점을 둔다.

2. 다음으로 App.css 파일을 내용을 다음과 같이 변경한다.

```
:root {
  --min-screen-height: 1000px;
}
```

먼저 :root 의사 클래스^{pseudo class}는 앱 테마에 사용되는 여러 CSS 변수의 컨테이너로 사용된다. 보다 더 일관성 있고 쉽게 스타일과 테마를 지정하기 위해 값을 하드코딩하지 않고 변수를 사용한다. 앱을 만들면서 이 파일에 더 많은 변수를 계속 추가한다.

```
.App {
  margin: 0 auto;
```

다음으로 여백 설정은 레이아웃을 중앙에 배치한다.

```
  max-width: 1200px;
  display: grid;
  grid-template-columns: 0.7fr 0.9fr 1.5fr 0.9fr;
  grid-template-rows: 2.75rem 3fr;
  grid-template-areas:
    "nav nav nav nav"
    "sidebar leftmenu content rightmenu";
  gap: 0.75rem 0.4rem;
}
```

다음은 Grid 관련 속성에 대한 설명이다.

- display: 요소를 grid 타입으로 정의한다.

- grid-template-columns: 컬럼의 상대적인 폭을 앱에게 알려준다. 이 예제의 설정에서는 컬럼이 네 개로 구성된다. fr 값은 컬럼으로 사용할 수 있는 폭의 비중을 알려준다. 예를 들어 이 예제에는 네 개의 컬럼이 있으며 만약 모든 컬럼의 폭이 정확히 동일하다면 각 컬럼의 값은 1fr이 된다. 하지만 각 컬럼의 폭이 동일한 수치가 아니고 작거나 큰 폭의 서로 다른 여러 가지 값을 사용하고 있다. 가능한 값은 100px이나 2rem과 같이 정확히 값을 지정하거나 20%와 같은 백분율을 사용하거나 .25fr처럼 암시적인 값을 사용할 수 있다.

- grid-template-rows: 행의 크기와 개수를 알려준다. 가능한 값은 컬럼과 동일하다.

- grid-template-areas: 모든 Grid는 areas라는 이름이 붙어 있는 섹션이 있다. 이 예제에서 볼 수 있는 것처럼 단순히 Grid 형태의 각 영역에 사용할 라벨을 자신이 넣고 싶은 컬럼과 행에 추가한다. 예제의 "nav nav nav nav"는 네 개의 컬럼이 있는 두 개의 행에서 첫 번째 행을 나타낸다. 그리고 "sidebar leftmenu content rightmenu"는 두 번째 행과 해당 행의 각 컬럼을 나타낸다.

- gap: 이 속성을 사용하면 컬럼과 행 사이에 패딩을 추가할 수 있다. 첫 번째 항목은 행을 나타내고, 두 번째 항목은 컬럼을 나타낸다.

3. 지금까지 CSS Grid의 기본적인 기능을 설명했다. 이제 Grid에서 관련된 부분에 스타일을 지정하는 방법을 살펴보자. 남아 있는 스타일은 다음과 같이 Grid 콘텐츠 영역에 사용하는 스타일이다.

```css
.navigation {
  grid-area: nav;
  }
.sidebar {
  min-height: var(--min-screen-height);
  grid-area: sidebar;
  background-color: aliceblue;
}
.leftmenu {
  grid-area: leftmenu;
  background-color: skyblue;
}
```

```
  .content {
    min-height: var(--min-screen-height);
    grid-area: content;
    background-color: blanchedalmond;
  }
  .rightmenu {
    grid-area: rightmenu;
    background-color: coral;
  }
```

볼 수 있는 것처럼 모든 스타일에 grid-area 속성이 있다. 이 속성은 요소가 속한 Grid의 영역을 알려준다. nav 영역은 내비게이션에서 사용한다. sidebar는 사용자 별로 설정된 메뉴를 보여주며 데스크탑과 랩탑에서만 표시된다. 그리고 모바일 기기에서는 표시되지 않는다. leftmenu 메뉴는 스레드 카테고리 목록을 저장하기 위해 사용한다. content에서는 카테고리로 필터링된 주요 스레드 목록을 제공한다. 마지막으로 rightmenu는 인기 있는 게시물 목록을 보여주거나 그렇지 않은 경우는 관련된 스레드를 보여준다.

NOTE

> 예제에서는 각 영역을 명확하게 구별하기 위해 어색한 background-color를 임시로 설정했다. 나중에 이 배경색은 제거한다.

이제 데스크탑과 랩탑 기기에서 동작하는 앱의 기본적인 레이아웃을 만들었다. 하지만 어떻게 폰과 태블릿 같은 작은 화면에서 레이아웃이 자동으로 다시 구성되도록 만들 수 있을까? 미디어 쿼리^{Media Queries}라는 CSS 기술이 존재하며 이러한 상황에서 사용할 수 있다. 하지만 이러한 내용을 처리하기 위해서 미디어 쿼리만으로는 충분하지 않다.

상태 변경에 따라 동작하는 리액트를 사용해 동적인 앱을 만들고 있다. 즉, 특정 화면 컴포넌트가 필요하지 않거나 작은 기기에서 표시되지 않아야 하는 경우 해당 컴포넌트는 그려지지 않아야 한다. 따라서 작은 화면이 감지될 때 요소를 숨기기 위해 미디어 쿼리를 사용할 수 있으나 이는 전혀 표시되지 않거나 사용자가 사용하지 않을 내용을 리액트에서 렌더링해 자원을 비효율적으로 사용하게 만든다.

코드에서 이벤트 처리와 리액트 훅을 사용해 이러한 이슈를 처리하는 내용을 살펴보자.

1. 먼저 해야 할 작업은 요소를 리액트 컴포넌트로 변환하는 것이다. src 폴더에 components 폴더를 새로 만든다.

2. 다음으로 해당 폴더 안에 각 요소에 대한 컨테이너 컴포넌트를 만든다. 모든 요소는 App 컴포넌트의 최상위 div 안에 존재한다. src 폴더와 App.tsx 파일은 다음과 같은 모양이다.

그림 12.1 리팩토링한 App.tsx 파일

짧게 설명하기 위해 코드가 많이 반복되는 파일을 일일이 모두 살펴보진 않으며, 변경된 Main 컴포넌트는 다음과 같다. 깃허브 소스 코드에는 물론 모든 컴포넌트에 대한 완전한 코드가 포함돼 있다.

```
import React from "react";
const Main = () => {
  return <main className="content">Main</main>;
};
export default Main;
```

볼 수 있는 것처럼 App.tsx 코드를 컴포넌트의 Main.tsx 파일로 옮겼다. 나머지 Nav, SideBar, LeftMenu, RightMenu 컴포넌트도 만들어야 한다. 다음은 지금까지 만든 컴포넌트의 구조를 보여주는 리액트 개발자 도구^{React Developer Tools} 스크린샷이다. 이 개발자 도구는 6장, 'create-react-app'을 사용한 프로젝트 설정과 Jest 활용 테스트'에서 살펴봤다.

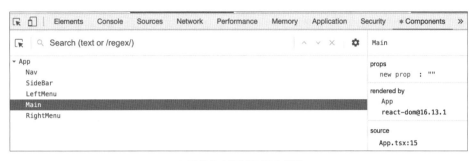

그림 12.2 컴포넌트 구조 화면

여기에는 Nav, SideBar, LeftMenu, Main, RightMenu 컴포넌트가 있다. 각 컴포넌트는 웹사이트의 최상위에 있는 앱의 영역을 나타낸다. 앱을 만들어가면서 이보다 더 많은 화면을 보게 될 것이다.

리액트 애플리케이션을 만들고 있으므로 이렇게 컴포넌트화했다. 이렇게 컴포넌트화하는 작업이 어떻게 다양한 기기의 화면에서 자동으로 재구성되는 반응형 웹앱을 만드는 데 도움이 될 수 있을까? Grid의 각 영역을 고유한 컴포넌트로 분리하면 각 컴포넌트에서 화면 크기 정보를 확인하는 리액트 훅을 사용할 수 있다. 따라서 컴포넌트가 특정 화면 크기에 해당하지 않는 경우는 렌더링하지 않으며 그렇지 않은 경우는 렌더링하게 된다.

이러한 반응형 시스템이 동작하도록 하기 위해서는 두 가지 기능이 필요하다. 첫 번째는 작은 기기가 감지될 때 미디어 쿼리를 사용해 Grid를 다르게 배치해주는 몇 가지 추가적인 CSS 스타일이 필요하다. 그리고 특정 화면 크기가 사용될 때 컴포넌트에서 인식하고 해당 컴포넌트가 렌더링되지 않거나 또는 렌더링되도록 해야 한다. 코드를 살펴보자. 먼저 모바일 기기용 미디어 쿼리를 만든다. App.css 파일을 열고 다음 미디어 쿼리를 파일의 마지막에 추가한다.

```
@media screen and (orientation: portrait) and (max-width:768px) {
  .App {
    grid-template-columns: 1fr;
    grid-template-areas:
      "nav"
      "content";
  }
}
```

여기서는 기기의 방향이 세로 모드이고 해상도가 768px 이하인 경우 원래 App 클래스 정의를 재정의한다. 크롬 개발자 도구를 사용해 이 앱을 모바일 모드의 iPhone X에서 실행해보면 다음과 같은 화면을 볼 수 있다.

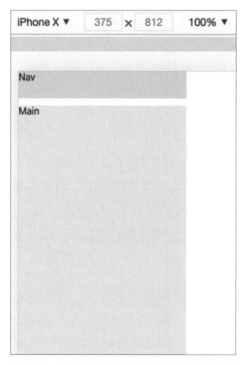

그림 12.3 크롬 개발자 도구의 모바일 모드에서 앱 화면

이 앱의 오른쪽은 흰색이며 이는 아직 원래 데스크탑 모드에 존재하는 요소를 렌더링하고 있기 때문이다. 이 부분은 잠시 뒤 수정한다. 이제 훅을 만들어보자. 이 훅에서는 기기 크기에 따라 렌더링을 처리한다.

1. src 폴더에 hooks 폴더를 만든다. 그리고 useWindowDimensions.ts 파일을 추가한다. 이 파일은 ts 확장자를 사용하므로 컴포넌트가 아니다. 이 책의 깃허브 저장소에서 소스 코드를 복사해온 후 진행한다.

   먼저 훅에서 반환된 내용을 입력할 수 있는 WindowDimension 인터페이스를 만든다. 이 예제에서는 브라우저의 창 객체 크기다.

   그리고 8번 행에서 useWindowDimensions 훅 이름을 지정한다. 그 다음 행에서 dimension이라는 상태 객체를 만들고 height가 0이고 width가 0인 값을 전달한다.

2. 다음으로 핸들러 함수 handleResize를 만든다. 이 함수에서는 상태 업데이트 메서드 setDimension을 사용해 크기 값을 설정한다. 브라우저의 window 객체에서 크기 값이 제공된다.

3. 끝으로 21번 행에서 useEffect 훅을 사용해 윈도우의 resize 이벤트를 처리한다. 빈 배열 []는 처음 로딩될 때 한 번만 실행됨을 의미한다. 그리고 이벤트 핸들러를 추가할 때 이벤트를 제거하는 함수도 반환해야 한다는 것을 기억한다. 이렇게 하면 메모리 누수와 이벤트 핸들러가 중복으로 추가되는 것을 방지할 수 있다.

4. 이제 useWindowDimensions 훅을 사용해 기기의 width가 768 이하인 경우 렌더링하지 않도록 SideBar, LeftMenu, RightMenu 컴포넌트를 수정한다. 이 width 값은 미디어 쿼리와 같다. 이 훅을 사용하는 코드는 모든 컴포넌트에서 동일하므로 여기서는 SideBar 컴포넌트만 설명한다. 다른 컴포넌트도 동일한 방법으로 직접 수정해보기를 바란다.

```
import React from "react";
import { useWindowDimensions } from "../hooks/useWindowDimensions";
const SideBar = () => {
  const { width } = useWindowDimensions();
  if (width <= 768) {
    return null;
  }
  return <div className="sidebar">Sidebar</div>;
};
export default SideBar;
```

보다시피 useWindowDimensions 혹을 사용해 width 크기를 구한다. width가 768 이하인지 확인하고 그렇다면 null을 반환하고 그렇지 않으면 JSX를 반환한다. 다른 컴포넌트도 useWindowDimensions 혹을 사용해 동일한 코드를 작성한다.

앱을 실행하면 이제 흰색 영역이 사라지고 이러한 컴포넌트는 HTML로 렌더링되지 않은 것을 확인할 수 있다. 시간을 절약하기 위해 데스크탑과 아이폰 X에서 사용할 수 있는 모바일 세로 모드만 제공한다. 가능한 모든 기기의 설정을 지원하도록 하는 것은 이 책의 범위를 벗어난다. 다음 링크는 구글에서 제공하는 다양한 기기의 화면을 지원하는 주제에 관한 내용이다.

https://developers.google.com/web/fundamentals/codelabs/your-first-multi-screen-site

계속 진행하기 전에 리덕스와 리액트 라우터와 같은 클라이언트 기반의 설정을 살펴보자.

5. index.tsx 파일을 수정해 리덕스와 리액트 라우터를 포함시킨다. 리덕스와 리액트 라우터는 7장, '리덕스와 리액트 라우터'에서 다뤘다. 마찬가지로 진행하는 데 어려움이 있다면 깃허브 저장소의 소스 코드를 활용한다.

6. 이제 src 폴더에 store 폴더를 만들고 리덕스 파일을 추가한다. AppState.ts와 configureStore.ts 파일을 만들고 소스 코드 파일에서 확인할 수 있는 코드를 입력한다. 아직 UserProfileReducer를 사용할 준비가 되지 않았기 때문에 지금은 이 내용을 생략한다. 리덕스 미들웨어는 사용하지 않으며 이 내용은 7장의 '리덕스와 리액트 라우터'에서 소개했다.

이제 계속해서 컴포넌트를 만들기 전에 앱을 더 돋보이게 할 수 있는 새로운 리액트 기능을 추가한다.

에러 경계

에러 경계^{Error Boundary}는 리액트 컴포넌트의 예외 처리와 아주 비슷하다. 대규모 앱에서는 발생할 수 있는 모든 오류를 항상 막을 수는 없다. 하지만 에러 경계를 컴포넌트에 사용해 예상치 못한 오류를 잡아내 좀 더 나은 사용자 경험을 제공할 수 있다. 오류가 발생하는 경우 조금은 불길해 보이는 기술적인 오류 메시지보다는 미리 만들어놓은 오류 화면을 출력한다. 다음을 따라 해보자.

1. 먼저 에러 경계 파일을 만든다. components 폴더 안에 ErrorBoundary.tsx 파일을 만들고 깃허브 저장소에 있는 소스 코드를 입력한다. 에러 경계에서는 getDerivedStateFromError와 componentDidCatch 라이프 사이클 이벤트 핸들러가 필요하기 때문에 오래된 클래스 스타일을 아직 사용한다. 하지만 리액트 팀에서는 결국 혹과 동일한 기능을 추가할 예정이다.

   이 파일의 첫 부분에서 CSS 스타일 파일도 매칭한다. 간단한 내용이므로 여기서는 설명하지 않겠지만 소스 코드를 찾아보길 바란다.

   먼저 에러 경계의 props로 사용할 ErrorBoundaryProps 타입을 만든다.

   다음으로 에러 경계의 로컬 상태로 사용할 또 다른 ErrorBoundaryState 타입을 만든다. ErrorBoundary 클래스 정의 시작 부분의 생성자에서 상태를 설정하기 위한 보일러 플레이트를 볼 수 있다. 바로 다음에서는 getDerivedStateFromError 함수를 사용해 hasError가 참인 경우 리액트에서 오류 UI를 보여주도록 알려준다.

   31번 행의 componentDidCatch 함수에서는 컴포넌트에서 발생하는 오류를 인지하고 hasError 상태 변수를 참으로 설정한다. 여기서 오류 로그를 기록하는 코드를 실행하고 필요에 따라 오류를 지원하는 부서에 알려줄 수도 있다.

   끝으로 hasError가 참이면 메시지를 렌더링해, 사용자에게 익숙하지 않고 혼란스럽게 만드는 기술적인 메시지를 노출하지 않도록 한다. 물론 사용자 정의 메시지를 작성하는 것도 가능하다.

2. 다음으로 컴포넌트에 오류를 발생시켜 에러 경계를 테스트해보자. Main.tsx 파일
   의 Main 함수를 다음과 같이 수정한다.

```
const Main = () => {
  const test = true;
  if (test) throw new Error("Main fail");
  else {
    return <main className="content">Main</main>;
  }
};
```

이와 같이 의도적으로 오류를 발생시켰다.

3. 이제 앱을 실행한다. 그러면 노출하고 싶지 않은 화면이 보이게 된다. 이러한 오류
   가 발생한 이유는 무엇인가? 현재는 개발 모드이며 리액트에서는 이 모드에서 모
   든 오류를 의도적으로 보여주기 때문에 이러한 오류가 발생한다. 상용 모드였다면
   `npm run build`를 실행했을 때 에러 경계 메시지를 볼 수 있다.

하지만 크롬 브라우저의 오른쪽 상단의 **x** 버튼을 클릭하게 되면 개발 모드에서도 에러
경계 화면을 볼 수 있다. **x** 버튼을 누르면 다음 화면을 볼 수 있다.

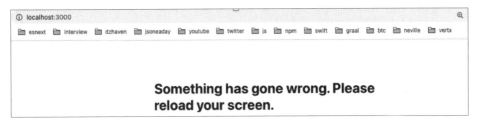

그림 12.4 에러 경계 메시지

이제 정상적으로 오류 메시지가 보이게 된다. 메시지를 자신에게 맞는 내용으로 자유롭게 변경한다. 설명하는 시간을 줄이기 위해 여기서는 이 메시지를 그대로 둔다.

데이터 서비스 계층

애플리케이션에서 GraphQL API나 Web API를 호출하거나 그렇지 않으면 네트워크 호출을 하게 된다. 하지만 이러한 백엔드 서비스는 아직 준비되지 않았다. 지금은 실제 백엔드를 흉내내기 위해 가짜 네트워크 호출이 포함된 파일을 만든다. 실제 백엔드가 만들어지면 이 기능은 제거한다.

1. 먼저 src 폴더 안에 services 폴더를 만들고 그 안에 DataService.ts 파일을 만든다. 이 코드는 조만간 제거할 것이기 때문에 여기서는 보여주지 않겠지만 소스 코드 파일에서 이 코드를 가져올 수 있다. Model 타입을 참조하는 내용이 이 서비스에 일부 포함되므로 해당 내용을 추가해야 하며 12장을 진행하면서 설명한다.

2. 다음으로 데이터를 가져오는 방법이 있으며 LeftMenu 컴포넌트에서 이 방법을 사용하도록 수정한다. 타입스크립트를 사용하고 있으므로 먼저 Category 타입을 만들어야 한다. src 안에 models 폴더를 새로 만든다. 그리고 Category.ts 파일을 만든 후 소스 코드의 코드를 추가한다.

3. LeftMenu.tsx 파일을 수정한다. 먼저 Category 모델 타입을 추가한 후, LeftMenu.css를 불러온다. 이 부분은 나중에 코드에서 사용한다.

4. 9번 행에서 categories 상태 객체를 만든다. 이 객체에는 카테고리의 목록이 포함된다. Category 데이터를 로딩하기에 앞서 기본 텍스트를 "Left Menu"로 지정한다.

5. 13번 행의 useEffect에서는 getCategories 함수를 호출하고 Categories를 가져온다. 그리고 ES6의 map 함수를 사용해 객체를 JSX로 변환한다.

6. 마지막으로 반환된 JSX에서는 Categories 상태 객체를 UI에서 사용한다. 브라우저를 다시 불러오면 가짜 DataService의 타이머 때문에 2초 지연 후 다음과 같은 카테고리 목록이 나타난다.

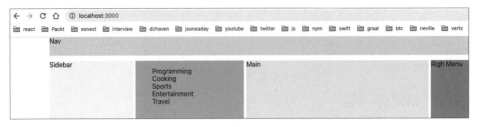

그림 12.5 카테고리 목록

다시 말하지만 DataService는 실제 서버 호출이 준비되고 나면 제거한다.

내비게이션 메뉴

지금까지 기본적인 구성과 레이아웃을 살펴봤으니 SideBar 메뉴를 만들어보자. SideBar 메뉴 항목에서 흥미로운 내용은 SideBar 메뉴 항목이 SideBar와 모바일 기기의 드롭다운 모달modal에서 모두 사용된다는 점이다. 이러한 방식을 사용하면 하나의 컴포넌트를 모든 디스플레이 타입에서 사용할 수 있으므로 코드 양을 줄일 수 있다. 다음으로 정확한 링크를 포함한 SideBar를 만들기 위해 사용자의 로그인 여부를 알아야 한다. 만약 사용자가 로그인하지 않았다면 로그인이나 등록 메뉴를 보여준다. 로그인했다면 사용자에게 로그아웃과 UserProfile 메뉴를 보여준다. UserProfile 메뉴 화면에서는 사용자의 설정과 사용자가 작성한 게시물 목록을 보여준다. 사용자의 로그인 상태가 애플리케이션 전체에서 공유되기 때문에 이 데이터를 리덕스 저장소에 저장한다.

1. UserProfile 객체 인스턴스가 존재하거나 없음을 통해 사용자가 로그인했다는 것을 알려준다. 먼저 새로운 리듀서를 현재 빈 리듀서에 추가해보자. store 폴더에 user 폴더를 새로 만든다. 그리고 Reducer.ts 파일을 만들고 필요한 소스 코드를 추가한다.

2. 다음으로 UserProfileSetType 액션 타입을 만들어 UserProfileReducer에서 다른 리듀서와 구분할 수 있도록 한다.

3. 이제 UserProfilePayload 페이로드 타입을 만든다. 이 타입은 나중에 전달되는 시점에 액션에 포함될 데이터다.

4. 다음으로 action 타입의 UserProfileAction 인터페이스를 만든다. 이 인터페이스는 UserProfiles용 액션과 다른 액션 타입을 구분하기 위해 사용한다.

5. 끝으로 UserProfileReducer라는 실제 리듀서가 있으며, 이 리듀서는 원하는 UserProfileSetType에 따라 필터링을 수행한다. 다시 말하지만 리덕스는 7장, '리덕스와 리액트 라우터'에서 살펴봤다.

6. 컴포넌트의 스타일을 더 좋게 만들어주는 아이콘을 사용해 더욱 나은 시각적 표현을 제공할 수 있다. 웹 개발에서 사용할 수 있는 아주 인기 있는 아이콘과 매력적인 스타일을 무료로 제공해주는 Font Awesome을 설치해보자. 다음 명령을 실행한다.

```
npm i @fortawesome/fontawesome-svg-core @fortawesome/
free-solid-svg-icons @fortawesome/react-fontawesome
```

7. 지금까지 아이콘을 추가했으며 src/components 폴더 안에 sidebar 폴더를 새로 만들고 기존 SideBar.tsx 파일을 새로 만든 폴더로 옮긴다. 다음으로 SideBar Menus.tsx 파일을 새로 만들고 다음 코드를 추가한다. 필요한 import를 추가했는지 확인한다.

```
const SideBarMenus = () => {
  const user = useSelector((state: AppState) => state.
    user);
  const dispatch = useDispatch();
```

useSelector와 useDispatch 훅을 사용해 리덕스의 기능에 접근한다.

```
useEffect(() => {
    dispatch({
      type: UserProfileSetType,
      payload: {
        id: 1,
        userName: "testUser",
      },
    });
  }, [dispatch]);
```

다음은 useEffect 훅을 사용해 UserProfile 객체를 호출^{call}하고 전달^{dispatch}, 수정 ^{update}한다. 지금은 하드코딩했지만 나중에 백엔드가 준비되면 GraphQL 호출을 사용한다.

```
return (
  <React.Fragment>
    <ul>
      <FontAwesomeIcon icon={faUser} />
      <span className="menu-name">{user?.userName}
      </span>
    </ul>
  </React.Fragment>
);
};
```

다음으로 UserProfile에서 사용하기 위한 FontAwesome 아이콘을 추가한 후 현재 username을 표시한다. 이 메뉴 항목은 결과적으로 사용자의 프로파일 화면에 표시되고 클릭할 수 있다.

```
export default SideBarMenus;
```

화면에서 로그인, 로그아웃, 등록 등을 만들 때 이러한 메뉴 항목을 이 JSX에 추가한다.

글머리 기호가 산만하다고 생각돼 index.css 파일에 다음 스타일을 추가해 모든 앱에서 UL의 글머리 기호를 제거한다.

```
ul {
  list-style-type: none
}
```

8. 이제 SideBar.tsx를 수정해 SideBarMenus.tsx를 사용하도록 만든다. SideBar. tsx를 다음과 같이 수정한다. 먼저 SideBarMenus와 같이 적절한 import를 추가한다.

```
const SideBar = () => {
  const { width } = useWindowDimensions();
  if (width <= 768) {
    return null;
```

```
  }
  return (
    <div className="sidebar">
      <SideBarMenus />
    </div>
  );
};
```

그리고 JSX를 수정해 SideBarMenus를 포함시킨다.

최종적으로는 사용자가 실제로 로그인한 경우에만 UserProfile 아이콘과 userName
이 표시되도록 코드를 작성한다. 그리고 아이콘을 클릭할 수 있게 만들어 해당 아
이콘을 클릭하면 사용자의 UserProfile 화면이 표시되도록 한다. 하지만 백엔드를
사용하지 않으면 이러한 동작을 처리할 수 없다. 따라서 지금은 플레이스 홀더
placeholder처럼 사용한다.

9. 계속해서 모바일 디스플레이용 SideBarMenus 컴포넌트를 재사용해보자. com
   ponents 폴더의 Nav.tsx 파일을 수정한다. 그리고 적절한 import를 추가한다.

```
const Nav = () => {
  const { width } = useWindowDimensions();
  const getMobileMenu = () => {
    if (width <= 768) {
      return (
        <FontAwesomeIcon icon={faBars} size="lg"
          className="nav-mobile-menu" />
      );
    }
    return null;
  };
};
```

여기서 다시 useWindowDimensions 훅을 사용해 모바일 기기인지 여부를 확인한다.
이번에는 getMobileMenu 함수를 만들어 반환할 JSX를 결정하는 로직을 처리한다.
만약 모바일 기기에서 실행되지 않고 있다면 여기서는 아무것도 반환하지 않는다.
그렇지 않으면 햄버거 메뉴SideBarMenus에 사용할 FontAwesome 아이콘을 반환한다.

```
  return (
    <nav className="navigation">
      {getMobileMenu()}
      <strong>SuperForum</strong>
    </nav>
  );
};
export default Nav;
```

모바일 기기에서 보이는 화면은 다음과 같다.

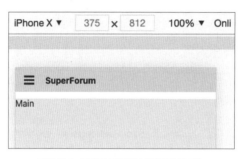

그림 12.6 모바일 기기의 내비게이션 메뉴

10. 앱을 만들 때 모달을 표시할 수 있어야 한다. 따라서 계속 진행하기 전에 react-modal을 설치한다. 이 패키지를 사용하면 컴포넌트 모달 팝업을 만들 수 있다. 그리고 모달 팝업을 표시하는 시점을 더욱 유연하게 할 수 있다. 다음과 같이 react-modal을 설치한다.

```
npm i react-modal
npm i @types/react-modal -D
```

11. 모달을 사용해 다양한 기기의 화면에 따라 반응하도록 하려면 스타일을 수정해야 한다. App.css 파일에서 modal-menu 클래스를 확인한다. 이 클래스는 모든 모달에 적용된다.

이 클래스는 모달에서 사용할 기본 스타일이며 모바일 기기가 아닌 기기에서 사용할 것이다. 여기서 알아야 할 내용은 모달의 left 부분이 화면의 50%에서 시작된다는 점이다. 그리고 transform을 사용해 모달의 절반(모달의 50%)을 끌어당긴다. 이 방법을 통해 모달이 가운데로 오게 되며 화면의 중앙에 위치하게 된다. z-index는 높게 설정해 모달이 항상 최상위에 표시되도록 한다.

모바일 기기에서 사용할 modal-menu 스타일은 App.css 파일의 기존 미디어 쿼리를 사용한다. 기본적으로 데스크탑 스타일에서 사용한 동일한 속성을 모바일 미디어 쿼리의 스타일로 재정의한다. 예제의 경우는 left, right, top을 사용해 모달을 화면 끝까지 늘렸다. 따라서 transform이 불필요하기 때문에 여기서는 transform을 0으로 설정한다.

12. 계속해서 햄버거 아이콘에 클릭 핸들러를 추가해 해당 아이콘을 클릭하면 SideBarMenus 컴포넌트가 표시되도록 한다. 따라서 Nav.tsx 파일을 다시 수정해 SideBarMenus을 표시하는 모달을 포함시킨다. Nav.tsx를 수정해보자. 먼저 적절한 import를 추가한다. 그리고 깃허브 소스 코드에서 해당 코드를 추가한다.

13. 10번 행부터 살펴보면 showMenu라는 새로운 로컬 상태가 있는 것을 확인할 수 있다. 이 상태를 사용해 모달 메뉴를 보이게 하거나 숨길지 여부를 제어한다.

14. onClickToggle 핸들러는 getMobileMenu 함수의 FontAwesomeIcon에서 모달을 보이거나 숨기는 데 사용되는 showMenu라는 로컬 상태를 제어하기 위해 사용한다.

15. ReactModal에서는 컴포넌트로 닫기 위한 요청이 들어오면 표시를 제어하는 상태를 설정해야 하며 명시적으로 false로 설정한다. 그렇지 않으면 모달이 사라지지 않는다. 이것이 onRequestClose에서 처리되는 내용이다. shouldCloseOnOverlay Click 속성을 사용해 모달의 바깥쪽 아무 곳이라도 클릭하는 경우에 모달을 닫을 수 있다. 이 부분은 일반적으로 사용자가 기대하는 동작이므로 포함시키는 것이 좋다.

16. 마지막으로 SideBarMenus 컴포넌트가 포함된 ReactModal이 추가되도록 JSX를 수정한다.

볼 수 있는 것처럼 이 모달의 이름은 ReactModal이고 이 모달의 여러 속성 가운데 isOpen이라는 prop이 있다. isOpen은 모달의 표시 여부를 결정한다.

17. 코드를 실행하고 햄버거 아이콘을 클릭하면 다음과 같은 화면을 확인할 수 있다.

그림 12.7 SideBarMenus가 포함된 ReactModel

거듭 말하지만 더 많은 기능을 추가해 메뉴를 완성한다.

인증 컴포넌트

지금까지 SideBar를 설정했으며 인증 컴포넌트를 만들어보자. 등록과 로그인, 로그아웃 화면을 만든다.

1. 등록 모달을 만든다. 그렇기 하기 위해서는 SideBarMenus 컴포넌트에 등록 모달을 위한 링크를 추가해야 한다. SideBarMenus.tsx 파일을 열고 다음과 같이 수정한다. 마찬가지로 먼저 적절한 import를 추가한다.

처음 몇 줄은 기존 코드와 동일하므로 여기서는 설명하지 않는다. 다음은 수정된 JSX다.

```
return (
  <React.Fragment>
    <ul>
      <li>
        <FontAwesomeIcon icon={faUser} />
        <span className="menu-name">{user?.userName}
        </span>
      </li>
      <li>
        <FontAwesomeIcon icon={faRegistered} />
        <span className="menu-name">register</span>
      </li>
```

```
      </ul>
    </React.Fragment>
  );
};
```

등록을 하기 위해 반환된 JSX에 li를 추가하고 새로운 아이콘과 라벨을 포함시켰다.

2. 다음으로 Registration 컴포넌트를 만들기 전에 비밀번호를 검사해주는 헬퍼 서비스를 만들어보자. 사용자가 충분히 길고 복잡한 비밀번호를 입력하도록 해야 하므로 검사해주는 서비스가 필요하다. src에 common 폴더를 새로 만들고 validators 폴더도 만든다. validators 폴더에 PasswordValidator.ts 파일을 만들고 다음 코드를 추가한다. 이 코드는 아주 간단하므로 여기서는 모두 설명하지 않고 비밀번호 강도와 정규식만 살펴본다. 정규식은 문자열에서 패턴을 찾는 프로그래밍 방식이다.

```
const strongPassword = new RegExp(
  "^(?=.*[a-z])(?=.*[A-Z])(?=.*[0-9])(?=.*[!@#$%^&*])(?=.{8,})"
);
if (!strongPassword.test(password)) {
  passwordTestResult.message =
    "Password must contain at least 1 special character,
1 cap letter, and 1 number";
  passwordTestResult.isValid = false;
}
```

여기서는 정규식을 통해 비밀번호에 문자와 숫자, 기호를 모두 포함하는지 확인해 복잡도가 적당한지 확인한다. 괄호는 관련된 표현식의 집합을 나타낸다. 첫 번째는 소문자와 대문자, 다음은 숫자, 그다음은 기호 그리고 마지막은 길이를 확인한다.

```
  return passwordTestResult;
};
```

이 코드가 아주 복잡하지는 않지만 등록 화면 등 여러 컴포넌트에서 사용하므로 서버에서 별도의 파일로 만드는 편이 코드 재사용 측면에서 낫다.

SPA 웹 개발에서 확인(validation)은 일반적으로 두 번 처리한다. 클라이언트에서 확인한 후 서버에서 다시 확인한다. 이렇게 두 번 처리하는 것이 중복처럼 보일 수 있지만 보안을 위해서 필요하다. 서버 코드를 만드는 시점에 여러 프로젝트에서 이와 같은 의존성을 공유하는 방법을 살펴본다.

3. 다중 인증에 관한 컴포넌트를 만들고 있으므로 components 폴더에 auth 폴더를 만든 후 인증 관련 파일을 그곳에 둔다. auth 폴더를 만들었으면 해당 폴더에 Registration.tsx 파일을 만든다. 그리고 이 파일에 다음 코드를 추가한다. 깃허브 소스 코드를 보면 필요한 import를 확인할 수 있다. App.css 파일도 적절히 수정했는지 확인한다. 최종적으로는 이 코드의 일부를 공유할 위치로 옮기겠지만 지금은 Registration 컴포넌트에서 이 코드를 직접 사용한다.

```
const userReducer = (state: any, action: any) => {
  switch (action.type) {
    case "userName":
      return { ...state, userName: action.payload };
    case "password":
      return { ...state, password: action.payload };
    case "passwordConfirm":
      return { ...state, passwordConfirm: action.payload };
    case "email":
      return { ...state, email: action.payload };
    case "resultMsg":
      return { ...state, resultMsg: action.payload };
    default:
      return { ...state, resultMsg: "A failure has occurred." };
  }
};
```

여기서는 여러 가지 관련 필드를 포함하는 리듀서를 만든다.

```
export interface RegistrationProps {
  isOpen: boolean;
  onClickToggle: (
    e: React.MouseEvent<Element, MouseEvent> | React.
      KeyboardEvent<Element>
  ) => void;
}
```

이 컴포넌트는 모달이므로 상위 컴포넌트에서 전달되는 props에 따라 이 컴포넌트가 표시되는 방식을 제어할 수 있다. isOpen prop을 통해 모달이 표시되는 방식을 제어하고 onClickToggle 함수에서는 모달을 표시하고 숨기는 동작을 제어한다.

```
const Registration: FC<RegistrationProps> = ({ isOpen,
  onClickToggle }) => {
  const [isRegisterDisabled, setRegisterDisabled] = useState(true);
  const [
    { userName, password, email, passwordConfirm, resultMsg },
    dispatch,
  ] = useReducer(userReducer, {
    userName: "davec",
    password: "",
    email: "admin@dzhaven.com",
    passwordConfirm: "",
    resultMsg: "",
  });
```

여기에는 전달된 값이 정확하지 않은 경우 **등록** 버튼을 비활성화하는 isRegisterDisabled와 로컬 리듀서 userReducer가 있다.

```
const allowRegister = (msg: string, setDisabled:
  boolean) => {
  setRegisterDisabled(setDisabled);
  dispatch({ payload: msg, type: "resultMsg" });
};
```

allowRegister는 헬퍼 함수이며 **등록** 버튼을 비활성화하고 필요에 따라 메시지를 표시하는 데 사용한다.

4. 다음은 userName과 같은 여러 필드에서 사용할 여러 가지 onChange 이벤트 핸들러가 있다. 각 이벤트 핸들러에서는 필요에 따라 검사를 수행하고 입력한 텍스트를 업데이트한다.

```
const onChangeUserName = (e: React.
  ChangeEvent<HTMLInputElement>) => {
  dispatch({
    payload: e.target.value, type: "userName"
  });
```

```
    if (!e.target.value) allowRegister("Username cannot be empty",
true);
    else allowRegister("", false);
};
```

onChangeUserName 함수에서는 userName을 설정하고 등록을 계속 진행할지 여부를
검사한다.

```
const onChangeEmail = (e: React.
  ChangeEvent<HTMLInputElement>) => {
  dispatch({ payload: e.target.value, type: "email" });
  if (!e.target.value) allowRegister("Email cannot be empty", true);
  else allowRegister("", false);
};
```

onChangeEmail 함수에서는 email을 설정하고 등록을 계속 진행할지 여부를 검사
한다.

```
const onChangePassword = (e: React.
  ChangeEvent<HTMLInputElement>) => {
  dispatch({ payload: e.target.value, type: "password" });
  const passwordCheck: PasswordTestResult =
    isPasswordValid(e.target.value);
  if (!passwordCheck.isValid) {
    allowRegister(passwordCheck.message, true);
    return;
  }
  passwordsSame(passwordConfirm, e.target.value);
};
```

onChangePassword 함수에서는 비밀번호를 설정하고 등록을 계속 진행할지 여부를
검사한다.

```
const onChangePasswordConfirm = (e: React.
  ChangeEvent<HTMLInputElement>) => {
  dispatch({
    payload: e.target.value, type:
      "passwordConfirm"
  });
  passwordsSame(password, e.target.value);
};
```

onChangedPasswordConfirm 함수에서는 passwordConfirm을 설정하고 등록을 계속할지 여부를 검사한다.

```
const passwordsSame = (passwordVal: string,
  passwordConfirmVal: string) => {
  if (passwordVal !== passwordConfirmVal) {
    allowRegister("Passwords do not match", true);
    return false;
  } else {
    allowRegister("", false);
    return true;
  }
};
```

끝으로 등록 컴포넌트이므로 passwordsSame을 사용해 비밀번호 필드와 비밀번호 확인 필드가 동일한지 여부를 확인한다.

5. 다음으로 onClickRegister와 onClickCancel이 있다. onClickRegister 버튼 클릭 핸들러에서는 등록하려는 내용을 전송한다. 현재는 백엔드가 준비되지 않았기 때문에 실제로는 전송되지 않지만 나중에 서버가 준비되면 채워 넣는다. 그리고 onClickCancel 핸들러에서는 Registration 컴포넌트를 종료한다.

```
const onClickRegister = (
  e: React.MouseEvent<HTMLButtonElement, MouseEvent>
) => {
  e.preventDefault();
  onClickToggle(e);
};
const onClickCancel = (
  e: React.MouseEvent<HTMLButtonElement, MouseEvent>
) => {
  onClickToggle(e);
};
```

e.preventDefault 함수에서는 표준 동작을 막는다. 이 표준 동작은 컨텍스트에 따라 다양하다. 폼^{form}의 경우 onClickRegister 핸들러는 폼 태그의 버튼과 관련이 있으며 기본 동작은 전송하고 페이지의 새로고침을 발생시키는 것이다. 페이지 새로고침은 SPA에서 필요한 동작이 아니므로 preventDefault를 사용해 이 동작을 제한한다.

6. 지금까지 여러 이벤트 핸들러 설정했으며 이러한 핸들러에 연결된 JSX를 반환해 보자. 먼저 ReactModal 래퍼 컴포넌트부터 시작한다.

```
return (
  <ReactModal
    className="modal-menu"
    isOpen={isOpen}
    onRequestClose={onClickToggle}
    shouldCloseOnOverlayClick={true}
  >
    <form>
      <div className="reg-inputs">
        <div>
          <label>username</label>
          <input type="text" value={userName}
            onChange={onChangeUserName} />
        </div>
```

모달은 다시 내부적으로 isOpen과 onClickToggle props를 통해 상위 컴포넌트에서 제어된다.

```
        <div>
          <label>email</label>
          <input type="text" value={email}
            onChange={onChangeEmail} />
        </div>
```

여기에는 이메일 필드가 있다.

```
        <div>
          <label>password</label>
          <input
            type="password"
            placeholder="Password"
            value={password}
            onChange={onChangePassword}
          />
        </div>
```

여기에는 비밀번호 필드가 있다.

```
    <div>
      <label>password confirmation</label>
      <input
        type="password"
        placeholder="Password Confirmation"
        value={passwordConfirm}
        onChange={onChangePasswordConfirm}
      />
    </div>
  </div>
```

비밀번호 확인 필드다.

```
    <div className="reg-buttons">
      <div className="reg-btn-left">
        <button
          style={{ marginLeft: ".5em" }}
          className="action-btn"
          disabled={isRegisterDisabled}
          onClick={onClickRegister}
        >
          Register
        </button>
```

등록을 위한 버튼이 있다.

```
      <button
        style={{ marginLeft: ".5em" }}
        className="cancel-btn"
        onClick={onClickCancel}
      >
        Close
      </button>
```

취소 버튼이다.

```
          </div>
          <span className="reg-btn-right">
            <strong>{resultMsg}</strong>
          </span>
        </div>
      </form>
    </ReactModal>
  );
};
```

끝으로 메시지가 있으며 resultMsg 리듀서 필드를 사용한다. 여기서는 잘못된 동작이 발생한 경우 오류를 보여준다.

7. 이제 데스크탑 모드에서 앱을 실행하면 다음과 같은 내용을 확인할 수 있다.

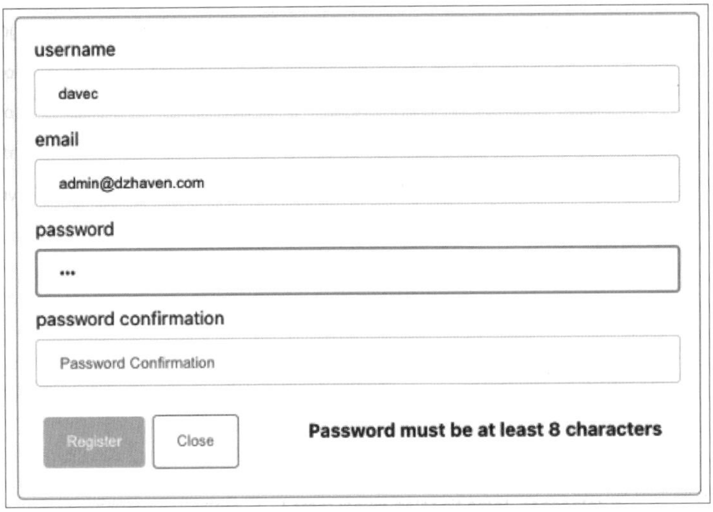

그림 12.8 데스크탑용 등록 모달 화면

크롬 디버거를 실행하고 모바일 모드로 변경한 후, 햄버거 아이콘을 클릭하고 등록 라벨을 클릭하게 되면 다음과 같은 스크린샷을 확인할 수 있다.

그림 12.9 모바일용 등록 모달 화면

볼 수 있는 것처럼 CSS 반응형 기능을 사용해 하나의 컴포넌트로 두 개의 화면을 효율적으로 만들 수 있었다.

8. 이제 로그인 모달을 살펴보자. 기존 Registration 컴포넌트를 살펴보면 Login 컴포넌트에서도 사용할 수 있는 코드가 일부분 포함됐음을 알 수 있다. 실제로 해당 코드를 재사용할 수 있게 리팩토링한다. 예컨대 Registration과 Login, Logout 컴포넌트에서는 모두 ReactModal을 사용하므로 모달의 화면을 제어하기 위한 props를 전달받는다. 기존 코드를 재사용하기 위해서 해야 할 내용을 알아보자. 먼저 Registration.tsx에서 RegistrationProps 인터페이스를 추출한 다음, 별도의 파일로 만든다. components 폴더에 types 폴더를 만든다. 다음으로 ModalProps.ts 파일을 만든 후 RegistrationProps 인터페이스를 추가한다. 그리고 이름을 Modal Props로 변경한다.

이름이 바뀐 부분을 제외하면 RegistrationProps와 동일하다. 다음으로 Registration.tsx 파일을 열고 RegistrationProps를 삭제한 후 ModalProps를 불러온다. 그리고 RegistrationProps를 ModalProps로 바꾼다. 모두 잘 동작하는지 확인한다.

9. ModalProps를 리팩토링해 여러 컴포넌트에서 재사용할 수 있게 했다. Login에서 UserReducer의 필드의 일부를 사용하므로 UserReducer를 분리해보자. 기존 auth 폴더 안에 common 폴더를 만든 후 UserReducer.ts 파일을 만든다. 그리고 이 파일에 다음 코드를 추가한다.

```
const userReducer = (state: any, action: any) => {
  switch (action.type) {
    case "userName":
      return { ...state, userName: action.payload };
    case "password":
      return { ...state, password: action.payload };
    case "passwordConfirm":
      return {
        ...state, passwordConfirm: action.payload
      };
    case "email":
      return { ...state, email: action.payload };
    case "resultMsg":
      return { ...state, resultMsg: action.payload };
    case "isSubmitDisabled":
      return {
        ...state, isSubmitDisabled: action.payload
      };
    default:
      return {
        ...state, resultMsg: "A failure has occurred."
      };
  }
};
export default userReducer;
```

isSubmitDisabled라는 새로운 필드를 추가했다. 이 필드는 기존 isRegisterDisabled 필드를 대체해 모든 인증 화면에서 버튼이 비활성화되도록 한다.

이제 Registration.tsx 파일에서 userReducer를 제거한 후 새로 만든 UserReducer.ts 파일에서 이 리듀서를 불러온다. 그리고 isRegisterDisabled를 isSubmitDisabled로 바꾸고 destructured 객체에 isSubmitDisabled를 포함시킨다. 그리고 useReducer 혹 호출에 대한 상태 초기화 기능도 추가한다.

10. 다음으로 리팩토링을 추가로 하나 더 해보자. Registration의 allowRegister 함수에서는 버튼을 비활성화하고 상태 메시지를 업데이트한다. 이 기능도 재사용 가능하다. common 폴더에서 Helpers.ts 파일을 새로 만들고 다음 코드를 추가한다.

```
import { Dispatch } from "react";
export const allowSubmit = (
  dispatch: Dispatch<any>,
  msg: string,
  setDisabled: boolean
) => {
  dispatch({
    type: "isSubmitDisabled", payload:
      setDisabled
  });
  dispatch({ payload: msg, type: "resultMsg" });
};
```

보다시피 allowSubmit으로 함수 이름을 변경하고 파라미터로 dispatch를 받는다. 그리고 Registration의 allowRegister를 제거한 후 새로 만든 allowSubmit 함수를 불러오고 allowRegister 호출을 allowSubmit 호출로 수정한다. 깃허브 소스 코드와 자신의 Registration.tsx의 코드를 비교 확인한다.

Login에도 이와 유사한 호출이 있지만 두 개의 onClick 호출은 그대로 둔다. 이유는 나중에 백엔드가 준비되면 이러한 호출에서 사용할 컴포넌트에 해당되는 작업을 처리해야 할 수 있기 때문이다.

이제 이 코드를 실행할 수 있다.

11. 이제 추출한 코드를 Login 컴포넌트에 사용한다. auth 폴더에서 Login.tsx 파일을 새로 만들고 깃허브 소스 코드에서 관련 코드를 추가한다. 여기서는 다음 몇 가지 항목만 강조한다.

```
const [
  { userName, password, resultMsg, isSubmitDisabled },
  dispatch,
] = useReducer(userReducer, {
  userName: "",
  password: "",
  resultMsg: "",
  isSubmitDisabled: true,
});
```

Login 컴포넌트는 Registration 컴포넌트보다 다양한 요구 사항이 포함되기 때문에 객체 구조 분해 할당을 사용해 userReducer 필드의 부분 집합을 사용한다.

JSX에서는 일부 CSS 클래스를 수정해 버튼이 잘 정렬되도록 했다. 이러한 새로운 클래스는 App.css 파일에 포함된다.

12. 끝으로 로그인에 사용할 링크를 추가한다. SideBarMenu.tsx 파일을 깃허브 소스 코드에서 확인할 수 있는 내용으로 수정한다.

Logout은 거의 비슷하기 때문에 이 컴포넌트를 추가했으나 여기서는 다루지 않는다. 나중에 백엔드가 준비되면 사용자 로그인 상태에 따라 보이는 메뉴 링크를 제어하기 위한 코드를 추가한다. 그리고 추가적인 확인^{validation}도 추가한다. 하지만 그 전에 해야 할 작업이 많으니 계속해서 진행해보자.

라우팅과 화면

계속해서 애플리케이션에서 필요한 경로를 만들어보자. 지금까지는 앱에서 단 하나의 URL만 사용했다. 최상위 URL은 http://localhost:3000이다. 이제 애플리케이션을 나누어 애플리케이션의 특정 부분별 경로를 만들어보자. 기존 코드를 수정해 첫 번째 최상위 리액트 경로를 만든다. 다음과 같이 시작한다.

1. 먼저 Grid 영역 관련 컴포넌트를 별도의 폴더로 옮긴다. 우선 components 폴더 안에 areas 폴더를 만든다. 그리고 Nav.tsx, Nav.css, RightMenu.tsx, Main.tsx,

LeftMenu.tsx, LeftMenu.css 파일과 sidebar 폴더를 새로 만든 areas 폴더로 모두 옮긴다. App.tsx 파일을 포함해 자신의 파일 경로로 import를 수정해야 한다. 수정하는 방법을 확인하려면 깃허브 소스 코드를 살펴본다.

2. 여기까지 완료했다면 areas 폴더 안에 main 폴더를 새로 만들고 Main.tsx 파일을 옮긴다. 그리고 경로를 업데이트한다. 메인 영역과 관련이 있는 컴포넌트를 모두 이 폴더에 추가할 것이다.

3. 이 폴더에 새로 만들게 될 첫 번째 컴포넌트는 MainHeader 컴포넌트다. 이름에서 암시하는 것처럼 메인 영역의 헤더로 사용한다. 여기서는 어떤 카테고리의 스레드 항목을 보고 있는지 표시한다. main 폴더에 MainHeader.tsx 파일을 만들고 깃허브 소스 코드에서 해당 코드를 추가한다.

이 컨트롤의 유일한 목적은 현재 카테고리 이름을 표시하는 것이다.

다시 말하지만 MainHeader.css와 App.css 파일에 새로운 CSS 클래스가 일부 포함돼 있음을 기억한다.

홈 화면

계속 진행하기 전에 새로운 경로에서 사용할 몇 가지 기본적인 설정을 해보자. 여기서는 새로운 Home 화면 컴포넌트를 만들고 App.tsx와 같은 연관된 파일을 모두 수정한다.

1. 처음 App.tsx 파일을 만들었을 때 애플리케이션에 화면이 단 하나만 있는 것처럼 만들었다. 하지만 이 내용은 실제로는 다르다. 지금까지 레이아웃을 만들었으니 이제 개별 화면과 경로를 추가해보자. App.tsx 파일을 열고 다음과 같이 수정한다.

여기서는 메인 페이지 경로를 나타내는 Home이라는 import를 새로 추가했다. 이 경로는 나중에 만든다.

```
import Home from "./components/routes/Home";
function App() {
  const renderHome = (props: any) => <Home {...props} />;
```

여기서는 경로의 render 속성에 전달할 함수를 정의한다. 이 함수에서는 모든 경로의 props뿐만 아니라 전달하려는 모든 사용자 정의 props를 Home 컴포넌트의 초기화에 포함시킨다.

```
    return (
      <Switch>
        <Route exact={true} path="/" render={renderHome} />
        <Route
          path="/categorythreads/:categoryId"
          render={renderHome}
        />
      </Switch>
    );
  }
```

이전에 Grid 영역을 표시한 코드가 이제는 Home 컴포넌트에 있게 된다. 이 컴포넌트는 잠시 후 만들 것이다.

7장, '리덕스와 리액트 라우터'에서 살펴본 것처럼 Switch 컴포넌트를 사용하면 리액트 라우터가 제공된 URL에 따라 경로 화면의 렌더링을 변경할 수 있다. 지금은 동일한 Home 화면을 가리키는 두 개의 경로를 사용하며 나중에 경로를 더 추가한다. 최상위 경로에서는 기본 카테고리의 스레드를 보여주며 categorythreads 경로에서는 특정 카테고리의 스레드를 보여준다.

2. 새로운 Home 컴포넌트를 만들기 전에 CSS를 약간 리팩토링해 더욱 쉽게 재사용할 수 있게 한다. 먼저 App.css 파일의 App 클래스 앞에 다음 클래스를 추가한다.

```
.screen-root-container {
  margin: 0 auto;
  max-width: 1200px;
  margin-bottom: 2em;
  border: var(--border);
  border-radius: 0.3em;
}
```

이 클래스는 이제 앱의 경로 화면을 나타내는 모든 컴포넌트의 최상위 클래스가 된다.

3. 다음으로 components/routes 폴더에 Home.css 파일을 만든다. 이제 App.css 에서 다음 CSS 스타일을 모두 잘라낸다.

```css
.App { // 이 클래스는 나중에 home-container로 이름을 바꾼다.
  margin: 0 auto;
  max-width: 1200px;
  display: grid;
  grid-template-columns: 0.7fr 0.9fr 1.5fr 0.9fr;
  grid-template-rows: 2.75rem 3fr;
  grid-template-areas:
    "nav nav nav nav"
    "sidebar leftmenu content rightmenu";
  gap: 0.75rem 0.4rem;
}
```

다음 몇 가지 CSS 클래스는 Grid 영역이다.

```css
.navigation {
    grid-area: nav;
}
.sidebar {
  min-height: var(--min-screen-height);
  grid-area: sidebar;
  background-color: aliceblue;
}
.leftmenu {
  grid-area: leftmenu;
  background-color: skyblue;
}
.content {
  min-height: var(--min-screen-height);
  grid-area: content;
  background-color: blanchedalmond;
  padding: 0.5em 0.75em 0.5em 0.75em;
}
.rightmenu {
  grid-area: rightmenu;
  background-color: coral;
}
```

이제 이 코드를 새로 만든 Home.css 파일로 복사한다. 복사를 완료했으면 App 클래스의 이름을 home-container로 바꾼다. 이름을 변경함으로써 이 클래스의 목적이 더 명확해졌다. 다음으로 새로운 Home 화면 컴포넌트를 만들고 이 CSS 클래스를 어떻게 사용하는지 살펴보자.

4. components 폴더에 routes 폴더를 만들고 Home.tsx 파일을 새로 추가한다. 코드는 짧고 간단하므로 깃허브 소스 코드에서 해당 내용을 복사한다. 대부분의 코드는 이전 버전의 App.tsx에서 가져온 코드다.

최상위 CSS App 클래스를 `screen-root-container home-container`로 변경했다. 하나의 클래스 속성에 두 개의 클래스를 사용하면 첫 번째 클래스 스타일이 먼저 적용된 후 다음 스타일이 적용된다. 즉, 이전에 설정된 모든 내용이 재정의된다. 그리고 이제 여러 다른 화면에서도 `screen-root-container`를 사용할 수 있다.

원래 App.tsx에 있던 코드를 Home.tsx 파일로 옮겼다. 그리고 `div` 태그 안에 `Nav` 컴포넌트를 두었다. 이렇게 하면 Nav 컴포넌트를 나중에 다른 화면에서 재사용할 수 있다. 이제 `className="navigation"` 속성을 Nav.tsx 컴포넌트 파일에서 제거한다.

5. 지금까지 Home 화면을 수정했으니 `Main` 컴포넌트를 수정해 전달된 카테고리의 스레드를 나열하도록 한다. 그렇게 하려면 실제로 꽤 많이 수정해야 한다. 먼저 두 개의 새로운 모달 `Thread`와 `ThreadItem`을 만든다. `Thread`는 최초 게시물이고 `ThreadItem`은 답변이다. 이 두 모달부터 시작해보자.

먼저 깃허브 소스 코드에서 볼 수 있는 것처럼 `models` 폴더에 `Thread.ts`를 만든다.

여기는 내용이 아주 명확하므로 설명할 내용이 많지 않다. points는 전체 공감 수를 나타낸다.

그리고 ThreadItem.ts를 살펴보자. 파일을 만들고 이 파일에 깃허브 소스 코드의 내용을 추가한다. 내용은 Thread와 거의 비슷하다.

6. 다음으로 스레드 카드 컴포넌트를 만든다. 이 컴포넌트는 단일 스레드 레코드를 나타내고 제목과 본문, 포인트와 같은 내용을 보여준다. ThreadCard.tsx 파일을 components/areas/main 폴더 안에 만든다. 그리고 다음 코드를 파일에 추가한다.

```
import React, { FC } from "react";
import "./ThreadCard.css";
import Thread from "../../../models/Thread";
import { Link, useHistory } from "react-router-dom";
import { faEye, faHeart, faReplyAll } from "@fortawesome/
free-solid-svg-icons";
import { FontAwesomeIcon } from "@fortawesome/reactfontawesome";
import { useWindowDimensions } from "../../../hooks/
useWindowDimensions";
```

리액트 라우터의 Link 객체와 useHistory 훅을 포함한 여러 import가 있다.

```
interface ThreadCardProps {
  thread: Thread;
}
```

Thread 객체를 파라미터로 받고 있다. ThreadCard UI를 렌더링할 때 이 객체와 이 객체의 멤버를 사용한다.

```
const ThreadCard: FC<ThreadCardProps> = ({ thread }) => {
  const history = useHistory();
  const { width } = useWindowDimensions();

  const onClickShowThread = (e: React.
    MouseEvent<HTMLDivElement>) => {
    history.push("/thread/" + thread.id);
  };
```

여기서는 리액트 라우터의 useHistory 훅을 통해 history 객체를 얻어온다. 누군가가 스레드를 클릭할 때 history 객체를 사용해 새로운 URL을 history 객체의 최상위에 밀어넣음으로써 앱을 이 새로운 URL로 리다이렉션한다. 이 스레드 경로와 컴포넌트는 나중에 만든다.

```
const getPoints = (thread: Thread) => {
  if (width <= 768) {
    return (
      <label
        style={{
          marginRight: ".75em",
          marginTop: ".25em",
```

```
        }}
      >
        {thread.points || 0}
        <FontAwesomeIcon
          icon={faHeart}
          className="points-icon"
          style={{
            marginLeft: ".2em",
          }}
        />
      </label>
    );
  }
  return null;
};
```

getPoints 함수에서는 게시물에 '공감'을 표시하기 위한 UI를 생성한다. 하지만 UI 가 반응형이기 때문에 화면의 width 속성을 확인하는 시점에 데스크탑 모드에서는 보이지 않게 된다.

```
const getResponses = (thread: Thread) => {
  if (width <= 768) {
    return (
      <label
        style={{
          marginRight: ".5em",
        }}
      >
        {thread && thread.threadItems && thread.
          threadItems.length}
```

이 함수에서는 thread.threadItems.length 속성에서 알 수 있는 답변 수를 보여준다.

```
      <FontAwesomeIcon
        icon={faReplyAll}
        className="points-icon"
        style={{
          marginLeft: ".25em",
          marginTop: "-.25em",
        }}
      />
```

```
        </label>
    );
  }
  return null;
};
```

getResponses 함수에서는 해당 스레드에 얼마나 많은 ThreadItems 답변이 있었는지 보여준다. 하지만 UI가 반응형이므로 화면의 width 속성을 확인하는 시점에 데스크탑 모드에서는 보이지 않게 된다.

```
const getPointsNonMobile = () => {
  if (width > 768) {
    return (
      <div className="threadcard-points">
        <div className="threadcard-points-item">
          {thread.points || 0}
          <br />
          <FontAwesomeIcon icon={faHeart}
            className="points-icon" />
        </div>
        <div
          className="threadcard-points-item"
          style={{ marginBottom: ".75em" }}
        >
          {thread && thread.threadItems && thread.
            threadItems.length}
```

이 함수에서는 thread.threadItems.length 속성에서 알 수 있는 호감 수를 얻어온다.

```
          <br />
          <FontAwesomeIcon icon={faReplyAll}
            className="points-icon" />
        </div>
      </div>
    );
  }
  return null;
};
```

getPointsNonMobile 함수에서는 ThreadCard의 오른쪽에 있는 포인트 열을 반환한다. 하지만 기기의 화면 폭이 768픽셀보다 큰 데스크탑이거나 랩탑인 경우에만 렌더링한다.

동일한 화면에 여러 번 사용할 수 있는 리액트 컴포넌트는 모두 고유한 key 값을 가져야 한다는 것을 기억한다. 나중에 이 컴포넌트를 사용하는 시점에 각 인스턴스가 고유한 key 값이 지정된 것을 확인할 수 있다. 다음 JSX에서는 Link처럼 Category 이름을 반환해 이 이름이 클릭되는 시점에 사용자에게 해당 Category의 스레드를 보여주는 화면을 전달한다.

```
return (
  <section className="panel threadcard-container">
    <div className="threadcard-txt-container">
      <div className="content-header">
        <Link
          to={`/categorythreads/${thread.category.id}`}
          className="link-txt"
        >
          <strong>{thread.category.name}</strong>
        </Link>
```

Link는 리액트 라우터 컴포넌트이며 URL 앵커(HTTP링크)를 렌더링한다. category threads는 앞서 만들었던 두 번째 경로이며 파라미터로 categoryId를 사용한다.

```
        <span className="username-header" style={{
          marginLeft: ".5em"
        }}>
          {thread.userName}
        </span>
      </div>
      <div className="question">
        <div
          onClick={onClickShowThread}
          data-thread-id={thread.id}
          style={{ marginBottom: ".4em" }}
        >
          <strong>{thread.title}</strong>
        </div>
        <div
```

```
            className="threadcard-body"
            onClick={onClickShowThread}
            data-thread-id={thread.id}
        >
            <div>{thread.body}</div>
        </div>
```

보다시피 UI를 렌더링하면서 여러 곳에 thread prop을 사용한다.

다음은 getPoints와 getResponses 함수를 사용해 포인트와 답변을 보여주는 UI의 일부분을 렌더링한다.

```
        <div className="threadcard-footer">
          <span
            style={{
              marginRight: ".5em",
            }}
          >
            <label>
              {thread.views}
              <FontAwesomeIcon icon={faEye}
                className="icon-lg" />
            </label>
          </span>
          <span>
            {getPoints(thread)}
            {getResponses(thread)}
          </span>          </div>
      </div>
    </div>
```

다음은 getPointsNonMobile을 사용해 공감과 답변 수를 보여준다.

```
      {getPointsNonMobile()}      </section>
  );
};
export default ThreadCard;
```

이 컴포넌트에서는 다양한 CSS 클래스를 참조했다. 이러한 클래스는 깃허브 소스 코드의 ThreadCard.css와 App.css 파일에서 확인할 수 있다. 여기서는 모든 CSS 클래스를 하나하나 설명하지 않는다. 하지만 ThreadCard.css 파일을 확인해보면

flex를 참조하고 있음을 알 수 있다. Flexboxs는 Grids와 유사하며 CSS로 레이아웃을 만드는 또 다른 방법이다. 하지만 Flexbox는 하나의 열이나 행을 가진 레이아웃에 사용된다. 예를 들면 다음과 같다.

```
.threadcard-txt-container {
  display: flex;
  flex-direction: column;
  width: 92%;
  padding: 0.75em 1em 0.75em 1.2em;
  border-right: solid 1px var(--border-color);
}
```

이 CSS에서는 display 방식이 flex로 지정돼 있고 flex-direction은 column으로 지정돼 있다. threadcard-txt-container 내부의 모든 요소는 하나의 열에 누적돼 배치된다는 것을 뜻한다. 즉, 라벨이나 버튼과 같은 요소가 있고 이 요소가 평범하게 가로로 배치돼야 하더라도 이 요소가 열 기반의 Flex 컨테이너 내부에 있다면 요소는 세로로 배치된다. 반대로 row 속성을 사용했다면 레이아웃은 수평이 된다.

7. 지금까지 Thread 컨테이너 ThreadCard 만들었으며 이제 Main.tsx 파일을 수정해 이 컨테이너를 사용해보자. 깃허브 소스 코드에서 코드를 추가한다.

8번 행을 보면 useParams 함수가 사용됐음을 알 수 있다. 앞서 App.tsx 파일에서 리액트 라우터용으로 두 개의 경로를 만들었다. 그중 하나의 경로는 URL 파라미터를 사용하는 categorythreads다. 경로 파라미터를 구하는 useParams 훅을 통해 경로 파라미터를 사용한다. 예제의 경우 경로 파라미터는 categoryId다.

다음으로 9번 행을 보면 category 상태가 있다. 스레드 목록에서 카테고리를 조회하면 이 상태가 업데이트된다.

10번 행에는 threadCards라고 하는 상태 객체가 있으며 이 객체는 ThreadCards의 목록이다.

다음으로 useEffect에서는 새로운 categoryId를 받으면 ThreadCards의 목록을 업데이트한다. 정상적인 categoryId를 받으면 DataService를 사용해 특정 카테고리의 스레드 목록을 조회하고 ThreadCards의 목록을 만든다. 모든 스레드는 동일한 카테고리를 가지고 있으므로 첫 번째 스레드를 사용해 카테고리의 이름을 가져온다.

끝으로 UI를 반환한다.

> **NOTE**
>
> 가끔 useEffect 훅의 배열에서 의존성이 누락됐다는 경고가 표시된다. 이러한 경고는 독단적인 판단이라고 생각하며 경험을 통해 어떤 경고를 무시할 수 있는지 판단할 수 있다. 예컨대 Main. tsx에서 사용하는 useEffect에서는 category 상태 객체에 대한 경고를 의도적으로 무시했다. 그 까닭은 배열에 이 객체를 포함시키면 배열 목록에서 어떤 내용이 변경될 때마다 불필요하게 useEffect가 실행돼 렌더링이 중복으로 발생할 수 있기 때문이다.

8. 이제 데스크탑 모드에서 실행해보자. http://localhost:3000/categorythreads/1 로 이동한다. 그러면 다음과 같은 내용이 표시된다.

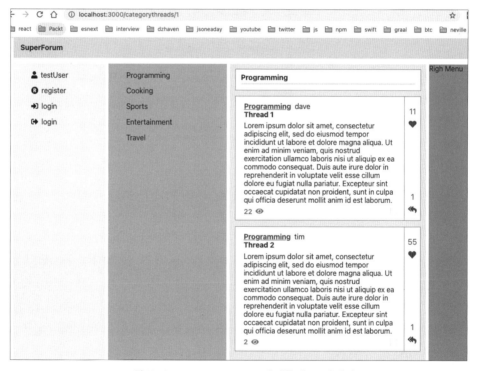

그림 12.10 categorythreads URL에 대한 데스크탑 화면

모바일에서는 다음과 같이 표시된다.

그림 12.11 categorythreads URL에 대한 모바일 화면

볼 수 있는 것처럼 모바일 모드에서는 포인트를 보여주는 부분이 오른쪽 열에 없고 메인 텍스트 부분의 하단에 있다. 첫 번째 게시물의 아이콘에서는 두 사람이 봤고 55명이 호감을 나타냈으며 한 명이 답변했음을 표시한다.

정말 많은 코드를 살펴봤다. 하지만 아직 완료되지 않았다. 계속해서 RightMenu 컴포넌트를 만들어보자.

RightMenu에서는 스레드 게시물이 가장 많은 상위 3개 카테고리 목록을 표시한다. 각 카테고리에서는 가장 많이 본 스레드를 표시한다. 다음 순서대로 시작해보자.

1. 먼저 areas 폴더 안에 RightMenu에서 사용할 rightMenu 폴더를 만든다.

2. 다음으로 해당 폴더 안에 TopCategory.tsx 파일을 만든다. 이 컴포넌트에서는 하나의 최상위 카테고리와 해당 카테고리의 스레드를 표시한다.

3. 새로운 모델을 만든다. 이 모델은 서버에서 들어오는 데이터를 나타낸다. 이 모델을 CategoryThread라고 하자. CategoryThread.ts 파일을 models 폴더 안에 만들고 깃허브 소스 코드를 입력한다.

4. 다음으로 기존 RightMenu 컴포넌트를 수정해 새로운 컴포넌트를 만든다. 이 컴포넌트에서는 CategoryThread 항목을 표시하게 된다. CategoryThread 항목을 그룹으로 정리하기 위해 Lodash라는 도구를 사용한다.

   Lodash는 의존성이다. 이 의존성에서는 아주 많은 자바스크립트 헬퍼 함수 라이브러리를 제공한다. 여기서 Lodash의 모든 기능을 살펴보는 것은 불가능하다. Lodash는 특히 배열과 컬렉션을 관리하는 데 유용하다. Lodash는 아주 직관적으로 사용할 수 있으며 더 많은 세부적인 내용을 알고 싶다면 https://lodash.com/docs/에서 제공되는 문서를 확인할 수 있다. Lodash는 다음과 같이 설치한다.

   ```
   npm i lodash @types/lodash
   ```

   > **NOTE**
   >
   > import _ from "lodash"를 사용해 전체 Lodash 라이브러리를 불러오지 않기를 바란다. 그렇게 하게 되면 프로젝트에 아주 많은 양의 코드가 추가된다. 따라서 "lodash/groupBy"의 import groupBy를 사용해 특정 호출만 불러온다.

   이제 깃허브 소스 코드처럼 RightMenu.tsx 파일을 수정한다.

   먼저 Lodash와 함께 부가적인 몇 가지 스타일이 포함된 RightMenu.css 파일도 새로 불러온다. TopCategory도 불러왔다. 이 컴포넌트는 나중에 만든다.

   다음으로 topCategories라고 하는 새로운 상태 객체가 있으며 이 객체는 최상위 카테고리 배열을 저장하는 데 사용한다.

그리고 useEffect에는 getTopCategories 함수에서 최상위 카테고리를 가져온다. 이 결과를 카테고리로 그룹화한 후 TopCategory 요소의 배열을 만든다. TopCategory 컴포넌트 요소에서는 데이터를 표시하게 된다. TopCategory 컴포넌트에서는 topCategories prop을 통해 최상위 카테고리에 대한 각각의 그룹을 전달받는다.

다음으로 이 컴포넌트에서는 topCategories 요소를 반환한다.

5. 이제 TopCategory 컴포넌트를 만든다. RightMenu와 같은 폴더에 TopCategory.tsx 파일을 만들고 관련 소스 코드를 추가한다.

파일 시작 부분에 TopCategory.css라는 보조 CSS 파일이 있다.

다음으로 props를 전달받을 때 사용하는 TopCategoryProps라는 새로운 인터페이스가 있다. 10번 행의 스레드 상태 객체에서는 JSX 요소가 준비되면 저장한다. 그리고 12번 행에는 useEffect가 있으며 여기서는 prop으로 전달된 내용에 따라 UI 요소를 만든다. topCategories가 전달된다.

반환된 JSX에는 strong 헤더가 있으며 카테고리의 배열에는 항상 하나의 카테고리가 있기 때문에 발견된 첫 번째 카테고리의 요소 이름을 사용한다. 다음으로 스레드 목록을 포함시킨다.

6. 다음 RightMenu는 모바일 기기에서 렌더링되지 않으므로 데스크탑에서 모양을 확인해보자.

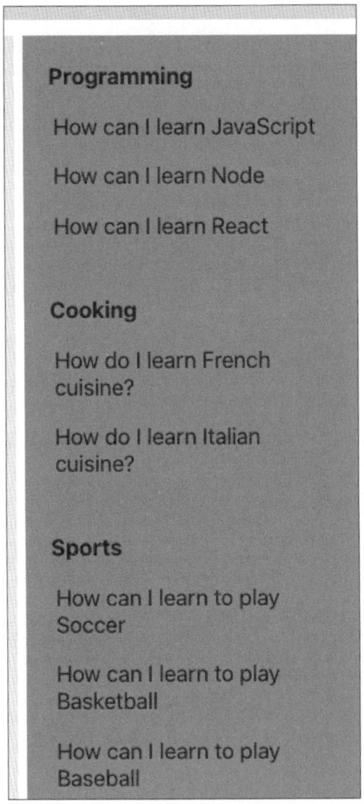

그림 12.12 최상위 카테고리가 있는 RightMenu

점점 목표 지점에 가까워지고 있다. 메인 화면에서 사용할 내용을 대부분 완료했고 이제 애플리케이션에서 개별 스레드 게시물을 표시한다.

스레드 게시 화면

이 화면은 여러 가지 용도로 사용한다. 이 화면을 사용해 새로운 게시물을 만들거나 기존 게시물을 표시할 수 있다. 그리고 같은 화면에서 스레드의 답변도 보여준다. 다음 순서로 시작해보자.

1. 먼저 새로운 경로 컴포넌트를 만든다. 이 컴포넌트의 이름은 Thread.tsx이고 routes 폴더 안에 있는 새로 만든 thread 폴더에 둔다. 하지만 이 스레드 컴포넌트는 복잡하므로 하위 컴포넌트라고 하는 모듈화된 조각으로 나누어야 한다. 이 화

면의 경우 모듈화를 통해 얻을 수 있는 코드 재사용에 관한 이득은 없다. 하지만 모듈화하면 하나의 아주 거대한 단일체가 아닌 여러 청크로 나뉘게 되므로 코드를 쉽게 읽을 수 있고 리팩토링할 수 있다. ThreadHeader.tsx 컴포넌트 파일을 새로 만들고 깃허브 소스 코드를 추가한다. 그리고 src/common 폴더에서 dates.ts 파일을 생성하고 깃허브 소스 코드를 추가한다. dates.ts 파일에서 date-fn 패키지를 사용하기 위해 다음 명령어를 사용해 해당 패키지를 설치한다.

```
npm i date-fn
```

먼저 불러오는 getTimePastIfLessThanDay 함수를 살펴보자. 이 함수에서는 전달된 날짜를 읽기 쉬운 형식으로 적절하게 만들어준다.

이 컴포넌트는 파라미터로 여러 필드를 받으며 컴포넌트 자체의 상태는 갖지 않는다. ThreadHeader는 표시 전용 컴포넌트 역할을 하며 스레드의 title과 userName, lastModifiedOn 시간을 표시한다.

2. 이제 Thread.tsx 파일을 만들고 깃허브 소스 코드를 추가한다. 새로 만든 Thread. css 파일과 ThreadHeader 컴포넌트를 추가한다. 이 컴포넌트를 Thread라고도 하기 때문에 모델도 마찬가지로 ThreadModel로 불러온다. 이와 같은 부분은 대규모 프로젝트에서는 어느 정도 자주 발생할 수 있으므로 이러한 방식으로 불러올 수 있음을 알아둔다.

다음으로 로컬 스레드 상태 객체를 만들어야 한다. 이 객체는 ThreadModel 타입이다. 다음으로 경로 파라미터의 id를 가져오기 위해 다시 useParams 훅을 사용한다. 이 id는 경로에 대한 스레드의 ID이다. useEffect에서 id 경로 파라미터가 존재하고 0보다 큰 경우에는 thread를 가져온다. 나중에 백엔드가 준비되면 코드를 작성해 새로운 스레드가 추가되도록 한다.

마지막으로 UI를 반환한다. 이 UI는 ThreadHeader를 포함한다. lastModifiedOn 필드는 null이 될 수 없으므로 삼항 연산을 사용해 null thread를 확인하고 null이 아닌 경우 현재 날짜를 반환한다.

3. 이제 Thread 화면 컴포넌트에 대한 새로운 경로를 만든다. App.tsx를 다시 열고 코드를 다음과 같이 수정한다.

```
function App() {
  const renderHome = (props: any) => <Home {...props} />;
  const renderThread = (props: any) => <Thread {...props}
  />;
```

여기서는 Thread 컴포넌트용 renderThread 함수를 추가했다.

```
  return (
    <Switch>
      <Route exact={true} path="/" render={renderHome} />
      <Route
        path="/categorythreads/:categoryId"
        render={renderHome}
      />
      <Route
        path="/thread/:id"
        render={renderThread}
      />
    </Switch>
  );
}
```

Thread의 경로는 "/thread/:id"다. 이 thread 경로 다음에는 하나의 파라미터가 온다는 것을 알 수 일다. 리액트 라우터에서는 내부적으로 id로 라벨링한다.

4. 이제 Thread 화면의 다음 영역을 추가한다. 이 화면에서는 드롭다운 메뉴를 통해 Thread의 카테고리를 표시한다. 하지만 select 요소라고 하는 HTML의 표준 드롭다운 메뉴는 예쁘지 않고 리액트와 통합이 어렵기 때문에 react-dropdown이라는 NPM 패키지를 통해 좀 더 예쁘고 리액트와 통합된 컨트롤을 사용할 수 있다.

다음과 같이 react-dropdown을 설치한다.

```
npm i react-dropdown
```

이제 thread 폴더에 ThreadCategory.tsx 파일을 만들고 깃허브 소스 코드를 이 파일에 추가한다.

import를 설정했다면 prop 타입을 나타내는 `ThreadCategoryProps` 인터페이스를 만든다.

다음으로 `ThreadCategory` 컴포넌트를 만들고 드롭다운에서 선택할 수 있는 옵션으로 표시되는 항목이 포함된 상수 `catOptions`를 만든다. 백엔드가 준비되기 전까지 임시로 변수를 하드코딩한다.

끝으로 초기화된 `DropDown` 컨트롤이 포함된 JSX를 반환한다.

5. 이제 `Title` 컴포넌트를 만든다. 이 컴포넌트는 `ThreadTitle`이라고 부른다. ThreadTitle.tsx 파일을 thread 폴더 안에 만들고 깃허브 소스 코드를 이 파일에 추가한다.

   이 컴포넌트는 단순하게 렌더링만 하기 때문에 여기서는 설명하지 않는다. 다만 지금은 `onChangeTitle` 핸들러가 비어 있다. 나중에 백엔드가 준비되면 상태를 읽고 쓰는 내용을 구분해 `onChangeTitle`을 구현한다.

6. 이제 Thread.tsx 파일을 수정하고 지금까지 진행한 내용을 살펴보자. Thread.tsx를 다음과 같이 수정한다. 이러한 스레드 관련 컴포넌트를 추가할 때 Thread.css 파일을 수정했으므로 CSS 파일도 업데이트해줘야 한다.

   상태와 `useEffect` 코드는 기본적으로 동일하므로 여기서는 보여주지 않는다.

```
return (
  <div className="screen-root-container">
    <div className="thread-nav-container">
      <Nav />
    </div>
    <div className="thread-content-container">
      <ThreadHeader
        userName={thread?.userName}
        lastModifiedOn={thread ? thread.lastModifiedOn
          : new Date()}
        title={thread?.title}
      />
      <ThreadCategory categoryName={thread?.category?.
        name} />
      <ThreadTitle title={thread?.title} />
    </div>
  </div>
```

```
  );
};
```

여기서는 반환되는 JSX에 새로운 컴포넌트를 추가했다. 보다시피 이 코드는 개별 요소와 이벤트 핸들러를 Thread.tsx 파일에서 모두 사용한 경우보다 더 읽기 편하고 아주 짧다.

http://localhost: 3000/thread/1을 통해 앱을 실행하면 다음과 같은 화면을 확인할 수 있다.

그림 12.13 스레드 화면

오른쪽 부분의 공간은 스레드에 대한 공감과 답변 수 정보를 추가할 곳이다.

코드를 주로 살펴볼 것이기 때문에 모든 CSS 파일을 여기서 하나하나 살펴보지 않는다. 하지만 이 화면은 주요 화면이면서 경로의 목적지이므로 어떻게 이 화면이 배치되는지 확인해보자. 이 부분은 지금까지 살펴본 내용이다. 한꺼번에 볼 수 있도록 Thread.css 파일을 수정한다.

이전에 홈 화면에서 진행했던 것처럼 Nav 컨트롤을 thread-nav-container라는 이름의 div 컨테이너 안에 둔다.

이 thread-content-container 클래스는 실제 스레드 내용이 배치되는 곳이다. 볼 수 있는 것처럼 이 레이아웃은 두 개의 열과 불확실하고 정의되지 않은 개수의 행을 가진 Grid다.

내용의 나머지 부분은 grid-column 속성을 통해 첫 번째 열에 추가된다. 나중에 두 번째 열을 추가해 스레드의 포인트(공감)을 표시한다.

7. 이제 스레드 게시물의 본문을 위한 부분을 추가한다. 본문에 들어갈 내용은 서식이 있는 텍스트^{Rich Text} 입력 포맷터^{formatter}를 추가해야 하므로 조금 더 복잡하다. 이 컨트롤을 사용하면 사용자의 텍스트에 형식을 지정해 좀 더 상세하게 수정할 수 있다.

본문을 만들기 위해 Slate.js NPM 패키지를 설치한다. 이 패키지를 서식이 있는 텍스트 편집기와 포맷터로 사용한다. 다음으로 emotion을 포함한 몇 가지 의존성을 설치한다. emotion은 자바스크립트 내부에서 CSS를 직접 사용할 수 있게 해주는 라이브러리다.

```
npm i slate slate-react slate-history @emotion/css is-hotkey
@types/is-hotkey @types/slate @types/slate-react
```

Slate.js를 사용해 서식이 있는 텍스트를 편집할 수 있게 구현하는 방법은 아주 복잡하다. 그 자체만으로도 쉽게 책 한 권 분량이다. 때문에 내용을 간단하게 설명하겠다. 곧 알게 되겠지만 서식이 있는 텍스트를 편집할 수 있게 구현하는 쉬운 방법은 없다. components 폴더 안에 editor 폴더를 만들고 RichTextControls.tsx 파일을 새로 만든다. 이 파일에는 서식이 있는 텍스트 편집기에서 사용할 컨트롤이 포함된다. 여기서 사용한 소스 코드는 다음 경로의 Slate.js 프로젝트에서 가져왔다.

https://github.com/ianstormtaylor/slate/blob/main/site/components.tsx

이 코드는 아주 양이 많으므로 각 컨트롤을 사용할 때 관련된 코드를 보여주고 설명한다.

8. 다음으로 동일한 editor 폴더에 RichEditor.tsx 파일을 만들고 깃허브 소스 코드를 추가한다.

맨 처음 import 부분에서는 일반적인 리액트 관련 import를 볼 수 있고 Slate.js와 관련된 두 개의 import를 볼 수 있다. 이러한 import는 편집기 UI를 만드는 데 도움이 된다. 이 부분은 나중에 더 자세히 설명한다.

isHotKey import는 편집기에서 키보드 단축키를 만들 때 사용하는 도구다.

withHistory import를 사용해 편집기에서 변경이 일어난 부분을 정확한 순서로 저장해 필요한 경우에 취소[undo]할 수 있다.

Button과 Toolbar는 편집기 UI를 만들 때 사용하는 컨트롤이다. 잠시 후에 Rich TextControls 파일을 만든다.

이제 icons와 CSS 스타일시트를 불러온다.

HOTKEYS 변수는 여러 가지 단축키와 포맷이 쌍으로 구성된 사전이다. [keyName: string]에서 왼쪽에 있는 keyName은 사전의 키이고 오른쪽의 string은 값이다.

26번 행에는 initialValue 변수가 있다. 편집기에서는 문자열이 아닌 값을 위한 객체를 사용한다. initialValue 변수는 편집기의 초깃값을 가진 객체다. 타입은 Slate.js 편집기의 Node 배열이다. Slate.js에서 텍스트는 구조화된 노드 트리로 표현된다. 이러한 텍스트 구조를 사용하면 원래 텍스트의 내용은 변경하지 않으면서 해당 텍스트와 함께 포맷 정보도 포함시킬 수 있다. 텍스트와 메타데이터가 함께 있는 구조로 생각할 수 있다.

LIST_TYPES 배열은 입력이 문단인지 아니면 텍스트 목록인지 구분하는 데 사용한다.

38번 행에서는 RichEditor 컴포넌트를 만든다. 앞서 언급한 것처럼 Slate.js에서는 편집기 내부의 텍스트 내용이나 값이 일반적인 텍스트가 아니라 JSON 객체이고 최상위 타입은 노드다. 즉 value 텍스트 값은 노드 배열 타입의 상태 객체다.

다음으로 renderElement 함수가 있다. 이 함수는 내부적으로 대량의 텍스트 조각을 렌더링하는 데 사용된다. Element에는 여러 줄의 텍스트가 포함된다. Element 컴포넌트는 잠시 후에 만든다.

그리고 renderLeaf 함수가 있다. 이 함수는 적은 양의 텍스트를 렌더링하는 데 사용한다. Leaf는 작은 텍스트 조각이다. 이 컴포넌트는 잠시 후에 만든다.

5장, '훅을 사용한 리액트 개발'에서 useCallback과 useMemo와 같은 훅을 살펴봤다.

다음으로 editor 변수가 있다. 이 변수는 텍스트를 전달받아서 표시하는 리액트 컴포넌트이며 editor를 래핑해 텍스트 포맷을 주입하거나 변경하는 Slate, Toolbar, Editable 컴포넌트와는 다르다.

useEffect 함수에서는 existingBody prop을 받아서 로컬 상태 값을 만든다. existingBody는 전달됐다고 가정한다. existingBody는 라이프 사이클 관점에서 보면 생성될 때가 아니라 업데이트될 때 전달된다.

onChangeEditorValue 이벤트 핸들러에서는 UI에서 로컬 value 상태가 변경되면 이 상태를 설정한다. 다시 말하지만 value 타입이 텍스트가 아니고 Node 배열이라는 점에 유의한다.

59번 행에서는 JSX 정의가 시작된다. Slate 래퍼 컴포넌트를 editor 인스턴스와 로컬 value, onChange 이벤트를 사용해 초기화한다.

다음은 RichTextControls.tsx 파일의 Toolbar다. Toolbar는 레이아웃 컨테이너이며 포맷을 지정할 수 있는 버튼을 포함한다. 버튼 모양은 다음과 같다. 나중에 MarkButton과 BlockButton을 설명한다.

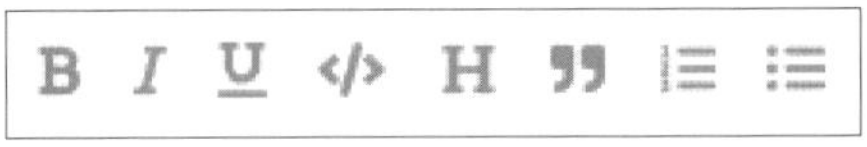

그림 12.14 Slate.js의 Toolbar 버튼

Editable 컨트롤은 메인 포맷터와 단축키, 편집기에서 사용할 수 있는 기본 설정을 포함한다.

가독성을 개선하기 위해 메인 컴포넌트에 있는 대부분의 함수를 밖으로 옮겼다.

92번 행에는 MarkButton 컨트롤이 있다. MarkButton은 버튼 UI를 만들어주고 특정 버튼을 클릭하면 동작하는 실제 포맷터를 연결해주는 함수다. 일반적으로 마크mark는 보통 여러 줄로 구성된 문장에 사용되는 블록block과는 다르게 단어나 문자에 사용된다. Button은 RichTextControls.tsx에서 불러왔다. Button은 Toolbar에 있는 스타일이 지정된 버튼이다.

다음은 isMarkActive 함수다. isMarkActive 함수에서는 포맷터가 이미 적용됐는지 확인한다.

그리고 toggleMark 함수에서는 포맷 적용 여부에 따라 포맷을 지정하거나 제거한다. 그리고 포맷과 editor를 연결한다.

BlockButton에서는 텍스트 블록에 대한 포맷을 설정하고 버튼을 생성한다. 보통 하나의 블록에 여러 Node가 포함된다.

isBlockActive 함수에서는 포맷이 적용됐는지 확인한다.

ToggleBlock 함수에서는 적용된 포맷을 변경한다.

다음으로 Element 컴포넌트에서는 어떤 종류의 HTML을 사용할 것인지 확인한다.

Element는 Slate.js에서 아주 빈번하게 사용된다.

Leaf를 사용해 반환하기 위한 작은 HTML을 정의한다. Leaf는 Slate.js에서 자주 사용된다.

지금까지 재사용이 가능한 서식이 있는 텍스트 편집기를 살펴봤다. 이 컴포넌트를 스레드 화면에 사용한다. 이 컴포넌트는 고유한 컴포넌트이므로 이 코드를 원하는 곳에 사용할 수 있다.

9. 이제 ThreadBody.tsx 파일에 RichEditor를 새로 추가한다. 이 컴포넌트는 양이 많지 않으며 깃허브 소스 코드에서 추가한다.

10. 끝으로 Thread 컴포넌트에서 ThreadBody를 다음과 같이 참조한다. 필요한 import 가 모두 있는지 확인한다. ThreadTitle 바로 아래 JSX에 다음 코드를 추가한다.

```
<ThreadBody body={thread?.body} />
```

이 JSX를 컴포넌트로 만든 지금은 가독성이 좋아져 이해하기 쉽다.

이제 어떤 모양인지 살펴보자.

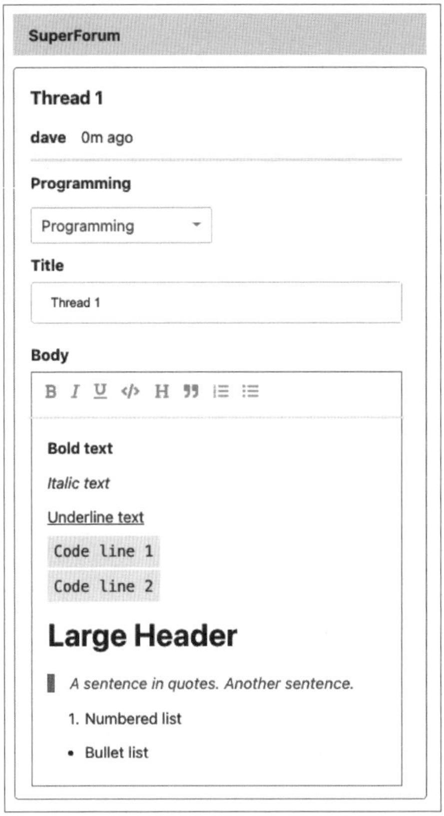

그림 12.15 스레드 입력 화면과 편집기

서식이 있는 텍스트 편집기에서는 볼드, 이탤릭, 언더라인, 코드 보기, 헤더 만들기, 따옴표로 묶기, 숫자 목록, 글머리 기호 목록 등을 옵션으로 제공한다. 볼 수 있는 것처럼 포멧터는 모두 동작한다.

Slate.js를 사용할 때 이미 ul 스타일을 index.css 파일에서 제거하기 위한 CSS를 추가했음에도 글머리 기호가 나타나는 이유가 궁금할 수 있다. 적절한 스타일을 편집기에서 불러오기 위해서는 다음과 같이 스타일을 수정해야 한다.

```
ul:not([data-slate-node="element"]) {
  list-style-type: none;
}
```

이 CSS 셀렉터의 의미는 "요소에 data-slate-node라는 사용자 정의 속성이 있다면 이 스타일은 적용하지 않는다"라는 뜻이다. 셀렉터는 Slate.js의 요소와 그 밖에 표준 HTML을 구분하기 위해 사용한다.

지금까지 아주 많은 코드를 살펴봤다. 하지만 아직도 끝난 것은 아니다. 포인트 열을 오른쪽에 만들고 답변 기능을 추가하고 ThreadItems가 추가되도록 해야 한다. 포인트 열은 잠시 후에 살펴보고 답변 시스템을 살펴보자.

1. 첫 번째 해야 할 작업은 리팩토링이다. ThreadHeader 컴포넌트에서는 userName과 lastModifiedOn을 표시해 게시물을 누가 언제 만들었는지 사용자가 알 수 있게 했다. 이 화면을 답변용으로도 사용할 수 있다. 해당 코드를 추출해 별도의 컴포넌트로 만들고 재사용할 수 있게 해보자. UserNameAndTime.tsx 파일을 routes/thread 폴더에 만들고 깃허브 소스 코드를 추가한다. 기본적으로 ThreadHeader 코드를 복사하는 것이기 때문에 설명은 생략한다.

2. 다음으로 ThreadHeader 컴포넌트 코드를 수정해 별도로 분리한 파일을 사용한다. title용 h3 태그 아래 JSX를 다음 코드로 교체한다. import 구문을 추가하는 것도 잊으면 안 된다.

```
    <UserNameAndTime userName={userName}
  lastModifiedOn={lastModifiedOn} />
```

이제 ThreadItems 컴포넌트를 만든다. 하지만 이번에는 조금 다르게 작업한다. Thread 답변의 경우 하나 이상의 답변이 있을 수 있다. 즉, 이 시나리오는 위젯 팩토리의 머신과 어느 정도 유사하다. 머신은 단 하나만 존재하지만 잠재적으로 생성해야 하는 위젯은 많다. 프로그래밍 설계에서 이런 종류의 상황은 일반적으로 팩토리 패턴factory pattern을 사용한다.

따라서 만들어볼 내용은 실제로 두 개의 컴포넌트다. 한 컴포넌트는 Thread 답변을 만드는 팩토리 역할을 한다. 그리고 나머지 컴포넌트는 실제 답변의 모양을 정의한다. 즉, 이 두 개의 컴포넌트에서 여러 답변을 연이어 만들어내게 된다. 정형화된 팩토리 디자인 패턴을 사용하지 않고 대략적인 개념 모델을 사용한다. 다음과 같이 시작해보자.

1. 먼저 `ThreadResponse` 컴포넌트를 만든다. 이 컴포넌트에서는 `ThreadItem` UI와 어떻게 동작하는지 정의한다. ThreadResponse.tsx 파일을 routes/thread에 만들고 관련된 소스 코드를 추가한다.

   먼저 앞에서 만든 `RichEditor`와 `serNameAndTime` 컴포넌트를 불러와 재사용한다. 만약 이러한 컴포넌트를 컴포넌트화하지 않았다면 이러한 기능을 다시 만들기 위해 얼마나 많은 작업을 해야 할지 상상할 수 있겠는가? 이러한 기능을 별도의 컴포넌트로 만들었으니 얼마나 다행인가!

   다음은 `ThreadResponseProps` 인터페이스다. 여기서 모든 props는 선택 사항이다. props는 나중에 이 컴포넌트를 리팩토링해 새로운 답변 항목을 생성할 수 있게 만들 경우를 대비하기 위한 부분이다.

   끝으로 JSX를 반환한다. 이 JSX는 아주 단순한 UI로 `UserNameAndTime`과 `RichEditor`를 표시한다.

2. 이제 `ThreadResponse` 팩토리를 만들어보자. ThreadResponseBuilder.tsx 파일을 동일한 폴더에 만들고 관련 소스 코드를 추가한다.

   첫 번째로 `ThreadResponsesBuilderProps` 인터페이스가 있다. 이 컴포넌트는 `ThreadItems` 목록이 포함된 props를 전달받는다. Thread 상위 컴포넌트를 수정해 `ThreadItems` 목록을 전달하도록 만든다.

   12번 행의 빌더 함수에서는 여러 답변을 연이어 만들어내므로 `responseElements`라는 유일한 상태는 이러한 답변을 포함하는 데 사용되는 JSX의 요소가 된다.

   다음으로 `useEffect`를 사용해 답변 요소의 목록을 만든다. 모든 `ThreadResponse` 인스턴스는 렌더링 문제를 방지하는 고유한 키를 가진다. `threadItems` props가 변경될 때마다 `ThreadResponses`의 ul이 생성된다.

   마지막으로 JSX를 반환한다. 이 JSX는 `TheadResponse` 요소의 목록이다.

3. 이제 거의 끝났다. Thread.tsx 파일을 수정해 `ThreadResponsesBuilder` 컴포넌트를 사용하도록 만든다. 스타일은 App.css와 Thread.css 파일에서 수정했다.

다음 코드의 강조한 부분에서 볼 수 있는 것처럼 JSX의 ThreadBody 바로 아래 태그를 추가했다.

```
  return (
    <div className="screen-root-container">
      <div className="thread-nav-container">
        <Nav />
      </div>
      <div className="thread-content-container">
        <ThreadHeader
          userName={thread?.userName}
          lastModifiedOn={thread ? thread.lastModifiedOn
            : new Date()}
          title={thread?.title}
        />
        <ThreadCategory categoryName={thread?.category?.name} />
        <ThreadTitle title={thread?.title} />
        <ThreadBody body={thread?.body} />
        <hr className="thread-section-divider" />
        <ThreadResponsesBuilder threadItems={responses} />
      </div>
    </div>
  );
};
```

스레드 게시물과 답변을 구분하기 위해 hr 행을 새로 추가했다.

이제 화면은 다음과 같은 모양이다.

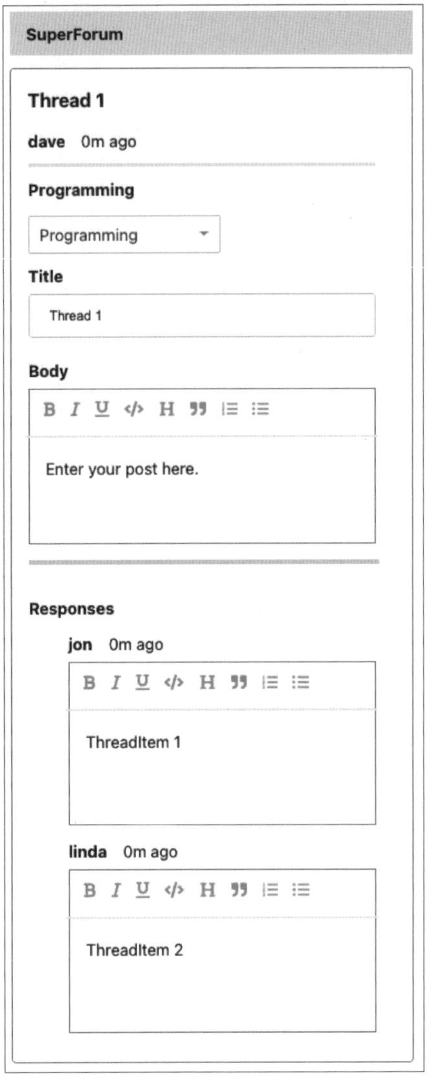

그림 12.16 스레드와 답변

이제 스레드를 게시하고 보여주는 UI를 거의 다 만들었다. 하지만 역시 아직 끝나지 않았다. 포인트를 표시하는 기능을 만들고 스레드와 ThreadItem 게시물에 표시되도록 해야 한다. 여기서 포인트를 표시하는 컴포넌트를 만들겠지만, 게시하는 기능은 함께 동작할 백엔드가 준비되는 13장에서 다룬다. 그리고 백엔드가 준비되면 특정 작업을 여기에서 진행한 방식으로 처리한 이유가 더 명확해진다.

categorythreads 경로에서 사용할 호감과 답변 수를 표시하는 세로 바가 있었다. 그 영역을 만든 방식을 살펴보면 getPointsNonMobile 함수에 해당 코드를 추가할 수 있다. 그리고 이 기능을 고유의 리액트 컴포넌트로 추출할 수 있다. 그렇게 하면 ThreadCard 컴포넌트와 Thread 컴포넌트 모두에서 사용할 수 있다. 그리고 나중에 필요한 다른 곳에서 모두 사용할 수 있다. 다음과 같이 시작한다.

1. ThreadPointsBar.tsx 파일을 새로 만들고 폴더의 최상위에 둔다. getPoints NonMobile 함수를 ThreadCard 컴포넌트에서 가져와 새로 만든 이 컴포넌트에 추가한다.

   6번 행에서는 ThreadPointsBarProps를 props 타입으로 사용한다. 여기서 왜 전체 Thread 객체를 전달하지 않았는지 그 이유가 궁금할 수 있다. 필요한 멤버 데이터만 추가하는 것이 관심사를 분리[SOC]할 수 있는 더 나은 방법이기 때문이다. 전체 Thread를 전달했으면 ThreadPointsBar에서 처리해야 하는 모델 타입에 대한 내용뿐만 아니라 실제로 사용하지 않거나 필요치 않은 정보까지 전달하게 된다.

   다음으로 반환된 JSX는 기본적으로 동일한 내용을 처리하므로 원래 함수와 같다. 이제 ThreadCard 컴포넌트를 수정해 getPointsNonMobile 함수를 제거한다. 그리고 해당 위치에 새로운 ThreadPointsBar 컴포넌트를 추가한다. ThreadCard.css 파일이 약간 수정됐으므로 다시 변경해야 한다. 화면은 내용을 옮기기만 했기 때문에 원래 화면과 같다.

2. 이제 ThreadPointsBar 컴포넌트를 Thread 경로 컴포넌트에 새로 추가해보자. JSX 변경 사항이 많지는 않지만 중요하므로 Thread.css 파일의 변경 사항과 함께 살펴보자.

```
return (
  <div className="screen-root-container">
    <div className="thread-nav-container">
      <Nav />
    </div>
    <div className="thread-content-container">
      <div className="thread-content-post-container">
```

여기서는 일부 요소의 순서를 바꿨다. 게시물과 관련된 주요 Thread 요소는 thread-content-post-container 클래스의 div 아래에 있다.

```
        <ThreadHeader
          userName={thread?.userName}
          lastModifiedOn={thread ? thread.
            lastModifiedOn : new Date()}
          title={thread?.title}
        />
        <ThreadCategory categoryName={thread?.
          category?.name} />
        <ThreadTitle title={thread?.title} />
        <ThreadBody body={thread?.body} />
      </div>
      <div className="thread-content-points-container">
```

여기는 새로운 thread-content-points-container 클래스의 div가 있다. 여기에는 새로 만든 ThreadPointsBar 컴포넌트가 포함된다.

```
        <ThreadPointsBar
          points={thread?.points || 0}
          responseCount={
            thread && thread.threadItems && thread.
              threadItems.length
          }
        />
      </div>
    </div>
    <div className="thread-content-response-container">
      <hr className="thread-section-divider" />
      <ThreadResponsesBuilder threadItems={thread?.
        threadItems} />
    </div>
```

답변도 상위 컨테이너인 thread-content-response-container 아래로 옮겼다.

```
      </div>
    );
  };
```

수정한 Thread.css에 어떤 내용이 변경됐는지 살펴보자.

파일의 처음 부분에 명시적으로 `grid-template-rows`를 정의했다. 이제 Grid에는 두 개의 행이 있다. 하나는 게시물에 대한 행이고 나머지 하나는 답변에 대한 행이다. 게시물은 사용할 수 있는 공간에서 한 부분을 차지할 수 있지만 답변은 0개 이상의 답변이 있을 수 있기 때문에 auto에서 의미하는 것처럼 필요한 만큼 공간을 차지할 수 있다.

다음으로 `thread-content-points-container`라는 새로운 클래스가 있다. 메인 화면과 다른 `ThreadPointsBar`의 레이아웃을 변경하기 위해 이 클래스를 사용한다. 시작 인덱스를 두 번째 열로 지정하고 행을 첫 번째로 지정한다. 두 번째 컨테이너 정의에 있는 `> div` 요소에서는 `ThreadPointsBar`와 `threadcard-points` 내부의 div 요소에 사용할 수 있는 특정 높이를 전달한다.

이제 `ThreadTitle`과 `ThreadBody` 같은 메인 Thread의 게시물 항목은 이 `thread-content-post-container` 내부에 배치된다.

답변은 주로 `ThreadResponsesBuilder` 컴포넌트이며 `thread-content-response-container` 내부에 배치된다. `grid-row`는 2로 설정됐다.

`thread-content-response-container` 클래스 이후의 섹션 관련 클래스는 모두 `thread-content-post-container` 내부에 있기 때문에 더이상 Grid 열이나 Grid를 참조할 필요가 없다.

3. 이제 답변에 대한 전체 포인트를 제공한다. 답변 개수가 많을 수 있으니 각 답변에 20~30개의 조그만 세로 포인트 바가 있는 것은 좋지 않다. 따라서 깔끔하게 보이도록 하기 위해 답변 포인트를 `userName`과 `createdOn` 날짜가 있는 행에 둔다. 다행히 포인트를 표시하는 대부분의 코드를 `ThreadCard` 컴포넌트의 `getPoints` 함수에 이미 만들어두었다. 따라서 마찬가지로 해당 부분도 컴포넌트로 변환해보자.

`ThreadPointsInline.tsx` 파일을 새로 만들고 관련 소스 코드를 추가한다. 기본적으로 `getPoints` 함수의 코드를 복사해서 붙여넣었으므로 설명할 내용은 많지 않다. 하지만 `ThreadPointsBar` 컴포넌트의 `ThreadPointsBarProps` 인터페이스를 재사

용했다. 따라서 이 타입을 내보낼 수 있도록 만들어야 한다. `ThreadPointsBar`에서도 이미 이러한 내용을 처리했으므로 ThreadCard.tsx 파일을 수정하는 방법을 알고 있다고 가정한다. 이제 ThreadResponse.tsx 파일을 수정해 새로 만든 `ThreadPointsInline` 컴포넌트를 사용하도록 만들어보자. 스스로 해보고 잘 안 되는 경우 깃허브 소스 코드를 확인한다. 이제 다음과 같은 내용을 확인할 수 있다.

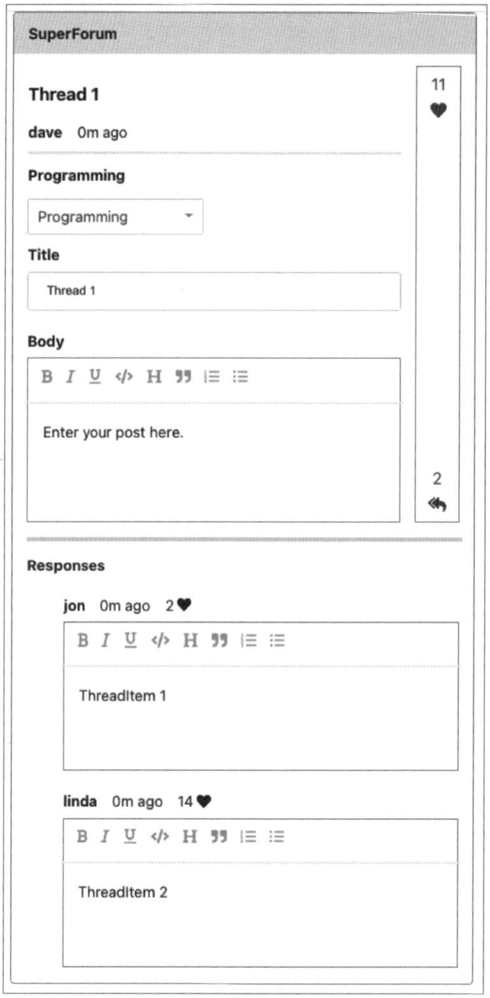

그림 12.17 스레드 포인트 출력

보다시피 포인트 시스템이 표시된다. 이제 마지막으로 이 화면을 여러 모바일 기기에서 적절하게 표시되도록 구현하기 위해 사용할 간단한 방법이 남았다

4. Thread.css 파일을 열고 깃허브 소스 코드와 같이 미디어 쿼리를 포함시킨다.

다음으로 Thread 컴포넌트의 코드를 열고 살펴본다.

32번 행에서 `thread-content-container` 내부에 게시물 관련 Thread 항목이 모두 있는 것을 확인할 수 있다. 해당 CSS에서는 미디어 쿼리를 사용해 모바일 기기에서 단일 컬럼만 가지도록 설정했다. 이 설정은 `ThreadPointsBar` 컴포넌트를 해당 영역에서 제거하는 경우 이전에 두 개의 열을 가지고 있었기 때문에 생길 수 있는 빈 공간이 생기지 않게 만들어준다.

다음으로 `thread-content-points-container` 내부에 `ThreadPointsBar`가 실제로 있는 것을 확인할 수 있다. 미디어 쿼리에서는 해당 요소를 보이지 않게 만든다. 다시 이전 기억을 떠올려보면 이 방법은 내부적으로 `ThreadPointsBar`에서 `useWindowDimensions` 훅을 사용해 렌더링 여부를 확인하기 때문에 여전히 효과적이다. 모바일 기기에서는 이러한 내용을 처리하지 않는다.

잘 따라왔다. 이제 모바일 화면을 살펴보자.

그림 12.18 모바일 스레드 화면

이제 하나의 코드 기반의 두 가지 화면을 갖게 됐다.

12장의 마지막 항목으로 UserProfile 화면을 만든다. 이 화면을 사용해 다음과 같은 몇 가지 내용을 처리한다.

- 사용자의 비밀번호 초기화 기능

- 사용자의 모든 스레드 게시물 표시 기능

- 사용자의 모든 답변^{ThreadItems} 표시 기능

다음과 같이 시작해보자.

1. 가장 먼저 해야 할 내용은 SideBarMenus 컴포넌트를 변경하는 것이다. 사용자를 리덕스로 전달하기 위해 SideBarMenus의 useEffect 호출을 Login 컴포넌트로 옮긴다. 이렇게 하면 사용자가 성공적으로 로그인한 시점에 새로운 사용자 객체가 리덕스로 전달된다. 이제는 이와 같이 변경하는 작업에 익숙해졌을 것이다. 그럼 계속해서 SideBarMenu에서 이 코드를 제거하고 Login 컴포넌트에 추가한다.

   > **TIP**
   >
   > Login 컴포넌트에 코드를 추가할 때 Login 컴포넌트에는 이미 dispatch가 있기 때문에 dispatch의 이름을 다른 이름으로 변경해야 한다.

2. 이 새로운 화면에는 비밀번호 초기화 기능이 포함돼 있지만 이전 기억을 떠올려보면 비밀번호 확인을 처리하기 위한 코드를 Register 컴포넌트에서 작성했다. 따라서 해당 코드를 별도의 컴포넌트로 추출해 Register 컴포넌트와 새로운 User Profile 컴포넌트에서 모두 사용할 수 있도록 만든다.

   PasswordComparison.tsx 파일을 components/auth/common 폴더에 만든다. 그리고 관련 소스 코드를 추가한다.

   아주 간단하므로 복사해 붙여넣으면 되지만 알아야 할 내용이 몇 가지 있다. 이 컴포넌트는 userReducer를 사용하지 않는 대신 값을 사용하기 위한 props를 가진다. 특히 그중 하나가 dispatch 함수다. 이 dispatch 함수는 상위 컴포넌트에서 호출하기 때문에 이러한 방법으로 컴포넌트의 비밀번호 값을 해당 컴포넌트의 상위 컴포넌트와 공유할 수 있다. 그 밖에 내용은 모두 기본적으로 복사해서 붙여넣는다.

   원래 Register 컴포넌트에서 이 코드를 직접 제거해보기를 바란다. 그리고 불필요한 import를 모두 제거했는지 확인한다.

3. 이제 routes 폴더에 userProfile 폴더를 만들고 UserProfile.tsx 파일을 만든 후 관련 소스 코드를 추가한다.

14번 행에서부터 보면 userName과 같은 속성이 필요하기 때문에 userReducer를 사용한다. 그리고 리덕스 사용자 리듀서를 가져온 후 사용자의 스레드와 Thread Items에서 사용할 몇 가지 로컬 상태를 설정한다.

28번 행의 useEffect 함수에서는 DataService의 getUserThreads 함수를 사용한다. 이 함수에서는 사용자의 스레드를 가져온다. 스레드에는 관련된 ThreadItems를 포함하고 있으므로 ThreadItems를 가져오기 위해 다른 호출은 필요하지 않다. 하지만 ThreadItem 클래스를 수정해 상위 ThreadId를 포함시켰다. 관련 파일에서 해당 코드를 확인하기 바란다.

다음으로 38번 행에서는 쿼리 결과에 있는 각 스레드를 li에 매핑한다. 그리고 모든 ThreadItems를 하나의 배열에 추가해 나중에 재사용할 수 있게 만든다.

다음으로 53번 행에서는 ThreadItems를 li의 집합에도 매핑했다.

77번 행에서는 앞서 만들었던 PasswordComparison 컴포넌트를 사용한다.

82번 행에서는 isSubmitDisabled를 사용한 버튼이 있다. UserProfile에는 비활성화할 수 있는 아무런 코드도 포함돼 있지 않지만 이 비활성화 동작 방식을 유추해볼 수 있겠는가? 그렇다. PasswordComparison에서는 내부적으로 UserProfile의 dispatch 함수를 사용해 비활성화를 처리한다.

끝으로 로컬 상태 객체에서 렌더링된 스레드와 ThreadItems가 있다.

4. 마지막으로 App.tsx 파일을 수정해 UserProfile에서 사용할 새로운 경로를 포함시킨다. 그리고 userName 리덕스 호출을 추가해 Login.tsx 내부에서 동일한 호출이 완전하게 동작하기 전까지 임시로 사용한다. 나중에 백엔드가 준비되면 Login.tsx에서 해당 호출을 마무리한다. 이렇게 하는 이유는 UserProfile을 로딩할 때 사용자의 Login 화면이 로딩됐다는 보장이 없기 때문이다. 하지만 앱의 어떤 화면이라도 로딩됐다면 App.tsx 컴포넌트가 로딩됐음을 알 수 있다. App.tsx를 소스 코드의 내용으로 수정한다.

먼저 리덕스 저장소로 보내는 userName이 하드코딩된 useEffect가 있다. 다시 말하지만 이 내용은 백엔드가 준비되기 전까지 임시로 사용한다.

26번 행의 renderUserProfile은 함수이며 UserProfile 컴포넌트를 반환한다. 그리고 이 함수는 33번 행에서 새로운 경로에 대한 목적지로 사용된다. 해당 목적지는 "/userprofile/:id"다.

수정해야 할 아주 간단한 내용이 한 가지 더 있다. SideBarMenus 컴포넌트에서 userName 라벨을 수정해 새로운 UserProfile 화면과 링크되도록 한다. SideBarMenus.tsx 파일에서 JSX를 확인할 수 있다.

```
<span className="menu-name">{user?.userName}</span>
```

이 부분을 다음 내용으로 변경한다.

```
<span className="menu-name">
  <Link to={`/userprofile/${user?.id}`}>{user?.
userName}</Link>
        </span>
```

이제 이 앱을 실행하면 다음과 같은 화면을 볼 수 있다.

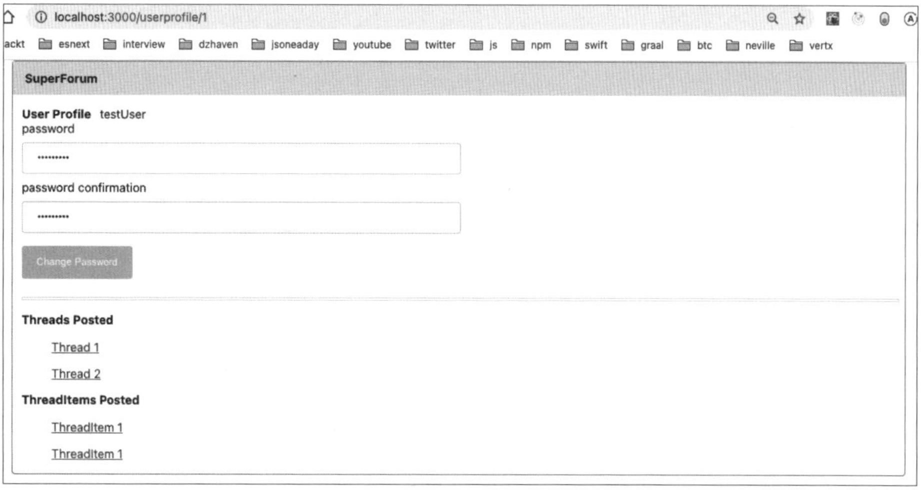

그림 12.19 UserProfile 화면

아무 스레드 링크나 클릭해보면 해당 스레드 경로로 이동하는 것을 볼 수 있다.

아주 멋지다. 12장에서는 정말 많은 양의 리액트 코드를 살펴봤다. 레이아웃과 폴더 구조, 컴포넌트 생성, 코드 재사용, 코드 리팩토링, 스타일 등을 배웠다. 코드 리팩토링은 특히 아주 시간이 많이 소모되고 스트레스도 많다. 하지만 현실은 대부분의 시간을 새로운 코드 작성보다 기존 코드의 리팩토링에 할애하게 될 것이다. 즉, 리팩토링은 기술을 개발할 수 있는 좋은 방법이다.

다음에 배울 몇몇 장에서는 백엔드를 만들고 클라이언트 측과 연결한다. 아주 복잡한 12장을 진행하면서 많은 노력을 기울였으니 이제 자신감이 생겼을 것이다.

⠿ 요약

12장에서는 리액트 클라이언트를 만들어보면서 풀스택 애플리케이션을 만드는 여정을 시작했다. 컴포넌트를 만들기 위해 훅을 사용하고 컴포넌트 구조를 만들고 CSS Grid를 사용해 레이아웃을 설계했다. 그리고 많은 양의 코드를 리팩토링하고 가능한 많은 코드를 재사용하려고 시도했다. 아직 완료하지는 않았지만 최종 애플리케이션의 아주 중요한 부분을 완성했다.

13장에서는 백엔드 서버의 세션 상태를 배운다. 세션 상태란 무엇이고 어떻게 사용하는지, 세션 데이터를 만들고 관리하는 데 사용하는 가장 잘 알려진 Redis라는 도구는 무엇인지 알아본다.

13

Express와 Redis로
세션 상태 구성하기

13장에서는 Express와 Redis 데이터 저장소를 사용해 세션 상태를 생성하는 내용을 살펴본다. Redis는 아주 인기 있는 인 메모리 데이터 저장소다. Redis는 트위터, 깃허브, 스택오버플로, 인스타그램, 에어비엔비와 같은 기업에서 사용한다. Express와 Redis를 사용해 세션 상태를 만든다. 세션 상태는 애플리케이션 인증 기능의 기반이다.

13장에서는 다음 주제를 다룬다.

- 세션 상태 이해하기

- Redis 이해하기

- Express와 Redis를 사용해 세션 상태 만들기

기술적 요구 사항

Node.js를 사용한 웹 개발에 대해 충분히 이해하고 있어야 한다. 마찬가지로 코드를 작성하기 위해 노드와 VS Code를 사용한다.

깃허브 저장소는 https://github.com/JungYeolYang/Full-Stack-React-TypeScript-and-Node-acorn이다. Chap13 폴더의 코드를 사용한다.

13장의 코드 폴더를 설정하기 위해 자신의 HandsOnTypescript 폴더에서 Chap13 폴더를 새로 만든다.

세션 상태 이해하기

이 절에서는 세션 상태가 무엇인지 배우고 그 필요성을 알아본다. 웹 동작 방식의 일부 개념을 다시 살펴보고 세션 상태가 필요한 이유를 이해한다.

웹은 실제로 하나가 아니다. 여러 기술의 집합이다. 웹의 핵심은 HTTP 프로토콜이다. HTTP 프로토콜은 통신 규약이며 인터넷에서 웹이 동작하도록 해준다. 프로토콜은 단순히 합의된 통신 규칙의 모음이다. 이러한 규칙은 어느 정도 단순해 보이며 일부 내용은 그럴 수 있다. 하지만 실제 애플리케이션에서는 조금 더 복잡하다.

HTTP 프로토콜은 비연결 프로토콜이다. HTTP 연결은 요청이 만들어지는 시점에만 만들어지고 그다음에는 해제된다는 의미이다. 따라서 사용자가 장시간 웹사이트를 사용하는 중이더라도 연결은 유지되지 않는다. 이러한 방식이 HTTP를 더 확장성 있게 만들어준다. 하지만 이 프로토콜을 사용하는 경우 대규모 웹사이트에서 필요한 특정 기능을 만들기는 어려워진다.

실세계의 예를 살펴보자. 우리가 아마존^{Amazon}이고 이 웹사이트에서 많은 사용자가 제품을 사려고 한다고 가정해보자. 사람들이 제품을 사려고 하기 때문에 이러한 사용자를 각각 식별해야 한다. 예컨대 아마존을 사용하면서 자신의 장바구니에 제품을 추가하는 경우 자신의 제품이 다른 사람의 카트에 들어가지 않았는지 확인해야 하며 그 반대의 경우도 마찬가지다. 이러한 내용은 처리하기 쉬워 보이지만 HTTP와 같은 비연결 프로토콜을 사용하면 간단치 않게 된다.

HTTP에서 모든 요청은 새로운 연결을 만들고 각각의 새로운 요청은 모든 이전 요청에 대해 전혀 알 수 없다. 즉, 연결에서는 아무런 상태 데이터도 가지고 있지 않는다. 자, 다시 아마존 예제로 돌아가서 만약 사용자가 장바구니에 제품을 추가하는 요청을 하면 이 사용자의 요청과 다른 사용자의 요청을 구분할 수 있는 내장된 기능이 없음을 의미한다. 물론 직접 구현한 기능을 사용할 수 있으며 13장에서 살펴보게 될 내용이다. 요점은 사용할 수 있는 내용이 없다는 것이다.

이와 같은 특별한 이슈를 다루는 방법은 확실히 많이 존재한다. 각 사용자에게 유일한 ID를 부여하고 모든 호출에 이 ID를 전달할 수도 있을 것이다. 그렇지 않고 구매한 상품을 장바구니에 보관하기 위한 데이터베이스에 세션 정보를 저장할 수도 있다. 그리고 구체적인 요구 사항에 따라 이보다 더 많은 선택지가 존재한다. 하지만 이러한 단순한 아이디어에 내용을 더하고 세부 사항을 구현해야 한다. 그리고 테스트에 시간을 들여야 한다. 따라서 현실적으로 가능하다면 직접 구현하지 않고 업계 표준 방식을 선택한다. 그러한 방식을 따르면 견고함과 보안을 위한 테스트를 마친 모범 사례를 사용하게 되는 것이다.

사용자 구별에 사용할 방식은 Express 세션과 Redis 데이터 저장소를 사용한 서버 측 기술에 중점을 둔다. 클라이언트 측 기술이면서 서버 측 방식보다 보안 취약점에 더 영향을 받는 JWT는 사용하지 않는다.

NOTE

> 모든 방식에는 장단점이 있다. 어떤 서버도 해킹을 당할 수 있다. 그리고 보안 솔루션을 서버에 설치하는 것이 모든 것을 보장해주지는 못한다. 하지만 자신의 서버에서는 보안을 최대로 설정해 안전하게 제어할 수 있다. 사용자의 장비는 전혀 제어할 수 없다.

이 절에서는 세션 상태가 무엇인지, 그리고 세션 상태가 필요한 이유를 살펴봤다. HTTP 프로토콜에 일부 존재하지 않는 기능과 그러한 기능을 제공할 수 있는 방법을 알아보았다. 다음 절에서는 계속해서 Redis를 살펴본다. Redis는 세션 데이터를 유지하는 데 사용하는 데이터 저장소다.

⫶Redis 이해하기

이 절에서는 Redis를 설치하고 살펴본다. 간단한 Redis 소개와 동작 방식도 알아본다.

Redis는 인 메모리 데이터 저장소다. 이 저장소는 아주 빠르고 확장성이 좋다. Redis를 사용해 문자열과 리스트, 데이터 집합 등을 저장할 수 있다. 수많은 기업에서 Redis를 사용하며 무료이면서 오픈소스다. Redis는 인 메모리 데이터베이스나 캐시용으로 가장 흔히 사용된다.

13장의 경우에는 Redis를 Express 세션의 데이터 저장소로 사용한다. Redis는 리눅스와 맥을 지원한다. 윈도우는 공식적으로 지원하지 않는다. 윈도우에서는 도커 이미지를 통해 비공식적으로 지원을 받을 수 있으나 그러한 내용은 이 책에서 다루는 범위를 벗어난다. 하지만 보통은 클라우드 서비스 제공자의 트라이얼^{trial}용 무료 리눅스 가상 머신을 구할 수 있다. 따라서 윈도우 사용자라면 그러한 클라우드 서비스에서 시도해보길 바란다.

> **NOTE**
>
> redis.conf에는 Redis 서버에서 사용하고 외부 IP 주소에서 접속 가능한 로컬 IP 주소를 설정하는 bind 설정이 있다. 주석 처리된 이 설정을 그대로 두면 해당 서버에 모든 IP 주소를 허용하게 된다. 이렇게 두는 것은 개발 목적에서는 괜찮다. 하지만 일단 상용 환경으로 넘어가면 이 설정을 특정 값으로 설정해 원하는 IP 주소만 해당 서버 IP에 접근하도록 해야 한다.

Redis를 설치해보자. 여기서는 맥을 사용해 설치한다.

1. Redis 웹사이트 https://redis.io/download로 이동한 후 Stable^(안정 버전) 아래 **Download** 버튼을 선택한다. 다음은 7.0.4 버전의 스크린샷이다.

   > **NOTE**
   >
   > 7.0.x 버전보다 상위 버전을 다운로드한다. 하위 버전에는 중대한 변경 사항이 반영되지 않고 남아 있을 수 있다.

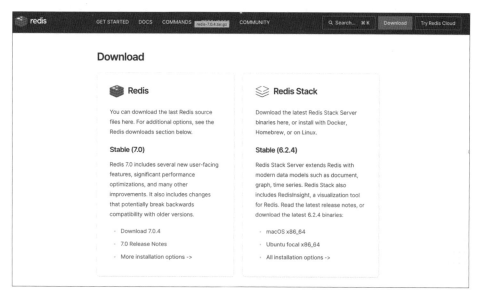

그림 13.1 Redis 다운로드

2. 다운로드했다면 특정 폴더에 파일의 압축을 풀고 터미널을 사용해 해당 폴더로 이동한다. 다음은 tar 파일의 압축을 풀고 난 이후 터미널에서 확인한 내용이다.

```
[kakao_ent@lloydlee redis-7.0.4 % ls
00-RELEASENOTES          Makefile            runtest-cluster
BUGS                     README.md           runtest-moduleapi
CODE_OF_CONDUCT.md       SECURITY.md         runtest-sentinel
CONTRIBUTING.md          TLS.md              sentinel.conf
COPYING                  deps                src
INSTALL                  redis.conf          tests
MANIFESTO                runtest             utils
```

그림 13.2 Redis Stable 버전 압축 해제

3. 이제 소스 파일을 동작 가능한 애플리케이션으로 만든다. 단순히 터미널에서 make를 입력하고 실행한다. 그러면 어느 정도 시간이 지난 후 끝나게 된다. make 명령이 실행되는 모양은 다음과 같다.

```
kakao_ent@lloydlee redis-7.0.4 % make
cd src && /Library/Developer/CommandLineTools/usr/bin/make all
    CC Makefile.dep
rm -rf redis-server redis-sentinel redis-cli redis-benchmark redis-check-rdb redis-check-aof *.o *.gcda *.gcno
*.gcov redis.info lcov-html Makefile.dep
rm -f adlist.d quicklist.d ae.d anet.d dict.d server.d sds.d zmalloc.d lzf_c.d lzf_d.d pqsort.d zipmap.d sha1.d
 ziplist.d release.d networking.d util.d object.d db.d replication.d rdb.d t_string.d t_list.d t_set.d t_zset.d
 t_hash.d config.d aof.d pubsub.d multi.d debug.d sort.d intset.d syncio.d cluster.d crc16.d endianconv.d slowl
og.d eval.d bio.d rio.d rand.d memtest.d syscheck.d crcspeed.d crc64.d bitops.d sentinel.d notify.d setproctitl
e.d blocked.d hyperloglog.d latency.d sparkline.d redis-check-rdb.d redis-check-aof.d geo.d lazyfree.d module.d
 evict.d expire.d geohash.d geohash_helper.d childinfo.d defrag.d siphash.d rax.d t_stream.d listpack.d localti
me.d lolwut.d lolwut5.d lolwut6.d acl.d tracking.d connection.d tls.d sha256.d timeout.d setcpuaffinity.d monot
onic.d mt19937-64.d resp_parser.d call_reply.d script_lua.d script.d functions.d function_lua.d commands.d anet
.d adlist.d dict.d redis-cli.d zmalloc.d release.d ae.d redisassert.d crcspeed.d crc64.d siphash.d crc16.d mono
tonic.d cli_common.d mt19937-64.d ae.d anet.d redis-benchmark.d adlist.d dict.d zmalloc.d redisassert.d release
.d crcspeed.d crc64.d siphash.d crc16.d monotonic.d cli_common.d mt19937-64.d
(cd ../deps && /Library/Developer/CommandLineTools/usr/bin/make distclean)
(cd hiredis && /Library/Developer/CommandLineTools/usr/bin/make clean) > /dev/null || true
(cd linenoise && /Library/Developer/CommandLineTools/usr/bin/make clean) > /dev/null || true
(cd lua && /Library/Developer/CommandLineTools/usr/bin/make clean) > /dev/null || true
(cd jemalloc && [ -f Makefile ] && /Library/Developer/CommandLineTools/usr/bin/make distclean) > /dev/null || t
rue
(cd hdr_histogram && /Library/Developer/CommandLineTools/usr/bin/make clean) > /dev/null || true
(rm -f .make-*)
(cd modules && /Library/Developer/CommandLineTools/usr/bin/make clean)
rm -rf *.xo *.so
(cd ../tests/modules && /Library/Developer/CommandLineTools/usr/bin/make clean)
rm -f commandfilter.so basics.so testrdb.so fork.so infotest.so propagate.so misc.so hooks.so blockonkeys.so bl
ockonbackground.so scan.so datatype.so datatype2.so auth.so keyspace_events.so blockedclient.so getkeys.so getc
hannels.so test_lazyfree.so timer.so defragtest.so keyspecs.so hash.so zset.so stream.so mallocsize.so aclcheck
.so list.so subcommands.so reply.so cmdintrospection.so eventloop.so moduleconfigs.so moduleconfigstwo.so publi
sh.so commandfilter.xo basics.xo testrdb.xo fork.xo infotest.xo propagate.xo misc.xo hooks.xo blockonkeys.xo bl
ockonbackground.xo scan.xo datatype.xo datatype2.xo auth.xo keyspace_events.xo blockedclient.xo getkeys.xo getc
```

그림 13.3 make 명령 실행

4. 지금까지 서버를 만들었으며 이제 원하는 곳으로 이 서버를 옮긴다. 여기서는 애플리케이션 폴더로 옮겼다. Redis 폴더로 디렉터리를 변경한 후 다음 명령을 실행한다.

```
src/redis-server
```

다음은 실행 중인 로컬 Redis 서버의 스크린샷이다.

```
kakao_ent@lloydlee redis-7.0.4 % src/redis-server
9879:C 03 Sep 2022 23:28:40.020 # oO0OoO0O0oO0Oo Redis is starting oO0OoO0O0oO0Oo
9879:C 03 Sep 2022 23:28:40.020 # Redis version=7.0.4, bits=64, commit=00000000, modified=0, pid=9879, just sta
rted
9879:C 03 Sep 2022 23:28:40.020 # Warning: no config file specified, using the default config. In order to spec
ify a config file use src/redis-server /path/to/redis.conf
9879:M 03 Sep 2022 23:28:40.021 * Increased maximum number of open files to 10032 (it was originally set to 256
).
9879:M 03 Sep 2022 23:28:40.021 * monotonic clock: POSIX clock_gettime
                _.-``__ ''-._
           _.-``    `.  `_.  ''-._           Redis 7.0.4 (00000000/0) 64 bit
      .-`` .-```.  ```\/    _.,_ ''-._
     (    '      ,       .-`  | `,    )     Running in standalone mode
     |`-._`-...-` __...-.``-._|'` _.-'|     Port: 6379
     |    `-._   `._    /     _.-'    |     PID: 9879
      `-._    `-._  `-./  _.-'    _.-'
     |`-._`-._    `-.__.-'    _.-'_.-'|
     |    `-._`-._        _.-'_.-'    |           https://redis.io
      `-._    `-._`-.__.-'_.-'    _.-'
     |`-._`-._    `-.__.-'    _.-'_.-'|
     |    `-._`-._        _.-'_.-'    |
      `-._    `-._`-.__.-'_.-'    _.-'
          `-._    `-.__.-'    _.-'
              `-._        _.-'
                  `-.__.-'

9879:M 03 Sep 2022 23:28:40.022 # WARNING: The TCP backlog setting of 511 cannot be enforced because kern.ipc.s
omaxconn is set to the lower value of 128.
9879:M 03 Sep 2022 23:28:40.022 # Server initialized
9879:M 03 Sep 2022 23:28:40.022 * Ready to accept connections
```

그림 13.4 실행 중인 Redis

맥에서는 유입되는 네트워크 요청을 Redis에서 받을 수 있게 권한을 부여할 것인지 묻는 경고가
표시될 수 있다. 이 권한은 허용한다.

5. Redis의 동작을 빠르게 확인해보자. 터미널 창을 열고 Redis가 동작하고 있을 때
   src 폴더에서 다음 명령을 입력한다.

```
./redis-cli
```

다음은 몇 가지 테스트한 내용이다.

```
kakao_ent@lloydlee src % ./redis-cli
127.0.0.1:6379> ping
PONG
127.0.0.1:6379> set test 1
OK
127.0.0.1:6379> get test
"1"
```

그림 13.5 Redis 테스트

그림 13.5에서 Redis의 동작을 확인하기 위해 ping을 입력했다. 다음으로 set 명령을 사용해 새로운 값을 만들었다. 이때 키는 **test**이고 값은 1을 입력했다. 그리고 해당 값을 성공적으로 가져왔다.

6. 지금까지 서버를 적절하게 설치했으며 이제 부가적인 설정을 몇 가지 진행한다. 먼저 다음 명령을 사용해 서버를 정지시킨다.

```
src/redis-cli shutdown
```

서버가 정지되면 Chapter13 소스 코드 폴더로 이동한 후 redis/redis.conf 파일의 내용을 복사한다. 그리고 터미널에서 다음 명령을 실행한다.

```
sudo mkdir /etc/redis
```

sudo 비밀번호를 물으면 자신의 패스워드를 입력한다. 이 폴더는 대부분의 Redis 설정에 관한 기본 폴더다. 그리고 다음 명령을 실행한다.

```
sudo nano /etc/redis/redis.conf
```

nano는 터미널에서 사용하는 텍스트 편집기다. 이제 소스 코드의 redis.conf 파일 내용을 새로 만든 /etc/redis/redis.conf 파일에 붙여넣는다.

이 파일을 열고 `requirepass` 키워드를 검색하면 테스트 목적으로 사용할 비밀번호를 확인할 수 있다. **Ctrl+W**를 누르거나 VS Code에서 확인한다. 이 비밀번호는 상용 환경에서 사용하면 안 된다.

그 밖의 설정은 기본값을 사용한다.

7. 자, 이제 Redis 서버를 다시 시작해보자. 이번에는 서버에서 새로 만든 redis.conf 파일을 바라보게 된다. 다음 명령을 입력한다.

```
src/redis-server /etc/redis/redis.conf
```

로그 메시지에서 `Configuration loaded`라고 알려준다.

이 서버를 다시 테스트해보면 설정한 비밀번호 때문에 인증을 해야 한다.

```
src/redis-cli
auth <비밀번호>
```

결과는 다음과 같다.

```
kakao_ent@lloydlee redis-7.0.4 % src/redis-cli
127.0.0.1:6379> auth test-password-do-not-use-123
OK
127.0.0.1:6379> ping
PONG
```

그림 13.6 Redis 인증과 테스트 결과

이 절에서는 Redis가 무엇인지 살펴봤고 기본적인 Redis 서비스를 설치했다. 다음 절에서는 베어본 노드와 Express 서버를 만들고 Redis 기반의 세션 상태를 설정하는 백엔드 서버 코드를 시작한다.

Express와 Redis를 사용해 세션 상태 만들기

이 절에서는 백엔드를 시작한다. Express 프로젝트를 만들고 Redis 기반 세션 상태를 설정한다.

지금까지 Redis가 무엇이며 어떻게 설치하는지 살펴봤다. 이제 Express와 Redis가 어떻게 서버에서 동작하는지 살펴보자. 8장, 'Node.js와 Express를 사용한 서버 측 개발'에서 살펴본 것처럼 Express는 기본적으로 노드에 대한 래퍼다. 이 래퍼에서는 미들웨어를 통해 노드에서 사용할 수 있는 추가적인 기능을 제공한다. 세션 상태도 Express의 미들웨어다.

예제 애플리케이션의 Express에서는 사용자의 브라우저에 쿠키를 생성하고 세션 설정 및 유지에 사용할 수 있는 여러 함수가 포함된 세션 객체를 제공한다. Redis는 세션 데이터의 저장소로 사용한다. Redis는 데이터 저장과 조회가 아주 빠르기 때문에 사용하기에 적합하다.

이제 Express와 Redis를 사용해 프로젝트를 만들어보자.

1. 먼저 super-forum-server 프로젝트 폴더를 만든다. 폴더를 만들고 나면 다음 명령을 실행해 NPM프로젝트로 초기화한다. 터미널에서 명령을 실행하기 전에 super-forum-server 폴더인지 먼저 확인한다.

```
npm init -y
```

실행이 완료됐으면 package.json의 name 필드가 super-forum-server로 수정됐는지 확인한다. 그리고 author 필드도 원하는 이름으로 수정한다.

2. 이제 다음과 같이 의존성을 설치한다.

```
npm i express express-session connect-redis ioredis dotenv
npm i typescript @types/express @types/express-session @types/connect-
redis @types/ioredis ts-node-dev -D
```

보다시피 express 패키지를 설치했지만 express-session도 설치했다. 이 패키지는 Express에서 세션을 사용할 수 있게 해준다. 그리고 connect-redis도 설치했다. 이 패키지는 Express 세션을 Redis 데이터 저장소와 연결해준다. connect-redis와 함께 ioredis 패키지도 필요하다. 이 패키지는 Redis 서버에 접근할 수 있도록 해주는 클라이언트다. 코드를 작성할 때 이 부분은 더 자세히 설명한다. dotenv 패키지를 사용하면 서버 비밀번호와 그 밖의 설정을 저장하는 .env 설정 파일을 사용할 수 있다.

그리고 두 번째 설치 명령에서는 개발 관련 패키지를 확인할 수 있다. 이러한 패키지는 대부분 @types/express와 같은 타입스크립트 정의 패키지다. 하지만 마지막 부분에서 ts-node-dev를 설치했다. 이 패키지를 사용하면 메인 index.ts 파일을 통해 서버를 시작할 수 있다. ts-node-dev 패키지에서는 tsc 타입스크립트 컴파일러를 실행시키고 서버가 실행된다.

3. 이제 package.json 파일을 수정해 ts-node-dev 헬퍼를 사용하도록 만든다. 이 패키지는 스크립트가 변경될 때마다 자동으로 서버를 재시작해주기 때문에 아주 유용하다. 다음 내용을 package.json의 scripts 섹션에 추가한다.

```
"start": "ts-node-dev --respawn --transpile-only src/index.ts"
```

respawn 앞에는 두 개의 대시가 있다. index.ts 파일은 서버가 시작되는 최상위 파일이다.

4. 이제 프로젝트에 타입스크립트를 설정한다. tsconfig.json 타입스크립트 설정 파일을 이전에 여러 차례 살펴봤으니 여기서는 설명하지 않는다. 물론 직접 깃허브 소스 파일에서 찾아볼 수 있다. 하지만 target은 ES6이고 상용^{production} 파일은 ./dist 폴더에 저장된다는 점을 알아둔다.

5. src 폴더를 프로젝트의 최상위 디렉터리에 만든다.

6. 이제 .env 파일과 각 항목을 만든다. 다음 설정을 자신의 파일에 복사한다. 하지만 보안이 필요한 고유한 값은 직접 지정한다.

설정	기능
REDIS_PASSWORD	앞부분에서 Redis용으로 redis.conf 파일에 설정한 비밀번호다. 설정한 비밀번호와 동일한 비밀번호를 사용해야 한다.
REDIS_PORT	Redis가 실행 중인 포트다. 기본값은 6379다.
REDIS_HOST	Redis 서버의 IP 주소다. 여기서는 Redis 서버를 로컬에 설치했기 때문에 localhost를 사용한다.
COOKIE_NAME	Redis 세션과 연결되는 쿠키의 이름이다.
SESSION_SECRET	모든 세션에는 Express에서 해당 세션에 접근할 수 있는 고유한 비밀번호를 가진다.
SERVER_PORT	서버가 실행되는 포트다. 원하는 포트를 지정할 수 있지만 동일한 포트에서는 다른 어떤 것도 실행할 수 없다.

7. 이제 index.ts 파일을 만들어보자. 서버의 동작을 확인하기 위해 베어본 파일을 먼저 만든다. 이 파일에 다음 내용을 추가한다.

```
import express from "express";
```

여기서 Express를 불러왔다.

```
console.log(process.env.NODE_ENV);
```

다음으로 어떤 환경에서 작업을 하는지 보여준다. 이 환경은 상용 환경이나 개발 환경이 될 수 있다. 로컬 환경을 설정하지 않았다면 터미널에서 다음 명령을 사용해 설정한다.

맥에서는 다음 명령을 사용한다.

```
export NODE_ENV=development
```

윈도우라면 다음 명령을 사용한다.

```
SET NODE_ENV=development
```

상용 서버에서도 이러한 명령을 사용하지만 production으로 바꿔 설정한다.

```
require("dotenv").config();
```

여기서는 dotenv 패키지를 불러오고 기본 설정으로 구성한다. 이 패키지를 통해 .env 파일을 프로젝트에서 사용할 수 있다.

```
const app = express();
```

다음으로 express를 사용해 app 객체의 인스턴트를 만든다. 이후 미들웨어를 모두 이 app 객체에 추가한다. Express에서는 거의 모든 것이 미들웨어이기 때문에 세션 상태도 역시 미들웨어다.

```
app.listen({ port: process.env.SERVER_PORT }, () => {
  console.log(`Server ready on port ${process.env.SERVER_PORT}`);
});
```

다음으로 서버를 초기화한 후 이 서버가 동작 중이라면 로그 메시지를 보여준다. 다음 명령을 실행한다.

```
npm start
```

터미널에서 다음과 같은 로그 메시지를 볼 수 있다.

```
> super-forum-server@1.0.0 start /Users/kakao_ent/IdeaProjects/sub-project/books/Full-Stack-React-Ty
peScript-and-Node/Chap13/super-forum-server
> ts-node-dev --respawn --transpile-only src/index.ts

[INFO] 03:16:37 ts-node-dev ver. 2.0.0 (using ts-node ver. 10.9.1, typescript ver. 4.8.2)
development
Server ready on port 8000
```

그림 13.7 첫 번째 Express 서버 실행 결과

8. 지금까지 기본적인 서버가 정상 동작하는 것을 확인했으니 이제 Express 세션 상태와 Redis를 추가한다.

```
import express from "express";
import session from "express-session";
import connectRedis from "connect-redis";
import Redis from "ioredis";
```

먼저 expression-session과 Redis 관련 패키지를 불러온 것을 볼 수 있다.

```
console.log(process.env.NODE_ENV);
require("dotenv").config();


const app = express();
const router = express.Router();
```

여기서는 router 객체를 초기화했다.

```
const redis = new Redis({
  port: Number(process.env.REDIS_PORT),
  host: process.env.REDIS_HOST,
  password: process.env.REDIS_PASSWORD,
});
```

redis 객체는 Redis 서버의 클라이언트다. 값을 .env 파일의 설정 정보에 숨겼다. 만약 비밀번호와 다른 보안 정보가 소스 코드에 하드코딩돼 볼 수 있다면 얼마나

안전하지 않을지 상상해볼 수 있다.

```
const RedisStore = connectRedis(session);
const redisStore = new RedisStore({
  client: redis,
});
```

이제 RedisStore 클래스와 redisStore 객체를 만들었고 이후에 Express 세션에서 사용할 데이터 저장소를 만든다.

```
app.use(
  session({
    store: redisStore,
    name: process.env.COOKIE_NAME,
    sameSite: "Strict",
    secret: process.env.SESSION_SECRET,
    resave: false,
    saveUninitialized: false,
    cookie: {
      path: "/",
      httpOnly: true,
      secure: false,
      maxAge: 1000 * 60 * 60 * 24,
    },
  } as any)
);
```

이 세션 객체에는 몇 가지 선택 사항이 있다. 첫 번째 store는 redisStore 객체를 추가하는 곳이다. sameSite의 값은 강화된 보안으로 다른 도메인을 허용하지 않는 쿠키를 가리킨다. secret 필드는 특정 세션에 대한 일종의 고유 ID나 비밀번호다. cookie 필드에는 사용자의 브라우저에 저장되는 쿠키를 설정한다. httpOnly 필드는 해당 쿠키를 자바스크립트에서 사용할 수 없음을 의미한다. 이러한 방식은 쿠키를 더욱 더 안전하게 만들어주며 크로스 사이트 스크립트 공격을 방어할 수 있다. 여기서는 HTTPS를 사용하지 않기 때문에 secure 필드는 false다.

```
app.use(router);
router.get("/", (req, res, next) => {
  if (!req.session!.userid) {
    req.session!.userid = req.query.userid;
```

```
    console.log("Userid is set");
    req.session!.loadedCount = 0;
  } else {
    req.session!.loadedCount = Number(req.session!.loadedCount) + 1;
  }
```

router 객체와 GET 방식의 경로를 하나 설정했다. 기본적으로 URL 쿼리 문자열에서 userid를 가져와 사용자의 유일한 session.userid 필드를 설정한다. 그리고 호출과 호출 사이에 해당 세션이 활성 상태로 유지됨을 보여주기 위해 호출 횟수를 계산한다.

```
  res.send(
    `userid: ${req.session!.userid}, loadedCount: ${req.session!.
  loadedCount}`
  );
});
```

여기서는 세션 정보를 문자열로 전송해 응답한다.

```
app.listen({ port: process.env.SERVER_PORT }, () => {
  console.log(`Server ready on port ${process.env.SERVER_PORT}`);
});
```

끝으로 express 서버는 SERVER_PORT에 설정한 내용대로 5000번 포트를 listen한다. 다음 이미지에서 볼 수 있는 것처럼 쿠키가 첫 번째 로딩에서 생성됐다.

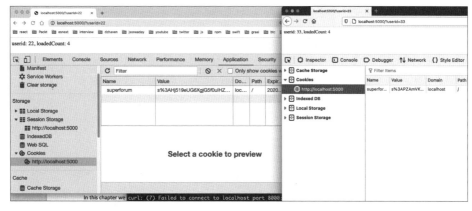

그림 13.8 두 브라우저의 개별 세션 상태 표시

두 개의 브라우저를 사용해 고유의 세션이 생성되는 것을 보여준다. 만약 하나의 브라우저를 사용한다면 이 세션은 동일한 쿠키가 사용되므로 구별이 되지 않는다.

이 절에서는 Express와 Redis를 사용해 기본적인 SuperForum 애플리케이션 프로젝트를 구현했다. 세션을 만드는 과정에서 Express와 Redis가 어떤 역할을 하는지 살펴봤다. 그리고 세션을 사용해 사이트에 유입되는 각 사용자별로 고유한 데이터 컨테이너를 만드는 방법을 살펴봤다.

⠿ 요약

13장에서는 세션과 Redis 데이터 저장소 서비스를 배웠다. 그리고 Redis와 Express를 통합해 사용자의 고유 세션을 만드는 방법을 살펴봤다. 이 방법은 14장에서 인증 서비스를 만들 때 필요하다.

14장에서는 Postgres 서버를 구성하고 데이터베이스 스키마를 만든다. 아울러 Type Orm에 대해서도 배운다. TypeOrm을 통해 애플리케이션에서 Postgres를 통합해 사용할 수 있다. 마지막으로 인증 서비스를 만들고 세션 상태와 연결한다.

14

TypeORM으로 저장소 계층과 Postgres 구성하기

14장에서는 Postgres를 데이터베이스로 사용하고 TypeORM을 이 데이터베이스에 접근하기 위한 라이브러리로 사용해 저장소 계층을 구성하는 방법을 살펴본다. 데이터베이스 스키마를 만들고 TypeORM을 사용해 애플리케이션에서 CRUD(생성, 조회, 수정, 삭제) 작업을 처리한다. 백엔드의 핵심적인 동작이 데이터를 조회하고 수정하는 것이기 때문에 14장은 아주 중요하다.

14장에서는 다음 주제를 다룬다.

- Postgres 데이터베이스 설정하기

- TypeORM을 사용해 객체 관계 매퍼 이해하기

- TypeORM과 Postgres를 사용해 저장소 계층 만들기

⁂ 기술적 요구 사항

이 책에서는 관계형 데이터베이스를 알려주지 않는다. 따라서 간단한 쿼리와 테이블 구조를 포함해 기본적인 SQL을 이해할 수 있어야 한다. 그리고 노드를 통한 웹 개발에 대한 이해도 가지고 있어야한다. 마찬가지로 코드 작성에 노드와 VS Code를 사용한다.

깃허브 저장소는 https://github.com/JungYeolYang/Full-Stack-React-TypeScript-and-Node-acorn이다. Chap14 폴더의 코드를 사용한다.

14장의 코드 폴더를 설정하기 위해 자신의 HandsOnTypescript 폴더에서 Chap14 폴더를 새로 만든다.

⁂ Postgres 데이터베이스 설정하기

이 절에서는 Postgres 데이터베이스를 설치하고 설정한다. 여전히 관계형 데이터베이스는 많이 사용되고 있으며 최근에는 NoSQL 데이터베이스가 대세다. 하지만 스택오버플로에서 발표한 자료에 따르면, Postgres가 세계에서 가장 인기 있는 데이터베이스에 계속해서 포함됐다. 게다가 성능은 MongoDB를 크게 앞지르는 세계적인 수준이다 (https://www.enterprisedb.com/news/new-benchmarks-show-postgres-dominating-mongodb-varied-workloads). 따라서 데이터베이스 기술은 Postgres를 사용한다.

Postgres 데이터베이스를 설치해보자. EDB에서 제공되는 인스톨러를 사용한다. EDB는 서드파티 기업으로 Postgres를 지원하는 도구와 서비스를 제공한다.

1. https://www.enterprisedb.com/downloads/postgres-postgresql-downloads에서 자신의 플랫폼에 맞는 다운로드를 선택한다. 여기서는 맥용 12.4 버전을 사용하며 이 버전이 책을 작성하는 시점에 최신 버전이다.

2. 인스톨러는 다음과 같은 설치 컴포넌트의 목록을 포함해 모두 기본값으로 설치한다.

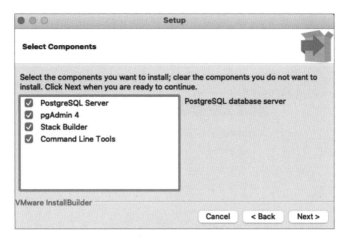

그림 14.1 Postgres 설치 화면

3. 설치를 마쳤으면 pgAdmin 애플리케이션을 실행한다. 이 애플리케이션은 Postgres 관리자 애플리케이션이다. 다음과 같은 화면을 볼 수 있다.

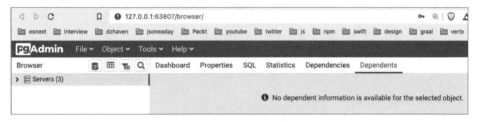

그림 14.2 pgAdmin 첫 화면

볼 수 있는 것처럼 pgAdmin은 웹 브라우저 애플리케이션이다. 여러 서버를 설치할 수 있으나 pgAdmin을 처음 설치했다면 다른 서버는 존재하지 않는다.

4. 다음으로 HandsOnFullStackGroup이라는 이름의 새로운 서버 그룹을 만들어 다른 작업과 분리한다. 서버 그룹은 여러 서버 인스턴스를 둘 수 있는 컨테이너이며 각 서버는 여러 데이터베이스를 가질 수 있다. 여기서 서버는 단일 물리 장비를 가리키지는 않는다.

5. 먼저 다음과 같이 Servers 항목을 마우스 오른쪽 버튼으로 클릭해 **Server Group**
에 대한 옵션을 선택한다.

그림 14.3 pgAdmin server group 추가

6. 다음으로 **HandsOnFullStackGroup**을 마우스 오른쪽 버튼으로 클릭한 후 **Server**
를 선택해 서버를 생성한다. 그리고 다음과 같은 첫 번째 화면에서 **Name**에
SuperForumServers를 입력한다.

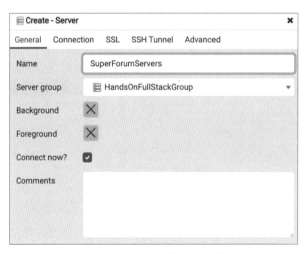

그림 14.4 Create 메뉴의 서버 탭

7. 이제 다음으로 **Connection** 탭을 선택한 후 **Host name/address**에 localhost를 입
력한다. 그리고 postgres의 비밀번호를 입력한다. Postgres 계정은 최상위 관리자
계정이다. 따라서 이 비밀번호를 기억해야 한다. 다음 스크린샷은 Connection 탭
이다.

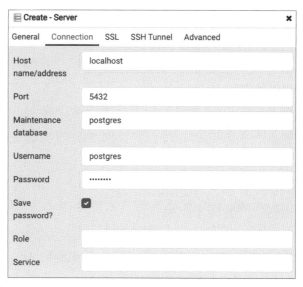

그림 14.5 Connection 탭

8. **Save**를 선택하면 서버가 만들어진다. 그러면 다음과 같은 화면을 볼 수 있다.

그림 14.6 새로운 HandsOnFullStackGroup과 SuperForumServers 화면

postgres라는 데이터베이스가 이미 존재한다. 이 데이터베이스는 비어 있지만 전역 데이터를 저장하는 데 사용할 수 있다.

다음으로 애플리케이션에서 사용할 데이터베이스를 만들어보자. 하지만 그 전에 새로운 데이터베이스와 관련해서 사용할 새로운 계정을 만들어야 한다. 기본 관리자 계정인 postgres를 사용하는 것은 좋지 않다. 해킹을 당하게 되는 경우 전체 서버를 공격자에게 내주게 된다.

1. pgAdmin의 **Login/Group Roles**에서 마우스 오른쪽 버튼을 클릭하고 후 **Create ➤ Login/Group Role**을 선택한다. 그리고 **General** 탭에서 이름에 superforumsvc를 사용한다. 다음으로 **Definition** 탭에서 비밀번호를 입력한다. 그리고 **Privileges** 탭으로 가서 로그인을 가능하게 한다. 나머지는 기본 설정으로 둔다.

2. 다음은 화면의 **Databases** 항목에서 마우스 오른쪽 버튼을 클릭하고 **Create ➤ Database**를 선택한다. 그리고 **General** 탭에서 이름을 SuperForum으로 입력하고 **Owner**에서 superforumsvc를 선택한다.

그림 14.7 SuperForum 데이터베이스 생성

3. 그리고 **Save**를 클릭한다. 이제 화면은 다음과 같은 모양이다.

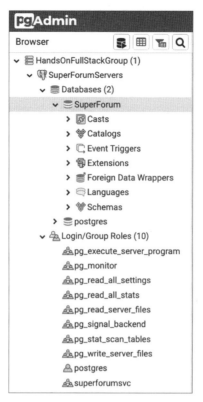

그림 14.8 새로운 데이터베이스와 사용자

잘 따라왔다! 이제 데이터베이스가 만들어졌다. 만약 ORM을 사용하지 않았다면 수동으로 테이블과 필드를 만드는 지루한 과정을 진행해야 했다. 앞으로 보게 되겠지만 TypeORM을 사용하게 되면 이러한 힘든 일을 줄일 수 있을 뿐만 아니라 데이터베이스를 쿼리할 수 있는 아주 훌륭한 언어적인 기능도 제공된다.

다음 절에서는 TypeORM을 자세히 살펴본다. TypeORM이 어떻게 동작하고 여러 단계에서 데이터베이스와 상호작용하는 데 어떤 도움을 받을 수 있는지 알아본다.

⚡ TypeORM을 사용해 객체 관계 매퍼 이해하기

이 절에서는 객체 관계 매퍼^{ORM} 기술이 무엇인지 알아본다. 그리고 자바스크립트에서 사용할 수 있는 가장 잘 알려진 ORM 프레임워크의 하나인 TypeORM에 대해서도 알아본다. ORM은 데이터베이스 작업을 아주 쉽게 만들어주어 개발자가 알아야 할 부담을 줄여준다.

프로그래머라면 다양한 프로그래밍 언어가 서로 호환되지 않는 타입을 가지고 있다는 것을 안다. 예컨대 자바스크립트는 그 이름에도 불구하고 자바 타입을 직접 사용하거나 접근할 수도 없다. 서로 다른 언어에서 다른 언어의 타입을 사용하려면 일종의 변환을 거쳐야 한다. 이러한 이유 때문에 Web API와 같은 서비스를 사용한다. Web API에서는 모든 데이터를 JSON과 같은 문자열 형식으로 호출자에게 제공한다. 이러한 방식을 사용하면 모든 언어에서 읽을 수 있기 때문에 어떤 호출자라도 해당 데이터를 사용할 수 있다.

데이터베이스를 코딩 언어로 변환하는 것은 타입이 호환되지 않는 경우와 유사하다. 정상적으로 데이터를 반환하는 쿼리를 만든 후 해당 데이터베이스의 각 필드 값을 코딩하는 언어의 특정 타입으로 변환하는 코드를 직접 작성해야 한다. 하지만 ORM을 사용한다면 이러한 작업의 대부분은 사라지게 된다.

ORM은 데이터베이스 필드와 코드 필드를 매핑하는 방법을 알고 있으며 이러한 변환 작업을 처리하도록 설계됐다. 게다가 대부분의 ORM에서는 코드에서 생성한 엔터티^{entity}의 구조에 따라 자동으로 테이블과 필드를 데이터베이스에 만들어주는 기능을 가지고 있다. 엔터티는 코딩 언어의 타입으로 생각할 수 있으며 데이터베이스의 테이블과 유사한 객체를 나타낸다. 예를 들어 자바스크립트에 User라는 엔터티가 있다면 데이터베이스에 이 엔터티와 매핑되는 Users라는 테이블이 존재할 것이라고 예상할 수 있다. Users 테이블이 복수로 표현된 이유는 하나의 테이블에는 여러 사용자가 존재하기 때문이다.

이 기능만으로도 개발자의 시간과 노력을 획기적으로 줄여줄 수 있지만 이러한 기능 외에도 좋은 ORM에는 쿼리를 만들고 SQL 인젝션 공격을 할 수 없도록 파라미터를 안전하게 삽입하고 트랜잭션을 처리하는 데 도움이 되는 기능도 포함돼 있다. 트랜잭션은 데이터베이스 작업의 최소 단위로, 전체가 완료돼야 하며 그렇지 않은 경우 관련된 모든 작업은 실행이 취소된다.

> **NOTE**
>
> SQL인젝션 공격은 악의적인 사람이 SQL 코드를 삽입해 발생한다. 삽입되는 SQL 코드는 개발자가 원래 의도한 것과는 다르다. 이 공격으로 데이터 손실과 애플리케이션 고장과 같은 문제가 발생할 수 있다.

애플리케이션에서는 TypeORM을 사용한다. TypeORM은 깃허브에서 20,000건 이상의 좋아요를 받은 인기 있고 아주 많이 사용되는 타입스크립트 ORM이다. TypeORM 고급 사용자가 되는 것은 상당한 노력이 필요하지만, 앞부분에서 언급한 기능을 모두 제공하고 쉽게 시작할 수 있다. TypeORM은 마이크로소프트 SQL과 MySQL, 오라클을 포함한 다양한 데이터베이스를 지원한다.

풍부한 기능으로 많은 시간을 절약해주고 수많은 자바스크립트 프로젝트에서 Type ORM을 사용하기 때문에 대규모 개발자 커뮤니티가 존재하며 사용하면서 문제가 발생하면 이 커뮤니티를 통해 도움을 받을 수 있다.

이 절에서는 ORM 기술을 배웠다. ORM 기술이 무엇이고 왜 중요하며 사용할 가치가 있는지 살펴봤다. 다음 절에서는 TypeORM을 사용해 프로젝트를 직접 만든다. 그럼 시작해보자.

⸭ TypeORM과 Postgres를 사용해 저장소 계층 만들기

이 절에서는 저장소 계층 사용의 중요성을 배운다. 애플리케이션에서 크고 중요한 부분을 별도의 계층으로 나누는 방법을 사용하면 코드 리팩토링이 쉬워진다. 그리고 중요 부분이 논리적으로 완전히 분리되기 때문에 앱의 동작을 이해하는 측면에서도 도움이 된다.

1장, '타입스크립트 이해하기'에서 OOP(객체지향 프로그래밍)를 살펴봤다. OOP 설계를 구현하는 주요 메커니즘의 하나는 추상화를 사용하는 것이다. 별도의 계층에서 데이터베이스로 접근하는 코드를 만들어 추상화한다. 다시 기억을 떠올려보면 추상화의 여러 이점 중에 하나는 코드 구현을 내부적으로 숨기고 외부 호출자에게는 인터페이스를 노출한 다는 점이다. 게다가 데이터베이스 접근과 관련된 코드는 모두 한곳에 있게 되므로 데 이터베이스를 조회하는 코드를 찾아 헤매지 않아도 된다. 애플리케이션에서 어떤 계층 에 해당 코드가 있는지 알게 된다. 이렇게 논리적으로 코드를 분리하는 것을 SOC(관심사의 분리)라고 한다.

자, 이제 저장소 계층을 만들어보자.

1. 먼저 13장, 'Express와 Redis로 세션 상태 구성하기'에서 만든 서버 코드를 복사 한다. 깃허브 소스 코드의 Chapter13 폴더로 가서 super-forum-server 폴더를 Chapter14 폴더로 복사한다.

> **NOTE**
> node_modules 폴더와 package-lock.json 파일을 삭제한 후 다음 명령으로 설치를 다시 진행 한다.

   ```
   npm install
   ```

2. 다음으로 TypeORM과 TypeORM 관련 의존성을 설치한다. 다음 명령을 실행한다.

   ```
   npm i typeorm pg bcryptjs cors class-validator
   npm i @types/pg @types/cors @types/bcryptjs -D
   ```

이 명령을 사용해 typeorm를 설치했다. pg는 Postgres와 통신하는 클라이언트 다. bcryptjs는 암호화 라이브러리로 데이터베이스에 비밀번호를 입력하기 전에 암호화하는 데 사용한다. cors를 사용해 서버의 도메인 이외의 다른 도메인에서 들어오는 클라이언트 측 요청을 전달받을 수 있다. 최신 앱에서는 클라이언트 측 코드가 서버 측 코드와 동일한 서버에서 제공되지 않을 수 있다. 이러한 방식은 다 양한 클라이언트에서 사용할 수 있는 GraphQL 같은 API를 만들 경우에 특히 그 렇다. 그리고 클라이언트의 리액트 앱과 서버를 통합할 때 클라이언트와 서버가 여러 부분으로 동작하기 때문에 이러한 방식을 보게 될 것이다. class-validator는 유효성 확인을 위해 데코레이터^{decorator}를 할당하기 위한 의존성이다. 나중에 예제를 통해 더 자세한 내용을 살펴본다.

3. 이제 Entities 데이터베이스를 만들어보기 전에 설정 파일을 만들어 TypeORM 코드에서 Postgres 데이터베이스에 접속할 수 있게 한다. 즉, 데이터베이스 설정을 사용해 .env 파일을 수정해야 한다. .env 파일을 열고 다음 값을 추가한다. 서버는 로컬에 설치됐으므로 PG_HOST 값은 localhost다.

```
PG_HOST=localhost
```

통신용 서버의 포트는 다음과 같다.

```
PG_PORT=5432
```

데이터베이스 계정 이름은 다음과 같다.

```
PG_ACCOUNT=superforumsvc
```

자신의 데이터베이스 비밀번호를 사용한다.

```
PG_PASSWORD=<자신의 데이터베이스 비밀번호>
```

데이터베이스 이름은 다음과 같다.

```
PG_DATABASE=SuperForum
```

앞서 언급한 것처럼 TypeORM에서는 테이블과 필드를 생성하고 해당 내용이 변경되면 유지 관리해준다. 다음과 같이 PG_SYNCHRONIZE로 해당 기능을 활성화한다.

```
PG_SYNCHRONIZE=true
```

물론 상용 환경으로 넘어가게 되면 이 기능을 비활성화해 원치 않는 데이터베이스 변경이 발생하지 않도록 해야 한다.

하위 디렉터리가 포함된 엔터티 파일의 위치는 다음과 같다.

```
PG_ENTITIES="src/repo/**/*.*"
```

엔터티에서 사용할 최상위 디렉터리는 다음과 같다.

```
PG_ENTITIES_DIR="src/repo"
```

`PG_LOGGING`에서는 서버 로그 활성화 여부를 결정한다.

이슈를 추적하기 위해 상용 환경에서 로그를 활성화해야 한다. 하지만 개발 환경에서는 파일을 많이 만들어내기 때문에 로그를 활성화하지 않는다.

4. 이제 TypeORM 설정 파일을 만든다. 프로젝트 최상위 디렉터리인 Chap14/super-forum-server에서 ormconfig.js 파일을 만들고 다음 코드를 추가한다.

```
require("dotenv").config();
```

먼저 require를 사용해 .env 설정을 불러온다.

```
module.exports = [
  {
    type: "postgres",
```

어떤 데이터베이스에 연결할 것인가? TypeORM에서는 다양한 데이터베이스를 지원하기 때문에 데이터베이스를 지정한다.

나머지 값은 .env 파일의 설정을 사용하므로 별도의 설명이 필요치 않다.

```
    host: process.env.PG_HOST,
    port: process.env.PG_PORT,
    username: process.env.PG_ACCOUNT,
    password: process.env.PG_PASSWORD,
    database: process.env.PG_DATABASE,
    synchronize: process.env.PG_SYNCHRONIZE,
    logging: process.env.PG_LOGGING,
    entities: [process.env.PG_ENTITIES],
    cli: {
      entitiesDir: process.env.PG_ENTITIES_DIR,
    },
  },
];
```

이제 엔터티를 만들 준비가 됐다.

5. 지금까지 의존성을 설치하고 데이터베이스 설정을 진행했으니 이제 User라고 하는 첫 번째 엔터티를 만들어보자. Chap14/super-forum-server 폴더로 디렉터리를 변경하고 src 폴더 안에 repo 폴더를 만든다. 저장소 코드를 모두 여기에 둔다. 다음으로 repo 폴더에 다음 코드가 포함된 User.ts 파일을 만든다.

```
import { Entity, PrimaryGeneratedColumn, Column } from "typeorm";
```

TypeORM import를 사용해 User 엔터티 클래스를 만든다. Entity와 Primary GeneratedColumn, Column은 데코레이터다. 데코레이터는 관련된 코드 행 앞에 놓는 속성으로 필드나 객체에 대한 추가적인 설정 정보를 제공한다. 이 데코레이터는 "바로 가기"라고 생각할 수 있다. 긴 코드를 작성하는 대신, 간단하게 설정 정보를 제공하는 태그를 추가한다. 나중에 이러한 코드를 사용한 여러 예제를 보게 될 것이다.

```
import { Length } from "class-validator";
```

여기서는 길이의 유효성을 확인하는 밸리데이터를 불러온다.

다음은 데코레이터를 처음으로 사용한다. Entity 데코레이터에서는 나중에 정의될 클래스가 Users라는 이름의 엔터티라는 것을 TypeORM에 알려준다. 다시 말하면 코드에서는 데이터베이스의 Users 테이블과 직접 매핑되는 User 객체를 사용하게 된다.

```
@Entity({ name: "Users" })
```

데이터베이스에서 모든 테이블은 고유한 식별 필드를 가진다. 이것이 Primary GeneratedColumn에서 알려주는 내용이다. 해당 필드 이름은 id를 사용한다. id의 "i"는 대문자가 아니다. 이것은 나중에 수정한다.

```
export class User {
  @PrimaryGeneratedColumn({ name: "id", type: "bigint" })
  id: string;
```

다음으로 Column 데코레이터를 처음 사용한다.

```
@Column("varchar", {
  name: "Email",
  length: 120,
  unique: true,
  nullable: false,
})
email: string;
```

볼 수 있는 것처럼 Email 데이터베이스 필드를 정의하기 위해 사용했고 이 필드는
타입스크립트 코드에서는 email이다. 마찬가지로 데코레이터는 코드의 객체와 데
이터베이스 엔터티를 매핑하기 위해 사용한다. 이제 Column 데코레이터를 더 자세
히 살펴보자. 먼저 컬럼을 varchar 데이터베이스 타입으로 정의한다. 다시 말하지
만 여기서 볼 수 있는 것처럼 데이터베이스 타입은 코드 타입과는 다르다. 다음으
로 Email로 설정된 name 필드가 있다. 이 필드와 동일한 이름이 Users 테이블에 있
다. 그리고 length가 있으며 이 필드에서는 허용되는 문자열 개수의 최댓값을 알
려준다. unique 속성은 각 User 항목은 반드시 유일한 이메일을 가져야 한다는 사
실을 Postgres에 알려준다. 그리고 끝으로 nullable은 false로 설정돼 있으며 이
필드는 반드시 데이터베이스에 값이 있어야 함을 의미한다.

```
@Column("varchar", {
  name: "UserName",
  length: 60,
  unique: true,
  nullable: false,
})
userName: string;

@Column("varchar", { name: "Password", length: 100, nullable: false })
@Length(8, 100)
```

여기서는 Length 데코레이터를 사용해 입력된 필드의 최대와 최소 문자열 길이를
확인했다.

```
password: string;
```

userName 필드와 password 필드는 email의 설정과 비슷하게 컬럼에 varchar를 사용한다.

```
    @Column("boolean", { name: "Confirmed", default: false,
      nullable: false })
    confirmed: boolean;
```

다음으로 boolean 타입의 confirmed 필드가 있다. 이 confirmed 필드에서는 새롭게 등록된 사용자 계정의 이메일 확인을 했는지 여부를 표시한다. 별도로 설명하지 않아도 되지만 default 설정은 레코드가 데이터베이스에 입력되는 시점에 명시적으로 설정하지 않으면 false로 설정됨을 가리킨다.

```
    @Column("boolean", { name: "IsDisabled", default:
      false, nullable: false })
    isDisabled: boolean;
  }
```

그리고 끝으로 isDisabled 필드가 있다. 이 필드에서는 관리 목적의 계정을 비활성화한다.

6. 잘 따라왔다. 이제 TypeORM에서 새로운 Users 테이블 생성 여부를 확인할 수 있다. 마지막으로 처리할 내용은 Postgres 데이터베이스를 코드에서 연결하는 작업이다. index.ts 파일을 수정한다.

```
import express from "express";
import session from "express-session";
import connectRedis from "connect-redis";
import Redis from "ioredis";
import { createConnection } from "typeorm";
require("dotenv").config();
```

createConnection 함수를 TypeORM에서 불러왔다.

```
const main = async () => {
  const app = express();
  const router = express.Router();

  await createConnection();
```

여기서는 createConnection을 호출했다. 하지만 이 코드에서는 async인 main이라는 함수로 래핑했다. 이렇게 하는 이유는 createConnection이 async 호출이므로 await를 앞에 붙여서 사용해야 하기 때문이다. 따라서 main 함수에서 처리하는 내용을 async 함수로 래핑했다.

나머지 코드는 다음과 같이 동일하다.

```
const redis = new Redis({
  port: Number(process.env.REDIS_PORT),
  host: process.env.REDIS_HOST,
  password: process.env.REDIS_PASSWORD,
});
const RedisStore = connectRedis(session);
const redisStore = new RedisStore({
  client: redis,
});
app.use(
  session({
    store: redisStore,
    name: process.env.COOKIE_NAME,
    sameSite: "Strict",
    secret: process.env.SESSION_SECRET,
    resave: false,
    saveUninitialized: false,
    cookie: {
      path: "/",
      httpOnly: true,
      secure: false,
      maxAge: 1000 * 60 * 60 * 24,
    },
  } as any)
);
```

마찬가지로 다음 코드도 동일하다.

```
app.use(router);
router.get("/", (req, res, next) => {
  if (!req.session!.userId) {
    req.session!.userId = req.query.userid;
    console.log("Userid is set");
    req.session!.loadedCount = 0;
  } else {
```

```
        req.session!.loadedCount = Number(req.session!.
            loadedCount) + 1;
    }
    res.send(
        `userId: ${req.session!.userId}, loadedCount:
${req.session!.loadedCount}`
    );
  });
  app.listen({ port: process.env.SERVER_PORT }, () => {
    console.log(`Server ready on port
${process.env.SERVER_PORT}`);
  });
};
main();
```

그리고 끝으로 main 함수를 호출해 처리한다.

7. 이제 다음 명령으로 애플리케이션을 실행해보자.

```
npm start
```

터미널에서는 아무것도 바뀌지 않는다. 하지만 pgAdmin을 열고 **Tables** 화면으로
가보면 Users 테이블과 해당 테이블의 컬럼이 모두 생성된 것을 확인할 수 있다.

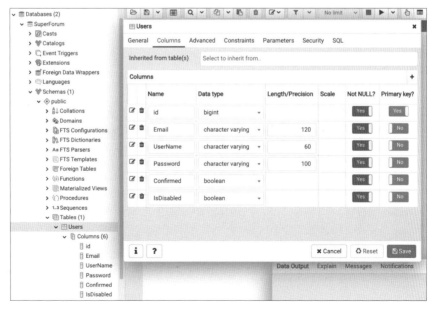

그림 14.9 새로운 Users 테이블

이것이 바로 많은 시간을 절약해주는 기능이다! 모든 테이블을 수동으로 직접 만들어야 한다면 어떨지 상상해볼 수 있겠는가? 그리고 해당 테이블의 필드와 제약 조건도 함께 만들어야 한다면 어떠한가. 많은 시간이 걸릴 것이다.

Columns는 데코레이터와 동일하게 설정됐다. 예컨대 email은 다양한 문자를 사용할 수 있고 길이는 120이며 null이 허용되지 않는다.

8. 하지만 약간의 문제가 있다. 다른 열에서는 대문자를 사용하지만 id 열은 대문자를 사용하지 않는다. 이 문제를 고쳐보자. 다시 User.ts 파일을 열고 `PrimaryGenera tedColumn` 데코레이터의 name 설정을 id 대신 Id로 변경한다. 데코레이터에서만 변경하고 자바스크립트의 id 필드 이름은 그대로 둔다. 서버가 실행 중이 아니라면 다시 시작한다. 서버가 다시 시작되면 Tables 화면에서 마우스 오른쪽 버튼을 클릭하고 Refresh를 선택해 화면을 새로고침한다. id 컬럼이 Id로 변경된 것을 볼 수 있다. 수동으로 열 이름이나 제약 조건을 변경하는 작업이 때로는 아주 힘들기 때문에 이러한 TypeORM의 기능은 아주 좋다.

9. 잘 따라왔다. 이제 `Thread`와 `ThreadItem` 엔터티를 만든다. 다시 설명하면 `Thread`는 포럼 애플리케이션에서 최초로 시작되는 게시물이고 `ThreadItems`는 답변이다. 먼저 서버를 중단해, 준비되기 전에 데이터베이스 항목이 만들어지지 않도록 한다. 그다음은 대부분 반복되는 내용이므로 별도로 설명하지 않고 코드만 보여준다.

두 파일의 import는 다음과 같다.

```
import {
  Entity,
  PrimaryGeneratedColumn,
  Column
} from "typeorm";
import { Length } from "class-validator";
```

`Thread` 엔터티는 다음과 같은 모양이다. 테이블의 관계를 설정한 후 필드를 더 추가한다.

```
@Entity({ name: "Threads" })
export class Thread {
  @PrimaryGeneratedColumn({ name: "Id", type: "bigint" })
  id: string;
  @Column("int", {
    name: "Views", default: 0, nullable:
      false
  })
  views: number;
  @Column("boolean", {
    name: "IsDisabled", default:
      false, nullable: false
  })
  isDisabled: boolean;
  @Column("varchar", {
    name: "Title", length: 150,
    nullable: false
  })
  @Length(5, 150)
  title: string;

  @Column("varchar", {
    name: "Body", length: 2500,
    nullable: true
  })
  @Length(10, 2500)
  body: string;
}
```

ThreadItem은 다음과 같다.

```
@Entity({ name: "ThreadItems" })
export class ThreadItem {
  @PrimaryGeneratedColumn({ name: "Id", type: "bigint" })
  id: string;
  @Column("int", {
    name: "Views", default: 0, nullable:
      false
  })
  views: number;
  @Column("boolean", {
    name: "IsDisabled", default:
      false, nullable: false
```

```
  })
  isDisabled: boolean;
  @Column("varchar", {
    name: "Body", length: 2500,
    nullable: true
  })
  @Length(10, 2500)
  body: string;
}
```

10. 보다시피 모든 엔터티는 아주 간단하다. 이제 서버를 재시작하면 다음과 같이
    Threads와 **ThreadItems** 테이블이 새로 만들어진 것을 볼 수 있다.

그림 14.10 Threads와 ThreadItems

아직 points 열과 같은 추가할 필드가 많이 남아 있다. 하지만 먼저 테이블 사이에 관계
를 설정해보자. 예컨대 모든 테이블이 특정 사용자와 연결되도록 한다. 다음과 같이 관
계를 추가해보자.

1. 먼저 서버를 중단한다. 그리고 User.ts 파일에서 다음 내용을 클래스의 마지막에 추가한다. 이제는 필요한 import를 추가하는 방법을 알 것이라고 가정하고 이후에는 설명하지 않는다.

```
@OneToMany(() => Thread, (thread) => thread.user)
threads: Thread[];
```

OneToMany 데코레이터에서는 각 개별 User가 잠재적으로 여러 Threads와 연결됨을 보여준다.

2. 이제 Thread.ts 파일에서 Thread 클래스의 하단에 다음 내용을 추가한다.

```
@ManyToOne(() => User, (user: User) => user.threads)
user: User;
```

ManyToOne 데코레이터에서는 여러 스레드를 가지는 Thread는 모두 하나의 User와 연결됨을 보여준다. SQL을 설명하는 것이 이 책의 범위를 벗어나지만 간단하게 설명하면 이러한 관계는 데이터베이스에서 제약 조건의 역할을 한다. 예컨대 여러 User가 하나의 Thread를 소유하는 것과 같은 비정상적인 데이터 입력을 방지할 수 있다.

3. 이제 Thread와 ThreadItems의 관계를 설정해보자. 다음 코드를 Thread 클래스에 추가한다.

```
@OneToMany(() => ThreadItem, threadItems => threadItems.thread)
threadItems: ThreadItem[];
```

여기서도 하나의 Thread는 여러 ThreadItems와 연결됨을 보여준다. 이제 ThreadItem을 다음과 같이 수정한다.

```
@ManyToOne(() => User, (user) => user.threads)
user: User;
```

Thread처럼 ThreadItem의 소유자는 하나의 User만 연결됨을 보여준다.

```
@ManyToOne(() => Thread, (thread) => thread.threadItems)
thread: Thread;
```

4. 모든 `ThreadItem`은 상위 `Thread`를 하나만 가질 수 있다. 이제 서버를 다시 시작하면 다음과 같이 새로운 관계를 확인할 수 있다.

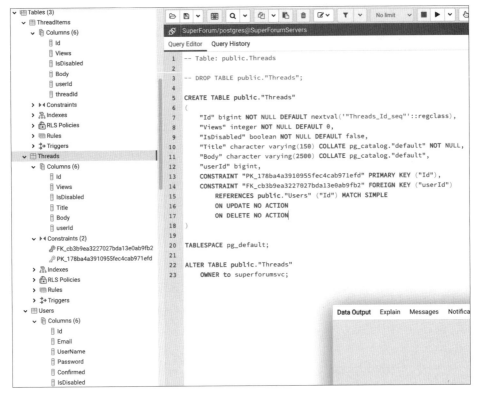

그림 14.11 관계

`Threads`와 `ThreadItems` 테이블에 새로운 열이 추가된 것을 볼 수 있다. 예컨대 `ThreadItems`에는 각각 관계를 나타내는 `userId`와 `threadId`가 추가됐다. 하지만 `Users` 테이블에는 아무것도 추가되지 않았다. 그 이유는 `Users` 테이블은 `Threads` 테이블과 `OneToMany` 관계이기 때문이다. 이 관계는 그림 14.11에서 볼 수 있는 `CREATE TABLE public."Threads"` 스크립트의 제약 조건에 명시됐다. 보다시피 `userId` 열에 대한 제약 조건이 있다. 즉, 모든 스레드는 하나의 `User`와 연결된다는 것을 표시해 모든 `User`가 하나 이상의 `Threads`를 가질 수 있다는 것을 암시적으로 나타낸다.

다음으로 포인트 시스템을 설정해보자. "좋아요"나 "싫어요"와 같은 포인트의 경우는 사용자가 한 번만 투표할 수 있도록 해야 한다. 하지만 하나의 테이블에서 표현할 방법이 없다. 따라서 ThreadPoints와 ThreadItemPoints 테이블을 새로 만들어 관련된 Users와 Threads, ThreadItems를 연결한다.

1. 먼저 서버를 중지한 다음 ThreadPoint.ts 파일을 만든다. 그리고 다음 코드를 추가한다.

```
@Entity({ name: "ThreadPoints" })
export class ThreadPoint extends Auditable {
  @PrimaryGeneratedColumn({ name: "Id", type: "bigint" }) // typeorm용
  id: string;

  @Column("boolean", { name: "IsDecrement", default:
   false, nullable: false })
  isDecrement: boolean;

  @ManyToOne(() => User, (user) => user.threadPoints)
  user: User;

  @ManyToOne(() => Thread, (thread) => thread.threadPoints)
  thread: Thread;
}
```

이 코드에서 처리하는 내용은 포인트가 특정 User와 Thread에 대한 것이라고 알려준다. 그리고 만약 isDecrement 필드가 참이면 "싫어요"로 설정한다는 것을 알려준다. 즉, 포인트는 세 가지 상태가 가능하다. 포인트가 전혀 없거나 "좋아요" 또는 "싫어요"가 될 수 있다. 나중에 이러한 세 가지 상태를 처리하기 위해 저장소 쿼리의 코드를 일부 수정할 것이다.

2. 이제 다음 코드를 User.ts 클래스에 추가한다.

```
@OneToMany(() => ThreadPoint, (threadPoint) => threadPoint.user)
threadPoints: ThreadPoint[];
```

마찬가지로 코드를 통해 연결을 처리한다.

3. 그리고 Thread.ts 클래스에 다음 코드를 추가한다.

```
@OneToMany(() => ThreadPoint, (threadPoint) => threadPoint.thread)
threadPoints: ThreadPoint[];
```

이 코드에서도 마찬가지로 ThreadPoint와 연결을 처리한다.

4. 다음으로 ThreadItemPoints에 대한 작업도 동일하게 처리한다. ThreadItemPoint.
ts를 만들고 다음 코드를 추가한다.

```
@Entity({ name: "ThreadItemPoints" })
export class ThreadItemPoint extends Auditable {
@PrimaryGeneratedColumn({ name: "Id", type: "bigint" }) // typeorm 용
id: string;

@Column("boolean", { name: "IsDecrement", default: false, nullable:
false })
isDecrement: boolean;

@ManyToOne(() => User, (user) => user.threadPoints)
user: User;

@ManyToOne(() => ThreadItem, (threadItem) => threadItem.
  threadItemPoints)
threadItem: ThreadItem;
}
```

이 설정은 ThreadPoint와 아주 비슷하다.

5. 이제 User 클래스에 다음 코드를 추가한다.

```
@OneToMany(() => ThreadItemPoint, (threadItemPoint) =>
  threadItemPoint.user)
threadItemPoints: ThreadItemPoint[];
```

그리고 ThreadItem 클래스에 다음 코드를 추가한다.

```
@OneToMany(
  () => ThreadItemPoint,
  (threadItemPoint) => threadItemPoint.threadItem
)
threadItemPoints: ThreadItemPoint[];
```

여기서는 ThreadItemPoint와 관련해 필요한 연결을 처리한다.

하지만 아직 끝나지 않았다. 11장, '온라인 포럼 애플리케이션'을 다시 떠올려보면 스레드는 카테고리를 가질 수 있으므로 해당 엔터티를 만들고 해당 엔터티의 관계도 만들어야 한다.

1. 먼저 ThreadCategory.ts 파일을 만들고 다음 코드를 추가한다.

```
@Entity({ name: "ThreadCategories" })
export class ThreadCategory extends Auditable {
  @PrimaryGeneratedColumn({ name: "Id", type: "bigint" }) // typeorm용
  id: string;

  @Column("varchar", {
    name: "Name",
    length: 100,
    unique: true,
    nullable: false,
  })
  name: string;

  @Column("varchar", {
    name: "Description",
    length: 150,
    nullable: true,
  })
  description: string;

  @OneToMany(() => Thread, (thread) => thread.category)
  threads: Thread[];
}
```

ThreadCategory의 설정도 다른 엔터티와 아주 비슷하다.

2. 이제 다음 코드를 Thread.ts 클래스에 추가한다.

```
@ManyToOne(() => ThreadCategory, (threadCategory) =>
  threadCategory.threads)
category: ThreadCategory;
```

여기서도 마찬가지로 Thread와 ThreadCategory의 관계를 만든다.

3. 이제 서버를 시작하면 테이블과 연결이 만들어진다.

지금까지 필요한 엔터티를 만들고 엔터티 사이의 연결도 만들었다. 하지만 데이터베이스에 데이터를 추가할 때마다 해당 데이터가 생성되거나 변경되는 시점에 로그를 남겨야 한다. 하지만 이러한 내용을 구현하려면 모든 엔터티에 동일한 필드를 만들어야 하며 동일한 코드를 계속해서 반복적으로 만드는 것은 바람직하지 않다.

타입스크립트를 사용하면 클래스에서 상속을 사용할 수 있으므로 이와 같은 필요한 필드를 갖는 기본 타입을 만들고 각 엔터티에서는 단순하게 이 기본 클래스를 상속하도록 만든다. 추가로 TypeORM에서는 TypeORM 기본 클래스를 엔터티에서 상속해 TypeORM의 API와 연결하도록 해야 한다. 따라서 TypeORM 기본 클래스도 직접 만든 기본 클래스에 추가한다.

1. Auditable.ts 파일을 만들고 다음 코드를 추가한다.

```typescript
import { Column, BaseEntity } from "typeorm";

export class Auditable extends BaseEntity {
  @Column("varchar", {
    name: "CreatedBy",
    length: 60,
    default: () => `getpgusername()`,
    nullable: false,
  })
  createdBy: string;
```

getpgusername은 superforumsvc 서비스 계정이고 명시적으로 설정하지 않으면 이 필드의 기본값으로 설정된다.

```typescript
  @Column("timestamp with time zone", {
    name: "CreatedOn",
    default: () => `now()`,
    nullable: false,
  })
  createdOn: Date;
```

이 필드에서 now()는 현재 시간과 날짜이며 명시적으로 설정하지 않으면 기본값으로 설정된다.

이러한 필드는 그 동작에 대해서 별도로 설명할 필요가 없다. 하지만 기본 클래스인 Auditable에서는 TypeORM의 기본 클래스인 BaseEntity도 상속한다. BaseEntity를 상속하면 엔터티에서 TypeORM을 통해 Postgres 데이터베이스에 접근할 수 있다.

```
@Column("varchar", {
  name: "LastModifiedBy",
  length: 60,
  default: () => `getpgusername()`,
  nullable: false,
})
lastModifiedBy: string;

@Column("timestamp with time zone", {
  name: "LastModifiedOn",
  default: () => `now()`,
  nullable: false,
})
lastModifiedOn: Date;
}
```

2. 새로운 Auditable 기본 클래스에서 처리하는 내용을 살펴봤다. 이제 엔터티에서 이 기본 클래스를 상속하도록 만든다. 방법은 간단하다. 예컨대 User 클래스에서 extends 키워드 다음에 Auditable을 추가하면 된다.

```
export class User extends Auditable {
```

이러한 과정을 모든 엔터티에서 반복한다. 그런 다음 서버를 다시 시작한다. 필요한 import를 추가하는 것도 잊지 말아야 한다. 화면을 새로고침하면 다음과 같이 새로운 필드를 확인할 수 있다.

그림 14.12 Auditable을 수정한 User

잘했다! 이제 저장소 라이브러리를 만든다. 이 라이브러리는 실제로 데이터베이스에서 호출된다. 세션 상태는 13장, 'Express와 Redis로 세션 상태 구성하기'에서 만들었기 때문에 우선 인증 관련 호출을 만들어보자.

1. 메인 코드를 작성하기 전에 어떤 작업을 먼저 해야 한다. 11장, '온라인 포럼 애플리케이션'을 다시 떠올려본다. `isPasswordValid` 함수를 사용해 사용자의 비밀번호 길이와 복잡도가 유효한지 확인했었다. 언급했던 것처럼 유효성 검사는 클라이언트와 서버에서 모두 처리하는 것이 일반적이기 때문에 서버에서도 해당 코드를 재사용하게 된다. 따라서 임시로 PasswordValidator.ts 파일과 common/validators 폴더 구조를 서버 프로젝트로 복사한다. 여러 프로젝트에서 코드를 공유하는 방법은 나중에 설명한다.

2. 그리고 이메일 주소의 유효성을 검사하는 기능을 만든다. 같은 common/validators 디렉터리에 EmailValidator.ts 파일을 만들고 다음 코드를 추가한다.

```
export const isEmailValid = (email: string) => {
  if (!email) return "Email cannot be empty";
```

여기서는 이메일 주소가 비었는지 검사한다.

```
if (!email.includes("@")) {
  return "Please enter a valid email address.";
```

그리고 @ 기호를 검사한다.

```
  }
  if (/\s+/g.test(email)) {
    return "Email cannot have whitespaces";
```

끝으로 공백을 검사한다.

```
  }
  return "";
};
```

문제가 발견되지 않는다면 빈 문자열이 반환된다.

3. UserRepo.ts 파일을 만들고 다음 코드를 추가한다.

```
import { User } from "./User";
import bcrypt from "bcryptjs";
import { isPasswordValid } from "../common/validators/
PasswordValidator";
import { isEmailValid } from "../common/validators/EmailValidator";
```

먼저 유효성을 검사하는 기능을 포함한 몇 가지 import가 있다.

```
const saltRounds = 10;
```

saltRounds는 곧 보게 되겠지만, 비밀번호를 암호화하는 데 사용한다.

```
export class UserResult {
  constructor(public messages?: Array<string>, public user?: User) {}
}
```

UserResult 타입을 사용해 인증하는 동안 오류가 발생했는지 여부를 알려준다. 보다시피 이 타입은 기본적으로 User 객체에 대한 래퍼다. 이 객체를 함수의 반환 타입으로 사용한다. 네트워크 호출을 만들거나 그 밖에 복잡한 호출을 만들 때 문제가 발생하는 것은 흔한 일이기 때문에 이처럼 처리한다. 객체에 오류나 상태 메시지를 처리하는 기능을 포함시키는 것은 장점이 있다. messages와 user 이 두 멤버는 선택 사항이다. 하지만 이러한 타입을 사용하게 되면 편리해진다.

```
export const register = async (
  email: string,
  userName: string,
  password: string
): Promise<UserResult> => {
```

이 코드는 register 함수의 시작이다.

```
const result = isPasswordValid(password);
if (!result.isValid) {
  return {
    messages: [
      "Passwords must have min length 8, 1 upper
        character, 1 number, and 1 symbol",
    ],
  };
}

const trimmedEmail = email.trim().toLowerCase();
const emailErrorMsg = isEmailValid(trimmedEmail);
if (emailErrorMsg) {
  return {
    messages: [emailErrorMsg],
  };
}
```

여기서는 isPasswordValid와 isEmailValid 유효성 검사 기능을 시작한다. 객체 리터럴object literal을 사용해 user 멤버가 포함되지 않은 객체를 반환했다. 다시 말하지만 타입스크립트에서는 타입 형태와 일치하는 객체 형태만 처리한다. 따라서 이 경우 UserResult 멤버인 user는 선택 사항이기 때문에 해당 멤버가 포함되지 않은 UserResult 객체를 만들 수 있다. 타입스크립트는 아주 유연하다.

```
const salt = await bcrypt.genSalt(saltRounds);
const hashedPassword = await bcrypt.hash(password, salt);
```

이 코드에서는 saltRounds 상수와 bcryptjs를 사용해 비밀번호를 암호화했다.

```
const userEntity = await User.create({
  email: trimmedEmail,
  userName,
  password: hashedPassword,
}).save();
```

유효성 검사를 통과하면 User 엔터티를 만든(create()) 후 즉시 저장(save())한다. 이 두 메서드는 모두 TypeORM에서 나왔으며, 엔터티 데이터베이스에 변경 사항이 있는 경우 항상 save를 실행해야 하고 만약 해당 함수를 실행하지 않으면 서버에 적용되지 않는다.

```
userEntity.password = ""; // 보안상 비워 둠
return {
  user: userEntity,
};
};
```

그리고 새로운 엔터티와 호출에서 어떤 오류도 없으므로 마찬가지로 아무런 메시지(messages)가 없는 user 객체를 반환한다.

4. 실제 네트워크 호출에서 이 새로운 register 함수를 사용해보자. index.ts 파일을 다음과 같이 수정한다.

```
import express from "express";
import session from "express-session";
import connectRedis from "connect-redis";
import Redis from "ioredis";
import { createConnection } from "typeorm";
import { register, login, logout } from "./repo/UserRepo";
import bodyParser from "body-parser";
```

여기서는 bodyParser를 불러왔다.

```
require("dotenv").config();

const main = async () => {
  const app = express();
  const router = express.Router();
```

```
await createConnection();
const redis = new Redis({
  port: Number(process.env.REDIS_PORT),
  host: process.env.REDIS_HOST,
  password: process.env.REDIS_PASSWORD,
});
const RedisStore = connectRedis(session);
const redisStore = new RedisStore({
  client: redis,
});

app.use(bodyParser.json());
```

여기서는 bodyParser를 설정했으므로 게시물의 json 파라미터를 읽을 수 있다.

```
app.use(
  session({
    store: redisStore,
    name: process.env.COOKIE_NAME,
    sameSite: "Strict",
    secret: process.env.SESSION_SECRET,
    resave: false,
    saveUninitialized: false,
    cookie: {
      path: "/",
      httpOnly: true,
      secure: false,
      maxAge: 1000 * 60 * 60 * 24,
    },
  } as any)
);
```

이 코드는 모두 그대로 동일하다.

```
app.use(router);
router.post("/register", async (req, res, next) => {
  try {
    console.log("params", req.body);
    const userResult = await register(
      req.body.email,
      req.body.userName,
```

```
        req.body.password
      );
      if (userResult && userResult.user) {
        res.send(`new user created, userId: ${userResult.
          user.id}`);
      } else if (userResult && userResult.messages) {
        res.send(userResult.messages[0]);
      } else {
        next();
      }
    } catch (ex) {
      res.send(ex.message);
    }
  });
```

보다시피 이전 get 경로는 제거하고 register URL의 post 경로로 대체한다. 이제 이 호출에서는 UserRepo의 register 함수를 실행하고 이 함수가 성공적으로 실행되면 새로운 사용자의 ID가 포함된 메시지를 응답한다. 만약 함수가 성공적으로 실행되지 않으면 해당 저장소 호출에 대한 오류 메시지를 응답한다. 여기서는 해당 경로를 제거하고 GraphQL로 대체할 것이므로 첫 번째 메시지만 사용한다. 이와 같은 GraphQL의 용도는 15장, 'GraphQL 스키마 추가하기 - 1부'에서 살펴본다.

Warning

학습을 위한 목적으로 오류를 응답했다. 상용 환경에서는 사용자에게 예외에서 생성된 오류 메시지를 응답하지 않는다. 이러한 오류 메시지는 혼란스럽고 경우에 따라 사이트가 공격에 노출될 수 있다.

```
  app.listen({ port: process.env.SERVER_PORT }, () => {
    console.log(`Server ready on port ${process.env.SERVER_PORT}`);
  });
};

main();
```

이제 테스트를 시작할 수 있다. curl을 사용하지 않고 Postman으로 바꿔 사용한다. Postman은 무료 애플리케이션이며 세션 쿠키가 유효한 경우 서버로 GET과 POST 호출을 할 수 있다. 사용 방법은 아주 간단하다.

1. 먼저 https://www.postman.com/downloads로 이동해 다운로드 후 자신의 장비에 Postman을 설치한다.

2. 설치 후 처음으로 할 작업은 Postman을 사용해 사이트의 최상위 경로에서 GET 호출을 실행하는 것이다. 단순하게 최상위 경로인 index.ts의 경로를 만들었다. 이 최상위 경로에서 세션과 세션 쿠키가 초기화된다. 그리고 다음과 같이 해당 사이트로 GET 호출을 실행한다.

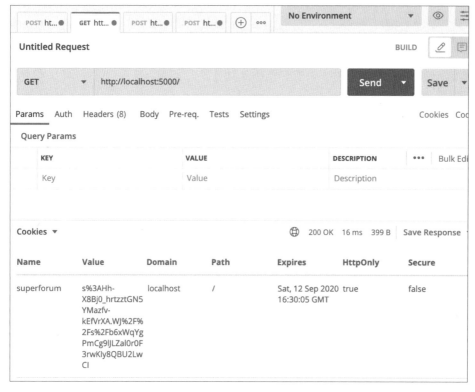

그림 14.13 사이트의 최상위 경로로 Postman 실행

다음은 이 GET 호출을 실행하는 방법이다.

1. **GET**이라는 라벨이 붙어 있는 상단의 탭 아래에서 좌측에 드롭다운을 볼 수 있다.
   GET을 선택하고 로컬 URL을 추가한다. 여기에는 파라미터가 없으므로 **Send**를
   클릭한다.

2. 다음으로 왼쪽 아래에 또 다른 드롭다운을 볼 수 있다 **Cookies**를 선택하면 **super
   forum**이라는 쿠키를 확인할 수 있다.

이제 세션 상태 유지에 필요한 쿠키가 만들어졌다. 이제 계속해서 register 함수부터 테
스트를 진행한다.

1. 새로운 탭을 열고 **POST**를 선택한 후 http://localhost:5000/register를 추가한다.

2. **Headers** 탭을 클릭한 후 **Content-Type**을 다음과 같이 입력한다.

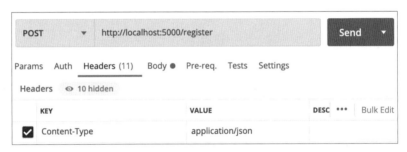

그림 14.14 Content-Type

3. 그리고 **Headers** 바로 옆에 있는 **Body** 탭을 선택한 후 그림 14.15와 같이 JSON을 입력한다. 이 내용을 실행하면 동일한 오류가 출력된다.

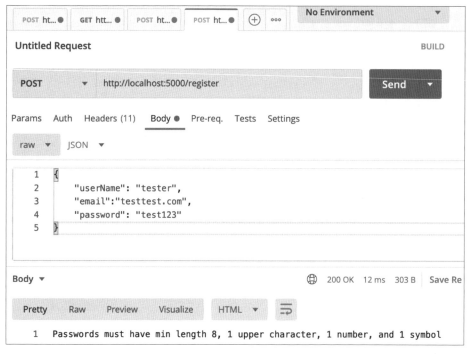

그림 14.15 등록 실패

보다시피 유효하지 않은 email과 userName 그리고 유효하지 않은 password를 전달 했다.

하지만 이러한 실패는 유효성 감사의 동작을 확인했기 때문에 괜찮다.

4. password를 수정하고 다시 시도해보자. password를 Test123!@#로 수정한 후 다음과 같이 다시 실행한다.

그림 14.16 등록 재시도

이제는 "Please enter valid email address"라는 메시지를 볼 수 있다. 마찬가지로 유효하지 않은 email이기 때문에 이러한 동작은 기대한 내용이다.

5. 다시 한 번 더 수정한다. email을 test@test.com으로 바꾸고 실행한다.

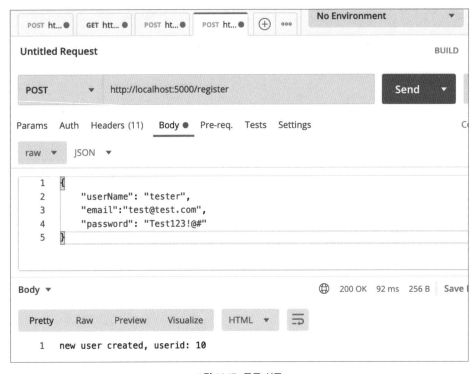

그림 14.17 등록 성공

출력된 메시지는 "new user created, userId: 10"이고 실제로 사용자가 생성 및 저장됐다는 것을 알려준다.

> **NOTE**
>
> 이 책을 준비하면서 몇 가지 테스트를 진행했기 때문에 여기서는 ID가 10이다. ID 필드는 일반적으로 1에서부터 시작한다. 이러한 결과를 볼 수 없다면 GET 호출을 사용할 때 웹사이트의 최상위 경로에서 Postman을 실행했는지 확인한다.

6. 좋다. 잘 동작한다. 이제 user가 실제로 추가됐는지 확인하기 위해 Users 테이블을 살펴보자.

그림 14.18 Users 테이블에 새로 추가된 사용자

pgAdmin의 Users 테이블에서 마우스 오른쪽 버튼을 클릭해 나타나는 쿼리를 실행하고 Scripts > SELECT Script를 선택한다. 맨 위에 있는 플레이 버튼을 클릭해 해당 스크립트를 실행할 수 있다. 사용자가 데이터베이스에 입력됐다.

7. 이제 login 함수를 사용해 UserRepo를 수정한다. UserRepo의 마지막에 다음 코드를 추가한다.

```
export const login = async (
  userName: string,
  password: string
): Promise<UserResult> => {
  const user = await User.findOne({
    where: { userName },
  });
  if (!user) {
    return {
      messages: [userNotFound(userName)],
    };
  }
  if (!user.confirmed) {
    return {
      messages: ["User has not confirmed their
 registration email yet."],
    };
  }
  const passwordMatch = await bcrypt.compare(password,
    user?.password);
  if (!passwordMatch) {
    return {
      messages: ["Password is invalid."],
    };
  }
```

```
    return {
      user: user,
    };
  };
```

여기서 보여줄 수 있는 것은 많지 않다. 전달된 userName을 사용해 사용자를 찾는
다. 만약 발견되지 않으면 userNotFound 함수를 통해 사용자가 없다는 메시지를 응
답한다. 함수를 사용한 이유는 이 메시지를 나중에 다시 사용할 수 있도록 하기 위
함이다. userNotFound 함수는 간단하므로 여기서는 설명하지 않는다. 이 함수는 깃
허브 소스 코드에 있다. 사용자가 발견되면 먼저 계정이 승인됐는지 여부를 확인
한다. 그렇지 않다면 관련 오류를 전달한다. 다음으로 bcryptjs를 사용해 등록 과
정에서 사용자의 비밀번호를 암호화하기 때문에 마찬가지로 이 도구를 통해 사용
자의 비밀번호를 검사한다. 만약 비밀번호가 일치하지 않으면 관련 오류를 전달한
다. 모두 통과되고 사용자가 존재한다면 해당 사용자를 반환한다.

8. 이 코드도 실행해보자. index.ts를 수정해 register 경로 아래에 새로운 경로를 추
가한다.

```
router.post("/login", async (req, res, next) => {
  try {
    console.log("params", req.body);
    const userResult = await login(req.body.userName,
      req.body.password);
    if (userResult && userResult.user) {
      req.session!.userId = userResult.user?.id;
      res.send(`user logged in, userId:
${req.session!.userId}`);
    } else if (userResult && userResult.messages) {
      res.send(userResult.messages[0]);
    } else {
      next();
    }
  } catch (ex) {
    res.send(ex.message);
  }
});
```

이 경로는 register 경로와 아주 비슷하다. 하지만 여기서는 사용자의 id를 세션 상태에 저장하고 해당 세션을 사용해 메시지를 응답한다.

9. 이 경로를 실행하고 어떤 일이 일어나는지 확인해보자. Postman에서 탭을 새로 열고 다음과 같은 설정으로 실행한다. **Headers** 탭에서 **Content-Type** 헤더를 추가하는 것도 빠트리면 안 된다.

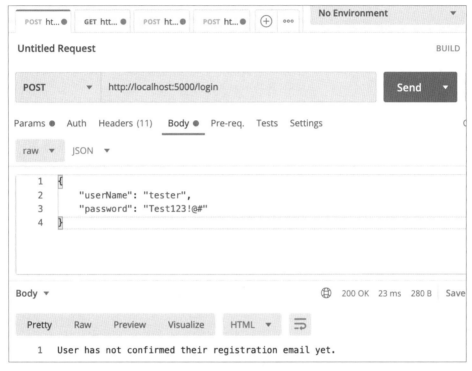

그림 14.19 Login 경로

마찬가지로 유효성 검사의 동작을 확인하는 것이 좋다.

10. pgAdmin로 가서 처음 입력된 사용자를 확인하기 위한 SELECT 쿼리 실행에 사용했던 화면과 동일한 화면을 연다. 그리고 다음 SQL을 실행해 사용자의 Confirmed 행을 true로 업데이트한다.

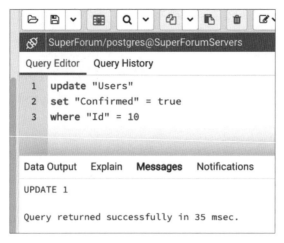

그림 14.20 사용자의 confirmed 필드 업데이트

쿼리를 실행하고 나면 그림 14.20에서 볼 수 있는 것과 동일한 메시지를 볼 수 있다.

11. 이제 Postman을 실행하고 다시 로그인한다.

그림 14.21 사용자 로그인

이제 사용자가 로그인할 수 있고 반환된 메시지에서 세션 상태가 사용 중이라는 것을 알 수 있다. 깃허브 소스 코드에 logout 함수와 경로를 만들었다. 이 함수는 단순하므로 여기서는 설명하지 않는다.

> **NOTE**
>
> 세션에 저장하려는 시도가 실패한다면 Redis 서비스가 실행 중인지 확인한다.

잘했다! 이제 세션 기반 인증이 완료됐지만 아직 끝나지 않았다. Threads와 ThreadItems 입력과 조회 방법도 만들어야 한다. Threads부터 시작해보자.

1. ThreadRepo 저장소를 새로 만들기 전에 간단한 헬퍼를 만들어보자. UserRepo에는 멤버로 사용자와 메시지 배열을 갖는 UserResult 타입이 있었다. Threads와 ThreadItems, Categories 저장소는 모두 이와 유사한 구조를 가져야 한다. 즉, 이 구조는 여러 엔터티와 메시지 배열을 갖는다. 여기서 반환된 엔터티는 하나의 항목이 아니고 항목의 배열이다.

   이 부분이 타입스크립트 제네릭을 사용하기에 좋은 곳이며, 모든 엔터티에서 하나의 결과 타입을 공유할 수 있다. QueryResult라는 범용 결과 객체 타입을 새로 만들어보자. 타입스크립트 제네릭은 2장, '타입스크립트 살펴보기'에서 배웠다.

   QueryArrayResult.ts 파일을 만들고 다음 코드를 추가한다.

   ```
   export class QueryArrayResult<T> {
     constructor(public messages : Array<string>, public
       entities?: Array<T>) {}
   }
   ```

   볼 수 있는 것처럼 원래 UserResult와 아주 비슷하다. 하지만 이 타입에서는 모든 엔터티를 나타내기 위해 T 제네릭 타입을 사용한다.

   > **Warning**
   >
   > pg 의존성에도 QueryArrayResult 타입을 가지고 있다. 의존성을 불러올 때 pg가 아닌 여기서 만든 파일을 불러왔는지 확인하길 바란다.

2. 이제 이 새로운 `QueryArrayResult` 타입을 `ThreadRepo`에서 사용해보자. repo 폴더에 ThreadRepo.ts 파일을 새로 만들고 다음 코드를 추가한다.

```
export const createThread = async (
  userId: string,
  categoryId: string,
  title: string,
  body: string
): Promise<QueryArrayResult<Thread>> => {
```

여기서 볼 수 있는 파라미터는 모든 Thread가 사용자와 카테고리에 연결돼야 하기 때문에 필요하다. userId는 세션에서 왔다는 점에 유의한다.

```
const titleMsg = isThreadTitleValid(title);
if (titleMsg) {
  return {
    messages: [titleMsg],
  };
}
const bodyMsg = isThreadBodyValid(body);
if (bodyMsg) {
  return {
    messages: [bodyMsg],
  };
}
```

여기서는 title과 body의 유효성을 검사한다. 이 유효성 검사를 하기 위해서는 먼저 common/validators/ThreadValidators.ts 파일을 만들고 깃허브 소스 코드에서 내용을 복사한다. Import도 적절하게 추가한다.

```
// 게시하려면 사용자는 반드시 로그인해야 한다.
  if (!userId) {
    return {
      messages: ["User not logged in."],
    };
  }

  const user = await User.findOne({
    where: {
      id: userId,
    },
  });
```

여기서는 세션에서 제공한 `userId`와 일치하는 `user`를 찾는다. 나중에 새로운 Thread를 만들 때 이 `user` 객체를 사용한다.

```
const category = await ThreadCategory.findOne({
    where: {
        id: categoryId,
    },
});
if (!category) {
    return {
        messages: ["category not found."],
    };
}
```

이 코드에서는 category 객체를 가져온다. 이 객체는 새로운 Thread를 생성할 때 전달해야 한다.

```
const thread = await Thread.create({
    title,
    body,
    user,
    category,
}).save();
if (!thread) {
    return {
        messages: ["Failed to create thread."],
    };
}
```

보다시피 title과 body, user, category를 전달해 새로운 Thread를 만든다.

```
    return {
        messages: ["Thread created successfully."],
    };
};
```

실제 객체를 반환할 필요가 없으므로 메시지만 반환한다. 불필요한 객체를 반환하는 것은 API 페이로드 크기의 측면에서 비효율적이다.

3. 계속 진행하기 전에 일부 ThreadCategories를 데이터베이스에 추가해 create Thread 함수를 실제로 사용할 수 있게 한다. 깃허브 소스 코드로 가서 utils/Insert ThreadCategories.txt 파일을 찾는다. 그리고 이 insert 구문을 복사해 pgAdmin 의 쿼리 화면에 붙여 넣은 후 실행한다. 그러면 ThreadCategories 목록이 생성된다.

4. 다음으로 Threads를 만들기 위한 경로를 추가한다. index.ts에 다음 코드를 추가한다.

```
router.post("/createthread", async (req, res, next) => {
  try {
    console.log("userId", req.session);
    console.log("body", req.body);
    const msg = await createThread(
      req.session!.userId, // userId는 세션에서 왔음에 유의한다!
      req.body.categoryId,
      req.body.title,
      req.body.body
    );
```

이 단순한 호출에서는 createThread 함수에 파라미터를 전달한다. 다시 말하지만 사용자가 게시물을 작성하려면 로그인돼야 하기 때문에 userId는 세션에서 가져온다. 그리고 단순히 결과 메시지를 반환한다.

```
    res.send(msg);
  } catch (ex) {
    console.log(ex);
    res.send(ex.message);
  }
});
```

5. 이 경로를 실행해보자. 하지만 그 전에 Postman에서 logout 경로를 실행한다. http://localhost:5000/logout URL에서 확인할 수 있다. 이제는 자세히 설명하지 않아도 Postman을 직접 설정할 수 있을 것이라고 생각한다. 실행을 마쳤으면 createthread 경로를 실행해보자. 유효성 검사가 실패해야 한다.

그림 14.22 createthread 경로 확인 결과

역시 기대한 대로 유효성 검사를 통과하지 못했다.

6. 이제 다시 로그인해 세션이 만들어지도록 해보자. 계속해서 Postman을 사용해 createthread 경로를 다시 실행한다. 이번에는 **Thread created successfully** 메시지와 함께 동작한다.

7. 자, 이제 두 개의 함수가 더 필요하다. ID를 사용해 하나의 Thread를 가져오는 함수와 ThreadCategory에서 사용할 모든 threads를 가져오는 함수다. ThreadRepo에 다음 코드를 추가한다.

```
export const getThreadById = async (
  id: string
): Promise<QueryOneResult<Thread>> => {
  const thread = await Thread.findOne({ id });
  if (!thread) {
    return {
```

```
      messages: ["Thread not found."],
    };
  }

  return {
    entity: thread,
  };
};
```

이 getThreadById 함수는 아주 단순하다. ID에 해당하는 하나의 thread를 찾는다.

```
export const getThreadsByCategoryId = async (
  categoryId: string
): Promise<QueryArrayResult<Thread>> => {
  const threads = await Thread.
    createQueryBuilder("thread")
    .where(`thread."categoryId" = :categoryId`, {
      categoryId
    })
    .leftJoinAndSelect("thread.category", "category")
    .orderBy("thread.createdOn", "DESC")
    .getMany();
```

이 getThreadsByCategoryId 함수는 더 흥미롭다. Thread.createQueryBuilder는
TypeORM에서 제공되는 특별한 함수로 이 함수를 사용하면 더 정교하게 쿼리를
만들 수 있다. 이 함수의 thread 파라미터는 쿼리에서 Threads 테이블을 나타내는
데 사용하는 별명이다. 즉, where 절과 같은 쿼리의 나머지 부분에서는 필드나 관
계 앞에 thread를 붙여서 사용할 수 있다. leftJoinAndSelect 함수는 SQL left join
을 처리하고 그 결과와 함께 관련 엔터티도 반환해야 하는 경우에 사용하며 이 예
제에서는 ThreadCategory도 함께 반환된다. OrderBy는 그 이름에서 말해주므로 따
로 설명하지 않는다. getMany는 항목을 모두 반환한다.

```
  if (!threads) {
    return {
      messages: ["Threads of category not found."],
    };
  }
  console.log(threads);
```

```
      return {
        entities: threads,
      };
  };
```

8. 나머지 코드는 아주 간단하다. getThreadsByCategoryId를 경로로 테스트해보자.
   index.ts 파일에 다음과 같이 추가한다.

```
router.post("/threadbycategory", async (req, res, next)
  => {
  try {
    const threadResult = await
      getThreadsByCategoryId(req.body.categoryId);
```

여기서는 categoryId 파라미터를 사용해 getThreadsByCategoryId를 호출했다.

```
    if (threadResult && threadResult.entities) {
      let items = "";
      threadResult.entities.forEach((th) => {
        items += th.title + ", ";
      });
      res.send(items);
    } else if (threadResult && threadResult.messages) {
      res.send(threadResult.messages[0]);
    }
```

이 if else 코드에서는 모든 제목이 표시되거나 오류가 표시된다.

```
  } catch (ex) {
    console.log(ex);
    res.send(ex.message);
  }
});
```

9. 나머지 코드는 전과 같다. Postman 클라이언트에서 이 경로를 실행하면 다음과 같은 결과를 볼 수 있다. 자신의 ID 숫자는 다를 수 있다.

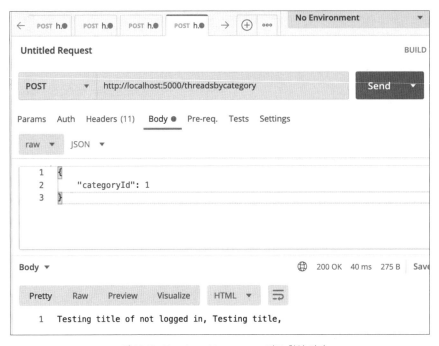

그림 14.23 Test threadsbycategory 경로 확인 결과

getThreadById 테스트는 아주 간단하므로 생략한다. 이 소스 코드도 마찬가지로 프로젝트 저장소에 있다.

ThreadItems 코드도 거의 동일하며 마찬가지로 깃허브 소스 코드에 확인할 수 있다. 따라서 여기서는 살펴보지 않는다. 이제 리액트 앱의 LeftMenu를 채우기 위해 Thread Categories와 같은 내용을 가져오기 위한 몇 가지 함수가 더 필요하다. 그리고 Threads와 ThreadItems의 포인트를 조회해야 한다. UserProfile 화면에서 사용할 연관된 Thread 데이터도 필요하다. 하지만 그러한 호출에서는 이 절에서 살펴본 여러 개념이 반복되며, 나중에 GraphQL 서버 코드를 만들게 되면 결국에는 삭제될 경로를 만들게 된다. 이와 같은 내용은 15장, 'GraphQL 스키마 추가하기 – 1부'에서 다룬다. 아울러 백엔드 GraphQL 코드를 리액트 프론트엔드와 통합하는 작업도 시작한다.

이 절에서는 저장소 계층을 만드는 방법과 TypeORM을 사용해 Postgres를 쿼리하는 방법을 살펴봤다. 15장에서 GraphQL 통합을 시작하면 이러한 쿼리를 다시 사용하게 된다. 즉, 이러한 기술은 계속 사용할 중요한 지식이다.

⁞⁞ 요약

14장에서는 Postgres 데이터베이스를 설정하는 방법과 TypeORM이라는 ORM을 통해 이 데이터베이스를 쿼리하는 방법을 배웠다. 그리고 저장소 계층을 통해 코드를 명확히 분리하는 방법을 살펴봤다.

15장에서는 서버에서 GraphQL을 사용하는 방법을 살펴본다. 그리고 데이터베이스 쿼리를 마무리하고 백엔드와 리액트 프론트엔드를 통합한다.

15

GraphQL 스키마 추가하기 – 1부

15장에서는 계속해서 GraphQL을 통합해 애플리케이션을 만든다. 이 통합하는 작업을 클라이언트와 서버에서 모두 처리한다. 그리고 백엔드 Express 서버 생성을 마무리하고 리액트 클라이언트와 백엔드를 통합한다.

15장에서는 다음 주제를 다룬다.

- GraphQL 서버 측 typedefs와 리졸버 만들기

- 인증과 GraphQL 리졸버 통합하기

- Apollo GraphQL을 쿼리하기 위한 리액트 클라이언트 측 훅 만들기

⫸ 기술적 요구 사항

GraphQL을 기본적으로 이해하고 있어야 하며 리액트와 Node.js, Postgres, Redis를 잘 알고 있어야 한다. 15장에서도 마찬가지로 코드 작성에 노드와 VS Code를 사용한다.

깃허브 저장소는 https://github.com/JungYeolYang/Full-Stack-React-TypeScript-and-Node-acorn이다. Chap15 폴더의 코드를 사용한다.

15장 코드 폴더를 설정하려면 다음과 같이 진행한다.

1. HandsOnTypescript 폴더로 가서 Chap15 폴더를 새로 만든다.

2. 다음으로 Chap14 폴더로 가서 super-forum-server 폴더를 Chap15 폴더로 복사한다. 모든 파일이 복사됐는지 확인한다.

3. super-forum-server 폴더의 node_modules 폴더와 package-lock.json 파일을 지운다. super-forum-server 폴더에서 다음 명령을 실행한다.

   ```
   npm install
   ```

4. 이제 13장, 'Express와 Redis로 세션 상태 구성하기'와 14장, 'TypeORM으로 저장소 계층과 Postgres 구성하기'에서 살펴본 것처럼 Postgres 서버와 Redis 서버가 실행 중인지 확인한다. 그리고 다음 명령을 실행해 서버를 테스트한다.

   ```
   npm start
   ```

5. 다음으로 클라이언트 앱을 복사한다. Chap12 폴더로 가서 super-forum-client 폴더를 Chap15 폴더의 최상위 폴더에 복사한다. 모든 파일이 복사됐는지 확인한다.

6. node_modules 폴더와 package-lock.json 파일을 지운다. 다음으로 super-forum-client 폴더에서 다음 명령을 실행한다.

   ```
   npm install
   ```

7. 다음 명령을 실행해 동작하는지 확인한다.

   ```
   npm start
   ```

⊹ GraphQL 서버 측 typedefs와 리졸버 만들기

이 절에서는 Express 서버에 GraphQL 서비스를 추가한다. 그리고 경로를 GraphQL 쿼리로 변경한다. 이 경로는 14장, 'TypeORM으로 저장소 계층과 Postgres 구성하기'에서 만들었다. 그리고 GraphQL 쿼리와 같은 필요한 나머지 호출에서도 기능을 추가한다.

먼저 GraphQL을 Express 애플리케이션과 통합해보자. GraphQL은 9장, 'GraphQL'과 10장, '타입스크립트와 GraphQL 의존성으로 Express 프로젝트 구성하기'에서 살펴봤다.

> **NOTE**
>
> 15장에는 많은 코드가 있으며 텍스트로 모두 설명할 수 없다. 15장에 해당하는 깃허브 저장소의 소스 코드를 자주 참고하기 바란다. 그리고 15장에서 설명하는 소스 코드는 최종 버전의 실행되는 프로젝트 이므로 마지막으로 작업한 코드만 포함돼 있음에 유의한다.

1. GraphQL을 설치해보자. super-forum-server 폴더에서 다음 명령을 실행한다.

```
npm i apollo-server-express graphql graphql-middleware @graphql-tools/
schema @graphql-tools/utils apollo-server-core
```

2. 다음으로 typeDefs라는 초기 타입 정의를 만든다. gql 폴더를 src 폴더 안에 만든다. 그리고 typeDefs.ts 파일을 gql 폴더 안에 만든다. 그리고 다음 코드를 추가한다.

```
import { gql } from "apollo-server-express";

const typeDefs = gql`
  scalar Date
```

여기서는 GraphQL에서 기본적으로 제공되지 않는 새로운 사용자 정의 scalar 타입인 Date를 정의한다. 이 타입은 날짜와 시간에 대한 타입이다.

```
type EntityResult {
  messages: [String!]
}
```

이 EntityResult 타입은 리졸버에서 엔터티 대신 오류나 메시지를 반환할 때 사용된다.

```
type User {
  id: ID!
  email: String!
  userName: String!
  password: String!
  confirmed: Boolean!
  isDisabled: Boolean!
  threads: [Thread!]
  createdBy: String!
  createdOn: Date!
  lastModifiedBy: String!
  lastModifiedOn: Date!
}
```

여기서는 User 타입을 만들었다. Thread와 ThreadItem의 관계에 주목한다. 그리고 Date 타입도 사용했다.

```
type Thread {
  id: ID!
  views: Int!
  isDisabled: Boolean!
  title: String!
  body: String!
  user: User!
  threadItems: [ThreadItem!]
  category: ThreadCategory!
  createdBy: String!
  createdOn: Date!
  lastModifiedBy: String!
  lastModifiedOn: Date!
}
```

Thread 타입을 만들고 이 타입의 관계도 만들었다.

```
union ThreadResult = Thread | EntityResult
```

지금까지 실제 애플리케이션을 구현했으며 이제 GraphQL에 대한 조금 더 정교한 기능을 사용해볼 시간이다. union 타입은 타입스크립트의 개념과 같다. 이 타입을 사용하면 사용 가능한 모든 GraphQL 타입을 반환할 수 있다. 예컨대 이 예제에서는 이 타입이 Thread나 EntityResult를 나타낼 수 있으나 동시에 둘을 모두 나타낼 수는 없다. 잠시 후에 이 타입의 사용 방법을 설명하면 이 타입의 동작 방식이 더 명확해질 것이다.

```
type ThreadItem {
  id: ID!
  views: Int!
  isDisabled: Boolean!
  body: String!
  user: User!
  thread: Thread!
  createdBy: String!
  createdOn: Date!
  lastModifiedBy: String!
  lastModifiedOn: Date!
}
```

ThreadItem 타입을 만들었다.

```
type ThreadCategory {
  id: ID!
  name: String!
  description: String
  threads: [Thread!]!
  createdBy: String!
  createdOn: Date!
  lastModifiedBy: String!
  lastModifiedOn: Date!
}
```

ThreadCategory 타입에서도 이 타입에 포함된 Threads를 참조한다.

```
type Query {
  getThreadById(id: ID!): ThreadResult
}
`;
```

여기는 getThreadById 함수를 사용하는 Query가 있다. union ThreadResult를 반환한다. 나중에 여기에 기능을 더 추가한다.

```
export default typeDefs;
```

3. 이제 GraphQL을 설치하기 위해 간단한 리졸버 파일을 만든다. gql 폴더에 resolvers.ts 파일을 만들고 다음 코드를 추가한다.

```
import { IResolvers } from "@graphql-tools/utils";
interface EntityResult {
  messages: Array<string>;
}
```

EntityResult를 오류와 상태 메시지의 반환 타입으로 사용한다. 그리고 typeDefs 파일의 타입과 일치하는 타입을 동일하게 추가한다.

```
const resolvers: IResolvers = {
  ThreadResult: {
    __resolveType(obj: any, context: GqlContext, info: any) {
      if (obj.messages) {
        return "EntityResult";
      }
      return "Thread";
    },
  },
```

여기서 GraphQL의 또 다른 새로운 기능을 사용한다. ThreadResult는 GraphQL에서 Thread 타입과 EntityResult 타입을 모두 나타내는 union이다. 이 리졸버에서는 ThreadResult가 반환되는 시점을 인지하고 내부적으로 어떤 타입인지 알아낸다. 사용 방법은 전적으로 반환될 타입을 어떻게 결정할 것인지에 따라 달라지며 여기서는 obj.message를 확인해 EntityResult 타입의 message 필드를 단순히 검사했다.

```
Query: {
    getThreadById: async (
      obj: any,
      args: { id: string },
      ctx: GqlContext,
```

```
        info: any
    ): Promise<Thread | EntityResult> => {
      let thread: QueryOneResult<Thread>;
      try {
        thread = await getThreadById(args.id);
        if (thread.entity) {
          return thread.entity;
        }
        return {
          messages: thread.messages ? thread.messages : ["test"],
        };
      } catch (ex) {
        throw ex;
      }
    },
  },
};
export default resolvers;
```

9장, 'GraphQL'에서 GraphQL 쿼리를 배웠기 때문에 여기서는 아주 자세히는 다루지 않는다. 이 호출에서는 getThreadById와 QueryOneResult에서 결과 타입을 받아서 일부 처리 후 실제 엔터티나 EntityResult를 반환한다. 마찬가지로 여기서도 typeDefs 파일에 ThreadResult를 반환하는 쿼리가 포함돼 있으므로 내부적으로 ThreadResult 쿼리로 가서 반환하기 위한 타입을 알아낸다. 이러한 내용은 대부분의 저장소 호출에서 반복되는 패턴이다. 저장소는 14장, 'TypeORM으로 저장소 계층과 Postgres 구성하기'에서 살펴봤다.

> **NOTE**
>
> 이 예제 애플리케이션에서는 일어날 수 있는 오류를 다시 발생시켰다. 하지만 상용 애플리케이션에서는 오류를 앱에 맞게 적절하게 처리해야 하며 보통은 적어도 이슈에 대한 로그를 남겨 나중에 확인할 수 있게 해야 한다.

나중에 쿼리와 mutation을 이 코드에 더 채워 넣을 것이다. 지금은 기본 설정을 완료하는 데 집중한다.

4. Chap10/gql-server/src 폴더의 GqlContext.ts 파일을 복사해 gql 폴더로 붙여 넣는다. 9장, 'GraphQL'에서 설명한 것처럼 이 파일에는 GraphQL 호출에 대한 Request와 Response 객체가 있다.

5. 이제 index.ts 파일을 열고 GraphQL을 추가해보자. 다음 코드를 listen 호출 바로 앞에 추가하고 필요한 import도 추가한다. 이제 이러한 import는 직접 추가할 수 있어야 한다.

```
const httpServer = http.createServer(app);
const schema = makeExecutableSchema({ typeDefs, resolvers });
const apolloServer = new ApolloServer({
  schema,
  context: ({ req, res }: any) => ({ req, res }),
});

apolloServer.start().then(() => {
  apolloServer.applyMiddleware({ app, cors: true });
  httpServer.listen({ port: process.env.SERVER_PORT }, () => {
    console.log(
      `Server ready at http://localhost:${process.env.SERVER_
PORT}${apolloServer.graphqlPath}`
    );
  });
});
```

이 코드는 기본적으로 9장, 'GraphQL'에서 ApolloServer의 인스턴스를 만들고 typeDefs와 리졸버, Express 앱 인스턴스를 가져오는 코드와 유사하다.

6. 이 코드가 동작하는지 확인하기위해 테스트해보자. http://localhost:5000/ graphql URL을 연다. 다음은 9장, 'GraphQL'에서 살펴본 GraphQL 플레이그라 운드다. 다음과 같이 실행한다.

그림 15.1 첫 번째 GraphQL 쿼리

보다시피 이 호출은 동작한다. GraphQL에서 이전 호출과 유일하게 다른 부분은 이 호출에서는 두 개의 다른 타입이 반환될 수 있기 때문에 ... on <특정 타입> 문법을 사용해 어떤 엔티티와 필드를 반환할지 결정해야 한다는 점이다. 이 기능을 인라인 프래그먼트^{inline fragment}라고 한다. 그리고 마찬가지로 예제와 자신의 로컬 ID 번호가 동일하지 않기 때문에 데이터베이스에 있는 ID를 전달해야 한다는 것을 기억한다.

7. 이번에는 엔티티를 반환하지 않는 `createThread` 함수를 선택한다. 먼저 `typeDefs` 파일의 마지막에 다음 mutation을 추가한다.

```
type Mutation {
  createThread(
    userId: ID!
    categoryId: ID!
```

```
        title: String!
        body: String!
      ): EntityResult
   }
```

ThreadResult를 반환하지 않는다. createThread 함수에서는 문자열 메시지만 반환한다. 따라서 이 내용이 필요한 전부다.

8. 이제 resolvers 파일을 수정해보자. 다음 함수를 mutation으로 추가한다. 필요한 모든 import는 직접 추가한다.

```
Mutation: {
  createThread: async (
    obj: any,
    args: { userId: string; categoryId: string; title: string;
body: string },
    ctx: GqlContext,
    info: any
  ): Promise<EntityResult> => {
```

마찬가지로 동일한 파리미터가 있지만 이번에는 전체 엔터티를 반환할 필요가 없으므로 EntityResult만 반환한다.

```
      let result: QueryOneResult<Thread>;
      try {
        result = await createThread(
          args.userId,
          args.categoryId,
          args.title,
          args.body
        );
```

여기서는 저장소의 createThread를 호출하고 결과를 받는다.

```
      return {
        messages: result.messages
          ? result.messages
          : ["An error has occurred"],
      };
```

이제 결과의 상태를 알려주기 위해 사용할 수 있는 메시지 목록을 반환한다.

```
    } catch (ex) {
        throw ex;
```

다시 말하지만 상용 환경에서는 단순히 오류를 발생시키지 말고 로그를 남기거나 오류를 처리해야 한다. 여기서는 단순한 설명과 곁길로 새지 않고 현재 살펴보고 있는 개념에 집중하기 위해 간단하게 오류를 발생시켰다.

```
    }
  },
},
```

9. 자, 이제 이 코드를 실행하면 다음과 같은 내용을 확인할 수 있다.

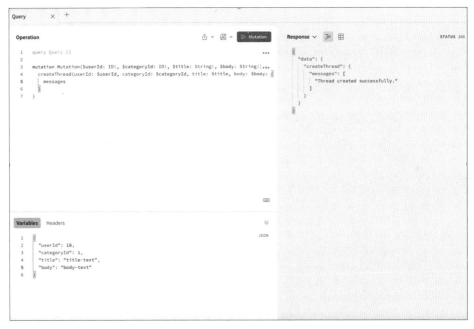

그림 15.2 createThread 함수

10. 자, 그럼 Threads에 대한 호출을 하나 더 처리해보자. ThreadRepo에는 Threads의 배열을 반환하는 getThreadsByCategoryId 호출이 있다. GraphQL union 연산자는 배열을 지원하지 않으므로 문제가 된다. 따라서 Threads의 배열을 나타내기 위해 typeDefs 파일에 또 다른 새로운 엔터티를 만든 후 union을 만들 수 있다. typeDefs 파일의 ThreadResult union 아래에 다음 코드를 추가한다.

```
type ThreadArray {
  threads: [Thread!]
}
union ThreadArrayResult = ThreadArray | EntityResult
```

먼저 Threads의 배열을 반환하는 엔터티를 만들었다. 그리고 엔터티 타입이나 EntityResult를 반환하는 union을 만들었다.

이제 getThreadById 쿼리 아래에 다음 코드를 추가한다.

```
getThreadsByCategoryId(categoryId: ID!): ThreadArrayResult!
```

11. 이제 리졸버를 만들 수 있다. resolvers의 Query 영역에 다음 코드를 추가한다.

```
getThreadsByCategoryId: async (
  obj: any,
  args: { categoryId: string },
  ctx: GqlContext,
  info: any
): Promise<{ threads: Array<Thread> } | EntityResult>
  => {
  let threads: QueryArrayResult<Thread>;
  try {
    threads = await getThreadsByCategoryId(args.
      categoryId);
    if (threads.entities) {
      return {
        threads: threads.entities,
      };
    }
```

여기서는 threads 배열을 반환한다.

```
      return {
        messages: threads.messages
          ? threads.messages
          : ["An error has occurred"],
      };
```

그리고 여기서는 threads가 없는 경우 메시지를 반환한다.

```
    } catch (ex) {
      throw ex;
    }
  },
```

12. 하나의 항목만 남았다. 처음 union을 사용하기 시작했을 때 EntityResult 타입에 대한 쿼리를 만들어야 했다. 따라서 새로운 ThreadArrayResult 타입에 대해서도 동일한 내용을 처리해야 한다. 다음 코드를 resolvers 파일의 EntityResult 정의 아랫부분에 추가한다.

```
ThreadArrayResult: {
  __resolveType(obj: any, context: GqlContext, info: any) {
    if (obj.messages) {
      return "EntityResult";
    }
    return "ThreadArray";
  },
},
```

이 내용은 전과 동일한 상황이다. 만약 obj에 messages 속성이 있다면 EntityResult 타입을 반환하고, 그렇지 않으면 ThreadArray 타입을 반환한다.

13. 이 쿼리를 실행하면 다음과 같은 내용을 볼 수 있다. 다음 그림의 테스트 결과에는 중복된 테스트 데이터가 포함돼 있으니 참고한다.

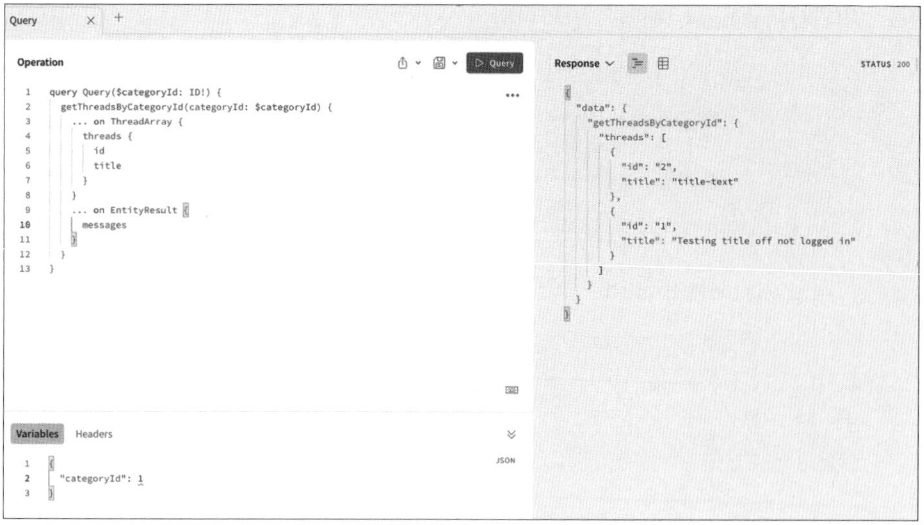

그림 15.3 getThreadsByCategoryId 함수

  __typename이라는 부가적인 필드를 추가했다. 이 필드에서는 반환되는 타입을 알려준다. 그림에서는 ThreadArray다.

자, 이제 Threads에 대한 쿼리가 동작하는 GraphQL 서버를 만들었다. 직접 14장, 'TypeORM으로 저장소 계층과 Postgres 구성하기'의 비인증 관련 호출을 통합해본다. 만약 어려움이 있다면 깃허브 소스 코드를 참고한다. 하지만 참고하지 않고 직접 이러한 내용을 처리해보는 것이 중요하며 이러한 방법으로 자신이 얼마나 내용을 확실히 알고 있는지 확인할 수 있다.

ThreadPoint 시스템

지금까지 기존 리졸버 호출을 통합했으며 필요한 몇 가지 호출을 더 만들어보자. Threads와 ThreadItems에서 사용할 포인트 시스템을 만들었다. 이제 포인트를 늘리고 줄이는 방법을 구현한다. 시간이 좀 지났다면 계속 진행하기 전에 ThreadPoint와 ThreadItemPoint 엔터티를 살펴본다. points라는 새로운 필드는 나중에 코드를 작성할 때 설명한다.

1. 먼저 ThreadPointRepo.ts 파일을 repo 폴더 안에 만들고 다음 코드를 추가한다.
   마찬가지로 필요한 import를 추가하는 방법은 잘 알고 있다고 가정한다.

```
export const updateThreadPoint = async (
  userId: string,
  threadId: string,
  increment: boolean
): Promise<string> => {
```

파라미터에 increment 불리언이 있다. 이 파라미터는 포인트 추가나 제거를 결정
한다.

```
    // todo: 먼저 사용자 인증 여부 확인
```

인증 호출을 만들 때 이 주석으로 다시 돌아와 코드를 작성한다. todo 주석을 추가
하는 방법을 사용하면 남아 있는 완료할 항목을 추적하기 좋다. 그리고 팀 구성원
들에게 해당 사실을 알려줄 수도 있어 좋다.

```
let message = "Failed to increment thread point";
const thread = await Thread.findOne({
  where: { id: threadId },
  relations: ["user"],
});
if (thread!.user!.id === userId) {
  message = "Error: users cannot increment their own thread";
  return message;
}
```

여기서는 전달된 threadId에 대한 Thread를 가져온다. 그리고 전달된 User가
thread를 작성한 User와 같은지 여부를 확인한다. 단 한 명의 User만 자신의 데이
터베이스에 있다면 다른 User를 추가해 Thread 작성자와 포인트를 증가시키는
사용자가 같지 않게 한다. SQL insert 쿼리를 사용하거나 14장, 'TypeORM으로
저장소 계층과 Postgres 구성하기'의 register 경로를 다시 사용해 사용자를 추가
할 수 있다.

```
const user = await User.findOne({ where: { id: userId } });
```

여기서는 실제로 User를 사용하기 위해 일치하는 User를 찾는다. 비효율적으로 보일 수 있는 이 작업을 왜 하는지 잠시 후에 살펴본다.

```
const existingPoint = await ThreadPoint.findOne({
  where: {
    thread: { id: threadId },
    user: { id: userId },
  },
  relations: ["thread"],
});
```

여기서는 기존 포인트 엔터티가 이미 존재하는지 여부를 확인한다. 나중에 이 객체를 사용해 포인트를 추가하거나 제거하는 방법을 결정한다.

```
await getManager().transaction(async (transactionEntityManager) => {
```

보다시피 여기에는 새로운 TypeORM 코드가 포함돼 있다. getManager().transaction 호출에서는 SQL 트랜잭션을 만든다. 트랜잭션은 여러 SQL 연산을 쪼개지 않고 한 번에 처리하는 방식을 말한다. 다시 말해 각 연산이 모두 성공적으로 완료되거나 모두 실패하게 된다. 따라서 이 범위 내에서 동작하는 모든 내용은 트랜잭션의 일부분이다.

추가적으로 이전에 User 엔터티는 이 엔터티를 사용하기 전에 미리 만들었다. 이렇게 하는 이유는 트랜잭션 내부에 셀렉션 쿼리를 만들지 않는 것이 좋기 때문이다. 이는 어려운 규칙이 아니다. 보통 셀렉션 쿼리를 트랜잭션의 내부에 만들면 작업이 느려진다.

```
if (existingPoint) {
  if (increment) {
    if (existingPoint.isDecrement) {
      await ThreadPoint.remove(existingPoint);
      thread!.points = Number(thread!.points) + 1;
      thread!.lastModifiedOn = new Date();
      await thread!.save();
    }
  } else {
    if (!existingPoint.isDecrement) {
      await ThreadPoint.remove(existingPoint);
```

```
        thread!.points = Number(thread!.points) - 1;
        thread!.lastModifiedOn = new Date();
        thread!.save();
      }
    }
```

이 부분에서는 existingPoint를 검사해 ThreadPoint가 이미 존재하는지 여부를 확인했다. 참고로 ThreadPoint는 isDecrement 필드에 따라 양수나 음수의 포인트가될 수 있다. 다음으로 존재 여부가 확인되면 포인트 증가나 감소 여부를 결정한다. increment를 수행하는 경우, 기존 감소 ThreadPoint가 있다면 해당 엔터티를 삭제한 후 다른 작업은 수행하지 않는다. 만약 감소를 수행하는 경우 기존 증가 ThreadPoint가 있다면 해당 엔터티를 삭제한 후 다른 작업은 수행하지 않는다.

이제 알아야 할 다른 내용으로는 Thread 엔터티에 points 필드가 있으며 이 필드는 적절하게 증가하거나 감소한다는 것이다. 이 필드는 UI에서 일종의 바로가기의 역할을 하며 해당 스레드에 대한 ThreadPoints를 모두 더하지 않고도 현재 Thread의 전체 포인트를 알 수 있다.

```
  } else {
    await ThreadPoint.create({
      thread,
      isDecrement: !increment,
      user,
    }).save();
    if (increment) {
      thread!.points = Number(thread!.points) + 1;
    } else {
      thread!.points = Number(thread!.points) - 1;
    }
    thread!.lastModifiedOn = new Date();
    thread!.save();
  }
```

만약 기존 포인트가 전혀 없다면 증가나 감소시킬 수 있는 포인트를 새로 만든다.

```
    message = `Successfully ${increment ? "incremented" : "decremented"
    } point.`;
  });
```

```
   return message;
 };
```

2. 이제 다음과 같이 typeDefs에 Mutation을 추가한다.

```
   updateThreadPoint(userId: ID!, threadId: ID!, increment:
 Boolean!): String!
```

3. 그리고 resolver의 Mutation 영역에 updateThreadPoint 호출을 추가한다. 이 호출
   은 실제 작업을 처리하는 저장소 호출에 대한 래퍼이기 때문에 여기서는 이 코드
   를 설명하지 않는다. 해당 코드를 보지 않고 Mutation을 직접 만들 수 있는지 확인
   해보기 바란다.

   NOTE

   | 대부분의 리졸버는 저장소 호출에 대한 래퍼로 사용된다. 이러한 방법으로 리졸버 코드를 데이
   | 터베이스와 저장소 호출에서 분리할 수 있다. 따라서 대부분의 경우 리졸버 코드는 단순하며 깃
   | 허브 소스 코드에서 찾아볼 수 있기 때문에 설명하지 않는다.

4. 다음과 같이 Mutation을 실행하고 데이터베이스를 확인한다.

그림 15.4 updateThreadPoint 실행

다음은 pgAdmin을 사용해 Postgres 데이터베이스에서 mutation의 실행 결과를
확인한 내용이다.

그림 15.5 updateThreadPoint를 실행한 데이터베이스 결과

레코드가 성공적으로 만들어졌다.

이제 지금까지 만든 이 포인트 시스템의 동작 방식을 조금 더 설명한다. 비슷한 포인트
시스템에서는 지금까지 만든 포인트 시스템에서 처리하는 것처럼 양수와 음수 포인트
를 모두 줄 수 있다. 하지만 사용자가 한 번 이상 투표하는 것을 방지해야 한다. 그렇게
하기 위해서는 포인트를 준 사용자와 각 포인트를 연결하고, 포인트를 받은 Thread나
ThreadItem과 각 포인트와 연결해야 한다. 이것이 ThreadPoint와 ThreadPointItem
엔터티를 만든 이유다.

수많은 사용자를 확보한 트래픽이 많은 사이트에서는 정해진 시간 안에 포인트를 추가
하거나 제거하는 작업은 서버에 중대한 부하가 될 수 있다. 하지만 이보다 더 안 좋은 경
우는 Thread나 ThreadItem을 가져오는 모든 호출에서 ThreadPoints나 Thread
ItemPoints를 모두 합산해야 하는 경우다. 이러한 경우는 서버가 버틸 수 없게 된다. 따
라서 첫 번째 문제는 "사용자당 한 번만 투표"할 수 있는 포인트 시스템의 일부분이므로
감당해야 한다. 하지만 포인트를 합산하는 문제의 성능을 개선하기 위해서는 몇 가지
다른 작업을 시도해볼 수 있다.

가장 성능이 좋은 방법은 Redis와 같은 보조 서비스를 통해 캐시 시스템을 추가하는 것이다. 하지만 캐시 시스템을 만드는 것은 간단한 문제가 아니며 이 책에서 다루는 범위를 많이 벗어난다. 그리고 사이트가 이제 막 시작돼 아직 엄청난 성공을 거두기 전이므로 그와 같은 트래픽은 발생하지 않을 것이라고 반박할 수도 있다. 따라서 시작은 조금 더 단순하게 할 수 있다.

여기에서 처리하고 있는 내용은 Thread와 ThreadItem 엔터티에 points 필드를 추가하고, 포인트를 추가하거나 제거하는 호출이 발생할 때 그 값을 증가시키는 것이다. 최적의 방법은 아니지만 지금은 이것이 최선이다. 나중에 필요에 따라 캐시 시스템이나 더 정교한 다른 메커니즘이 적용될 수 있다.

ThreadItemPoint 코드는 거의 동일하다. 계속해서 ThreadItemPointRepo.ts 파일을 직접 만들 수 있는지 확인해보기 바란다. 언제나 막히는 경우는 깃허브 소스 코드에서 해당 코드를 확인한다.

이 절에서는 저장소 호출과 GraphQL 계층의 통합을 시작했다. 그리고 Thread와 ThreadItem 포인트 시스템에 기능을 추가했다. 다음 절에서는 이어서 인증 호출을 통합해 GraphQL API를 만든다.

⁝⁝⁝ 인증과 GraphQL 리졸버 통합하기

인증과 GraphQL의 통합은 다른 기능을 추가하는 것과 많이 다르지 않다. 이 절에서는 그 방법을 살펴본다.

인증 관련 호출을 통합해보자. register 호출부터 시작한다.

1. 14장, 'TypeORM으로 저장소 계층과 Postgres 구성하기'에서 만들었던 register 호출을 다시 머리에 떠올려본다. 그럼 이제 typeDefs와 resolvers를 추가해보자. 먼저 깃허브 소스 코드의 register 호출을 typeDefs 파일의 Mutation 영역에 추가한다.

2. 다음으로 resolvers 파일의 Mutation 영역에 깃허브 소스 코드에서 해당 코드를 추가한다.

이 부분도 마찬가지로 저장소 호출의 래퍼이므로 설명할 내용이 많지 않지만 User 객체를 반환하지 않는 점에 유의한다. 상태 메시지만 반환한다. 이렇게 하는 이유는 불필요한 정보 노출을 줄이기 위함이다. 실행에 앞서 테스트를 위해 GraphQL 플레이그라운드에서 쿠키를 받을 수 있도록 한다. 쿠키를 사용할 수 있어야 세션 상태가 저장되며 호출에서 User가 로그인했는지 여부를 확인할 수 있다. index.ts 파일에서 ApolloServer 호출 시 다음 코드와 같이 plugins 설정을 추가한다.

```
const apolloServer = new ApolloServer({
  schema,
  context: ({ req, res }: any) => ({ req, res }),
  plugins: [
    ApolloServerPluginLandingPageLocalDefault({
      embed: true,
    }),
  ],
});
```

이제 실행해보면 다음과 같은 화면을 볼 수 있다.

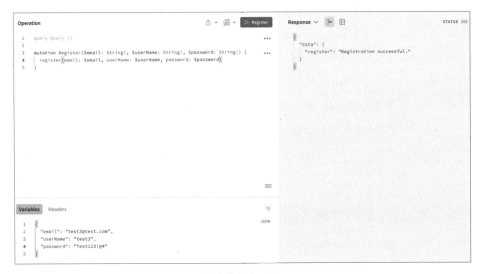

그림 15.6 Register

3. 계속해서 login 함수를 진행한다. login 소스 코드를 typeDefs 파일의 Mutation 영역에 추가한다.

4. 다음으로 소스 코드에서 login용 resolver 코드를 추가한다. 저장소 login 호출에서는 사용자가 존재하는지 여부와, 비밀번호가 일치하는지 확인한다. 그리고 GraphQL 호출에서는 정상적으로 로그인되면 user.id를 ctx.req.session.userId 세션 객체에 설정한다. 그리고 resolver에서는 성공 시 user 객체를 반환하지 않는다. User 정보를 제공하는 함수를 나중에 새로 만든다.

5. 이제 logout 함수를 처리해보자. 먼저 깃허브 소스 코드처럼 typeDefs에서 Mutation 영역의 항목을 추가한다.

6. 다음으로 resolvers의 Mutation을 깃허브 소스 코드의 logout 리졸버 코드로 수정한다. 저장소 logout 호출에서 어떤 응답이 돌아오든 상관없이 ctx.req.session?.destroy를 사용해 session을 destroy하고 ctx.req.session?.userId를 undefined로 설정한다.

7. 이제 typeDefs에 새로운 호출과 타입을 하나 더 추가한다. 깃허브 소스 코드에서 확인할 수 있는 me 함수를 typeDefs 파일의 Query 영역에 추가한다. 다음으로 User 타입 아래에 다음 union을 추가한다.

```
union UserResult = User | EntityResult
```

이렇게 해야 하는 이유는 무엇인가. register와 login 호출에서 User 객체를 제거했다. 그 이유는 User의 세부 사항이 이러한 호출 이후에 사용되거나 또는 사용되지 않을 수 있으며 User 데이터의 불필요한 노출을 원치 않았기 때문이다. 하지만 User가 로그인하면 사용자의 데이터를 보고 싶은 경우가 있다. 예컨대 UserProfile 화면에 접근하는 경우가 될 수 있다. 따라서 이러한 내용을 처리하기 위해 me 함수를 사용한다.

8. 이제 me 함수용 UserRepo 호출을 추가해보자. 다음 함수를 UserRepo에 추가한다.

```
export const me = async (id: string): Promise<UserResult>
  => {
```

```
const user = await User.findOne({
  where: { id },
  relations: ["threads", "threads.threadItems"],
});
```

찾고 있는 user 객체에는 모든 해당 사용자에게 속한 모든 Threads와 ThreadItems 가 포함된다. Threads와 ThreadItems는 UserProfile 화면에서 사용한다.

```
if (!user) {
  return {
    messages: ["User not found."],
  };
}
if (!user.confirmed) {
  return {
    messages: ["User has not confirmed their
    registration email yet."],
  };
}
return {
  user: user,
};
};
```

이 함수의 나머지 부분은 login 함수와 거의 비슷하다.

9. 이제 UserResult와 me 함수를 위한 resolvers를 만들어보자. 깃허브 소스 코드와 같이 resolvers 파일의 맨 처음에 있는 const에 UserResult 리졸버를 추가한다. 이 코드는 다른 Result union 리졸버와 동일하다. 즉, 설명이 필요한 새로운 내용이 없다.

10. 깃허브 소스 코드에서 me 함수용 코드를 Query 역영에 추가한다.

이 리졸버는 세션에서 userId를 가져오기 때문에 파라미터가 없다. 193번 행에서 는 userId가 세션에 있는지 확인한다. 만약 없다면 바로 종료된다. 만약 세션에 userId가 있다면 UserRepo의 me 함수를 통해 현재 로그인한 사용자를 가져온다. 그 리고 나머지는 기본적으로 엔터티를 반환하는 다른 함수와 동일하다.

11. me 리졸버를 실행해보자. GraphQL 플레이그라운드를 사용하기 위해 한 번 로그
    인해야 하고 3번 단계의 설명을 따라야 한다. 다음과 같이 me를 실행하면 관련 데
    이터가 반환된다.

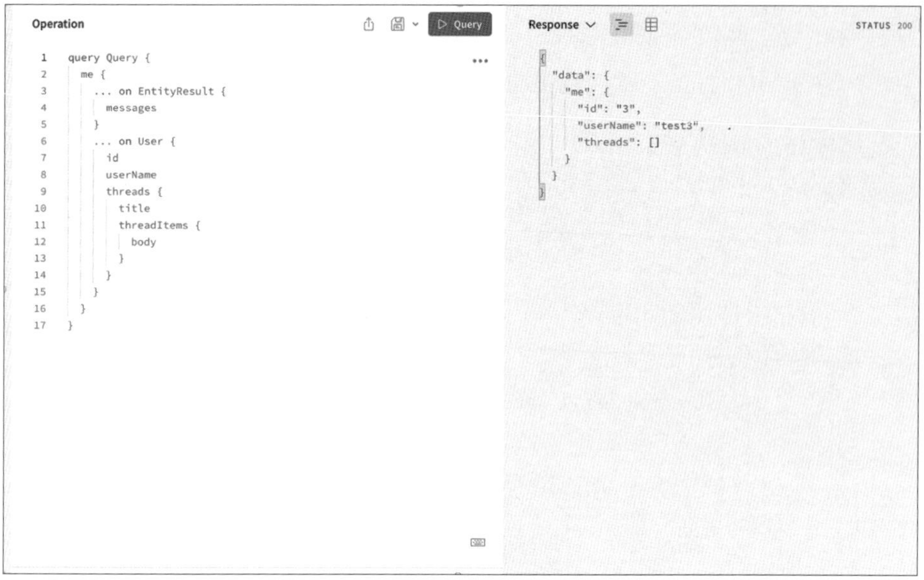

그림 15.7 me 리졸버 호출

볼 수 있는 것처럼 다시 인라인 프래그먼트를 사용했고 관련된 Threads와 Thread
Items를 가져왔다.

이 절에서는 GraphQL과 저장소 계층 인증 호출을 통합하고 기능을 확인했다. 다음 절
에서는 거의 완성된 백엔드와 프론트엔드를 통합해 애플리케이션을 마무리한다.

⁖ Apollo GraphQL을 쿼리하기 위한 리액트 클라이언트 측 훅 만들기

이 절에서는 GraphQL 백엔드와 리액트 클라이언트를 연결해 애플리케이션을 마무리
한다. 먼 길을 왔다. 이제 거의 도착했다.

두 부분의 앱을 하나로 통합하기 위해서는 Express 서버에 CORS를 추가해야 한다. CORS는 Cross-Origin Resource Sharing을 말한다. 즉, 서버에서 서버의 고유한 도메인과 다른 클라이언트 도메인을 허용하도록 설정하는 것을 의미한다.

보통의 복잡도를 갖는 대부분의 서버 구성에서는 클라이언트 측 애플리케이션을 호스팅하는 서버와 API를 제공하는 서버가 동일한 도메인에 존재하지 않는다. 일반적으로 NGINX와 같은 일종의 프록시가 포함된다. 이러한 프록시를 통해 브라우저에서 들어오는 호출을 받게 된다. 그리고 이 프록시는 필요에 따라 콜을 리다이렉션한다. 좀 더 자세한 리버스 프록시의 동작 방식은 17장, 'AWS에 애플리케이션 배포하기'에서 설명한다.

> **NOTE**
>
> 프록시는 하나 또는 여러 서비스의 대리자다. 프록시를 사용하는 경우 클라이언트가 서비스를 호출하면 클라이언트는 해당 서비스에 직접 접속되지 않고 먼저 프록시에 접속하게 된다. 다음으로 프록시에서는 클라이언트 요청을 라우팅해야 할 위치를 확인한다. 따라서 프록시를 사용해 더욱 나은 서비스 접근 제어를 할 수 있다.

CORS 활성화가 필요한 이유는 리액트 애플리케이션이 자체 테스트 웹 서버에서 동작하기 때문이다. 예제 애플리케이션의 경우 3000번 포트에서 동작하며 서버는 5000번 포트에서 동작한다. 이 둘 모두 localhost를 사용하지만 다른 포트를 사용하는 것은 실제로 다른 도메인을 의미한다. CORS를 수정하기 위해서는 다음과 같이 처리한다.

1. 먼저 .env 파일을 다음과 같이 수정해 클라이언트 개발 서버에 대한 경로를 추가한다.

```
CLIENT_URL=http://localhost:3000
```

2. index.ts 파일을 열고 const app = express(); 바로 다음에 다음 코드를 추가한다.

```
const app = express();
app.use(
  cors({
    credentials: true,
    origin: process.env.CLIENT_URL,
  })
);
```

credentials 설정은 Access-Control-Allow-Credentials 헤더를 활성화한다. 이 설정을 통해 클라이언트 자바스크립트에서는 자격증명이 성공하면 서버로부터 응답을 받게 된다.

3. 그리고 Apollo Server를 수정해 고유의 cors가 비활성화되도록 한다. listen 바로 앞에 다음 내용을 추가한다.

```
apolloServer.applyMiddleware({ app, cors: false });
```

Apollo Server에는 cors가 포함돼 있으며 기본적으로 활성화돼 있으므로 비활성화한다.

지금까지 서버에 CORS를 설정했다. 이제 VS Code 창에서 리액트 프로젝트를 열고 GraphQL을 설치해 GraphQL 서버와 통합해보자.

1. VS Code 창에서 super-forum-client 폴더를 열고 실행해 제대로 동작하는지 확인한다. 아직 선행 작업을 완료하지 않았다면 node_modules 폴더와 package-lock.json을 삭제하고 npm install을 한번 실행한다.

2. 이제 Apollo GraphQL 클라이언트를 설치한다. super-forum-client의 최상위 경로에서 터미널을 열고 다음 명령을 실행한다.

```
npm install @apollo/client graphql
```

3. 다음으로 클라이언트를 구성해야 한다. index.ts를 열고 다음 코드를 ReactDOM.createRoot 앞에 추가한다.

```
const client = new ApolloClient({
 uri: 'http://localhost:5000/graphql',
 credentials: "include",
 cache: new InMemoryCache()
});
```

마찬가지로 따로 설명할 필요 없이 import를 추가한다. 서버의 URL을 설정하고 필요한 자격증명을 포함시키고 cache 객체를 설정했다. 이렇게 하면 Apollo에서 모든 쿼리 결과를 캐싱한다.

4. 다음은 root.render를 수정해 ApolloProvider를 포함시킨다.

```
root.render(
  <React.StrictMode>
    <Provider store={configureStore()}>
      <BrowserRouter>
        <ApolloProvider client={client}>
          <ErrorBoundary>{[<App key="App" />]}</ErrorBoundary>
        </ApolloProvider>
      </BrowserRouter>
    </Provider>
  </React.StrictMode>
);
```

5. 이제 ThreadCategories를 가져와 동작하는지 확인해보자. src/components/
areas/LeftMenu.tsx 파일을 열고 다음과 같이 수정한다.

```
import React, { useEffect, useState } from "react";
import { useWindowDimensions } from "../../hooks/useWindowDimensions";
import "./LeftMenu.css";
import { gql, useQuery } from "@apollo/client";
```

Apollo 클라이언트에서 몇 가지 항목을 불러왔다. gql을 사용하면 문법 강조와
GraphQL 쿼리 서식을 사용할 수 있다. UseQuery는 클라이언트 측 훅과 관련된
첫 번째 GraphQL이다. 여기서는 GraphQL Query를 수행할 수 있으며 Mutation
수행과는 대조적으로 즉시 실행된다. 나중에 레이지 로딩[lazy loading]을 허용하는 훅
을 설명한다.

```
const GetAllCategories = gql`
  query getAllCategories {
    getAllCategories {
      id
      name
    }
  }
`;
```

이 코드는 쿼리다. 설명할 내용이 많지 않으며 id와 name을 가져온다.

```
const LeftMenu = () => {
  const { loading, error, data } = useQuery(GetAllCategories);
```

useQuery 호출에서는 loading과 error, data 속성을 반환한다. 모든 Apollo GraphQL에서는 다양한 관련 속성 집합을 반환한다. 다음 코드에서 이러한 특정 속성을 어떻게 사용하는지 살펴본다.

```
const { width } = useWindowDimensions();
const [categories, setCategories] = useState<JSX.Element>(
  <div>Left Menu</div>
);
useEffect(() => {
  if (loading) {
    setCategories(<span>Loading ...</span>);
```

이 코드에서는 loading 속성을 사용해 데이터가 로딩되고 있는지 여부를 확인한 다음 해당 케이스에 사용하는 플레이스 홀더를 제공한다.

```
} else if (error) {
    setCategories(<span>Error occurred loading
categories ...</span>);
```

이 부분에서는 쿼리 실행 중에 발생한 오류를 알려준다.

```
} else {
  if (data && data.getAllCategories) {
    const cats = data.getAllCategories.map((cat: any)
     => {
    return <li key={cat.id}>
       <Link to={`/categorythreads/${cat.id}`}>{cat.name}</Link>
     </li>;
    });
    setCategories(<ul className="category">{cats}
    </ul>);
  }
```

끝으로 모두 잘 진행됐다면 데이터를 받고 ThreadCategory를 나타내는 요소를 ul로 표시한다. 모든 li 요소는 유일한 key 식별자를 가진다. 유사한 요소를 배열로 제공하는 경우 key 식별자가 있으면 불필요한 렌더링을 줄일 수 있으므로 중요하다. 그리고 모든 요소는 링크이며 사용자에게 특정 ThreadCategory와 관련된 모든 Threads를 보여준다.

```
    }
    // eslint-disable-next-line react-hooks/exhaustive-deps
  }, [data]);
  if (width <= 768) {
    return null;
  }
  return <div className="leftmenu">{categories}</div>;
};
export default LeftMenu;
```

6. 이제 getAllCategories query 호출을 연결하기 위해 super-forum-server에서 몇 가지 코드를 추가한다. src/repo 폴더에 ThreadCategoryRepo.ts 파일을 만들고 다음 코드를 추가한다.

```
import { QueryArrayResult } from "./QueryArrayResult";
import { ThreadCategory } from "./ThreadCategory";

export const getAllCategories = async (): Promise<
  QueryArrayResult<ThreadCategory>
> => {
  const categories = await ThreadCategory.find();

  return {
    entities: categories,
  };
};
```

그리고 resolves 파일에 다음 코드를 추가한다.

```
getAllCategories: async (
    obj: any,
    args: null,
    ctx: GqlContext,
    info: any
  ): Promise<Array<ThreadCategory> | EntityResult> => {
    let categories: QueryArrayResult<ThreadCategory>;
    try {
```

```
      categories = await getAllCategories();
      if (categories.entities) {
        return categories.entities;
      }
      return {
        messages: categories.messages
          ? categories.messages
          : ["An error has occurred"],
      };
    } catch (ex) {
      throw ex;
    }
  },
```

다음으로 typeDefs 파일에 다음과 같이 쿼리를 추가한다.

```
getAllCategories: [ThreadCategory!]
```

7. 데스크탑 모드로 앱을 실행하면 다음 화면을 볼 수 있다. 여기서는 관련 Thread가
   포함돼 있는 ThreadCategory 링크 중 하나를 클릭했다. 하지만 현재는 하드코딩
   된 데이터를 반환하는 dataService를 아직 사용하고 있다.

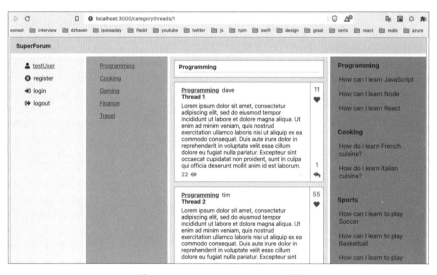

그림 15.8 LeftMenu ThreadCategory 목록

이제 GraphQL 서버에 연결됐다.

메인 화면

먼 길을 왔다. 이제 메인 컴포넌트를 업데이트해 GraphQL 서비스에서 실제 데이터를 반환하도록 한다. 다음과 같이 만들어보자.

1. super-forum-server 프로젝트로 가서 typeDefs 파일을 열고 깃허브 소스 코드의 getThreadsLatest 함수용 스키마 항목을 가져와 getThreadsByCategoryId 쿼리 다음에 추가한다. 여기서는 특정 ThreadCategory가 전달되지 않은 경우 최신 Threads를 제공하는 새로운 getThreadsLatest 리졸버를 만든다. ThreadCategory가 전달되는 경우는 이미 getThreadsByCategoryId 리졸버가 있다.

2. ThreadRepo를 열고 다음 함수를 추가한다.

```
export const getThreadsLatest = async ():
Promise<QueryArrayResult<Thread>> => {
  const threads = await Thread.createQueryBuilder("thread")
    .leftJoinAndSelect("thread.category", "category")
    .leftJoinAndSelect("thread.threadItems", "threadItems")
    .orderBy("thread.createdOn", "DESC")
    .take(10)
    .getMany();
```

여기는 ThreadCategories와 ThreadItems을 가져오는 쿼리다. leftJoinAndSelect는 createdOn을 orderBy하고 10개 항목만을 가져온다^{take}.

```
  if (!threads || threads.length === 0) {
    return {
      messages: ["No threads found."],
    };
  }
  return {
    entities: threads,
  };
};
```

나머지 내용은 getThreadsByCategoryId와 유사하기 때문에 따로 설명이 필요치 않다.

다음으로 getThreadsByCategoryId 함수에 ThreadItems를 포함시킨다.

```
export const getThreadsByCategoryId = async (
  categoryId: string
): Promise<QueryArrayResult<Thread>> => {
  const threads = await Thread.
    createQueryBuilder("thread")
    .where(`thread."categoryId" = :categoryId`, { categoryId })
    .leftJoinAndSelect("thread.category", "category")
    .leftJoinAndSelect("thread.threadItems", "threadItems")
    .orderBy("thread.createdOn", "DESC")
    .getMany();
  if (!threads || threads.length === 0) {
    return {
      messages: ["Threads of category not found."],
    };
  }
  return {
    entities: threads,
  };
};
```

이 내용은 leftJoinAndSelect 함수만 추가하면 이전과 동일하다.

3. resolvers 파일을 열고 Query 영역의 마지막에 깃허브 소스 코드의 getThreads
Latest 함수를 추가한다. 이 함수는 getThreadsLatest를 호출하는 부분을 제외하면
getThreadsByCategoryId 리졸버와 거의 동일한 래퍼다.

4. 이제 메인 리액트 컴포넌트를 수정해 dataService에서 가짜 데이터가 아닌 Graph
QL 리졸버를 사용하도록 한다. Main 파일을 열고 다음과 같이 수정한다.

const GetThreadsByCategoryId는 첫 번째 쿼리다. 볼 수 있는 것처럼 여기서는 인
라인 프래그먼트를 사용하고 Thread 데이터 필드를 받는다.

```
const GetThreadsByCategoryId = gql`
  query getThreadsByCategoryId($categoryId: ID!) {
    getThreadsByCategoryId(categoryId: $categoryId) {
      ... on EntityResult {
        messages
      }
```

```
          ... on ThreadArray {
            threads {
              id
              title
              body
              views
              threadItems {
                id
              }
              category {
                id
                name
              }
            }
          }
        }
      }
`;
```

GetThreadsLatest는 기본적으로 GetThreadsByCategoryId와 동일하다.

```
const GetThreadsLatest = gql`
  query getThreadsLatest {
    getThreadsLatest {
      ... on EntityResult {
        messages
      }

      ... on ThreadArray {
        threads {
          id
          title
          body
          views
          threadItems {
            id
          }
          category {
            id
            name
          }
        }
      }
```

```
        }
    }
`;
```

이제 useLazyQuery 훅을 사용해 Main 컴포넌트를 정의한다.

```
const Main = () => {
  const [
    execGetThreadsByCat,
    {
      //error: threadsByCatErr,
      //called: threadsByCatCalled,
      data: threadsByCatData,
    },
  ] = useLazyQuery(GetThreadsByCategoryId);
  const [
    execGetThreadsLatest,
    {
      //error: threadsLatestErr,
      //called: threadsLatestCalled,
      data: threadsLatestData,
    },
  ] = useLazyQuery(GetThreadsLatest);
```

보는 것처럼 두 개의 훅에서 쿼리를 사용한다. 이러한 부분이 lazyGraphQL 쿼리
다. 이 방법을 사용하면 useQuery와는 다르게 즉시 실행되지 않으며 execGet
ThreadsByCat이나 execGetThreadsLatest 호출이 있을 때만 실행된다. data 속성에
는 쿼리에서 반환된 데이터가 포함된다. 그리고 반환되는 속성 두 가지는 사용하
지 않으므로 주석 처리했다. 하지만 호출에서 오류가 발생한다면 사용할 수 있다.
error에는 실패에 대한 정보가 포함되고 called에서는 훅이 호출됐는지 여부를 알
려준다.

```
    const { categoryId } = useParams();
    const [category, setCategory] = useState<Category | undefined>();
    const [threadCards, setThreadCards] =
    useState<Array<JSX.Element> | null>(
      null
    );
```

이전 상태 객체는 변경되지 않고 유지된다.

```
useEffect(() => {
  if (categoryId && categoryId > 0) {
    execGetThreadsByCat({
      variables: {
        categoryId,
      },
    });
  } else {
    execGetThreadsLatest();
  }
  // eslint-disable-next-line react-hooks/exhaustive-deps
}, [categoryId]);
```

이 useEffect는 이제 필요에 따라 execGetThreadsByCat이나 execGetThreadsLatest
만 수행하도록 수정됐다. categoryId 파라미터가 전달되면 execGetThreadsByCat이
실행되고 그렇지 않으면 execGetThreadsLatest가 실행된다.

```
useEffect(() => {
  if (
    threadsByCatData &&
    threadsByCatData.getThreadsByCategoryId &&
    threadsByCatData.getThreadsByCategoryId.threads
  ) {
    const threads = threadsByCatData.getThreadsByCategoryId.
threads;
    const cards = threads.map((th: any) => {
      return <ThreadCard key={`thread-${th.id}`} thread={th} />;
    });
    setCategory(threads[0].category);
    setThreadCards(cards);
  }
}, [threadsByCatData]);
```

useEffect에서는 threadsByCatData가 변경되면 getThreadsByCategoryId 쿼리의 데이터로 category와 threadCards를 업데이트한다.

```
useEffect(() => {
  if (
    threadsLatestData &&
    threadsLatestData.getThreadsLatest &&
    threadsLatestData.getThreadsLatest.threads
  ) {
    const threads = threadsLatestData.getThreadsLatest.threads;
    const cards = threads.map((th: any) => {
      return <ThreadCard key={`thread-${th.id}`} thread={th} />;
    });
    setCategory(new Category("0", "Latest"));
    setThreadCards(cards);
  }
}, [threadsLatestData]);
```

useEffect에서는 threadsLatestData가 변경되면 getThreadsLatest 쿼리의 데이터로 category와 threadCards를 업데이트한다. categoryId가 전달되지 않으면 "Latest"를 ThreadCategory 이름으로 사용한다.

```
  return (
    <main className="content">
      <MainHeader category={category} />
      <div>{threadCards}</div>
    </main>
  );
};
export default Main;
```

나머지 코드는 이전과 동일하다.

5. 이제 categoryId를 사용하는 이 코드를 실행하면 다음과 같은 화면을 볼 수 있다.

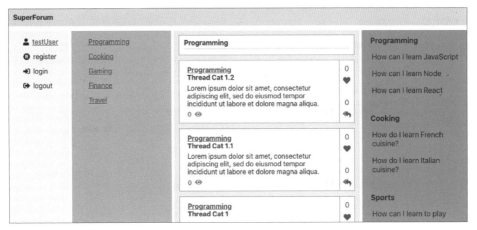

그림 15.9 categoryId를 사용한 화면

categoryId를 사용하지 않고 이 코드를 실행하면 다음과 같은 화면을 볼 수 있다.

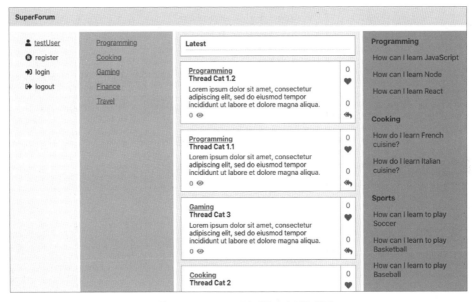

그림 15.10 categoryId를 사용하지 않은 화면

잘했다. 이제 이 사이트의 화면에 실제 데이터가 채워졌다. 계속 진행하기 전에 스타일을 조금 정리하고 플레이스홀더 배경색을 일부분 제거한다. Nav.css와 Home.css 파일을 조금 수정했다. 이제 화면은 다음과 같다.

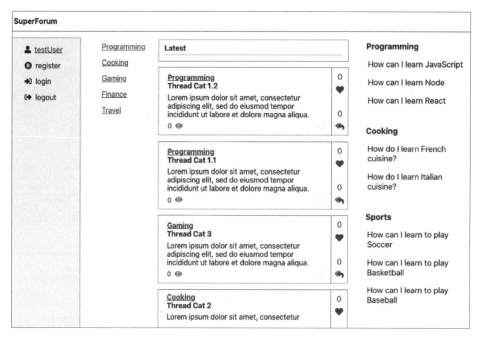

그림 15.11 Home 화면 스타일 변경

더 좋아 보인다. 이 화면의 모바일 버전에서 한 가지 알아야 할 내용이 있다. 다음 스크린샷에서 볼 수 있는 것처럼 사용자가 다른 카테고리로 변경할 방법이 없다는 것이다.

그림 15.12 모바일 Home 화면

드롭다운을 추가해 사용자가 카테고리를 변경할 수 있도록 해보자. 이 드롭다운은 모바일 모드에서만 나타난다. 따라 하기 전에 이 컨트롤을 직접 만들어보길 바란다. 힌트: React-DropDown을 사용해 드롭다운을 만들고 카테고리 라벨을 드롭다운 컨트롤로 대체한다. 예컨대 그림 15.12의 MainHeader 컨트롤에서 볼 수 있는 것처럼 선택된 카테고리는 "Programming"이다. 즉, 모바일 모드에서만 해당 라벨을 드롭다운으로 대체한다. ThreadCategory 경로에서 드롭다운을 이미 사용하고 있으므로 해당 드롭다운을 컴포넌트로 만들어 재사용할 수 있게 한다.

직접 만들어봤다면 이제 함께 만들어보면서 비교해보자. 여기서는 약간의 가정이 추가됐다. 두 가지 중요한 작업을 해야 하기 때문에 변경하는 작업은 단순하지 않다. 첫 번째 작업은 ThreadCategories 목록이 적어도 두 개의 개별 컴포넌트에서 사용된다는 것을 알고 있기 때문에 ThreadCategories용 리듀서를 새로 추가해야 한다. 그리고 Thread Category 컴포넌트의 드롭다운을 컴포넌트로 만들어 여러 곳에서 사용할 수 있도록 해야 한다. 이 두 번째 작업은 새로운 드롭다운 컴포넌트에서 외부의 props를 받고 카테고리가 바뀔 때마다 선택된 카테고리를 외부로 전달해야 하므로 아주 복잡하다.

1. 우선 리듀서를 새로 만들어보자. store 폴더에 categories 폴더를 새로 만든다. 해당 폴더에 Reducer.ts라는 파일을 만들고 깃허브 소스 코드를 추가한다. 이 파일은 Category 객체의 배열을 페이로드로 반환하는 부분을 제외하면 User 리듀서와 많이 비슷하다.

2. 다음으로 새로 만든 리듀서를 AppState의 rootReducer에 다음과 같이 추가한다.

```
export const rootReducer = combineReducers({
  user: UserProfileReducer,
  categories: ThreadCategoriesReducer,
});
```

새로 만든 rootReducer의 멤버는 Categories라고 한다.

3. 이제 App.tsx 컴포넌트를 수정해 애플리케이션이 로딩될 때 ThreadCategories를 즉시 가져와 리덕스 저장소에 추가하도록 한다.

다음으로 GetAllCategories GraphQL 쿼리를 추가한다.

```
const GetAllCategories = gql`
  query getAllCategories {
    getAllCategories {
      id
      name
    }
  }
`;

function App() {
  const { data } = useQuery(GetAllCategories);
  const dispatch = useDispatch();
  useEffect(() => {
    dispatch({
      type: UserProfileSetType,
      payload: {
        id: 1,
        userName: "testUser",
      },
    });
    if (data && data.getAllCategories) {
      dispatch({
        type: ThreadCategoriesType,
        payload: data.getAllCategories,
      });
```

이 코드의 대부분은 이전에 봤었지만 이 부분에서는 ThreadCategories의 페이로
드를 리덕스 저장소에 전달한다.

```
    }
  }, [dispatch, data]);
  const renderHome = (props: any) => <Home {...props} />;
  const renderThread = (props: any) => <Thread {...props}
/>;
  const renderUserProfile = (props: any) => <UserProfile
    {...props} />;
  return (
    <Switch>
      <Route exact={true} path="/" render={renderHome} />
      <Route path="/categorythreads/:categoryId"
        render={renderHome} />
```

```
      <Route path="/thread/:id" render={renderThread} />
      <Route path="/userprofile/:id"
        render={renderUserProfile} />
```

나머지 부분은 모두 동일하다. import는 직접 업데이트한다.

4. LeftMenu와 ThreadCategory 컴포넌트에는 ThreadCategories를 가져오고 드롭다운을 제거하는 코드가 있어야 한다. 하지만 먼저 이러한 내용을 모두 처리하는 공유 컨트롤을 만들어보자. src/components 폴더에 CategoryDropDown.tsx 파일을 만들고 다음 코드를 추가한다. 필요한 import는 모두 직접 추가해보길 바란다.

```
const defaultLabel = "Select a category";
const defaultOption = {
  value: "0",
  label: defaultLabel
};
```

defaultOption을 사용해 드롭다운에서 사용할 초깃값을 만들었다.

```
class CategoryDropDownProps {
  sendOutSelectedCategory?: (cat: Category) => void;
  navigate?: boolean = false;
  preselectedCategory?: Category;
}
```

CategoryDropDownProps가 CategoryDropDown 컴포넌트의 파라미터 타입이 된다. sendOutSelectedCategory는 상위 호출자에서 전달되는 함수이며 상위 호출자가 선택한 드롭다운 옵션을 전달받는 데 사용된다. navigate는 불리언이며 새로운 드롭다운 옵션의 선택에 따라 화면을 새로운 URL로 이동할 것인지 여부를 결정한다. preselectedCategory는 상위 호출자가 드롭다운을 로딩할 때 특정 ThreadCategory가 선택되도록 할 수 있다.

```
const CategoryDropDown: FC<CategoryDropDownProps> = ({
  sendOutSelectedCategory,
  navigate,
  preselectedCategory,
}) => {
  const categories = useSelector((state: AppState) =>
```

```
    state.categories);
  const [categoryOptions, setCategoryOptions] = useState<
    Array<string | Option>
  >([defaultOption]);
  const [selectedOption, setSelectedOption] =
    useState<Option>(defaultOption);
  const history = useHistory();
```

이전에 배운 내용대로 이러한 훅을 사용하는 방법은 아주 명확하다. 하지만 useSelector 사용해 리덕스 저장소에서 ThreadCategories 목록을 가져온다.

```
  useEffect(() => {
    if (categories) {
      const catOptions: Array<Option> = categories.
        map((cat: Category) => {
          return {
            value: cat.id,
            label: cat.name,
          };
        });
```

여기서는 나중에 드롭다운에 추가할 옵션의 배열을 만든다.

```
      setCategoryOptions(catOptions);
```

이 setCategoryOptions에서는 ThreadCategory 옵션 목록을 전달받고 설정해 나중에 드롭다운에서 사용될 수 있도록 한다.

```
      setSelectedOption({
        value: preselectedCategory ? preselectedCategory.
          id : "0",
        label: preselectedCategory ? preselectedCategory.
          name : defaultLabel,
      });
```

여기서는 드롭다운에서 기본적으로 선택되는 값을 설정했다.

```
    }
  }, [categories, preselectedCategory]);
  const onChangeDropDown = (selected: Option) => {
    setSelectedOption(selected);
```

```
    if (sendOutSelectedCategory) {
      sendOutSelectedCategory(
        new Category(selected.value, selected.label?.
          valueOf().toString() ?? ""))
      );
    }
```

이 드롭다운 변경 핸들러에서는 선택한 내용이 변경됐다는 것을 상위 호출자에게 알려준다.

```
  if (navigate) {
    history.push(`/categorythreads/${selected.value}`);
  }
};
```

상위 호출자가 요청하는 경우 다음 ThreadCategory 경로로 이동한다.

```
  return (
    <DropDown
      className="thread-category-dropdown"
      options={categoryOptions}
      onChange={onChangeDropDown}
      value={selectedOption}
      placeholder={defaultLabel}
    />
  );
};

export default CategoryDropDown;
```

그리고 마지막으로 실제 JSX가 있으며 설명은 따로 필요치 않다.

5. 이제 MainHeader.tsx file 파일을 다음과 같이 수정한다.

```
interface MainHeaderProps {
  category?: Category;
}
const MainHeader: FC<MainHeaderProps> = ({ category }) => {
  const { width } = useWindowDimensions();
```

중요한 변경 사항은 getLabelElement 함수이며 이 함수는 화면이 모바일인지 여부를 확인하고 모바일이라면 CategoryDropDown을 렌더링한다.

```
const getLabelElement = () => {
  if (width <= 768) {
    return (
      <CategoryDropDown navigate={true}
        preselectedCategory={category} />
    );
  } else {
    return <strong>{category?.name || "Placeholder"}
    </strong>;
  }
};
return (
  <div className="main-header">
    <div
      className="title-bar"
      style={{
        marginBottom: ".25em", paddingBottom:
          "0"
      }}
    >
      {getLabelElement()}
```

여기서는 getLabelElement 함수를 사용한다.

```
    </div>
  </div>
);
};
```

나머지는 대부분 제거할 코드이므로 직접 제거해보기를 바란다. 잘 할 수 있겠지만 필요한 경우 깃허브 소스 코드를 참고한다. 영향을 받는 파일은 ThreadCategory.tsx, LeftMenu.tsx, Thread.css이다.

인증 관련 기능

이제 계속해서 인증 관련 기능을 업데이트해보자. 모든 User 계정은 로그인하기 이전에 true로 설정된 confirmed 필드를 가지고 있어야 한다.

1. 첫 번째로 할 작업은 사용자를 로그인할 수 있게 하는 것이다. 이처럼 로그인하고 전역 리덕스 저장소의 User 객체를 업데이트할 수 있게 하려면 리덕스 User 리듀서를 리팩토링한다.

   먼저 models 폴더에 User.ts 파일을 새로 만들고 깃허브 소스 코드에서 해당 코드를 추가한다. User 클래스에는 threads라는 필드가 있다. 그리고 사용자별 Threads뿐만 아니라 해당 Theads의 ThreadItems도 포함된다.

2. 이제 리듀서를 업데이트해보자. store/user/Reducer.ts 파일을 열고 UserProfile Payload 인터페이스를 제거하고 방금 만든 새로운 User 클래스를 참조하도록 변경한다. 필요한 경우 깃허브 소스 코드를 참고한다.

3. 그리고 Login 컴포넌트를 다음과 같이 수정한다. 필요에 따라 import를 수정한다. 여기서는 useRefreshReduxMe 훅을 불러왔다. 잠시 후에 이 훅을 정의하겠으며 그 전에 먼저 useMutation GraphQL 훅의 일부 기능을 소개한다.

```
const LoginMutation = gql`
  mutation Login($userName: String!, $password: String!) {
    login(userName: $userName, password: $password)
  }
`;
```

여기는 login Mutation이 있다.

```
const Login: FC<ModalProps> = ({ isOpen, onClickToggle })
  => {
  const [execLogin] = useMutation(LoginMutation, {
    refetchQueries: [
      {
        query: Me,
      },
    ],
  });
```

useMutation 호출을 설명한다. 이 호출은 파라미터로 LoginMutation Mutation 쿼리와 refetchQueries를 사용한다. refetchQueries는 그 안에 나열된 모든 쿼리를 재실행한 후 그 값을 캐싱한다. refetchQueries를 사용하지 않고 Me 쿼리를 실행했다면 최신 데이터가 아닌 마지막으로 캐싱된 버전을 가져오게 된다. 모든 호출의 쿼리에서는 자동으로 최신 데이터를 가져오지 않기 때문에 이러한 호출에서 새로운 데이터를 가져오도록 만들어야 한다. useMutation의 출력인 execLogin은 함수이며 나중에 필요에 따라 실행할 수 있다.

```
const [
  { userName, password, resultMsg, isSubmitDisabled },
  dispatch,
] = useReducer(userReducer, {
  userName: "test1",
  password: "Test123!@#",
  resultMsg: "",
  isSubmitDisabled: false,
});
const { execMe, updateMe } = useRefreshReduxMe();
const onChangeUserName = (e: React.
  ChangeEvent<HTMLInputElement>) => {
  dispatch({
    type: "userName", payload: e.target.value
  });
  if (!e.target.value)
    allowSubmit(dispatch, "Username cannot be empty",
      true);
  else allowSubmit(dispatch, "", false);
};
const onChangePassword = (e: React.
  ChangeEvent<HTMLInputElement>) => {
  dispatch({
    type: "password", payload: e.target.value
  });
  if (!e.target.value)
    allowSubmit(dispatch, "Password cannot be empty",
      true);
  else allowSubmit(dispatch, "", false);
};
```

이 호출은 기존의 다른 호출과 동일하다.

```
const onClickLogin = async (
  e: React.MouseEvent<HTMLButtonElement, MouseEvent>
) => {
  e.preventDefault();
  onClickToggle(e);
  const result = await execLogin({
    variables: {
      userName,
      password,
    },
  });
  execMe();
  updateMe();
};
```

onClickLogin 핸들러에서는 이제 적절한 파라미터를 사용해 execLogin 함수를 호출한다. execLogin이 끝난 후 자동으로 쿼리의 refetchQueries 목록을 호출한다. 그리고 useRefreshReduxMe, execMe, updateMe 훅 함수를 호출한다. execMe 함수는 최신 User 객체를 가져오고 updateMe 함수에서는 해당 객체를 리덕스 저장소에 추가한다. 나머지 코드는 동일하므로 여기서는 설명하지 않는다.

4. 이제 useRefreshReduxMe 훅을 정의해보자. 이 훅을 만들어 리덕스 User 객체를 설정하거나 설정을 해제하는 코드가 이 하나의 파일에 들어가게 한다. 그리고 여러 컴포넌트에서 이 훅을 사용한다. hooks 폴더에 useRefreshReduxMe.ts 파일을 만들고 깃허브 소스 코드를 추가한다. 맨 처음에 나오는 const Me는 사용자 정보를 가져오는 쿼리다. EntityResult 인라인 프래그먼트는 메시지 문자열이 반환되면 해당 문자열을 가져오는 데 사용한다. 실제 사용자 데이터를 가져오면 User 인라인 프래그먼트에 따라 적절한 필드로 지정된다.

다음으로 UseRefreshReduxMeResult 인터페이스는 훅에서 사용하는 반환 타입이다.

37번 행에서 useLazyQuery를 정의해 훅 사용자가 원하는 시간에 Me 쿼리 호출을 실행할 수 있게 했다.

그리고 deleteMe 함수를 정의해 훅 사용자가 언제든지 리덕스 User 객체를 제거할 수 있도록 했다. 예를 들면 사용자가 로그 오프했을 때가 될 수 있다.

그리고 끝으로 updateMe 함수가 있으며 이 함수에서는 리덕스 User 객체를 설정할 수 있다. 그리고 이러한 함수를 모두 반환해 훅 호출자가 사용할 수 있도록 했다.

5. 앱이 로딩되면 즉시 User가 로그인했는지 여부와 해당 사용자가 누구인지 확인해야 한다. 따라서 App.tsx를 열고 다음과 같이 수정한다.

```
function App() {
  const { data: categoriesData } =
  useQuery(GetAllCategories);
  const { execMe, updateMe } = useRefreshReduxMe();
여기서는 useRefreshReduxMe 훅을 초기화했다.

  const dispatch = useDispatch();
  useEffect(() => {
  execMe();
  }, [execMe]);
```

그리고 여기서는 execMe를 호출해 GraphQL의 User 데이터를 가져온다.

```
  useEffect(() => {
    updateMe();
    }, [updateMe]);
```

다음으로 updateMe를 호출해 User 데이터가 있는 경우 해당 데이터로 리덕스 User 리듀서를 업데이트한다.

```
  useEffect(() => {
    if (categoriesData && categoriesData.
      getAllCategories) {
      dispatch({
        type: ThreadCategoriesType,
        payload: categoriesData.getAllCategories,
      });
    }
  }, [dispatch, categoriesData]);
```

원래 데이터 필드 이름을 categoriesData로 변경했으며 어떤 용도인지 보다 명확해졌다. 나머지 코드는 그대로 동일하다.

6. 이제 로그인하면 SideBar의 userName이 로그인한 사용자로 수정된 것을 볼 수 있다.

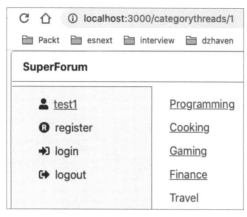

그림 15.13 로그인한 사용자

자, 이제 로그인할 수 있고 userName도 볼 수 있다.

잘했다. 이제 SideBar를 수정해 정확한 시간에 적절한 링크가 표시되도록 해보자. 예를 들어 사용자가 로그인하면 **login**이나 **register** 링크를 볼 수 없어야 한다.

1. 사용자가 로그인이나 로그아웃할 때 메뉴가 정확하게 보이도록 하기 위해 Logout 컴포넌트를 업데이트해보자. import가 최신인지 확인한다.

```
const LogoutMutation = gql`
  mutation logout($userName: String!) {
    logout(userName: $userName)
  }
`;
```

이 코드는 logout mutation이다.

```
const Logout: FC<ModalProps> = ({ isOpen, onClickToggle
}) => {
  const user = useSelector((state: AppState) => state.
```

```
    user);
  const [execLogout] = useMutation(LogoutMutation, {
    refetchQueries: [
      {
        query: Me,
      },
    ],
  });
```

여기서는 마찬가지로 Me 쿼리에 대한 GraphQL 캐시가 최신 데이터를 가지도록 만들었다.

```
  const { deleteMe } = useRefreshReduxMe();
  const onClickLogin = async (
    e: React.MouseEvent<HTMLButtonElement, MouseEvent>
  ) => {
    e.preventDefault();
    onClickToggle(e);
    await execLogout({
      variables: {
        userName: user?.userName ?? "",
      },
    });
    deleteMe();
  };
```

역시 마찬가지로 useRefreshReduxMe 훅을 사용하지만 여기서는 로그아웃이기 때문에 deleteMe 함수만 호출한다. 나머지 코드는 그대로 동일하므로 추가로 설명하지 않는다.

2. 이제 SideBarMenus 컴포넌트를 업데이트해 적절한 메뉴가 적절한 시점에 보이도록 한다. 해당 파일을 열고 다음 내용으로 업데이트한다. 여기서는 import를 제외하면 반환된 JSX만 변경됐기 때문에 이 부분만 설명한다.

```
  return (
    <React.Fragment>
      <ul>
        {user ? (
          <li>
            <FontAwesomeIcon icon={faUser} />
```

```
        <span className="menu-name">
          <Link to={`/userprofile/${user?.
            id}`}>{user?.userName}</Link>
        </span>
      </li>
    ) : null}
```

볼 수 있는 것처럼 user 객체가 값을 가지고 있는지 여부를 확인한 후 동일한 userName UI를 보여주고 값이 없으면 아무것도 보여주지 않는다.

```
{user ? null : (
  <li>
    <FontAwesomeIcon icon={faRegistered} />
    <span onClick={onClickToggleRegister}
      className="menu-name">
      register
    </span>
    <Registration
      isOpen={showRegister}
      onClickToggle={onClickToggleRegister}
    />
  </li>
)}
```

여기서는 사용자가 존재하면 등록 UI를 보여주지 않는다.

```
{user ? null : (
  <li>
    <FontAwesomeIcon icon={faSignInAlt} />
    <span onClick={onClickToggleLogin}
      className="menu-name">
      login
    </span>
    <Login isOpen={showLogin}
      onClickToggle={onClickToggleLogin} />
  </li>
)}
```

마찬가지로 user 객체가 이미 존재한다면 login을 보여주지 않으며, 이는 사용자가 이미 로그인돼 있다는 것을 알려주는 것이기 때문이다.

```
        {user ? (
          <li>
            <FontAwesomeIcon icon={faSignOutAlt} />
            <span onClick={onClickToggleLogout}
              className="menu-name">
              logout
            </span>
            <Logout isOpen={showLogout}
              onClickToggle={onClickToggleLogout} />
          </li>
        ) : null}
```

여기서는 user 객체에 값이 있다면 logout UI를 보여준다.

```
      </ul>
    </React.Fragment>
  );
```

3. 이제 이 코드를 실행하면 아직 로그인하지 않은 경우 다음과 같은 화면을 볼 수 있다.

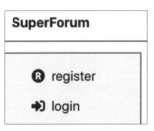

그림 15.14 로그인하지 않은 상태의 SideBarMenus

그리고 로그인한 경우는 다음과 같은 화면이 표시된다.

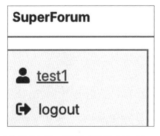

그림 15.15 로그인 상태의 SideBarMenus

이제 사이드 바에는 적절한 링크와 텍스트가 표시된다. 다음으로 UserProfile 화면을 살펴보자.

UserProfile 화면

이제 인증 부분의 UserProfile 화면을 마무리해보자. 이 화면을 구성하려면 다음과 같은 몇 가지 내용을 변경해야 한다.

1. 먼저 GraphQL의 User 타입에 필드를 추가해 보자. typeDefs 파일의 User 타입에서 threads 바로 아래에 다음 내용을 추가한다.

   ```
   threadItems: [ThreadItem!]
   ```

   threadItems 필드를 새로 추가했다. 이 필드는 threads의 일부분인 threadItems와는 다르다. User 타입의 threadItems는 사용자가 작성한 ThreadItem 엔터티를 조회하는 데 사용하는 필드다.

2. 다음으로 User 엔터티에도 새로운 필드를 추가한다. User.ts 파일에 다음 필드를 추가한다.

   ```
   @OneToMany(() => ThreadItem, (threadItem) => threadItem.user)
   threadItems: ThreadItem[];
   ```

   이렇게 하면 User 엔터티에서 ThreadItems 엔터티와 연결된 엔터티를 가질 수 있다. 그리고 ThreadItem.ts 파일에도 다음과 같이 연결된 필드가 있어야 한다.

   ```
   @ManyToOne(() => User, (user) => user.threadItems)
   user: User;
   ```

3. 이제 UserRepo 저장소 파일을 열고 me 함수를 수정해 사용자의 ThreadItems를 포함하도록 해보자. UserRepo의 User.findOne 함수를 다음과 같이 수정한다.

   ```
   relations: ["threads", "threads.threadItems",
   "threadItems", "threadItems.thread"],
   ```

여기서는 강조 표시한 것처럼 relations에 threadItems와 threadItems.thread를 추가했다.

4. UserProfile 화면에는 비밀번호 변경 기능이 있다. 이제 해당 기능을 만들어보자. 먼저 typeDefs 파일에 Mutation을 새로 추가한다. 이 Mutation을 다음과 같이 Mutation 영역에 추가한다.

```
changePassword(newPassword: String!): String!
```

Mutation 정의는 따로 설명이 필요치 않다.

5. 이제 UserRepo에 이 함수를 구현해보자. changePassword 함수를 깃허브 소스 코드에서 가져와 UserRepo의 마지막에 추가한다. 125번 행에서부터 살펴보자. 이 호출이 수행되면 사용자가 로그인될 것이므로 리졸버 코드에서 사용자 id가 전달될 것을 기대할 수 있다. 만약 사용자 id가 존재하지 않는다면 오류가 발생하게 된다.

다음으로 User 객체를 가져온 후 해당 사용자의 유효성을 확인하기 위해 몇 가지 확인 작업을 진행한다. 그리고 끝으로 bcrypt를 사용해 해시 처리된 비밀번호를 생성한다.

6. 다음으로 리졸버를 만든다. resolvers 파일을 열고 깃허브 소스 코드에서 change Password 함수를 Mutation 영역에 추가한다.

먼저 389번 행에서 유효한 세션인지 그리고 해당 세션의 userId가 존재하는지 여부를 확인한다. 이 방법으로 해당 사용자의 로그인 여부를 알 수 있다.

그리고 마지막으로 세션 userId와 전달받은 새 비밀번호를 사용해 changePassword 저장소 함수를 호출한다.

7. 이제 UserProfile 컴포넌트를 수정해보자. 이 코드를 다음과 같이 수정한다. gql과 useMutation 항목을 불러오기 위해 import도 업데이트한다.

```
const ChangePassword = gql`
  mutation ChangePassword($newPassword: String!) {
    changePassword(newPassword: $newPassword)
```

```
  }
`;
```

여기서는 ChangePassword Mutation이 새로 추가됐다.

```
const UserProfile = () => {
  const [
    { userName, password, passwordConfirm, resultMsg,
      isSubmitDisabled },
    dispatch,
  ] = useReducer(userReducer, {
    userName: "",
    password: "*********",
    passwordConfirm: "*********",
    resultMsg: "",
    isSubmitDisabled: true,
  });
  const user = useSelector((state: AppState) => state.
    user);
  const [threads, setThreads] = useState<JSX.Element |
    undefined>();
  const [threadItems, setThreadItems] = useState<JSX.
    Element | undefined>();
  const [execChangePassword] = useMutation(ChangePassword);
```

다음으로 useMutation을 사용해 ChangePassword Mutation을 설정했다.

다음 useEffect 코드는 이전과 동일하다.

```
useEffect(() => {
  if (user) {
    dispatch({
      type: "userName",
      payload: user.userName,
    });
    getUserThreads(user.id).then((items) => {
      const threadItemsInThreadList: Array<ThreadItem>
        = [];
      const threadList = items.map((th: Thread) => {
        {
          for (let i = 0; i < th.threadItems.length; i++)
            threadItemsInThreadList.push(th.
              threadItems[i]);
```

```
        }
        return (
          <li key={`user-th-${th.id}`}>
            <Link to={`/thread/${th.id}`}
              className="userprofile-link">
              {th.title}
            </Link>
          </li>
        );
      });
      setThreads(<ul>{threadList}</ul>);
      const threadItemList = threadItemsInThreadList.
        map((ti: ThreadItem) => (
          <li key={`user-th-${ti.threadId}`}>
            <Link to={`/thread/${ti.threadId}`}
              className="userprofile-link">
              {ti.body}
            </Link>
          </li>
        ));
      setThreadItems(<ul>{threadItemList}</ul>);
    });
  }
}, [user]);
```

다음 onClickChangePassword 함수는 신규로 만들었다. 이 함수에서는 change
Password 호출을 발생시키고 UI 상태 메시지를 업데이트한다.

```
const onClickChangePassword = async (
  e: React.MouseEvent<HTMLButtonElement, MouseEvent>
) => {
  e.preventDefault();
  const { data: changePasswordData } = await
    execChangePassword({
      variables: {
        newPassword: password,
      },
    });
  dispatch({
    type: "resultMsg",
    payload: changePasswordData ? changePasswordData.
      changePassword : "",
  });
```

```
    };
    return (
      <div className="screen-root-container">
        <div className="thread-nav-container">
          <Nav />
        </div>
        <form className="userprofile-content-container">
          <div>
            <strong>User Profile</strong>
            <label style={{
              marginLeft: ".75em"
            }}>{userName}</label>
          </div>
          <div className="userprofile-password">
            <div>
              <PasswordComparison
                dispatch={dispatch}
                password={password}
                passwordConfirm={passwordConfirm}
              />
              <button
                className="action-btn"
                disabled={isSubmitDisabled}
                onClick={onClickChangePassword}
              >
```

여기서는 onClickChangePassword 핸들러가 비밀번호 변경 버튼에 설정됐다.

```
                Change Password
              </button>
            </div>
            <div style={{ marginTop: ".5em" }}>
              <label>{resultMsg}</label>
            </div>
          </div>
          <div className="userprofile-postings">
            <hr className="thread-section-divider" />
            <div className="userprofile-threads">
              <strong>Threads Posted</strong>
              {threads}
            </div>
            <div className="userprofile-threadItems">
              <strong>ThreadItems Posted</strong>
              {threadItems}
```

```
        </div>
      </div>
    </form>
  </div>
);
};
export default UserProfile;
```

나머지 코드는 동일하다.

이제 사용자의 Threads와 ThreadItems를 표시해보자.

1. 먼저 User 모델을 수정해야 한다. User.ts 파일에 다음 필드를 추가한다.

```
public threadItems?: Array<ThreadItem>
```

2. 이제 useRefreshReduxMe 훅의 Me 쿼리를 다음과 같이 수정한다.

```
export const Me = gql`
  query me {
    me {
      ... on EntityResult {
        messages
      }
      ... on User {
        id
        userName
        threads {
          id
          title
        }
        threadItems {
          id
          thread {
            id
          }
          body
        }
      }
    }
  }
`;
```

threadItems를 threads의 threadItems에서 가져오지 않고 사용자의 threadItems에서 가져오도록 변경했다. 그리고 threadItems의 thread를 가져온다.

3. 이제 UserProfile 컴포넌트의 useEffect를 다음과 같이 수정한다.

```
useEffect(() => {
  if (user) {
    dispatch({
      type: "userName",
      payload: user.userName,
    });
```

다음과 같이 이제는 가짜 dataService 호출을 사용하지 않고 user.threads 배열에서 threads를 가져온다.

```
const threadList = user.threads?.map((th: Thread)
  => {
  return (
    <li key={`user-th-${th.id}`}>
      <Link to={`/thread/${th.id}`}
        className="userprofile-link">
        {th.title}
      </Link>
    </li>
  );
});
setThreads(
  !user.threadItems || user.threadItems.length ===
    0 ? undefined : (
    <ul>{threadList}</ul>
  )
);
```

threadItems도 동일하게 처리한다. Link to를 ti.threadId 대신 ti.thread?.id를 사용하도록 업데이트했다.

```
const threadItemList = user.threadItems?.map((ti:
  ThreadItem) => (
  <li key={`user-ti-${ti.id}`}>
    <Link to={`/thread/${ti.thread?.id}`}
      className="userprofile-link">
```

```
        {ti.body.length <= 40 ? ti.body : ti.body.
          substring(0, 40) + " ..."}
```

여기서는 약간의 부가적인 로직을 추가해 가로로 화면을 벗어나 줄바꿈될 수 있는 긴 텍스트에 대한 형식을 지정했다. 기본적으로 텍스트가 40자보다 더 긴 경우 해당 텍스트에 "..."을 추가한다.

```
        </Link>
      </li>
    ));
    setThreadItems(
      !user.threadItems || user.threadItems.length ===
        0 ? undefined : (
        <ul>{threadItemList}</ul>
      )
    );
  } else {
    dispatch({
      type: "userName",
      payload: "",
    });
    setThreads(undefined);
    setThreadItems(undefined);
  }
}, [user]);
```

나머지 코드는 동일하다. 이 코드를 실행하면 다음과 같은 내용을 확인할 수 있다. 다시 말하지만 자신의 데이터와는 다를 수 있다.

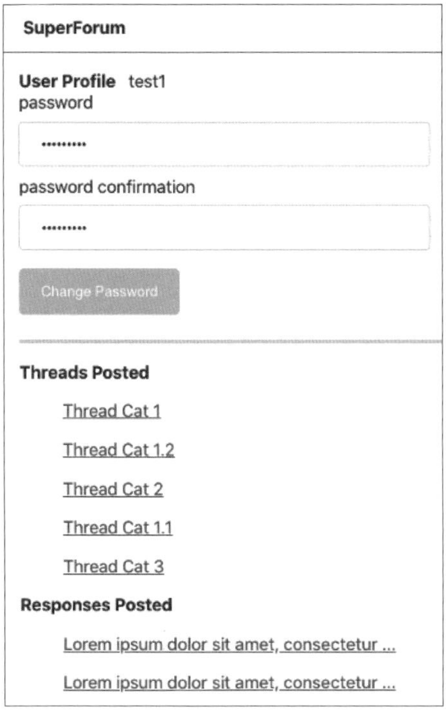

그림 15.16 사용자의 Threads와 ThreadItems

UserProfile은 여기까지가 전부다. 살펴봐야 할 내용이 아주 많았다. 16장, 'GraphQL 스키마 추가하기 – 2부'에서 작업을 이어서 진행한다.

⋮⋮ 요약

15장에서는 GraphQL을 사용해 프론트엔드와 백엔드를 통합해 애플리케이션을 거의 완성했다. 15장은 양이 많고 복잡한 장이었다. 따라서 이 내용을 진행했다는 것에 뿌듯한 마음을 가져도 좋겠다.

이어지는 16장, 'GraphQL 스키마 추가하기 – 2부'에서는 Threads를 게시하고 표시하는 Thread 화면과 사용자가 각 Threads의 선호도 확인할 수 있는 포인트 시스템에 관한 애플리케이션 코드를 완성한다.

16

GraphQL 스키마 추가하기 - 2부

16장에서는 계속해서 클라이언트와 서버 코드를 완성한다. 새로운 Thread와 답변을 게시할 수 있는 Thread 화면과 사이트에서 사용할 포인트 시스템도 완료한다. 15장의 소스 코드를 이어서 사용한다.

⁝⁝⁝ 스레드 경로

이 절에서는 스레드 경로를 제공하는 Thread 컴포넌트를 수정한다. 이 부분을 처리하기 위해 많은 코드를 살펴본다. 과정은 다음과 같다.

1. typeDefs를 열고 Thread와 ThreadItem 타입을 수정한다. 다음 필드를 Thread와 ThreadItem의 views 바로 아래에 추가한다.

```
points: Int!
```

2. 다음으로 ThreadRepo 파일을 열고 getThreadById 함수를 다음과 같이 수정한다.

```
export const getThreadById = async (
  id: string
): Promise<QueryOneResult<Thread>> => {
  const thread = await Thread.findOne({
    where: {
      id,
    },
    relations: [
      "user",
      "threadItems",
      "threadItems.user",
      "category",
    ],
  });
```

여기서 처리한 내용은 findOne 쿼리에 relations를 추가한 것이 전부다.

```
  if (!thread) {
    return {
      messages: ["Thread not found."],
    };
  }
  return {
    entity: thread,
  };
};
```

3. 그리고 getThreadsByCategoryId 함수에서 Thread.createQueryBuilder 호출을 다음
   과 같이 수정한다.

```
const threads = await Thread.createQueryBuilder("thread")
  .where(`thread."categoryId" = :categoryId`, {
    categoryId
  })
  .leftJoinAndSelect("thread.category", "category")
  .leftJoinAndSelect("thread.threadItems",
    "threadItems")
  .leftJoinAndSelect("thread.user", "user")
  .orderBy("thread.createdOn", "DESC")
  .getMany();
```

여기서는 User 엔터티용 relation을 포함시켰다. 나머지 코드는 기존과 동일하다.

4. 이제 클라이언트 앱에서 User.ts 파일을 열고 threads와 threadItems 필드를 수정해 선택 사항이 되도록 변경한다. 이렇게 해야 아직 아무것도 게시하지 않은 User 계정을 추가할 수 있다.

```
public threads?: Array<Thread>,
public threadItems?: Array<ThreadItem>
```

5. 다음으로 리액트 클라이언트 프로젝트에서 models/Thread.ts와 models/ThreadItem.ts 파일을 열고 userName과 userId 필드를 다음과 같이 하나의 필드 사용자로 바꾼다.

```
public user: User,
```

6. 그리고 DataService.ts의 userName과 userId 필드의 참조를 user 객체를 사용해 변경해야 한다. 여기서는 해당 파일의 맨 위에 객체를 추가하고 파일 전체에서 두 필드를 대체하기 위해 사용했다.

```
const user = new User("1", "test1@test.com", "test1");
```

이 파일은 간단하지만 도움이 필요하다면 DataService.ts 파일을 살펴본다.

7. 지금까지 User 스키마 타입과 엔터티를 업데이트했으며 이제 일부 쿼리를 수정한다. Main.tsx 파일에서 GetThreadsByCategoryId와 GetThreadsLatest 쿼리를 다음과 같이 수정한다.

```
const GetThreadsByCategoryId = gql`
  query getThreadsByCategoryId($categoryId: ID!) {
    getThreadsByCategoryId(categoryId: $categoryId) {
      ... on EntityResult {
        messages
      }
      ... on ThreadArray {
        threads {
          id
          title
          body
```

```
          views
          points
          user {
            userName
          }
          threadItems {
            id
          }
          category {
            id
            name
          }
        }
      }
    }
  }
`;
```

이 두 쿼리에 points와 user 필드를 추가했다.

```
const GetThreadsLatest = gql`
  query getThreadsLatest {
    getThreadsLatest {
      ... on EntityResult {
        messages
      }
      ... on ThreadArray {
        threads {
          id
          title
          body
          views
          points
          user {
            userName
          }
          threadItems {
            id
          }
          category {
            id
            name
          }
        }
```

```
          }
        }
      }
    }
  `;
```

8. 다음으로 ThreadCard.tsx 파일에서 다음 JSX를 찾는다.

```
          <span className="username-header" style={{ marginLeft:
".5em" }}>
              {thread.userName}
          </span>
```

이 부분을 다음과 같이 변경한다.

```
          <span className="username-header" style={{ marginLeft:
".5em" }}>
              {thread.user.userName}
          </span>
```

볼 수 있는 것처럼 userName 필드를 가져오기 위해 직접 접근을 시도하지 않고
user를 사용한다.

9. 다음으로 RichEditor.tsx 파일을 조금 더 변경한다. Thread 화면에서는 사용자가
전송한 텍스트를 보여준다. 따라서 사용자가 게시하려는 내용을 전송하면 그 이후
에 변경할 수 없게 만든다. 이러한 내용은 prop을 읽기 전용으로 설정해 처리한다.

RichEditorProps 인터페이스를 클래스로 바꾸고 다음과 같이 변경한다.

```
class RichEditorProps {
  existingBody?: string;
  readOnly?: boolean = false;
}
```

클래스로 만들었으며 기본값은 false이다. 인터페이스에서는 기본값이 허용되지
않는다. 다음으로 RichEditor 컴포넌트의 파라미터 목록을 다음과 같이 수정한다.

```
const RichEditor: FC<RichEditorProps> = ({
  existingBody,
```

```
    readOnly,
  }) => {
```

구조 분해 할당을 사용해 파라미터에 readOnly 필드를 추가한다. 그리고 다음과 같이 Editable 컴포넌트의 속성으로 추가한다.

```
<Editable
  className="editor"
  renderElement={renderElement}
  renderLeaf={renderLeaf}
  placeholder="Enter some rich text…"
  spellCheck
  autoFocus
  onKeyDown={(event) => {
    for (const hotkey in HOTKEYS) {
      if (isHotkey(hotkey, event as any)) {
        event.preventDefault();
        const mark = HOTKEYS[hotkey];
        toggleMark(editor, mark);
      }
    }
  }}
  readOnly={readOnly}
/>
```

보다시피 readOnly 속성을 추가했다.

10. 이제 src/components/routes/thread/Thread.tsx 파일을 연다. 이 파일은 Thread 경로를 로딩하기 위한 메인 화면이다. 이 파일을 수정해보자. 다음과 같이 GetThreadById 쿼리를 추가해 관련 Thread를 불러온다.

```
const GetThreadById = gql`
  query GetThreadById($id: ID!) {
    getThreadById(id: $id) {
      ... on EntityResult {
        messages
      }
      ... on Thread {
        id
        user {
          userName
```

```
        }
        lastModifiedOn
        title
        body
        points
        category {
          id
          name
        }
        threadItems {
          id
          body
          points
          user {
            userName
          }
        }
      }
    }
  }
`;
const Thread = () => {
  const [execGetThreadById, { data: threadData }] =
    useLazyQuery(GetThreadById);
```

여기서는 useLazyQuery 훅에서 GetThreadById 쿼리를 사용하고 execGetThreadById 함수를 만든다. 이 함수는 잠시 후에 실행한다.

```
const [thread, setThread] = useState<ThreadModel |
  undefined>();
```

thread 상태 객체는 UI를 담고 다른 컴포넌트와 공유하기 위해 사용한다.

```
const { id } = useParams();
```

id는 Thread의 id 값을 나타내는 URL 파라미터다.

```
const [readOnly, setReadOnly] = useState(false);
```

기존 Thread 레코드를 처리하는 경우 이 readOnly 상태를 사용해 RichEditor를 읽기 전용으로 만든다.

```
    useEffect(() => {
      if (id && id > 0) {
        console.log("id", id);
        execGetThreadById({
          variables: {
            id,
          },
        });
```

여기서는 URL로 전달된 Thread의 id 파라미터를 사용해 execGetThreadById 호출을 실행했다.

```
      }
    }, [id, execGetThreadById]);
    useEffect(() => {
      console.log("threadData", threadData);
      if (threadData && threadData.getThreadById) {
        setThread(threadData.getThreadById);
      } else {
        setThread(undefined);
      }
```

execGetThreadById 호출이 완료되면 threadData 객체가 반환된다. 이 객체를 사용해 로컬 thread 상태를 설정한다.

```
    }, [threadData]);
    return (
      <div className="screen-root-container">
        <div className="thread-nav-container">
          <Nav />
        </div>
        <div className="thread-content-container">
          <div className="thread-content-post-container">
            <ThreadHeader
              userName={thread?.user.userName}
```

여기서는 이전에 설정할 때 사용한 thread?.userName 대신 thread?.user 객체를 사용해 userName 필드를 가져온다.

```
        lastModifiedOn={thread ? thread.
          lastModifiedOn : new Date()}
        title={thread?.title}
      />
      <ThreadCategory category={thread?.category} />
```

이제 `ThreadCategory`가 수정됐으므로 `CategoryDropDown`은 제공된 `Category` 옵션으로 설정된다. 나중에 이 부분은 다시 살펴본다.

```
      <ThreadTitle title={thread?.title} />
      <ThreadBody body={thread?.body}
        readOnly={readOnly} />
```

여기서는 `ThreadBody`에서 내부적으로 `RichEditor`를 사용하므로 `ThreadBody`에 `readOnly` 상태 값을 전달했다.

```
      </div>
      <div className="thread-content-points-container">
        <ThreadPointsBar
          points={thread?.points || 0}
          responseCount={
            thread && thread.threadItems && thread.
              threadItems.length
          }
        />
      </div>
    </div>
    <div className="thread-content-response-container">
      <hr className="thread-section-divider" />
      <ThreadResponsesBuilder threadItems={thread?.
        threadItems} readOnly={readOnly} />
```

여기서는 `ThreadItem` 답변을 보여주는 `ThreadResponsesBuilder`에 `readOnly` 상태 값을 전달했다.

```
      </div>
    </div>
  );
};
```

나머지 UI는 기존과 동일하다.

11. 이제 ThreadCategory 컴포넌트를 살펴보자. 모양은 다음과 같다.

```
interface ThreadCategoryProps {
  category?: Category;
}
```

인터페이스 정의를 변경해 문자열 대신 Category 객체를 갖도록 했다. 이 인터페이스를 사용하면 CategoryDropDown 컴포넌트에 Category 객체를 전달할 수 있다.

```
const ThreadCategory: FC<ThreadCategoryProps> = ({
  category }) => {
  const sendOutSelectedCategory = (cat: Category) => {
    console.log("selected category", cat);
  };
  return (
    <div className="thread-category-container">
      <strong>{category?.name}</strong>
```

여기서는 Category 객체의 category?.name을 사용했지만 이전에는 categoryName을 파라미터로 사용했다.

```
      <div style={{ marginTop: "1em" }}>
        <CategoryDropDown
          preselectedCategory={category}
```

여기서는 명시적으로 preselectedCategory prop에 컴포넌트의 category prop을 전달했다.

```
          sendOutSelectedCategory={sendOutSelectedCategory}
        />
      </div>
    </div>
  );
};
```

12. 이제 readOnly 필드를 전달해 ThreadBody 컴포넌트의 호출을 RichEditor로 수정한다.

```
interface ThreadBodyProps {
  body?: string;
  readOnly: boolean;
}
```

여기서는 readOnly 필드를 ThreadBodyProps prop 타입에 추가했다.

```
const ThreadBody: FC<ThreadBodyProps> = ({ body, readOnly }) => {
  return (
    <div className="thread-body-container">
      <strong>Body</strong>
      <div className="thread-body-editor">
        <RichEditor existingBody={body} readOnly={readOnly} />
      </div>
    </div>
  );
};
```

볼 수 있는 것처럼 RichEditor에 readOnly prop을 전달했다.

13. 이제 ThreadResponseBuilder 컴포넌트를 다음과 같이 업데이트해보자.

```
interface ThreadResponsesBuilderProps {
  threadItems?: Array<ThreadItem>;
  readOnly: boolean;
}
```

이 코드도 마찬가지로 readOnly prop 정의이다. 이렇게 하는 이유는 이 컴포넌트에서 내부적으로 RichEditor를 사용하는 ThreadResponse를 사용하기 때문이다.

```
const ThreadResponsesBuilder:
  FC<ThreadResponsesBuilderProps> = ({
    threadItems,
    readOnly,
  }) => {
    const [responseElements, setResponseElements] =
      useState<
        JSX.Element | undefined
      >();
    useEffect(() => {
      if (threadItems) {
        const thResponses = threadItems.map((ti) => {
```

```
        return (
          <li key={`thr-${ti.id}`}>
            <ThreadResponse
              body={ti.body}
              userName={ti.user.userName}
```

여기서는 필요한 userName을 가져오기 위해 Thread의 user 객체를 사용했다.

```
lastModifiedOn={ti.createdOn}
              points={ti.points}
              readOnly={readOnly}
```

여기는 ThreadResponse로 전달되는 readOnly 필드다.

```
            />
          </li>
        );
      });
      setResponseElements(<ul>{thResponses}</ul>);
    }
  }, [threadItems, readOnly]);
  return (
    <div className="thread-body-container">
      <strong style={{
        marginBottom: ".75em"
      }}>Responses</strong>
      {responseElements}
    </div>
  );
};
```

나머지 코드는 이전과 동일하다.

마지막으로 다음과 같이 readOnly prop을 사용해 변경한 ThreadResponse 컴포넌
트가 있다.

```
interface ThreadResponseProps {
  body?: string;
  userName?: string;
  lastModifiedOn?: Date;
  points: number;
  readOnly: boolean;
```

이 부분은 prop 정의다.

```
}
const ThreadResponse: FC<ThreadResponseProps> = ({
  body,
  userName,
  lastModifiedOn,
  points,
  readOnly,
```

여기에서는 readOnly prop을 전달하기 위해 구조 분해 할당을 사용했다.

```
}) => {
  return (
    <div>
      <div>
        <UserNameAndTime userName={userName}
          lastModifiedOn={lastModifiedOn} />
        <span style={{ marginLeft: "1em" }}>
          <ThreadPointsInline points={points || 0} />
        </span>
      </div>
      <div className="thread-body-editor">
        <RichEditor existingBody={body}
          readOnly={readOnly} />
```

그리고 여기서는 RichEditor 컴포넌트에 readOnly를 전달했다.

```
      </div>
    </div>
  );
};
```

여기에는 중요한 시각적인 부분이 없기 때문에 조금은 이해하기 어렵지만 http://localhost:3000/thread/1과 같은 모든 기존 Thread에 대한 스레드 경로에서는 Thread의 편집과 답변이 모두 수정할 수 없는 읽기 전용 모드로 동작한다.

포인트 시스템

지금까지 포인트를 표시할 수 있는 모든 내용이 준비됐다. 포인트를 설정하는 기능이 있어야 한다. 이 기능을 지금부터 진행한다. 자, 그럼 시작해보자.

1. Thread.tsx 파일을 열고 코드를 살펴보자. JSX의 마지막 즈음에서 ThreadPoints Bar 컴포넌트를 확인할 수 있다. 이 컴포넌트를 통해 ThreadCard와 Thread.tsx 경로에서 포인트 세로 바가 표시된다.

2. 버튼을 추가해 포인트를 늘리거나 줄일 수 있게 한다. 이미 백엔드와 리졸버를 만들었으므로 여기서 진행할 작업은 기존에 만들어 놓은 부분과 클라이언트 코드를 합치는 것이다.

   ThreadPointsBar.tsx 파일에서 기존 JSX를 다음과 같이 수정한다. 이 내용은 중요한 수정 사항이므로 자세히 살펴보자.

```
import React, { FC } from "react";
import { FontAwesomeIcon } from "@fortawesome/react-fontawesome";
import {
  faHeart,
  faReplyAll,
  faChevronDown,
  faChevronUp,
} from "@fortawesome/free-solid-svg-icons";
import { useWindowDimensions } from "../../hooks/useWindowDimensions";
import { gql, useMutation } from "@apollo/client";

const UpdateThreadPoint = gql`
  mutation UpdateThreadPoint(
    $userId: ID!
    $threadId: ID!
    $increment: Boolean!
  ){
    updateThreadPoint(
      userId: $userId
      threadId: $threadId
      increment: $increment
    )
  }
`;
```

먼저 updateThreadPoint 뮤테이션이 있다.

```
export class ThreadPointsBarProps {
  points: number = 0;
  responseCount?: number;
  userId?: string;
  threadId?: string;
  allowUpdatePoints?: boolean = false;
  refreshThread?: () => void;
}
```

그리고 ThreadPointsBarProps 인터페이스를 클래스로 변경해 일부 필드의 기본값을 제공할 수 있게 했다. 이 필드 중에 refreshThread 함수가 있으며 이 함수는 상위 스레드를 강제로 업데이트해, 포인트가 업데이트될 때 UI에 반영되도록 한다. 다른 필드는 해당 필드를 사용하는 시점에 살펴본다. 그리고 나중에 살펴볼 ThreadPointsInline 컴포넌트와 이 prop을 더 이상 공유하지 않는다.

```
const ThreadPointsBar: FC<ThreadPointsBarProps> = ({
  points,
  responseCount,
  userId,
  threadId,
  allowUpdatePoints,
  refreshThread,
}) => {
  const { width } = useWindowDimensions();
  const [execUpdateThreadPoint] =
    useMutation(UpdateThreadPoint);
```

useMutation에서는 refetchQueries를 사용해 Apollo Client를 새로고침하지 않는다. 정상적인 경우에는 이 방식을 사용하지만 테스트하는 중에 기본 GraphQL 쿼리를 모두 캐시하는 Apollo Client 캐시는 Thread를 적절하게 새로고침할 수 없다는 것을 발견했다. 이러한 문제는 모든 프레임워크에서 종종 발생한다. 개발자는 이 같은 문제에 대한 해결책이나 우회 방법을 찾아내는 작업도 해야 한다. refetchQueries를 사용하는 대신 상위 컴포넌트에서 제공되는 refreshThread 함수를 통해 강제로 새로고침한다. 잠시 후 Thread 경로 컴포넌트에서 이 함수의 구현 부분을 보여줄 예정이다.

```
const onClickIncThreadPoint = async (
  e: React.MouseEvent<SVGSVGElement, MouseEvent>
) => {
  e.preventDefault();
  await execUpdateThreadPoint({
    variables: {
      userId,
      threadId,
      increment: true,
    },
  });
  refreshThread && refreshThread();
};
const onClickDecThreadPoint = async (
  e: React.MouseEvent<SVGSVGElement, MouseEvent>
) => {
  e.preventDefault();

  await execUpdateThreadPoint({
    variables: {
      userId,
      threadId,
      increment: false,
    },
  });
  refreshThread && refreshThread();
};
```

onClickIncThreadPoint와 onClickDecThreadPoint 이 두 함수에서는 refreshThread
를 호출하기 전에 execUpdateThreadPoint 뮤테이션을 실행한다. refreshThread &&
refreshThread() 구문은 자바스크립트 기능으로 코드 작성량을 줄여준다. 이 구문
을 사용하면 함수가 존재하는지 확인하고 존재하는 경우 실행시킬 수 있다.

```
if (width > 768) {
  console.log("ThreadPointsBar points", points);
  return (
    <div className="threadcard-points">
      <div className="threadcard-points-item">
        <div
          className="threadcard-points-item-btn"
          style={{
```

```
      display: `${allowUpdatePoints ?
        "block" : "none"}`
    }}
  >
```

여기서는 allowUpdatePoints prop을 사용하는 로직이 있으며 사용자가 포인트를 증가시킬 수 있는 아이콘 컨테이너를 표시하거나 숨길지 여부를 결정한다. 포인트를 감소시키는 버튼도 동일하게 처리한다.

```
      <FontAwesomeIcon
        icon={faChevronUp}
        className="point-icon"
        onClick={onClickIncThreadPoint}
      />
    </div>
    {points}
    <div
      className="threadcard-points-item-btn"
      style={{
        display: `${allowUpdatePoints ?
          "block" : "none"}`
      }}
    >
      <FontAwesomeIcon
        icon={faChevronDown}
        className="point-icon"
        onClick={onClickDecThreadPoint}
      />
    </div>
    <FontAwesomeIcon icon={faHeart}
      className="points-icon" />
```

여기서는 새로운 두 아이콘 faChevronUp과 faChevronDown을 추가했다. 이 아이콘을 클릭하면 Thread의 포인트가 늘어나거나 줄어든다.

```
    </div>
    <div className="threadcard-points-item">
      {responseCount}
      <br />
      <FontAwesomeIcon icon={faReplyAll}
        className="points-icon" />
```

```
        </div>
      </div>
    );
  }
  return null;
};
export default ThreadPointsBar;
```

나머지 코드는 그대로 동일하다. 하지만 CSS는 조금 변경됐다. 기존 threadcard-points-item 클래스를 수정하고 threadcard-points-item-btn 클래스를 새로 추가했다.

```
.threadcard-points-item {
  display: flex;
  flex-direction: column;
  justify-content: space-between;
  align-items: center;
  color: var(--point-color);
  font-size: var(--sm-med-font-size);
  text-align: center;
}
```

이제 threadcard-points-item 클래스는 컬럼에 대한 플렉스 박스이며, 내용이 세로로 표시된다.

```
.threadcard-points-item-btn {
  cursor: pointer;
  margin-top: 0.35em;
  margin-bottom: 0.35em;
}
```

threadcard-points-item-btn 클래스는 아이콘 커서를 포인터로 바꿔주며, 사용자가 마우스를 아이콘 위로 올리면 커서가 클릭할 수 있음을 알려주는 손 모양으로 바뀐다.

3. 지금까지 변경 사항을 처리했으며 이제 이와 관련된 다른 컴포넌트를 수정해야 한다. 첫 번째로 할 작업은 ApolloClient의 resultCaching를 비활성화하는 것이다. index.tsx 파일을 열고 client 객체를 다음과 같이 수정한다.

```
const client = new ApolloClient({
  uri: "http://localhost:5000/graphql",
  credentials: "include",
  cache: new InMemoryCache({
    resultCaching: false,
  }),
});
```

이름에서 알 수 있는 것처럼 이 설정에서는 쿼리 결과가 캐시되지 않도록 한다. 하지만 여기서 곧바로 처리되지 않으며 또 다른 설정을 쿼리에 추가해야 한다.

4. Thread.tsx 파일을 업데이트한다. 여기서는 변경된 코드를 보여준다. 먼저 다음과 같이 getThreadById 쿼리가 조금 수정됐다.

```
const GetThreadById = gql`
  query GetThreadById($id: ID!) {
    getThreadById(id: $id) {
      ... on EntityResult {
        messages
      }

      ... on Thread {
        id
        user {
          id
```

이 필드는 나중에 포인트 시스템에서 이 사용자가 자신의 포인트를 증가시키려고 하지 않았는지 확인하기 위한 용도로 필요하다.

```
          userName
        }
        lastModifiedOn
        title
        body
        points
        category {
          id
          name
        }
        threadItems {
          id
```

```
        body
        points
        user {
          id
```

마찬가지로 이 필드를 사용해 사용자가 자신의 포인트를 수정하지 않았는지 확인한다.

```
          userName
        }
      }
    }
  }
}
`;
const Thread = () => {
  const [execGetThreadById, { data: threadData }] =
    useLazyQuery(
      GetThreadById,
      { fetchPolicy: "no-cache" }
    );
```

여기서는 쿼리에 fetchPolicy라는 새로운 옵션을 추가했다. 이 옵션을 통해 개별 호출에 대한 캐시 정책을 관리할 수 있다. 이 예제의 경우에는 캐시를 전혀 하지 않아야 한다. 따라서 fetchPolicy와 resultCaching을 모두 사용해 캐시되지 않는 결과를 만들었다.

```
const [thread, setThread] = useState<ThreadModel |
  undefined>();
const { id } = useParams();
const [readOnly, setReadOnly] = useState(false);

const refreshThread = () => {
  if (id && id > 0) {
    execGetThreadById({
      variables: {
        id,
      },
    });
  }
};
```

다음으로 refreshThread 함수를 정의했다. 이 함수에서는 execGetThreadById를 호출해 실행한다. 나중에 이 함수는 ThreadPointBar 컴포넌트로 전달된다.

```
useEffect(() => {
  if (id && id > 0) {
    execGetThreadById({
      variables: {
        id,
      },
    });
  }
}, [id, execGetThreadById]);
```

아마도 이 첫 번째 useEffect 호출에서 refreshThread를 재사용하지 않는 이유가 궁금할 수 있다. refreshThread를 재사용하려면 refreshThread를 useEffect 호출 목록에 포함시키고, useCallback을 추가적으로 호출해 refreshThread가 변경되더라도 렌더링이 다시 발생하지 않도록 해야 한다. 재사용을 통해 얻을 수 있는 이득에 비해 너무 많은 코드를 작성하게 된다.

```
useEffect(() => {
  if (threadData && threadData.getThreadById) {
    setThread(threadData.getThreadById);
    setReadOnly(true);
  } else {
    setThread(undefined);
    setReadOnly(false);
  }
}, [threadData]);

return (
  <div className="screen-root-container">
    <div className="thread-nav-container">
      <Nav />
    </div>
    <div className="thread-content-container">
      <div className="thread-content-post-container">
        <ThreadHeader
          userName={thread?.user.userName}
          lastModifiedOn={thread ? thread.
            lastModifiedOn : new Date()}
```

```
        title={thread?.title}
      />
      <ThreadCategory category={thread?.category} />
      <ThreadTitle title={thread?.title} />
      <ThreadBody body={thread?.body}
        readOnly={readOnly} />
    </div>
    <div className="thread-content-points-container">
```

ThreadPointsBar에서는 앞에서 정의한 새로운 props를 전달한다.

```
        <ThreadPointsBar
          points={thread?.points || 0}
          responseCount={
            thread && thread.threadItems && thread.
              threadItems.length
          }
          userId={thread?.user.id || "0"}
          threadId={thread?.id || "0"}
          allowUpdatePoints={true}
          refreshThread={refreshThread}
        />
      </div>
    </div>
    <div className="thread-content-response-container">
      <hr className="thread-section-divider" />
      <ThreadResponsesBuilder
        threadItems={thread?.threadItems}
        readOnly={readOnly}
      />
    </div>
  </div>
  );
};
```

5. 새로운 포인트 시스템이 적용된 Thread 경로 화면은 다음과 같다.

그림 16.1 Thread 경로 화면

포인트 버튼을 클릭해보려면 두 가지 내용을 알아야 한다. 첫 번째는 특정 문제로 캐시를 모두 제거하는 작업을 했음에도 가끔 이 포인트 변경 사항이 즉각 화면에 표시되지 않는다는 점이다. 이렇게 동작하는 이유는 Repository 호출에서 미묘한 버그가 있기 때문이며, 잠시 후에 설명한다. 또 다른 문제는 사용자가 한번에 1 포인트 이상을 늘리거나 줄일 수 있다는 점이다. 이 부분은 Styling 계층의 또 다른 문제다. 이 두 가지 문제는 클라이언트 코드를 마무리하고 다시 살펴본다.

6. 이제 ThreadItem과 Thread 답변에 대한 포인트 기능을 수정한다. ThreadResponsesBuilder 파일의 `useEffect`를 다음과 같이 수정한다.

```
useEffect(() => {
  if (threadItems) {
    const thResponses = threadItems.map((ti) => {
      return (
        <li key={`thr-${ti.id}`}>
          <ThreadResponse
            body={ti.body}
            userName={ti.user.userName}
            lastModifiedOn={ti.createdOn}
            points={ti.points}
            readOnly={readOnly}
            userId={ti?.user.id || "0"}
```

```
        threadItemId={ti?.id || "0"}
      />
```

여기서는 스레드의 ThreadItem과 userId, threadItemId를 보여주는 ThreadReponse 컴포넌트를 전달한다. 이 컴포넌트에는 어떤 컨트롤이 전달됐는지에 따라 ThreadItem이나 Thread의 공감 포인트를 보여주는 ThreadPointsInline 컴포넌트가 있다. 해당 컨트롤은 해당 내용이 나올 때 설명한다.

```
      </li>
    );
  });
  setResponseElements(<ul>{thResponses}</ul>);
  }
}, [threadItems, readOnly]);
```

7. 이제 ThreadResponse 컴포넌트를 업데이트할 수 있다. 여기서는 바뀐 코드만 보여준다. 먼저 ThreadResponseProps 인터페이스에 다음 두 필드를 추가한다.

```
userId: string;
threadItemId: string;
```

다음으로 JSX에 userId와 threadItemId 필드를 추가한다.

```
return (
  <div>
    <div>
      <UserNameAndTime userName={userName}
        lastModifiedOn={lastModifiedOn} />
      {threadItemId}
      <span style={{ marginLeft: "1em" }}>
        <ThreadPointsInline
          points={points || 0}
          userId={userId}
          threadItemId={threadItemId}
        />
```

여기서는 userId와 threadItemId 데이터를 ThreadPointsInline 컴포넌트에 전달했다. 이 컴포넌트는 결과적으로 Threads나 ThreadItems의 포인트를 출력한다. 그리고 threadItemId를 추가해 각각의 ThreadItem을 구별할 수 있게 했다.

```
      </span>
    </div>
    <div className="thread-body-editor">
      <RichEditor existingBody={body}
        readOnly={readOnly} />
    </div>
  </div>
);
```

8. 이제 ThreadPointsInline 컴포넌트에 적용해야 하는 변경 사항을 살펴보자.

기존 import 목록에 다음 import를 추가한다.

```
import "./ThreadPointsInline.css";
```

소스 코드를 살펴보면 대부분은 ThreadPointsBar CSS와 거의 비슷하다.

```
const UpdateThreadItemPoint = gql`
  mutation UpdateThreadItemPoint(
    $userId: ID!
    $threadItemId: ID!
    $increment: Boolean!
  ){
    updateThreadItemPoint(
      userId: $userId
      threadItemId: $threadItemId
      increment: $increment
    )
  }
`;
```

여기서는 updateThreadItemPoint 뮤테이션 정의를 추가했다.

```
class ThreadPointsInlineProps {
  points: number = 0;
  userId?: string;
  threadId?: string;
  threadItemId?: string;
  allowUpdatePoints?: boolean = false;
  refreshThread?: () => void;
}
```

이 코드는 prop 목록이며 threadId에서 사용할 필드가 있다.

다음 ThreadPointsInline 컨트롤을 통해 Thread 포인트를 모바일 화면에 표시한다.

```
const ThreadPointsInline: FC<ThreadPointsInlineProps> =
({
    points,
    userId,
    threadId,
    threadItemId,
    allowUpdatePoints,
    refreshThread,
}) => {
    const [execUpdateThreadItemPoint] =
      useMutation(UpdateThreadItemPoint);
    const onClickIncThreadItemPoint = async (
      e: React.MouseEvent<SVGSVGElement, MouseEvent>
    ) => {
      e.preventDefault();
      await execUpdateThreadItemPoint({
        variables: {
          userId,
          threadItemId,
          increment: true,
        },
      });
      refreshThread && refreshThread();
    };
```

여기서 특별한 내용은 없으며 onClickIncThreadItemPoint와 onClickDecThreadItemPoint 호출에서는 모두 ThreadPointsBar 컴포넌트와 유사한 내용을 수행한다. 즉, 업데이트 뮤테이션을 호출한 후 Thread 데이터를 새로고침한다.

```
const onClickDecThreadItemPoint = async (
  e: React.MouseEvent<SVGSVGElement, MouseEvent>
) => {
  e.preventDefault();
  await execUpdateThreadItemPoint({
    variables: {
      userId,
      threadItemId,
```

```
      increment: false,
    },
  });
  refreshThread && refreshThread();
};
```

다음으로 JSX에서 ThreadPointsBar 컴포넌트와 유사한 내용을 처리하고, 엔터티 포인트를 늘리거나 줄일 수 있는 아이콘을 추가한다.

```
return (
  <span className="threadpointsinline-item">
    <div
      className="threadpointsinline-item-btn"
      style={{
        display: `${allowUpdatePoints ? "block"
          : "none"}`
      }}
    >
      <FontAwesomeIcon
        icon={faChevronUp}
        className="point-icon"
        onClick={onClickIncThreadItemPoint}
      />
    </div>
    {points}
    <div
      className="threadpointsinline-item-btn"
      style={{
        display: `${allowUpdatePoints    "block"
          : "none"}`
      }}
    >
      <FontAwesomeIcon
        icon={faChevronDown}
        className="point-icon"
        onClick={onClickDecThreadItemPoint}
      />
    </div>
    <div className="threadpointsinline-item-btn">
      <FontAwesomeIcon icon={faHeart}
        className="points-icon" />
    </div>
  </span>
```

```
    );
  };
  export default ThreadPointsInline;
```

9. 이제 Thread 경로 화면을 다시 불러오면 Thread의 ThreadItems를 확인할 수 있다. 로컬 데이터는 달라질 것이기 때문에 다음 화면처럼 Thread에서 ThreadItem 데이터와 해당 스레드의 포인트를 아이콘 버튼과 함께 포함시킨다.

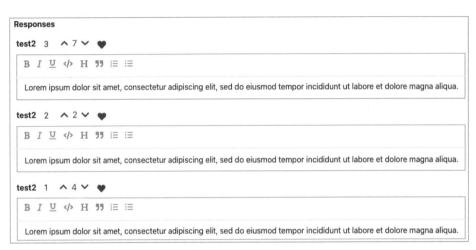

그림 16.2 ThreadItem 포인트

마찬가지로 증가나 감소 버튼을 클릭하면 Thread 포인트에서 발생한 이슈와 동일한 이슈가 있다는 것을 확인할 수 있다. 포인트 점수가 항상 업데이트되는 것은 아니고 사용자가 여러 포인트를 추가하거나 제거할 수 있다. 이제 이 문제를 고쳐보자.

10. 서버 프로젝트로 가서 ThreadItemPointRepo.ts 파일을 열고 updateThreadItemPoint 함수를 찾은 다음 첫 번째 threadItem.save() 호출로 이동한다. 이 함수의 모든 호출에서 다음과 같이 앞부분에 await를 추가한다.

```
await threadItem.save();
```

이렇게 하면 발생하는 이슈가 어떻게 해결되는지 그 이유를 추측할 수 있겠는가? save 호출에서 await를 호출하면 save가 완료될 때까지 함수를 대기하도록 만들 수 있다. 그러면 ThreadItem 데이터를 가져올 때 최신 포인트 값이 포함되는 것이 보장된다. 이러한 부분이 비동기 코드 사용을 까다롭게 한다. 비동기 코드는 빠르게 동작하지만 자신이 무엇을 처리하고 있는지 생각해야 한다. 그렇지 않으면 이러한 문제가 발생할 수 있다.

다음으로 계속해서 updateThreadPoint 함수를 직접 업데이트한다. updateThreadItemPoint 함수에서 처리했던 내용과 비슷하다. 모든 save 함수를 업데이트한다.

이제 포인트를 늘리거나 줄여보면 적절하게 업데이트되는 것을 확인할 수 있다.

11. 다음으로 사용자가 여러 포인트를 늘리거나 줄일 수 있는 문제를 수정해보자. 이 코드 경로에는 실제로 여러 가지 문제가 존재한다. 포인트를 업데이트하는 두 개의 리졸버 updateThreadPoint와 updateThreadItemPoint에서는 사용자가 포인트를 수정할 수 있도록 허용하기 전에 사용자 인증을 확인하지 않는다. 이러한 동작은 명백히 잘못됐다. 그리고 클라이언트 측 코드에서는 현재 로그인한 사용자가 아닌 Thread나 ThreadItem의 userId 값을 전달한다. 이 두 가지 문제는 모두 수정이 가능하다. 먼저 updateThreadPoint 리졸버를 다음과 같이 업데이트한다.

```
updateThreadPoint: async (
  obj: any,
  args: { threadId: string; increment: boolean },
  ctx: GqlContext,
  info: any
): Promise<string> => {
```

이제 더 이상 이 리졸버에서는 파라미터로 userId를 사용하지 않는다. 그 이유는 다음 코드에서 볼 수 있는 것처럼 이제는 session.userId 필드를 통해 로그인한 사용자를 확인하기 때문이다. 그리고 updateThreadPoint Repository 쿼리를 호출할 때 userId 파라미터로 이 session.userId를 전달한다.

```
let result = "";
try {
  if (!ctx.req.session || !ctx.req.session?.userId) {
    return "You must be logged in to set likes.";
  }
  result = await updateThreadPoint(
```

```
        ctx.req.session!.userId,
        args.threadId,
        args.increment
      );
      return result;
    } catch (ex) {
      throw ex;
    }
  },
```

updateThreadItemPoint 리졸버에 대해서도 거의 동일하게 호출하기 때문에 이 내용과 동일하게 변경한다. 잊지 말고 typeDefs도 수정해 이러한 호출에 대한 Mutation 시그니처에 userId 파라미터가 존재하지 않도록 한다. 그리고 나중에 클라이언트의 코드 경로를 수정해 userId 파라미터를 제거한다.

12. 이제 다음 코드를 구현부의 맨 처음에 있는 updateThreadPoint Repository 호출에 추가한다.

```
if (!userId || userId === "0") {
  return "User is not authenticated";
}
```

이 코드에서는 userId로 이상한 값이 전달되지 않도록 해주고 사용자가 아직 인증되지 않았는데 인증된 것으로 오해하지 않게 해준다. 같은 코드를 updateThreadItemPoint Repository 호출에도 추가한다.

이제 클라이언트 측 코드를 수정해 userId 파라미터를 제거해보자. 가장 쉽게 작업하는 방법은 ThreadPointsBar와 ThreadPointsInline 컴포넌트에서 해당 호출을 제거하는 것이다. 그런 다음 해당 코드를 저장하면 컴파일러에서 userId를 통해 관련된 호출이 있는 위치를 알려준다.

13. ThreadPointsBar에서부터 시작해보자. 다음과 같이 수정한다. userId를 Update ThreadPoint 뮤테이션 파라미터에서 제거한다. 그리고 해당 컴포넌트의 Thread PointsBarProps 타입의 prop에서 제거한다. 마지막으로 execUpdateThread Point 호출에서 userId를 제거한다.

14. 다음으로 Thread.tsx 경로 컴포넌트에서 ThreadPointsBar 호출을 찾은 다음 userId props를 제거한다. 그리고 더 이상 사용하지 않는 user 리듀서를 가져오는 데 사용하는 useSelector 호출을 제거한다.

ThreadPointsInline 컴포넌트도 이와 비슷하게 리팩토링해야 하며 ThreadPoints Bar에서 처리한 변경 내용과 기본적으로 같은 형태의 변경이기 때문에 해당 변경 작업은 직접 해볼 수 있도록 남겨두겠다. 마찬가지로 ThreadPointsInline 컴포넌트에서부터 변경 작업을 시작하고 코드를 저장한다. 그러면 컴파일러에서는 아직 존재하는 userId 참조 위치를 알려준다.

이렇게 하면 포인트가 적절하게 업데이트된다. 포인트는 사용자가 로그인한 경우에만 업데이트되고 한 포인트만 늘리거나 줄일 수 있다. 그리고 사용자는 자신의 Thread나 ThreadItem에 대한 포인트를 변경할 수 없다.

이제 조금 달라진 내용을 살펴보자. 모바일에서 Thread 경로 컴포넌트를 확인해보면 다음과 같이 포인트 점수가 더 이상 보이지 않음을 확인할 수 있다.

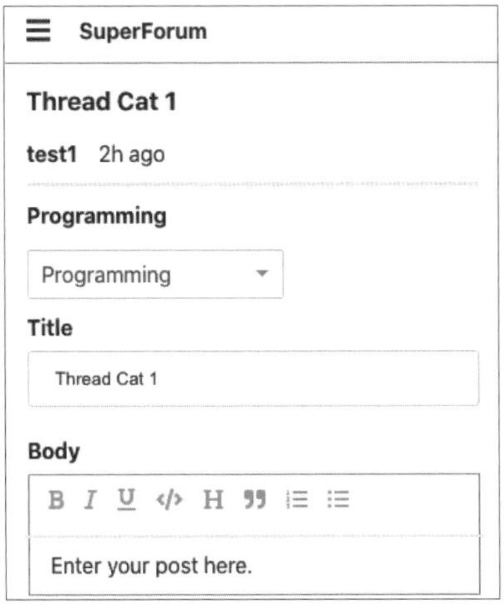

그림 16.3 모바일 모드의 Thread 경로 화면

물론 이렇게 보이는 것은 가로 공간이 좁기 때문에 의도한 동작이다. ThreadPoints Inline 컴포넌트를 이 모바일 화면에 추가해 Thread와 ThreadItem에서 동작하도록 수정해보자.

1. ThreadPointsInline을 ThreadPointBar가 사용하는 updateThreadPoint 뮤테이션을 사용하도록 리팩토링했으므로 관련 호출을 별도의 훅으로 옮기고 공유해서 사용하도록 해야 한다. hooks 폴더에 useUpdateThreadPoint.ts 파일을 새로 만들고 해당 깃허브 소스 코드를 추가한다. 그러면 ThreadPointBar 컴포넌트의 대부분의 코드가 이 파일에 복사된다. 이 작업을 완료했으면 호출하는 컴포넌트에서 사용할 이벤트 핸들러인 onClickIncThreadPoint와 onClickDecThreadPoint를 반환한다.

2. 다음으로 ThreadPointBar 컴포넌트를 리팩토링해 이 훅을 사용하도록 해보자. 다음과 같이 수정한다.

```
import useUpdateThreadPoint from "../../hooks/useUpdateThreadPoint";
```

여기서는 새로운 훅을 import하고 UpdateThreadPoint용 뮤테이션을 제거했다.

```
export class ThreadPointsBarProps {
  points: number = 0;
  responseCount?: number;
  threadId?: string;
  allowUpdatePoints?: boolean = false;
  refreshThread?: () => void;
}
const ThreadPointsBar: FC<ThreadPointsBarProps> = ({
  points,
  responseCount,
  threadId,
  allowUpdatePoints,
  refreshThread,
}) => {
  const { width } = useWindowDimensions();
  const { onClickDecThreadPoint, onClickIncThreadPoint }
    = useUpdateThreadPoint(
      refreshThread,
      threadId
    );
```

여기서는 이벤트 핸들러를 useUpdateThreadPoint 훅에서 전달받았다. 나머지 코드는 동일하다.

3. 다음은 `ThreadPointsInline`을 다음과 같이 리팩토링해보자.

```
import React, { FC } from "react";
import { FontAwesomeIcon } from "@fortawesome/react-fontawesome";
import {
  faHeart,
  faChevronDown,
  faChevronUp,
} from "@fortawesome/free-solid-svg-icons";
import { gql, useMutation } from "@apollo/client";
import "./ThreadPointsInline.css";
import useUpdateThreadPoint from "../../hooks/useUpdateThreadPoint";

const UpdateThreadItemPoint = gql`
  mutation UpdateThreadItemPoint($threadItemId: ID!,
   $increment: Boolean!) {
    updateThreadItemPoint(threadItemId: $threadItemId,
    increment: $increment)
  }
`;
class ThreadPointsInlineProps {
  points: number = 0;
  threadId?: string;
  threadItemId?: string;
  allowUpdatePoints?: boolean = false;
  refreshThread?: () => void;
}

const ThreadPointsInline: FC<ThreadPointsInlineProps> =
  ({
    points,
    threadId,
    threadItemId,
    allowUpdatePoints,
    refreshThread,
  }) => {
    const [execUpdateThreadItemPoint] =
      useMutation(UpdateThreadItemPoint);
    const { onClickDecThreadPoint, onClickIncThreadPoint }
      = useUpdateThreadPoint(
        refreshThread,
        threadId
      );
```

여기서는 이벤트 핸들러를 useUpdateThreadPoint 훅에서 전달받았다.

```
const onClickIncThreadItemPoint = async (
  e: React.MouseEvent<SVGSVGElement, MouseEvent>
) => {
  e.preventDefault();
  await execUpdateThreadItemPoint({
    variables: {
      threadItemId,
      increment: true,
    },
  });
  refreshThread && refreshThread();
};
const onClickDecThreadItemPoint = async (
  e: React.MouseEvent<SVGSVGElement, MouseEvent>
) => {
  e.preventDefault();
  await execUpdateThreadItemPoint({
    variables: {
      threadItemId,
      increment: false,
    },
  });
  refreshThread && refreshThread();
};
return (
  <span className="threadpointsinline-item">
    <div
      className="threadpointsinline-item-btn"
      style={{
        display: `${allowUpdatePoints ? "block"
          : "none"}`
      }}
    >
      <FontAwesomeIcon
        icon={faChevronUp}
        className="point-icon"
        onClick={threadId ? onClickIncThreadPoint :
          onClickIncThreadItemPoint}
```

이 코드에는 Thread나 ThreadItem의 포인트를 업데이트할지 여부를 결정하는 간단한 로직이 있다.

```
    />
  </div>
  {points}
  <div
    className="threadpointsinline-item-btn"
    style={{
      display: `${allowUpdatePoints ? "block"
        : "none"}`
    }}
  >
    <FontAwesomeIcon
      icon={faChevronDown}
      className="point-icon"
      onClick={threadId ? onClickDecThreadPoint :
        onClickDecThreadItemPoint}
    />
```

마찬가지로 여기도 동일한 포인트 선택 로직이 있다.

```
      </div>
      <div className="threadpointsinline-item-btn">
        <FontAwesomeIcon icon={faHeart}
          className="points-icon" />
      </div>
    </span>
  );
};
export default ThreadPointsInline;
```

이제 이 Thread 경로를 모바일 모드에서 실행하면 다음과 같은 내용을 확인할 수 있다.

그림 16.4 포인트를 조정할 수 있는 모바일 Thread 경로 화면

ThreadCategory에 대한 일부 스타일을 업데이트해 모바일 모드에서도 Home 경로가 표시되도록 했다.

이제 화면에서 기존 Threads를 볼 수 있다. 하지만 새로운 Threads와 ThreadItems도 추가할 수 있어야 한다. 그러한 기능을 다음과 같이 추가해보자.

1. 먼저 createThread Repository 호출을 조금 수정한다. ThreadRepo 파일을 열고 createThread의 마지막 return 구문을 수정한다.

```
return { messages: ["Thread created successfully."] };
```

이 코드를 다음과 같이 변경한다.

```
return { messages: [thread.id], };
```

이제 createThread가 잘 동작하면 ID만 반환하게 된다. 이러한 방법으로 페이로드의 크기를 최소화해 클라이언트가 알아야 할 정보를 전달한다.

2. 다음으로 Thread 경로에 대한 또 다른 변경 사항을 처리해야 한다. App.tsx를 열고 Thread에 대한 경로를 찾는다. 그리고 이 경로를 다음과 같이 수정한다.

```
<Route path="/thread/:id?" render={renderThread} />
```

이 부분은 아주 미묘하게 수정됐으며 id 파라미터 바로 다음에 ?를 추가했다. 이 방법을 통해 파라미터가 없어도 Thread 경로를 불러올 수 있으며, 화면에서 새로운 Thread 게시물을 만드는 방법이다.

3. 이제 다음과 같이 **Post** 버튼을 Home 화면에 추가한다.

그림 16.5 새로운 Post 버튼

여기서는 Main.tsx 파일의 주요 코드를 다음과 같이 수정한다.

```
const Main = () => {
  const [
    execGetThreadsByCat,
    {
      //error: threadsByCatErr,
      //called: threadsByCatCalled,
      data: threadsByCatData,
    },
  ] = useLazyQuery(GetThreadsByCategoryId);
  const [
    execGetThreadsLatest,
    {
      //error: threadsLatestErr,
      //called: threadsLatestCalled,
      data: threadsLatestData,
    },
  ] = useLazyQuery(GetThreadsLatest);
```

```
const { categoryId } = useParams();
const [category, setCategory] = useState<Category |
  undefined>();
const [threadCards, setThreadCards] =
  useState<Array<JSX.Element> | null>(
    null
  );
const history = useHistory();
```

여기서는 많은 내용이 변경되지 않았으며, 볼 수 있는 것처럼 useHistory를 호출해 현재 있는 URL을 변경할 수 있게 했다.

```
useEffect(() => {
  if (categoryId && categoryId > 0) {
    execGetThreadsByCat({
      variables: {
        categoryId,
      },
    });
  } else {
    execGetThreadsLatest();
  }
  // eslint-disable-next-line react-hooks/exhaustive-
  // deps
}, [categoryId]);
useEffect(() => {
  console.log("main threadsByCatData",
    threadsByCatData);
  if (
    threadsByCatData &&
    threadsByCatData.getThreadsByCategoryId &&
    threadsByCatData.getThreadsByCategoryId.threads
  ) {
    const threads = threadsByCatData.
      getThreadsByCategoryId.threads;
    const cards = threads.map((th: any) => {
      return <ThreadCard key={`thread-${th.id}`}
        thread={th} />;
    });
    setCategory(threads[0].category);
    setThreadCards(cards);
  } else {
    setCategory(undefined);
```

```
      setThreadCards(null);
    }
  }, [threadsByCatData]);
  useEffect(() => {
    if (
      threadsLatestData &&
      threadsLatestData.getThreadsLatest &&
      threadsLatestData.getThreadsLatest.threads
    ) {
      const threads = threadsLatestData.getThreadsLatest.
        threads;
      const cards = threads.map((th: any) => {
        return <ThreadCard key={`thread-${th.id}`}
          thread={th} />;
      });
      setCategory(new Category("0", "Latest"));
      setThreadCards(cards);
    }
  }, [threadsLatestData]);
  const onClickPostThread = () => {
    history.push("/thread");
  };
```

여기는 **Post** 버튼 클릭에 대한 새로운 핸들러가 있으며 이 핸들러에서는 id를 사용하지 않고 사용자를 thread 화면으로 리다이렉션시킨다. 이렇게 하는 것이 왜 중요한지 그 이유를 잠시 후에 살펴보겠다.

```
  return (
    <main className="content">
      <button className="action-btn"
        onClick={onClickPostThread}>
        Post
      </button>
```

여기서는 핸들러를 사용하는 버튼을 정의했다.

```
      <MainHeader category={category} />
      <div>{threadCards}</div>
    </main>
  );
};
```

나머지 코드는 이전 내용과 동일하다.

4. 이제 Thread.tsx 컴포넌트를 수정해 id가 없는 경우 새로운 Thread를 추가할 수 있도록 설정한다. 하지만 그렇게 하려면 이 컴포넌트의 일부 하위 컴포넌트를 수정해야 한다. RichEditor부터 수정을 시작해보자. 이 컴포넌트를 다음과 같이 업데이트한다. 여기서는 바뀐 코드만 보여준다.

```
export const getTextFromNodes = (nodes: Node[]) => {
  return nodes.map((n: Node) => Node.string(n)).join("\n");
};
```

getTextFromNodes는 새로운 헬퍼이며 노드 배열의 Slate.js 형식을 문자열로 변환해준다.

NOTE

Slate.js를 사용하면 복잡한 형식의 사용자 텍스트를 사용할 수 있다. 이 사용자 텍스트 정보는 아주 복잡하므로 단순하게 텍스트로 저장할 수 없다. 따라서 Slate.js에서는 이러한 형식의 텍스트를 저장하기 위해 노드 형식에 기반한 객체를 사용한다. 이 데이터를 데이터베이스에 저장해야 하는 경우는 먼저 텍스트(JSON)로 변환해야 한다. 이것이 getTextFromNodes 함수를 사용하는 이유 중 하나다.

```
const HOTKEYS: { [keyName: string]: string } = {
  "mod+b": "bold",
  "mod+i": "italic",
  "mod+u": "underline",
  "mod+`": "code",
};
const initialValue = [
  {
    type: "paragraph",
    children: [{ text: "" }],
```

InitialValue는 이제 빈 문자열이다.

```
  },
];
const LIST_TYPES = ["numbered-list", "bulleted-list"];
class RichEditorProps {
```

```
  existingBody?: string;
  readOnly?: boolean = false;
  sendOutBody?: (body: Node[]) => void;
```

여기서는 추가적인 prop을 포함시켜 텍스트가 변경될 때 해당 변경 사항이 컴포넌트 구조의 Thread.tsx 컴포넌트까지 전달되도록 했다. Thread.tsx는 최신 값을 알아야 하므로 새로운 Thread를 만들려고 할 때 파라미터를 통해 최신 값을 전달할 수 있다. 이와 같은 하위 컴포넌트에서 sendOut 패턴을 반복해 사용한다.

```
}
const RichEditor: FC<RichEditorProps> = ({
  existingBody,
  readOnly,
  sendOutBody,
}) => {
  const [value, setValue] =
    useState<Node[]>(initialValue);
  const renderElement = useCallback((props) => <Element
    {...props} />, []);
  const renderLeaf = useCallback((props) => <Leaf {...
    props} />, []);
  const editor = useMemo(() =>
    withHistory(withReact(createEditor())), []);
  useEffect(() => {
    console.log("existingBody", existingBody);
    if (existingBody) {
      setValue(JSON.parse(existingBody));
```

existingBody prop은 상위 컴포넌트에서 전달되는 초깃값이다. 이 값은 Thread.tsx 경로로 화면이 기존 Thread에서 로딩될 때 전달된다. 이 Thread는 데이터베이스에서 로딩되며 이는 텍스트가 데이터베이스에 문자열로 저장됨을 의미한다. 이렇게 동작하는 이유는 Postgres에서 Slate.js의 노드 타입을 이해하지 못하기 때문이다. 이러한 동작의 부작용은 setValue에서 이 데이터를 받기 전에 JSON 형식으로 먼저 파싱해야 한다는 점이고 setValue(JSON.parse(existingBody))를 사용하는 이유다.

```
  }
  // eslint-disable-next-line react-hooks/exhaustive-deps
```

```
  }, [existingBody]);

  const onChangeEditorValue = (val: Node[]) => {
    setValue(val);
    sendOutBody && sendOutBody(val);
```

여기서는 val을 설정하고 sendOutBody를 통해 상위 컴포넌트로 전달했다.

```
  };
  return (
    <Slate editor={editor} value={value} onChange={onChangeEditorValue}>
      {readOnly ? null : (
        <Toolbar>
          <MarkButton format="bold" icon="bold" />
          <MarkButton format="italic" icon="italic" />
          <MarkButton format="underline" icon="underlined" />
          <MarkButton format="code" icon="code" />
          <BlockButton format="heading-one" icon="header1" />
          <BlockButton format="block-quote" icon="in_quotes" />
          <BlockButton format="numbered-list" icon="list_numbered" />
          <BlockButton format="bulleted-list" icon="list_bulleted" />
        </Toolbar>
      )}
      <Editable
        className="editor"
        renderElement={renderElement}
        renderLeaf={renderLeaf}
        placeholder="Enter your post here."
```

이 코드는 일반적인 placeholder 변경이다.

```
        spellCheck
        autoFocus
        onKeyDown={(event) => {
          for (const hotkey in HOTKEYS) {
            if (isHotkey(hotkey, event as any)) {
              event.preventDefault();
              const mark = HOTKEYS[hotkey];
              toggleMark(editor, mark);
            }
          }
        }}
        readOnly={readOnly}
```

```
      />
    </Slate>
  );
};
```

5. 이제 ThreadCategory 컴포넌트를 업데이트한다. 여기서는 바뀐 코드만 보여준다.

```
interface ThreadCategoryProps {
  category?: Category;
  sendOutSelectedCategory: (cat: Category) => void;
```

이 코드에는 sendOutSelectedCategory 함수가 있으며 sendOut 방식을 통해 선택한 카테고리를 전달한다.

```
}

const ThreadCategory: FC<ThreadCategoryProps> = ({
  category,
  sendOutSelectedCategory,
}) => {
```

6. 다음으로 ThreadTitle 컴포넌트를 다음과 같이 수정한다.

```
import React, { FC, useEffect, useState } from "react";
interface ThreadTitleProps {
  title?: string;
  readOnly: boolean;
```

이제 기존 Thread를 불러왔을 경우 제목을 읽기 전용으로 만든다.

```
sendOutTitle: (title: string) => void;
```

마찬가지로 여기도 sendOutTitle을 사용한 sendOut 패턴이다.

```
}
const ThreadTitle: FC<ThreadTitleProps> = ({
  title,
  readOnly,
  sendOutTitle,
}) => {
  const [currentTitle, setCurrentTitle] = useState("");
```

```
  useEffect(() => {
    setCurrentTitle(title || "");
  }, [title]);

  const onChangeTitle = (e: React.ChangeEvent<HTMLInputElement>) => {
    setCurrentTitle(e.target.value);
    sendOutTitle(e.target.value);
```

이 코드에서는 제목을 설정하고 상위 컴포넌트로 전달했다.

```
  };
  return (
    <div className="thread-title-container">
      <strong>Title</strong>
      <div className="field">
        <input
          type="text"
          value={currentTitle}
          onChange={onChangeTitle}
          readOnly={readOnly}
```

여기서는 새로운 props를 사용한다.

```
        />
      </div>
    </div>
  );
};

export default ThreadTitle;
```

7. 이제 ThreadBody를 다음과 같이 수정해보자.

```
import React, { FC } from "react";
import RichEditor from "../../editor/RichEditor";
import { Node } from "slate";

interface ThreadBodyProps {
  body?: string;
  readOnly: boolean;
  sendOutBody: (body: Node[]) => void;
```

마찬가지로 sendOutBody 함수에서 sendOut 패턴을 사용한다.

```
}

const ThreadBody: FC<ThreadBodyProps> = ({ body,
readOnly, sendOutBody }) => {
  return (
    <div className="thread-body-container">
      <strong>Body</strong>
      <div className="thread-body-editor">
        <RichEditor
          existingBody={body}
          readOnly={readOnly}
          sendOutBody={sendOutBody}
```

여기서는 sendOutBody 함수를 RichEditor에 전달해야 하며 그 이유는 해당 컨트롤에서 본문을 수정하기 때문이다.

```
        />
      </div>
    </div>
  );
};

export default ThreadBody;
```

8. 마지막으로 Thread.tsx 파일이 있다. 여기서는 많은 부분을 수정해야 한다. 수정 사항을 모두 살펴보자.

적절한 import를 직접 추가한다. 예컨대 여기서는 getTextFromNodes 헬퍼가 필요하다.

```
const GetThreadById = gql`
  query GetThreadById($id: ID!) {
    getThreadById(id: $id) {
      ... on EntityResult {
        messages
      }

      ... on Thread {
        id
        user {
```

```
            id
            userName
          }
          lastModifiedOn
          title
          body
          points
          category {
            id
            name
          }
          threadItems {
            id
            body
            points
            thread {
              id
            }
            user {
              id
              userName
            }
          }
        }
      }
    }
  }
`;
const CreateThread = gql`
  mutation createThread(
    $userId: ID!
    $categoryId: ID!
    $title: String!
    $body: String!
  ) {
    createThread(
      userId: $userId
      categoryId: $categoryId
      title: $title
      body: $body
    ) {
      messages
    }
  }
`;
```

이 코드는 새로운 CreateThread 뮤테이션이다.

```
const threadReducer = (state: any, action: any) => {
  switch (action.type) {
    case "userId":
      return { ...state, userId: action.payload };
    case "category":
      return { ...state, category: action.payload };
    case "title":
      return { ...state, title: action.payload };
    case "body":
      return { ...state, body: action.payload };
    case "bodyNode":
      return { ...state, bodyNode: action.payload };
    default:
      throw new Error("Unknown action type");
  }
};
```

threadReducer 리듀서를 새로 추가한다.

```
const Thread = () => {
  const { width } = useWindowDimensions();
  const [execGetThreadById, { data: threadData }] = useLazyQuery(
    GetThreadById,
    { fetchPolicy: "no-cache" }
  );
  const [thread, setThread] = useState<ThreadModel | undefined>();
  const { id } = useParams < { id: string } > ();
  const [readOnly, setReadOnly] = useState(false);
  const user = useSelector((state: AppState) => state.user);
```

이 코드는 사용자가 로그인한 경우에만 나타나는 user 객체다. 이 객체는 새로운
Thread를 만드는 경우에만 사용한다.

```
const [
  { userId, category, title, bodyNode },
  threadReducerDispatch,
] = useReducer(threadReducer, {
  userId: user ? user.id : "0",
  category: undefined,
  title: "",
```

```
    body: "",
    bodyNode: undefined,
  });
```

이 코드는 리듀서다. 여러 필드는 생성하는 과정에서 새로운 Threads 전송에 사용한다.

```
const [postMsg, setPostMsg] = useState("");
```

이 코드에서는 Thread 생성 상태를 보여준다.

```
const [execCreateThread] = useMutation(CreateThread);
```

이 부분은 실제 CreateThread 뮤테이션을 호출하는 execCreateThread다.

```
const history = useHistory();
```

useHistory()를 사용해 새로 생성된 Thread 경로로 전환한다. 예컨대 새로운 Thread id가 25라면 경로는 "/thread/25"가 된다.

```
const refreshThread = () => {
  if (id && Number(id) > 0) {
    execGetThreadById({
      variables: {
        id,
      },
    });
  }
};

useEffect(() => {
  if (id && Number(id) > 0) {
    execGetThreadById({
      variables: {
        id,
      },
    });
  }
}, [id, execGetThreadById]);

useEffect(() => {
```

```
      threadReducerDispatch({
        type: "userId",
        payload: user ? user.id : "0",
      });
    }, [user]);
```

여기서는 user가 로그인된 경우 리듀서의 userId를 업데이트한다.

```
  useEffect(() => {
    if (threadData && threadData.getThreadById) {
      setThread(threadData.getThreadById);
      setReadOnly(true);
    } else {
      setThread(undefined);
      setReadOnly(false);
    }
  }, [threadData]);

  const receiveSelectedCategory = (cat: Category) => {
    threadReducerDispatch({
      type: "category",
      payload: cat,
    });
  };
```

여기서는 하위 컴포넌트에서 사용했던 sendOut 패턴을 사용해 핸들러 함수 정의를
추가한다. 이 예제의 경우 receiveSelectedCategory는 CategoryDropDown 컨트롤에
서 새로 설정한 ThreadCategory를 전달받는다.

```
  const receiveTitle = (updatedTitle: string) => {
    threadReducerDispatch({
      type: "title",
      payload: updatedTitle,
    });
  };

  const receiveBody = (body: Node[]) => {
    threadReducerDispatch({
      type: "bodyNode",
      payload: body,
    });
    threadReducerDispatch({
```

```
      type: "body",
      payload: getTextFromNodes(body),
    });
  };
```

receiveTitle과 receiveBody 함수에서는 각 하위 컴포넌트의 title과 body를 업데이트한다.

```
const onClickPost = async (
  e: React.MouseEvent<HTMLButtonElement, MouseEvent>
) => {
```

onClickPost 함수에서는 **Post** 버튼을 클릭하면 새로운 Thread를 전송하도록 처리한다.

```
e.preventDefault();
if (!userId || userId === "0") {
  setPostMsg("You must be logged in before you can post.");
} else if (!category) {
  setPostMsg("Please select a category for your post.");
} else if (!title) {
  setPostMsg("Please enter a title.");
} else if (!bodyNode) {
  setPostMsg("Please select a category for your post.");
```

if/else 구문에서는 새로운 Thread 전송에 사용되는 리듀서 필드 값의 유효성을 검사한다.

```
} else {
  setPostMsg("");
  const newThread = {
    userId,
    categoryId: category?.id,
    title,
    body: JSON.stringify(bodyNode),
```

노드 타입의 Slate.js 배열은 JSON 문자열로 변환되며 다시 데이터베이스에 저장된다.

```
  };
```

이 코드에서 CreateThread 뮤테이션의 파라미터를 생성한다.

```
const { data: createThreadMsg } = await
  execCreateThread({
    variables: newThread,
  });
```

여기서는 뮤테이션을 실행한다.

```
if (
  createThreadMsg.createThread &&
  createThreadMsg.createThread.messages &&
  !isNaN(createThreadMsg.createThread.messages[0])
) {
  setPostMsg("Thread posted successfully.");
  history.push(`/thread/${createThreadMsg.
    createThread.messages[0]}`);
```

만약 Thread가 생성됐다면 id에 따라 사용자를 새로 만든 Thread 경로 화면으로 리다이렉션한다.

```
} else {
  setPostMsg(createThreadMsg.createThread.
    messages[0]);
```

Thread 생성이 실패하면 사용자에게 서버 오류를 보여준다.

```
    }
  }
};
return (
  <div className="screen-root-container">
    <div className="thread-nav-container">
      <Nav />
    </div>
    <div className="thread-content-container">
      <div className="thread-content-post-container">
        {width <= 768 && thread ? (
          <ThreadPointsInline
            points={thread?.points || 0}
            threadId={threa?.id}
            refreshThread={refreshThread}
```

```
      allowUpdatePoints={true}
  />
) : null}
```

만약 이 화면이 모바일 기기에서 표시되고 스레드가 있는 경우라면 이 컨트롤을 표시한다. 그렇지 않은 경우는 이 컨트롤을 표시하지 않는다.

```
<ThreadHeader
  userName={thread ? thread.user.userName :
    user?.userName}
  lastModifiedOn={thread ? thread.
    lastModifiedOn : new Date()}
  title={thread ? thread.title : title}
/>
<ThreadCategory
  category={thread ? thread.category :
    category}
  sendOutSelectedCategory=
  {receiveSelectedCategory}
/>
<ThreadTitle
  title={thread ? thread.title : ""}
  readOnly={thread ? readOnly : false}
  sendOutTitle={receiveTitle}
/>
<ThreadBody
  body={thread ? thread.body : ""}
  readOnly={thread ? readOnly : false}
  sendOutBody={receiveBody}
/>
```

나머지 하위 컴포넌트는 동일한 로직을 포함한다. 만약 스레드 객체가 존재하면 스레드를 표시하고 그렇지 않으면 스레드를 게시할 수 있는 상태로 넘어간다.

```
{thread ? null : (
  <>
    <div style={{ marginTop: ".5em" }}>
      <button className="action-btn"
        onClick={onClickPost}>
        Post
      </button>
    </div>
```

```
            <strong>{postMsg}</strong>
        </>
    )}
```

이 코드는 스레드의 **Post** 버튼과 상태 메시지다. 여기서도 마찬가지로 스레드 객체가 존재하면 이 부분을 보여주지 않고 스레드가 존재하지 않으면 보여준다. 나머지 코드는 이전 내용과 동일하므로 여기에 표시하지 않는다.

9. 이제 id 없이 Thread 경로를 실행하면 다음과 같은 화면을 볼 수 있다.

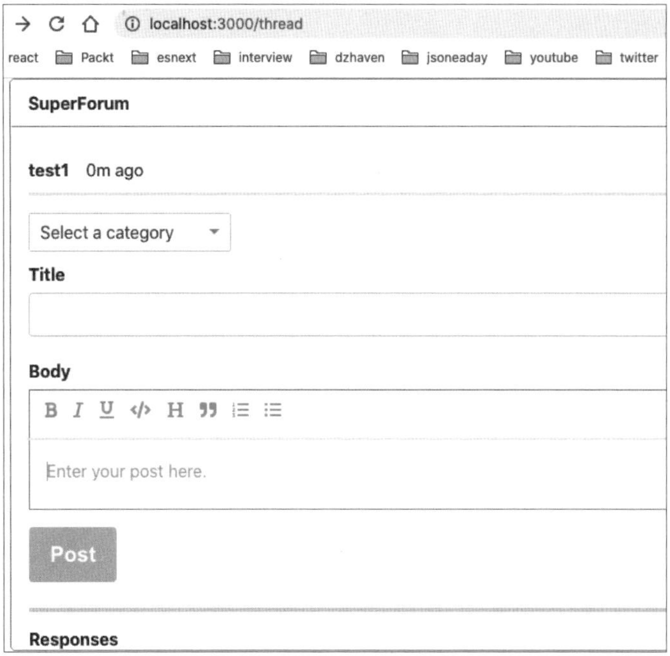

그림 16.6 새로운 Thread 화면

Warning

> Thread 테이블의 Body 필드에 JSON 문자열처럼 Slate.js 노드를 저장하기 때문에 이 코드를 테스트하려면 기존 Thread와 ThreadItem 데이터를 다시 출력하기에 앞서 모두 없애야 한다.

여기에는 문제가 존재한다. 데이터베이스의 Body 필드에 JSON 문자열이 있으므로 이 데이터가 들어오면 Home 화면에서 다음과 같이 표시된다.

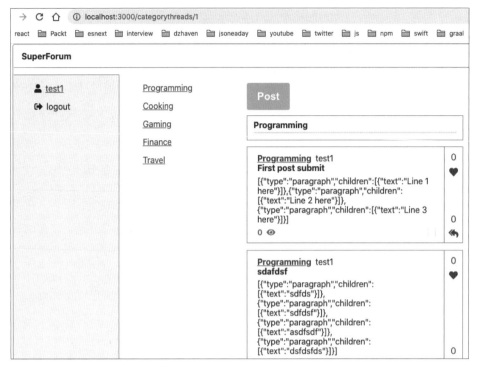

그림 16.7 Home 화면

이는 전혀 기대한 동작이 아니다. 텍스트를 수정해 정상적인 문자열이 표시되도록 한다. 다행히 기존 RichEditor를 사용해 텍스트는 출력하면서 형식은 모두 그대로 유지할 수 있다.

10. 다음과 같이 RichEditor 컴포넌트에서 readOnly 확인 부분을 Toolbar에 추가한다.

```
{readOnly ? null : (
  <Toolbar>
    <MarkButton format="bold" icon="bold" />
    <MarkButton format="italic" icon="italic" />
    <MarkButton format="underline" icon="underlined" />
    <MarkButton format="code" icon="code" />
    <BlockButton format="heading-one" icon="header1" />
    <BlockButton format="block-quote" icon="in_quotes" />
    <BlockButton format="numbered-list" icon="list_numbered" />
    <BlockButton format="bulleted-list" icon="list_bulleted" />
  </Toolbar>
)}
```

이제 예제처럼 readOnly 모드라면 이 Toolbar는 표시되지 않는다.

11. ThreadCard 컴포넌트의 JSX에 있는 <div>{thread.body}</div>를 다음과 같이 수정한다.

```
<RichEditor existingBody={thread.body} readOnly={true} />
```

마찬가지로 RichEditor에 대한 import도 필요하다.

12. 이제 Home 화면에서 다음과 유사한 내용을 확인할 수 있다. 자신의 화면에 보이는 데이터는 이 내용과 다를 수 있다.

그림 16.8 본문이 포함된 Home 화면

readOnly 모드에서는 Thread 경로 화면의 RichEditor에서 Toolbar가 보이지 않는다. 이제 새로운 ThreadItem 답변을 만들면 이 절은 마무리된다. ThreadResponse 컴포넌트를 수정해 ThreadItems를 화면에 출력하지 않고 전송하도록 만든다.

1. 먼저 서버 측 코드를 약간 수정해야 한다. ThreadItemRepo를 열고 createThreadItem을 찾는다. 마지막 return문을 다음과 같이 수정한다.

```
return { messages: [`${threadItem.id}`] };
```

createThread 함수에서 처리했던 내용처럼 ThreadItem의 id를 반환한다.

2. 이제 ThreadRepo에서 findOne 호출을 다음과 같이 수정한다.

```
const thread = await Thread.findOne({
  where: {
    id,
  },
  relations: [
    "user",
    "threadItems",
    "threadItems.user",
    "threadItems.thread",
    "category",
  ],
});
```

이 코드에서는 상위 Thread 정보를 추가해 ThreadItem 답변을 전송할 때 현재 상위의 Thread와 ThreadItem 답변을 연결한다.

3. 이제 클라이언트 측 코드에서 ThreadItem.ts 모델을 리팩토링해 threadId 대신 thread 객체를 갖도록 한다.

```
public thread: Thread
```

4. 이제 ThreadResponse를 깃허브 소스 코드와 같이 수정한다. 그리고 import도 모두 추가됐는지 확인한다.

먼저 새로 추가된 CreateThreadItem 뮤테이션을 볼 수 있다.

ThreadResponseProps 인터페이스에서는 body prop이 변경되기 이전의 RichEditor 의 초깃값이라는 것을 알 수 있다. 그리고 새로운 ThreadItem을 전송한다면 상위 threadId를 전달받아야 한다.

그다음으로 useSelector의 user 객체를 받아야 한다. 이렇게 하는 이유는 현재 사 용자가 새로운 ThreadItems를 전송하기 때문이다.

다음으로 execCreateThreadItem이 있으며 CreateThreadItem에 대한 뮤테이션을 처 리한다.

그리고 postMsg라고 하는 상태 메시지가 있으며 사용자가 저장할 때 사용된다.

다음으로 bodyToSave라고 하는 현재 작성 중인 본문 값이 있다.

그리고 useEffect에서는 전달된 prop body의 bodyToSave 값을 초기화한다.

onClickPost 함수에서는 새로운 ThreadItem을 전송하기 전에 몇 가지 유효성 검사 를 처리한다. 유효성 검사를 마치고 전송한 다음 상위 Thread를 새로고침한다.

receiveBody 함수에서는 RichEditor 컴포넌트에서 수정한 텍스트를 전달받는다. 새로운 ThreadItem을 전송하는 경우 이 텍스트를 사용한다.

반환된 JSX에서는 readOnly 모드가 아닌 경우 ThreadPointsInline이 표시되지 않 는다. 하지만 수정 가능한 모드라면 **Post** 버튼과 상태 메시지가 표시된다.

5. 이제 몇 개의 `ThreadItem` 게시물을 만들게 되면 다음과 같은 내용을 확인할 수 있다.

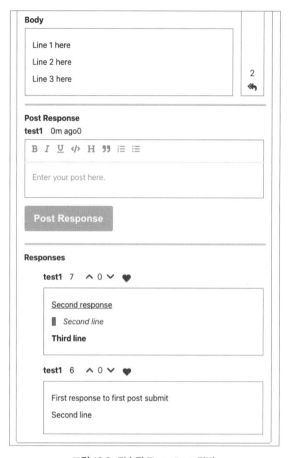

그림 16.9 전송된 ThreadItem 답변

Thread 경로 화면에 대한 설명을 마쳤다.

지금까지 멋지게 작업을 완료했고 목표에 거의 도착했다. 이 단계까지 진행하기 위해 많은 자료와 코드를 다뤘다. 자신이 해낸 작업을 훌륭하게 생각해도 좋다. 하지만 16장을 마무리하고 앱을 완료하려면 한 절이 더 남아 있다.

마지막으로 구성할 항목은 `RightMenu`이다. 이 메뉴에서는 각 `ThreadCategory`에 할당된 `Threads` 개수가 가장 많은 세 개의 `ThreadCategories`를 나열하게 된다. 여기에는 아주 긴 여러 쿼리가 포함돼 있어 좋은 경험이 될 것이다.

1. 먼저 다음과 같이 CategoryThread라는 새로운 타입을 typeDefs 파일에 추가한다.

```
type CategoryThread {
  threadId: ID!
  categoryId: ID!
  categoryName: String!
  title: String!
  titleCreatedOn: Date!
}
```

titleCreatedOn은 정렬을 확인하기 위한 용도로 포함시켰으며, 클라이언트 측 코드에서는 사용하지 않는다.

2. 다음으로 repository 폴더에 CategoryThread.ts라는 새로운 모델을 추가하고 다음 코드를 추가한다. 이 클래스는 데이터베이스의 엔터티가 아니고, 여러 엔터티의 필드를 포함하는 집합^{aggregation} 클래스다.

```
export default class CategoryThread {
  constructor(
    public threadId: string,
    public categoryId: string,
    public categoryName: string,
    public title: string,
    public titleCreatedOn: Date
  ) {}
}
```

3. 이제 깃허브 소스 코드에서 CategoryThreadRepo.ts 코드를 가져와 해당 파일을 만든다.

먼저 처음에 ThreadCategory.createQueryBuilder("threadCategory")를 통해 데이터베이스에서 ThreadCategory 데이터를 가져오기 위한 초기 쿼리를 만들었다. 그리고 Threads 테이블에 대한 관계도 포함시켰다.

다음은 쿼리를 후처리^{post-process}해 원하는 결과를 가져온다. 이 작업은 TypeORM 쿼리를 통해 처리하지 않는다. 그 이유는 TypeORM이 때로는 정렬과 필터링이 더 복잡해 작업하기 어렵고 까다롭기 때문이다. 표준 자바스크립트를 통해 원하는 내용을 더 쉽게 얻을 수 있다.

14번 행의 `categories.sort` 호출에서는 각 `ThreadCategory`에 포함된 Thread 레코드 개수에 따라 역순으로 정렬한다. 그리고 해당 결과의 처음 세 개의 레코드만 사용한다.

다음으로 이 결과를 가지고 `createdOn` 타임스탬프에 따라 실제 Thread 레코드를 역순으로 정렬한다.

이렇게 처리하면 모든 카테고리에서 대부분 `createdOn` 타임스탬프로 정렬된 세 개의 Thread 레코드를 가져올 수 있다.

4. 이제 GraphQL 플레이그라운드를 통해 테스트해보자.

그림 16.10 GetTopCategoryThread 정렬 결과

볼 수 있는 것처럼 정렬과 필터링이 된다.

5. 이제 클라이언트 측 코드를 마무리해보자. `CategoryThread.ts`를 열고 `category`를 `categoryName`으로 수정한다. 이렇게 하면 이 필드에 대한 서버 측 모델 이름이 일치하게 된다.

6. TopCategory.tsx를 열고 JSX 반환 코드에서 볼 수 있는 다음 행을 수정한다.

```
<strong>{topCategories[0].category}</strong>
```

category를 categoryName으로 변경한다.

7. 이제 RightMenu.tsx를 열고 깃허브 소스 코드를 사용해 업데이트한다.

필요한 import를 작성한 후 GetTopCategoryThread GraphQL 쿼리를 정의하고 해당 쿼리를 20번 행의 useQuery 호출에서 사용한다.

다음으로 26번 행의 useEffect는 categoryThreadData를 사용하도록 수정했다. lodash의 groupBy 메서드는 categoryName으로 데이터를 그룹화해 작업하기 쉽게 만들어준다. 이 내용에 대한 원래 코드는 11장, '온라인 포럼 애플리케이션'에서 다뤘다.

마지막으로 모바일의 폭이 null이나 UI의 폭을 반환하는지 확인한다.

8. 이제 Home 화면을 실행하면 다음과 같은 데이터가 채워진 RightMenu를 볼 수 있다.

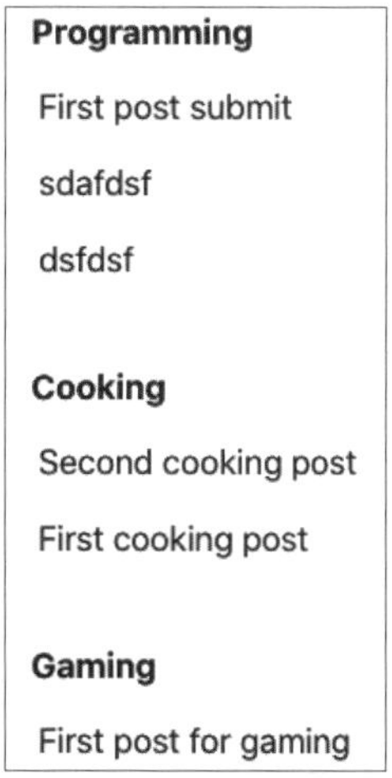

그림 16.11 인기 있는 카테고리를 보여주는 Home 화면

마찬가지로 자신의 로컬 데이터는 다를 수 있다.

여기까지 모두 마쳤다! 많은 코드와 다양한 프레임워크 그리고 여러 개념을 살펴봤다. 이 모든 내용을 훌륭하게 학습했다. 이제 충분한 휴식을 갖길 바란다.

이 절에서는 앱에 대한 클라이언트 측 코드와 이 코드를 백엔드의 GraphQL 서버와 연결하는 방법을 다뤘다. 코드를 리팩토링해 보완하고 스타일을 변경했다. 발견하기 어려운 버그를 수정했다. 이러한 내용은 실무에서도 반드시 일어난다. 따라서 이러한 부분을 학습하는 것은 아주 좋은 경험이다.

⠿ 요약

16장은 코드를 작성하는 마지막 장으로, 여기서 코드 작성을 마치고 프론트엔드 리액트 앱과 백엔드 GraphQL 서버를 통합했다. 전반적으로 16장과 책의 학습량이 많았다. 아주 많은 분량을 학습한 자신을 자랑스럽게 생각해도 좋다.

마지막 17장으로 넘어가기 전에 이 앱을 수정해보기를 권장한다. 앱의 기능에 대해서 생각해보고 적용해보기를 바란다. 이러한 방법을 통해 진정한 배움을 얻게 될 것이다.

이 책의 마지막인 17장, 'AWS에 애플리케이션 배포하기'에서는 AWS 클라우드에서 리눅스와 NGINX에 애플리케이션을 배포하는 방법을 배운다.

17

AWS에 애플리케이션 배포하기

애플리케이션 개발이 완료되면 사용하기 위해 배포를 해야 한다. 배포하는 방식은 자체 인프라를 사용하는 방법을 포함해 선택할 수 있는 옵션이 다양하다. 하지만 오늘날 대부분의 기업은 IT 관련 지출을 줄이기 위해 클라우드 제공자의 서비스 사용을 선호한다.

17장에서는 애플리케이션을 아마존 웹 서비스^{AWS}에 배포하는 방법을 살펴본다. AWS는 클라우드 제공자의 표준이라고 할 수 있다. 리눅스 VM상에 애플리케이션과 Redis, Postgres, NGINX를 설정한다.

17장에서는 다음 주제를 다룬다.

- AWS 클라우드에서 우분투 리눅스 설정하기

- 우분투에서 Redis, Postgres, 노드 설정하기

- NGINX에서 앱을 설정하고 배포하기

⠿ 기술적 요구 사항

이제는 웹 기술에 대해 전반적인 이해를 갖게 됐다. 시니어 수준의 개발자가 되기 위해서는 여러 해가 지나야 하겠지만 지금은 타입스크립트와 자바스크립트, 리액트, 익스프레스, GraphQL을 사용하는 데 거부감이 없을 것이다. 17장에서도 마찬가지로 노드와 VS Code를 사용한다.

깃허브 저장소는 https://github.com/JungYeolYang/Full-Stack-React-TypeScript-and-Node-acorn이다. Chap17의 소스 코드를 사용한다.

자신의 개발 장비에서 다음과 같이 기본적인 설정을 해보자.

1. Chap17 폴더를 만든 다음 깃허브 소스 코드의 Chap15 폴더에서 super-forum-server와 superforum-client 폴더를 복사한다.

2. node_modules과 package-lock.json이 복사됐다면 해당 폴더와 파일을 삭제한다.

3. 다음으로 Chap17/super-forum-server 폴더에서 터미널을 열고 다음 명령을 실행한다.

```
npm install
```

4. 그리고 Chap17/super-forum-client 폴더에서 터미널을 열고 다음 명령을 실행한다.

```
npm install
```

⫶ AWS 클라우드에서 우분투 리눅스 설정하기

이 절에서는 AWS VM에서 우분투 리눅스 서버를 선택하고 설정하는 방법을 살펴본다. AWS 계정을 생성하는 방법은 알고 있다고 가정한다. 절차는 기존 우분투 리눅스 이미지를 사용할 수 있기 때문에 아주 간단하다.

다음 순서대로 시작해보자.

1. 로그인하면 다음과 같은 AWS 포털 화면을 볼 수 있다. 이 스크린샷은 자주 변경되므로 현재 자신의 화면과는 다를 수 있다.

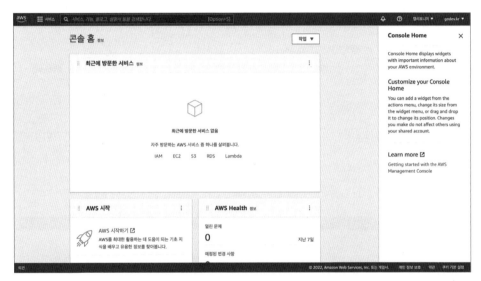

그림 17.1 AWS 포털 홈

2. '가상 머신 시작' 링크를 확인할 수 있다. 이 링크를 선택하면 다음과 같은 화면으로 넘어가게 된다.

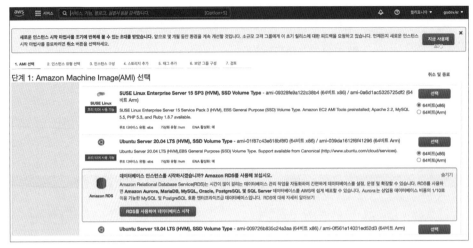

그림 17.2 초기 VM 화면

Ubuntu 20.04 LTS 이미지를 선택한다. 이 이미지는 최신 Long Term Support 버전 우분투다.

3. 선택했다면 다음과 같은 화면을 볼 수 있다.

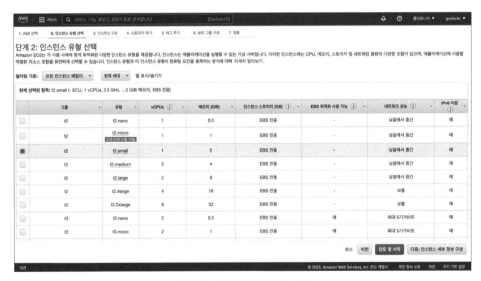

그림 17.3 VM 인스턴스 유형 선택

여기서는 vCPU와 2 GB 메모리를 사용하는 낮은 사양 이미지를 선택해 진행했다. EBS는 저장소의 AWS 성능 최적화를 말한다. 단순하게 기본 설정을 그대로 사용하고 화면 하단의 **검토 및 시작** 버튼을 선택한다.

4. 다음은 선택한 내용의 주요한 세부 사항이다.

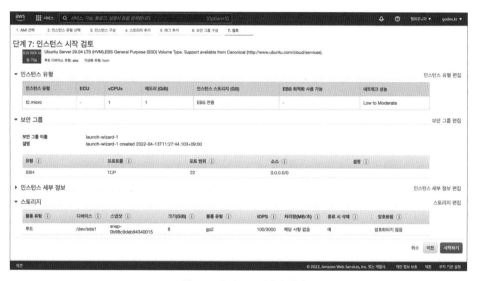

그림 17.4 초기 프로비저닝 화면

이제 계속해서 하단의 **시작하기** 버튼을 선택한다.

5. 이어서 다음과 같은 화면을 볼 수 있다.

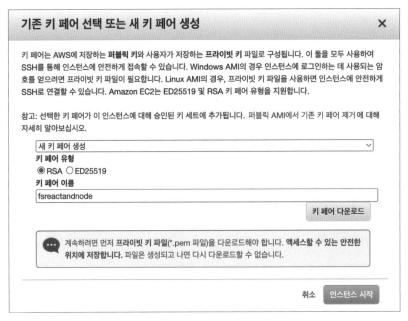

그림 17.5 존재하는 키 페어 선택 화면

이 화면에서는 SSH를 사용하기 위한 암호 키 세트(이용자와 AWS에서 사용)를 생성해 원격 터미널을 통해 해당 VM을 사용할 수 있다. 이 파일을 다운로드하고 안전하게 관리해야 한다. 이어서 화면 하단의 **시작하기** 버튼을 클릭한다.

Warning

안전한 장소에 pem 파일을 보관해야 한다. 이 파일은 다시 다운로드할 수 없다.

6. 완료했다면 '시작 상태' 화면을 볼 수 있다. 이어서 포털로 이동할 수 있는 **인스턴스 보기** 버튼을 클릭한다.

그림 17.6 VM 설정 완료 화면

7. VM 인스턴스 포털은 다음과 같다.

그림 17.7 VM 포털

8. **인스턴스 ID**를 클릭하면 다음과 같이 해당 인스턴스 요약 화면을 볼 수 있다.

그림 17.8 인스턴스 요약

실행 중인 인스턴스 상태와 퍼블릭 IP 주소, 퍼블릭 DNS 이름과 같은 정보를 빠르게 확인할 수 있다.

9. 화면 오른쪽 상단에서 **연결** 버튼을 볼 수 있다. 이 버튼을 클릭해 다음과 같은 인스턴스 화면으로 연결한다.

그림 17.9 인스턴스 화면으로 연결

첫 번째 탭은 'EC2 인스턴스 연결'이며 AWS에서 제공하는 터미널이다. **연결** 버튼을 클릭하면 다음과 같이 브라우저내에서 우분투 서버로 연결된 터미널을 확인할 수 있다.

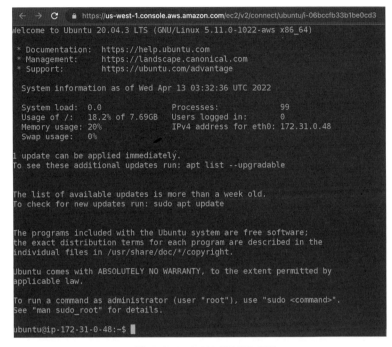

그림 17.10 AWS EC2 인스턴스 연결

이 인터페이스는 SSH가 어떤 이유로 동작하지 않는 경우에 사용할 수 있는 선택 사항이다. 이 예제에서는 SSH 인터페이스를 사용한다.

10. '인스턴스 연결' 화면으로 돌아가서 세 번째 탭의 **SSH 클라이언트**를 선택한다. 그러면 다음과 같은 화면을 볼 수 있다. 자신의 화면에 표시되는 값은 고유한 값이 될 것이다.

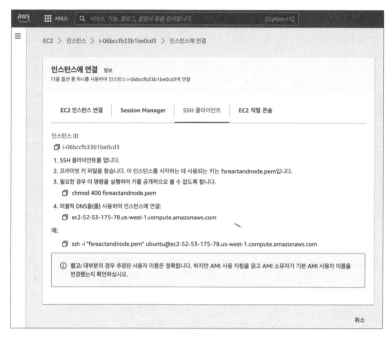

그림 17.11 SSH 방식 명령

11. 다음 화면은 이러한 명령을 직접 실행한 예다.

```
jungyeolyang@JungYeolui-MacBookAir Chap17 % sudo chmod 400 fsreactandnode.pem
Password:
jungyeolyang@JungYeolui-MacBookAir Chap17 % ssh -i "fsreactandnode.pem" ubuntu@ec2-52-53-175-78
.us-west-1.compute.amazonaws.com
Welcome to Ubuntu 20.04.3 LTS (GNU/Linux 5.11.0-1022-aws x86_64)

 * Documentation:  https://help.ubuntu.com
 * Management:     https://landscape.canonical.com
 * Support:        https://ubuntu.com/advantage

  System information as of Wed Apr 13 05:07:39 UTC 2022

  System load:  0.0               Processes:             102
  Usage of /:   18.4% of 7.69GB   Users logged in:       1
  Memory usage: 21%               IPv4 address for eth0: 172.31.0.48
  Swap usage:   0%

1 update can be applied immediately.
To see these additional updates run: apt list --upgradable

The list of available updates is more than a week old.
To check for new updates run: sudo apt update

Last login: Wed Apr 13 04:52:10 2022 from 39.7.230.111
To run a command as administrator (user "root"), use "sudo <command>".
See "man sudo_root" for details.

ubuntu@ip-172-31-0-48:~$
```

그림 17.12 처음 실행된 SSH 터미널

먼저 AWS 명령에 따라서 로컬에 있는 pem 파일의 퍼미션을 변경했다. 그리고 볼 수 있는 것처럼 SSH를 실행했다. username으로는 ubuntu가 사용됐으며 자신의 VM에서도 같은 이름이 사용될 것이다. 그리고 해당 서버의 DNS 이름이 사용됐다.

> **NOTE**
>
> 이러한 부분이 동작하지 않는다면 자신의 SSH 인바운드 규칙을 열고 '소스'를 'Anywhere'로 변경한다. 그래도 역시 동작하지 않는다면 앞서 살펴봤던 AWS에서 제공하는 터미널을 사용한다.

지금까지 우분투 리눅스 설정을 마쳤다. 다음으로 Redis를 설치해보자.

우분투에서 Redis, Postgres, 노드 설정하기

이 절에서는 리눅스 서버에 중요한 필수적인 사항을 설치한다. 이미 13장, 'Express와 Redis로 세션 상태 구성하기'에서 Redis 설정 및 구성에 대해 다뤘으나 이제 모두 같은 OS에서 동작해야 하기 때문에 최종적으로 한 번 수행한다.

Redis 설정

이 절에서는 다음 순서로 애플리케이션에서 사용하기 위한 Redis 서버를 설치하고 구성한다.

1. 자신의 터미널에서 해당 서버에 로그인한 후 다음 두 명령을 실행한다.

```
sudo apt update
sudo apt install redis-server
```

apt는 우분투와 데비안^{Debian}과 같은 리눅스 배포판에서 사용할 수 있는 소프트웨어 의존성 패키징 도구다. 이 도구는 NPM과 거의 유사하다. 여기서는 apt를 최신 버전으로 업데이트한 후 apt를 사용해 Redis를 설치한다.

2. 설치를 완료했다면 다음과 같이 redis.conf 파일을 연다.

```
sudo nano /etc/redis/redis.conf
```

3. requirepass 항목을 찾아 주석을 제거한 후 자신의 비밀번호를 추가한다.

Warning

> REDIS_PASSWORD 변수에서 사용하는 소스 코드 폴더의 super-forum-server/devconfig/.
> env 파일에 있는 비밀번호는 redis.conf 파일에 입력한 비밀번호와 반드시 일치해야 한다. 나중
> 에 배포하는 시점에 이 파일을 dev-config 폴더에 포함시킨다.

4. 다음으로 supervised 항목을 찾은 후 systemd 값으로 설정한 뒤 저장하고 나간다. 이렇게 하면 우분투에서 init 시스템을 통해 systemctl 명령을 사용해 Redis를 제어할 수 있다.

5. 이제 새로운 설정을 적용하기 위해 다음과 같이 Redis 서버를 재시작해보자.

```
sudo systemctl restart redis.service
```

서비스 중단 명령은 다음과 같다.

```
sudo systemctl stop redis.service
```

다음은 서비스 시작 명령이다.

```
sudo systemctl start redis.service
```

6. 다음 명령을 실행하면 Redis가 정상적으로 실행되는지 여부를 보여준다.

```
sudo systemctl status redis
```

실행 결과는 다음과 같다.

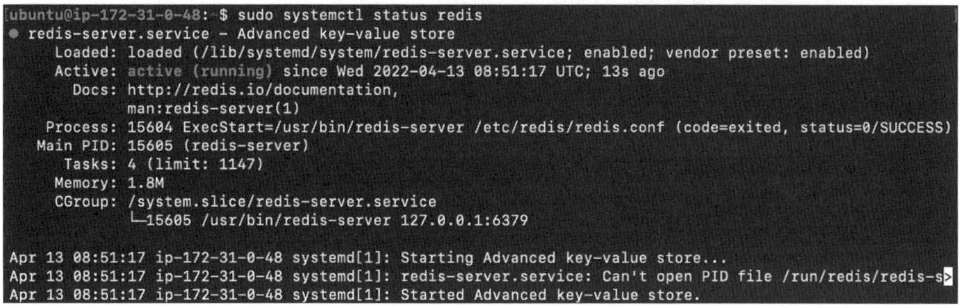

그림 17.13 Redis 상태

이 절에서는 우분투 서버에 Redis를 설치하고 필요에 따라 서버를 시작하고 중단하는 기능을 추가했다. 다음 절에서는 계속해서 Postgres를 설치한다.

Postgres 설정하기

이제 앱에서 사용할 Postgres를 설치해보자.

1. 여기서도 마찬가지로 apt를 사용한다. 다음 명령을 실행한다.

```
sudo apt install postgresql
```

2. 다음 스크린샷에서 볼 수 있는 명령을 실행해 동작을 확인한다.

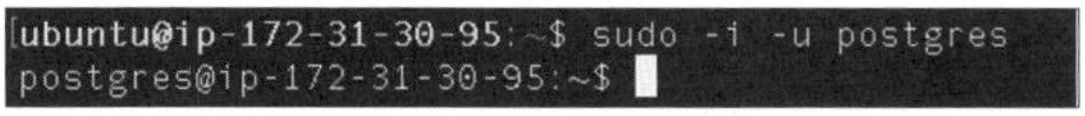

그림 17.14 psql 명령어

이 명령에서 볼 수 있는 postgres 롤^{role}은 Postgres에서 기본적으로 생성된 전역 관리자 계정이다. 명령어에서 -i를 사용해 로그인한 리눅스 계정이 임시로 postgres 계정 역할을 하도록 만들었다. -u는 사용하는 롤을 나타낸다.

> **NOTE**
>
> 여기서는 pgAdmin을 사용하지 않는다. 그 이유는 psql 명령줄 도구를 사용해 동일한 기능을 사용할 수 있기 때문이다. AWS에서 pgAdmin을 활성화하는 작업은 성가시고 어렵다.

3. 스크린샷에서 볼 수 있는 것처럼 postgres@<자신의 ip> 사용자와 같은 모양으로 실행된다. 만약 Postgres가 실행되지 않는다면 해당 Postgres 명령어 앞에 sudo -u postgres를 붙여야 한다. 여기서는 Postgres의 롤로 실행했으므로 그림 17.13에서 볼 수 있는 명령어를 실행할 수 있다.

   createuser --interactive 명령어를 사용하면 몇 가지 입력을 통해 새로운 사용자를 생성할 수 있다. 이 명령을 실행하고 다음과 같이 입력한다.

   ```
   [postgres@ip-172-31-30-95:~$ createuser --interactive
   [Enter name of role to add: superforumsvc
   [Shall the new role be a superuser? (y/n) n
   [Shall the new role be allowed to create databases? (y/n) n
   [Shall the new role be allowed to create more new roles? (y/n) n
   ```

   그림 17.15 createuser

   사용자 이름은 superforumsvc로 설정했다.

4. 이제 다음과 같이 새로 생성한 사용자의 비밀번호를 부여한다.

   ```
   [postgres@ip-172-31-0-48:~$ psql
   psql (12.9 (Ubuntu 12.9-0ubuntu0.20.04.1))
   Type "help" for help.

   postgres=# alter user superfoumsvc with encrypted password '비밀번호'
   ```

   그림 17.16 새 사용자 비밀번호 설정

   먼저 명령줄 도구인 psql을 실행했다. 그리고 SQL 쿼리를 입력해 superforumsvc 사용자의 비밀번호를 변경했다.

   주의할 부분은 password 키워드 다음에 '자신의 비밀번호'와 같이 홑따옴표를 사용해 비밀번호를 입력해야 한다.

5. 다음으로 app에서 사용할 데이터베이스를 만들어보자. 먼저 다음과 같이 psql 명령을 빠져나온 후 데이터베이스를 만든다.

   ```
   \q
   createdb -O superforumsvc SuperForum
   ```

이 명령어에서는 데이터베이스를 생성한 후 superforumsvc 롤을 새로 만든 데이터베이스의 소유자^{owner}로 만든다.

6. 이제 이 데이터베이스에 기본 ThreadCategory를 추가해보자. super-forum-server 프로젝트에서 utils/InsertThreadCategories.txt 파일을 찾는다. 이 파일 안에 사용했던 Categories 정보가 있다. 물론 자신이 원하는 Categories도 추가할 수 있다. 다음 스크린샷은 카테고리 입력 예시다.

```
[postgres=# \c SuperForum
You are now connected to database "SuperForum" as user "postgres".
SuperForum=# INSERT INTO ThreadCategories (
Name, Description)
[VALUES ('Programming', '');
ERROR:  relation "threadcategories" does not exist
LINE 1: INSERT INTO ThreadCategories (
                    ^
SuperForum=# INSERT INTO "ThreadCategories" (
Name, Description)
[VALUES ('Programming', '');
ERROR:  column "name" of relation "ThreadCategories" does not exist
LINE 2: Name, Description)
        ^
SuperForum=# INSERT INTO "ThreadCategories" (
["Name", "Description")
VALUES ('Programming', '');
INSERT 0 1  _
```

그림 17.17 ThreadCategory 입력

보다시피 처음 몇 차례는 실패했다. 그 이유를 살펴보자. 시작 부분에서는 먼저 정확한 데이터베이스에서 작업하기 위해 \c를 사용했다. 다음으로 데이터베이스 이름은 대소문자를 구분해 사용해야 한다. 그리고 테이블과 필드의 이름은 쌍따옴표로 묶어 주어야 한다. 끝으로 psql 명령줄에서는 public을 붙이면 안 된다. public은 pgAdmin에서만 사용할 수 있다.

여기까지 Postgres 설정을 마쳤다. 다음 절에서는 Node를 설정해보자.

노드 설정하기

노드를 설치해보자.

1. 다음 명령을 실행한다.

   ```
   sudo apt install nodejs
   ```

2. 다음 명령을 실행해 자신이 설치한 노드 버전 번호를 확인한다.

   ```
   node -v
   ```

   노드 버전이 적어도 12 이상이어야 한다. 만약 그렇지 않다면 다음 명령을 실행한다.

   ```
   curl -sL https://deb.nodesource.com/setup_12.x | sudo -E bash -
   ```

   그리고 다시 다음 명령을 실행한다.

   ```
   sudo apt install nodejs
   ```

3. 다음 명령을 실행해 NPM을 설치한다.

   ```
   sudo apt install npm
   ```

4. 이제 노드 서버를 관리하기 위한 기능을 설치한다. 이 기능을 통해 노드 서버를 중단하고 재시작할 수 있다. 현재 가장 인기 있는 노드 관리 방식의 하나인 pm2를 사용하겠다. 다음과 같이 -g 옵션을 사용하면 전역으로 설치된다.

   ```
   sudo npm install -g pm2
   ```

이 절에서는 Redis와 Postgres, 노드 등 중요한 의존성을 설치하는 방법을 살펴봤다. 이제 NGINX를 사용해 실제 서버의 구성을 시작할 준비가 됐다.

ꓮ NGINX에서 앱을 설정하고 배포하기

이 절에서는 NGINX를 사용해 앱을 설치하고 구성한다. NGINX는 아주 널리 알려져 있으며 고성능 웹 서버, 리버스 프록시, 로드 밸런서 역할을 수행한다. 강력한 성능과 다양한 서버를 사용하는 사이트에서 서로 다른 구성을 처리할 수 있어 유명하다.

두 개의 사이트를 제공하기 위해 NGINX를 사용할 것이다. 한 사이트는 리액트 클라이 언트를 제공하고 다른 사이트는 GraphQL Express 서버를 제공한다. 모든 사이트의 트 래픽은 NGINX를 먼저 거친 후 해당 요청을 애플리케이션의 적당한 위치로 전달된다. 다음과 같이 NGINX를 설치해보자.

1. 'AWS 클라우드에서 우분투 리눅스 설정하기' 절에서 살펴본 서버의 SSH에서 다음 NGINX 설치 명령을 실행한다.

```
sudo apt update
sudo apt install nginx
```

2. NGINX가 설치됐으니 서버 파일을 저장하기 위한 폴더를 만들어보자.

```
sudo mkdir /var/www/superforum
sudo mkdir /var/www/superforum/server
```

이름에서 알 수 있는 것처럼 /var/www 디렉터리는 웹 파일의 기본 위치다.

super-forum-server 설정하기

이 절에서는 서버 코드를 빌드하고 배포하는 절차를 만든다. 배포 절차는 표준화해 배 포를 지속적으로 할 수 있고 신뢰할 수 있도록 만드는 것이 좋다.

1. 파일을 복사해오기 전에 서버 프로젝트를 빌드하고 일부 기본적인 설정을 진행해 야 한다. VS Code에서 super-forum-server 프로젝트를 연다. package.json 파일 의 스크립트 부분을 보면 build라는 새로운 스크립트를 확인할 수 있다. 이 스크립 트는 서버 코드를 컴파일해 배포하기에 적당하게 dist 폴더 안에 패키징한다. 이

명령이 동작하도록 하려면 먼저 몇 가지 NPM 패키지를 전역으로 설치해야 한다. 다음 명령을 우분투 서버가 아닌 자신의 개발 장비에서 실행한다.

```
sudo npm i -g del-cli cpy-cli
```

del-cli 패키지는 명령줄에서 사용할 수 있는 범용적인 delete 명령이다. 즉 자신의 개발 장비가 리눅스나 맥, 윈도우인지 여부와는 관계없이 이 명령이 동일하게 동작한다. 이와 비슷한 cpy-cli 패키지를 사용하면 파일이나 폴더를 복사할 수 있다. 이러한 명령을 사용해 모든 개발 운영체제에서 하나의 NPM 스크립트 명령을 사용할 수 있다.

build 스크립트를 살펴보자. 이 스크립트에서는 먼저 dist 폴더를 삭제해 항상 새로 시작할 수 있도록 해준다. 그리고 dev-config 내용을 dist에 복사하고 dev-config/.env 파일을 dist로 복사한다. 그리고 마지막으로 타입스크립트 컴파일러를 실행한다.

dev-config라는 새로운 폴더가 있다. 이 폴더에는 설정과 관련된 파일이 포함되며 궁극적으로는 build 스크립트를 통해 dist 폴더로 복제된다. 이 폴더에 포함된 파일은 전역 설정을 위한 .env 파일과 TypeORM 설정에 사용하는 ormconfig.js 파일, package.json 파일이 있다.

> **NOTE**
>
> dev-config 폴더에 있는 .env 파일은 자신의 서버에서 작동하는 설정이 포함돼야 한다. 여기에는 사용 중인 비밀번호와 계정 이름, IP 주소가 포함된다. 이러한 정보는 모두 자신의 구성에 맞게 정확하게 설정돼야 한다. 자신의 서버 동작에 문제가 있다면 이 파일을 가장 먼저 살펴본다.

2. 아쉽게도 최신 Express NPM 패키지에도 버그가 존재하는 것으로 보이므로 NPM 패키지 의존성을 하나 더 설치한다. 자신의 개발 장비에서 다음 명령을 실행한다.

```
npm i -D @types/express-serve-static-core
```

이 의존성은 실제로 이미 @types/express를 설치할 때 설치됐지만 최신 버전인지 확인한다. 이 버그에 관해 더 자세히 알고 싶다면 다음 링크를 참조한다.

https://github.com/DefinitelyTyped/DefinitelyTyped/issues/47339

3. 한 가지 주목할 내용은 super-forum-server/src/index.ts 파일의 시작 부분 근처
에 loadEnv 함수를 새로 추가했다는 점이다. 이 함수에서는 노드의 __dirname 변
수를 사용해 .env 파일에서 자신의 개발 환경과 서버 환경의 관련 경로의 차이점
을 처리한다.

그리고 super-forum-server/dev-config/ormconfig.js 파일을 수정해 Type
ORM 엔터티에 대한 경로로 __dirname를 사용하도록 했다.

Warning

> ormconfig.js의 synchronize 필드를 활성화해 true가 되도록 했다. 이 설정은 개발 배포용으로
> 만 사용한다. 이 설정을 상용 환경에서 사용하지 않아야 하며 그 이유는 원치 않는 데이터베이스
> 변경을 야기할 수 있기 때문이다. 상용 환경에서는 synchronize를 false로 설정하고 미리 구성
> 된 데이터베이스를 사용하며 해당 데이터베이스를 직접 배포한다.

4. 빌드 스크립트를 실행하기 전에 빌드 시 타입 오류가 발생할 수 있는 부분을 해결
해야 한다. 다음 명령어를 통해 타입 패키지를 설치한다.

```
npm i --save-dev @types/validator
```

다음으로 src/env.d.ts 파일을 만들고 다음 코드를 추가한다.

```
import session from "express-session";

declare module "express-session" {
  export interface SessionData {
    userId: string | null;
  }
}
```

이제 자신의 개발 장비에서 다음 명령을 실행한다.

```
npm run build
```

이 명령을 실행하면 다음 스크린샷에서 볼 수 있는 것처럼 dist 폴더가 생성된다.

그림 17.18 dist 폴더

5. 이제 dist 폴더를 서버로 복사해보자. 자신의 개발 장비의 터미널에서 자신의 환경
에 맞게 다음 명령을 실행한다.

```
scp -i <자신의 pem 경로> -r <소스 폴더>/* <사용자 이름>@<ip>:<dest 폴더>
```

윈도우 환경에서는 pscp 명령을 사용한다.

이 명령을 실행한 결과는 다음과 같다.

```
davidchoi@Davids-MacBook-Pro ~ % scp -i ./Work/Packt/DzHaven/AWS/fsreactandnode.pem -r /Users/davidchoi/Wo
rk/Packt/Hands-On-Full-Stack-Development-with-TypeScript-3-React-and-Node.js/Chap15/super-forum-server/dis
t/* ubuntu@ec2-3-16-168-210.us-east-2.compute.amazonaws.com:/var/www/superforum/server
scp: /var/www/superforum/server/common: Permission denied
scp: /var/www/superforum/server/gql: Permission denied
scp: /var/www/superforum/server/index.js: Permission denied
scp: /var/www/superforum/server/index.js.map: Permission denied
scp: /var/www/superforum/server/ormconfig.js: Permission denied
scp: /var/www/superforum/server/package.json: Permission denied
scp: /var/www/superforum/server/repo: Permission denied
```

그림 17.19 dist 복사 실패

실행 결과는 실패했다. 이 결과는 우분투 서버의 대상 폴더에 권한이 부족하기 때
문이다. 이 문제를 해결해보자.

6. 우분투 SSH 세션으로 로그인한 후 다음 명령을 실행한다.

```
sudo chmod -R 777 /var/www/superforum/server
```

이 명령은 임시로 모든 접근을 허용해 파일을 복사할 수 있도록 해준다. 보안의 위험을 줄이기 위해 복사 후 다시 원래 상태로 돌릴 것이다.

7. 이제 개발 장비의 터미널에서 동일한 scp 명령을 사용해 파일을 복사한다. 권한을 허용한 이후에 개발 장비에서 명령을 실행한 결과는 다음과 같다.

```
[davidchoi@Davids-MacBook-Pro ~ % scp -i ./Work/Packt/DzHaven/AWS/fsreactandnode.pem -r /Users/davidchoi/Wo]
rk/Packt/Hands-On-Full-Stack-Development-with-TypeScript-3-React-and-Node.js/Chap15/super-forum-server/dis
t/* ubuntu@ec2-3-16-168-210.us-east-2.compute.amazonaws.com:/var/www/superforum/server
dates.js.map                                                      100%  675     21.3KB/s   00:00
dates.js                                                          100%  791     25.6KB/s   00:00
EmailValidator.js.map                                             100%  418     13.8KB/s   00:00
EmailValidator.js                                                 100%  436     15.8KB/s   00:00
ThreadValidators.js                                               100%  742     25.0KB/s   00:00
ThreadValidators.js.map                                           100%  737     24.6KB/s   00:00
PasswordValidator.js                                              100%  836     27.2KB/s   00:00
PasswordValidator.js.map                                          100%  643     22.2KB/s   00:00
resolvers.js                                                      100%   11KB  457.0KB/s   00:00
GqlContext.js.map                                                 100%  119      5.1KB/s   00:00
GqlContext.js                                                     100%  115      3.6KB/s   00:00
typeDefs.js.map                                                   100%  321     11.0KB/s   00:00
typeDefs.js                                                       100% 3203    106.8KB/s   00:00
resolvers.js.map                                                  100% 7720    256.5KB/s   00:00
index.js                                                          100% 3180    103.0KB/s   00:00
index.js.map                                                      100% 1921     62.9KB/s   00:00
```

그림 17.20 scp 복사

8. 그리고 다음과 같이 모든 설정 파일이 서버에 복사됐는지 server 폴더를 확인한다.

```
[ubuntu@ip-172-31-30-95:~$ ls -la /var/www/superforum/server
total 40
drwxrwxrwx 5 root    root    4096 Sep 30 16:54
drwxr-xr-x 3 root    root    4096 Sep 30 16:39 ..
-rw-r--r-- 1 ubuntu  ubuntu   411 Sep 30 16:54 .env
drwxr-xr-x 3 ubuntu  ubuntu  4096 Sep 30 16:51 common
drwxr-xr-x 2 ubuntu  ubuntu  4096 Sep 30 16:51 gql
-rw-r--r-- 1 ubuntu  ubuntu  3180 Sep 30 16:51 index.js
-rw-r--r-- 1 ubuntu  ubuntu  1921 Sep 30 16:51 index.js.map
-rw-r--r-- 1 ubuntu  ubuntu   449 Sep 30 16:51 ormconfig.js
-rw-r--r-- 1 ubuntu  ubuntu  1146 Sep 30 16:51 package.json
drwxr-xr-x 2 ubuntu  ubuntu  4096 Sep 30 16:52 repo
```

그림 17.21 서버 폴더 확인

만약 .env 파일이 없다면 다음 명령을 통해 수동으로 파일을 복사해야 한다. 이러한 문제는 맥에서 발생하며 .env 파일이 어떤 이유로 보이지 않는다.

```
scp -i <자신의 pem 경로> <자신의 경로>/.env <사용자 이름><자신의 서버 경로>/.env
```

여기서도 마찬가지로 정확한 경로는 자신의 장비에 따라 다르다.

9. 이제 우분투 서버의 SSH 터미널 세션에서 /var/www/superforum/server 폴더
   로 이동한 후 다음 명령을 실행한다.

   ```
   npm install
   ```

   이 명령을 사용하면 노드 앱 서버에서 사용하는 모든 의존성이 설치된다.

   이제 다음 명령을 사용해 권한을 원래대로 되돌린다.

   ```
   sudo chmod -R 755 /var/www/superforum/server
   ```

   이 권한은 소유자에게 모든 접근 권한을 부여하며 소유자가 아니면 실행과 읽기만
   가능하다.

10. 다음으로 pm2 시스템을 구성해 노드 서버를 제어할 수 있도록 해야 한다. 다음 명
    령을 실행한다.

    ```
    pm2 startup
    ```

    이 명령을 실행하면 서버가 다시 시작될 때 노드 서버를 기동하고, 현재 사용자가
    systemd에서 pm2을 사용하기 위해 구성하는 데 필요한 특정 설정을 알려준다.
    명령을 실행하면 다음과 유사한 내용을 확인할 수 있다.

```
[PM2] Init System found: systemd
[PM2] To setup the Startup Script, copy/paste the following command:
sudo env PATH=$PATH:/usr/bin /usr/lib/node_modules/pm2/bin/pm2 startup systemd -u ubuntu --hp /home/ubuntu
```

그림 17.22 pm2 설정

11. 자신의 우분투 서버의 SSH 세션에 이 sudo로 시작하는 명령을 복사 및 붙여넣기 한 후 실행한다. 실행하고 나면 다음과 비슷한 화면을 확인할 수 있다.

```
[ubuntu@ip-172-31-30-95:~$ sudo env PATH=$PATH:/usr/bin /usr/lib/node_modules/pm2/bin/pm2 startup systemd -
u ubuntu --hp /home/ubuntu

                 -------------

      _/\\\\\\\\\\\___/\\_____/\\_____/\\\\\\\\\_
       _\/\\\/////////\\\_\/\\_____\/\\_____/\\\///////\\\_
        _\/\\_____\/\\\_\/\\_____\/\\_____\///_____\//\\\_
         _\/\\\\\\\\\\\\\/__\//\\\____/\\\____/\\_____/\\\/_
          _\/\\\/////////_____\//\\\__/\\\\\__/\\_____/\\\//_
           _\/\\_____\//\\\/\\\/\\\/\\_____/\\\//_
            _\/\\_____\//\\\\\\//\\\\_____/\\\/_
             _\/\\_____\//\\\__\//\\_____/\\\\\\\\\\\\\\\_
              _\///_____\///____\///_____\///////////////_


                         Runtime Edition

        PM2 is a Production Process Manager for Node.js applications
                     with a built-in Load Balancer.

             Start and Daemonize any application:
             $ pm2 start app.js

             Load Balance 4 instances of api.js:
             $ pm2 start api.js -i 4

             Monitor in production:
             $ pm2 monitor

             Make pm2 auto-boot at server restart:
             $ pm2 startup

             To go further checkout:
             http://pm2.io/


                 -------------

[PM2] Init System found: systemd
Platform systemd
Template
[Unit]
Description=PM2 process manager
Documentation=https://pm2.keymetrics.io/
After=network.target
```

그림 17.23 pm2 설정 실행 결과

12. 그다음으로 노드 서버를 다음과 같이 시작한다.

```
[ubuntu@ip-172-31-30-95:~$ pm2 start /var/www/superforum/server/index.js
[PM2] Spawning PM2 daemon with pm2_home=/home/ubuntu/.pm2
[PM2] PM2 Successfully daemonized
[PM2] Starting /var/www/superforum/server/index.js in fork_mode (1 instance)
[PM2] Done.
```

id	name	mode	↺	status	cpu	memory
0	index	fork	0	online	0%	27.8mb

그림 17.24 시작된 Node 서버

13. 이제 다음 명령을 통해 pm2의 시작 목록에 이 내용을 저장할 수 있다.

```
pm2 save
```

실행하고 나면 다음과 같은 내용을 볼 수 있다.

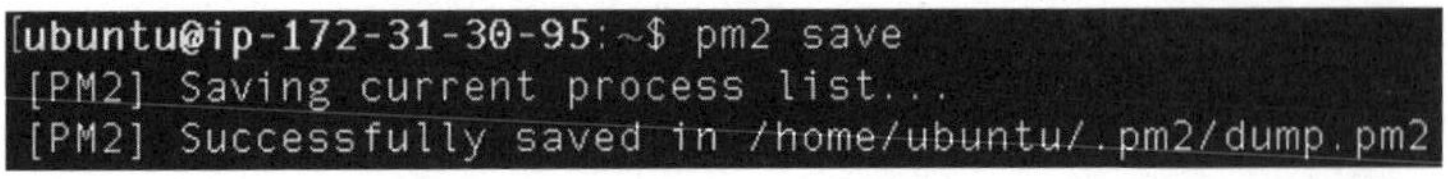

```
[ubuntu@ip-172-31-30-95:~$ pm2 save
[PM2] Saving current process list...
[PM2] Successfully saved in /home/ubuntu/.pm2/dump.pm2
```

그림 17.25 pm2 save 실행 결과

이 저장 명령을 실행하면 노드 서버는 이제부터 서버가 재시작될 때마다 자동으로 시작된다.

이 절에서는 노드 서버를 빌드하고 배포하고 시작하는 절차를 만들었다. 이러한 설정을 구성해두면 나중에 코드를 업데이트하는 경우 이러한 절차를 다시 반복해서 사용할 수 있다.

super-forum-client 설정하기

이제 클라이언트 측 프로젝트와 비슷한 절차를 진행해야 한다. 17장의 도입부에서 첫 번째로 진행했기 때문에 이미 Chap17 폴더의 super-forum-client가 복사돼 있다.

1. 우분투 서버의 SSH 터미널 세션으로 돌아가 다음과 같이 클라이언트 프로젝트에서 사용할 폴더를 생성한다.

```
sudo mkdir /var/www/superforum/client
```

2. 다음으로 클라이언트를 빌드하고 배포하기 위해 super-forum-client 프로젝트 폴더의 개발 터미널로 이동한다. 먼저 이 프로젝트를 조금 수정해야 한다. 서버 프로젝트에서 .env 파일이 설정하는데 사용된다는 내용을 살펴봤다. 클라이언트 프로젝트에서는 그와 같은 설정이 모두 필요치 않다. 하지만 적어도 필수적인 GraphQL 서버의 URL은 배포 환경에 맞게 설정해야 한다. 따라서 다음 단계를 수행한다.

- VS Code에서 index.ts를 열고 ApolloClient 코드를 다음과 같이 수정한다.

```
const client = new ApolloClient({
  uri: process.env.REACT_APP_GQL_URL,
  credentials: "include",
  cache: new InMemoryCache({
    resultCaching: false,
  }),
});
```

볼 수 있는 것처럼 REACT_APP_GQL_URL 환경변수를 추가했으며 서버에서 처리한 내용과 같다. 하지만 이 변수는 어디서 가져오는 것일까? 지금부터 이 부분을 설명한다.

- package.json 파일을 열고 scripts 부분을 살펴본다. REACT_APP_GQL_URL 변수를 설정하는 build-dev 스크립트를 확인할 수 있다. 이 스크립트를 자신의 필요에 따라 다양한 변숫값을 사용해 여러 버전으로 자유롭게 만들 수 있다.

3. 다음으로 build-dev 스크립트를 실행한다.

```
npm run build-dev
```

클라이언트 프로젝트에 있는 이 빌드 스크립트는 이미 create-react-app에 생성돼 있지만 여기에 환경변수를 추가했다. 실행이 완료되면 다음과 같은 build 폴더를 확인할 수 있다.

그림 17.26 super-forum-client의 build 폴더

4. 다음으로 서버의 client 폴더에 권한을 임시로 부여해 복사를 할 수 있게 한다. 다음 명령을 실행한다.

```
sudo chmod -R 777 /var/www/superforum/client
```

5. 이제 클라이언트 측 빌드 파일을 배포할 수 있다. 개발 터미널에서 다음 명령을 자신의 경로에 맞게 수정해 실행한다.

```
scp -i <자신의 pem 경로> -r <자신의 경로>/* <사용자 이름><자신의 서버 경로>
```

실행 결과는 다음과 같다.

```
[davidchoi@Davids-MacBook-Pro ~ % scp -i ./Work/Packt/DzHaven/AWS/fsreactandnode.pem -r /Users/davidchoi/Wo
rk/Packt/Hands-On-Full-Stack-Development-with-TypeScript-3-React-and-Node.js/Chap15/super-forum-client/bui
ld/* ubuntu@ec2-3-16-168-210.us-east-2.compute.amazonaws.com:/var/www/superforum/client
asset-manifest.json                                          100% 1232    40.4KB/s   00:00
favicon.ico                                                  100% 3150   106.2KB/s   00:00
index.html                                                   100% 2306    77.4KB/s   00:00
logo192.png                                                  100% 5347   120.8KB/s   00:00
logo512.png                                                  100% 9664   310.8KB/s   00:00
manifest.json                                                100% 492     16.1KB/s   00:00
precache-manifest.9ea21893910abb1742f0a6d198673c22.js        100% 752     25.2KB/s   00:00
robots.txt                                                   100% 67       2.2KB/s   00:00
service-worker.js                                            100% 1181    36.3KB/s   00:00
main.743c1205.chunk.css.map                                  100% 13KB   323.6KB/s   00:00
main.743c1205.chunk.css                                      100% 7273   236.9KB/s   00:00
2.ee241de9.chunk.css.map                                     100% 2642    84.0KB/s   00:00
2.ee241de9.chunk.css                                         100% 1410    48.0KB/s   00:00
runtime-main.16d1e66e.js                                     100% 1583    52.3KB/s   00:00
2.deb157b6.chunk.js.LICENSE.txt                              100% 3506   114.2KB/s   00:00
main.2f2ff78e.chunk.js                                       100%  42KB   696.9KB/s   00:00
2.deb157b6.chunk.js.map                                      100% 3003KB    3.8MB/s   00:00
runtime-main.16d1e66e.js.map                                 100% 8296   269.8KB/s   00:00
main.2f2ff78e.chunk.js.map                                   100% 114KB    1.3MB/s   00:00
2.deb157b6.chunk.js                                          100% 623KB   757.2KB/s   00:00
```

그림 17.27 클라이언트 파일을 서버로 복사

6. 그리고 다음과 같이 권한을 원래 상태로 바꾼다.

```
sudo chmod -R 755 /var/www/superforum/client
```

NGINX 구성하기

서버를 만들기 위한 여러 구성을 마쳤으며 계속해서 설치된 NGINX 서버를 구성한다.

1. 우분투 서버에서 시스템이 기동할 때 NGINX가 시작돼야 한다. SSH 터미널에서
   다음 스크린샷의 명령을 실행한 후 다음과 같은 내용을 확인한다.

```
[ubuntu@ip-172-31-30-95:~$ sudo systemctl enable nginx
Synchronizing state of nginx.service with SysV service script with /lib/systemd/systemd-sysv-install.
Executing: /lib/systemd/systemd-sysv-install enable nginx
```

그림 17.28 시스템 기동 시 NGINX 시작

2. 이제 다음 스크린샷에서 볼 수 있는 status 명령을 사용해 NGINX가 실행 중인지
   확인한다.

```
[ubuntu@ip-172-31-30-95:~$ sudo systemctl status nginx
● nginx.service - A high performance web server and a reverse proxy server
     Loaded: loaded (/lib/systemd/system/nginx.service; enabled; vendor preset: enabled)
     Active: active (running) since Wed 2020-09-30 16:38:32 UTC; 52min ago
       Docs: man:nginx(8)
   Main PID: 6143 (nginx)
      Tasks: 2 (limit: 2372)
     Memory: 5.0M
     CGroup: /system.slice/nginx.service
             ├─6143 nginx: master process /usr/sbin/nginx -g daemon on; master_process on;
             └─6144 nginx: worker process

Sep 30 16:38:31 ip-172-31-30-95 systemd[1]: Starting A high performance web server and a reverse proxy se>
Sep 30 16:38:32 ip-172-31-30-95 systemd[1]: Started A high performance web server and a reverse proxy ser>
```

그림 17.29 NGINX 상태

3. 다음으로 AWS VM 방화벽에서 80포트를 열어야 한다. 브라우저에서 AWS 포털을 열고 **네트워크 및 보안** 메뉴 하위의 **보안 그룹**을 선택한다. 그러면 다음과 같은 내용을 볼 수 있다.

그림 17.30 보안 그룹

4. 이제 default가 아닌 그룹을 선택하면 다음 스크린샷과 같은 화면을 볼 수 있다. '인바운드 규칙'은 화면 아랫부분에 있다.

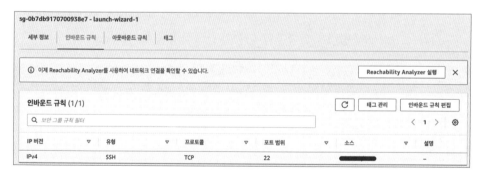

그림 17.31 네트워크 탭 – 인바운드 포트 규칙 추가

5. **인바운드 규칙 편집** 버튼을 선택하고 다음에 나오는 화면에서 **규칙 추가** 버튼을 클릭한다.

그렇게 했다면 그림 17.32과 같은 화면을 볼 수 있다. 스크린샷에서 볼 수 있는 것처럼 HTTP용 인바운드 규칙을 새로 추가한다.

그림 17.32 HTTP 인바운드 규칙 추가

'소스'로 0.0.0.0/0을 선택하면 하려던 대로 모든 IP주소를 허용하게 된다. 이제 **규칙 저장** 버튼을 클릭해 해당 규칙을 저장한다.

6. 일반적으로 로컬 우분투 방화벽은 활성화돼 있지 않다. 하지만 활성화돼 있다면 방화벽에서 NGINX로 가는 트래픽을 허용해야 한다. 필요한 경우 다음 명령을 실행한다.

```
sudo ufw allow 'Nginx HTTP'
sudo ufw status
```

이 명령을 실행하면 다음과 같은 결과를 볼 수 있다.

그림 17.33 ufw에서 NGINX 방화벽 오픈

이제 브라우저에서 해당 URL로 가보면 다음과 같은 화면을 볼 수 있다. 스크린샷에서는 ec2-3-16-168-210.us-east-2.compute.amazonaws.com을 사용했으며 자신의 경로는 이 경로와는 다르다. 이 경로는 자신의 VM 인스턴스 화면에서 확인할 수 있다.

그림 17.34 NGINX 기본 화면

7. NGINX는 정확하게 설치됐고 동작한다. 자, 이제 NGINX에서 예제 사이트가 동작하도록 만들어보자. NGINX에는 AWS에서 전달받은 도메인과 같은 아주 긴 도메인 네임을 처리하는 데 버그가 존재한다. 따라서 예제 웹사이트에서는 도메인 네임 대신 IP 주소를 사용한다.

   NGINX에서는 두 가지 사이트 설정 옵션이 있다. 한 가지 방법은 /etc/nginx/conf.d 폴더에 설정 파일을 사용하는 것이다. 나머지 하나는 서버 블록^{Server Block}이라고 하며 /etc/nginx/sites-available 폴더를 사용하는 방법이다. 여기서는 conf.d 방식을 사용한다.

   다음 명령을 실행한다.

```
sudo nano /etc/nginx/conf.d/superforum.conf
```

8. 다음은 파일에 포함돼야 할 내용이다. 마찬가지로 자신의 폴더 경로와 도메인 네임을 사용해야 한다.

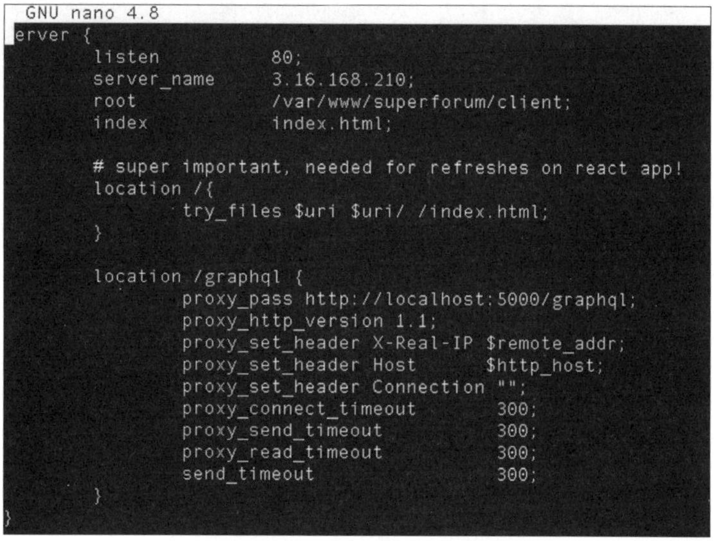

```
GNU nano 4.8
erver {
        listen          80;
        server_name     3.16.168.210;
        root            /var/www/superforum/client;
        index           index.html;

        # super important, needed for refreshes on react app!
        location /{
                try_files $uri $uri/ /index.html;
        }

        location /graphql {
                proxy_pass http://localhost:5000/graphql;
                proxy_http_version 1.1;
                proxy_set_header X-Real-IP $remote_addr;
                proxy_set_header Host      $http_host;
                proxy_set_header Connection "";
                proxy_connect_timeout       300;
                proxy_send_timeout          300;
                proxy_read_timeout          300;
                send_timeout                300;
        }
}
```

그림 17.35 새로운 NGINX conf 파일

NOTE

파일 내용 설명

모든 행은 반드시 세미콜론으로 끝내야 한다. 세미콜론이 없으면 오류가 발생한다.

server_name은 도메인 네임이나 IP 주소다.

root는 HTML 파일이 포함된 폴더다.

location /는 웹사이트의 루트다.

location /graphql은 GraphQL 서버가 동작하는 위치다. 여기서는 proxy_pass를 사용해 http://〈도메인 또는 ip〉/graphql에 대한 호출을 http://localhost:5000/graphql 서버(노드 서버)로 리다이렉션한다.

〈접두어〉_timeout 필드는 NGINX에서 가끔 발생할 수 있는 504 Gateway Timeout 오류를 방지한다.

9. 그리고 다음 명령을 실행해 설정 변경 사항이 잘 적용됐는지 확인한다.

```
sudo nginx -t
```

실행 결과는 다음과 같다.

```
[ubuntu@ip-172-31-30-95:~$ sudo systemctl restart nginx
[ubuntu@ip-172-31-30-95:~$ sudo nginx -t
nginx: the configuration file /etc/nginx/nginx.conf syntax is ok
nginx: configuration file /etc/nginx/nginx.conf test is successful
```

그림 17.36 NGINX 설정 파일 적용 상태

오류가 발생하지 않았다면 다음 명령을 사용해 NGINX 서버를 재시작한다.

```
sudo systemctl restart nginx
```

10. 이제 앱이 브라우저에서 실행되는지 확인해보자. 먼저 노드 서버를 중지하고 pm2
   를 사용하지 않고 재시작해 발생할 수 있는 모든 오류를 확인할 수 있게 한다. 우
   분투 SSH 터미널에서 다음 명령을 실행한다.

```
pm2 stop index
node /var/www/superforum/server/index.js
```

이 명령을 실행하면 다음과 같은 내용을 확인할 수 있다.

```
[ubuntu@ip-172-31-30-95:~$ node /var/www/superforum/server/index.js
env path /var/www/superforum/server/common/../.env
client url http://3.16.168.210
Entities path /var/www/superforum/server/repo/**/*.*
Server ready at http://localhost:5000/graphql
```

그림 17.37 노드 서버 최초 실행 결과

여기서도 마찬가지로 자신의 IP 주소는 이 IP 주소와 다르며 경로도 변경했다면
다를 수 있다. 오류가 발생하면 이후에 나오는 '트러블 슈팅' 절을 살펴본다.

11. 이제 브라우저를 열고 AWS에서 제공되는 IP 주소로 이동한다. 그리고 다음과 같
   이 **Register** 버튼을 클릭해 새로운 사용자를 등록해보자.

그림 17.38 새로운 사용자 등록

원하는 대로 값을 채우고 **Register** 버튼을 클릭한다. 그러면 다음과 같은 내용을
확인할 수 있다.

그림 17.39 등록 완료

12. 이제 새로운 사용자를 확인한다. 다음 명령을 우분투 SSH 터미널에서 실행한다.

```
sudo -u postgres psql
\c SuperForum
Update "Users" set "Confirmed" = true;
```

등록된 모든 사용자를 확인해보자. 명령을 완료하면 다음과 같이 확인된 내용을 볼 수 있다.

```
[ubuntu@ip-172-31-30-95:~$ sudo -u postgres psql
psql (12.4 (Ubuntu 12.4-0ubuntu0.20.04.1))
Type "help" for help.

[postgres=# \c SuperForum
You are now connected to database "SuperForum" as user "postgres".
[SuperForum=# update "Users" set "Confirmed" = true;
UPDATE 2
```

그림 17.40 등록된 사용자 확인

13. 다음으로 새로운 사용자로 로그인해보자.

그림 17.41 test3 사용자 로그인

14. 물론 현재는 아무런 데이터가 없으며 다음과 같이 스레드 게시물을 하나 추가한다.

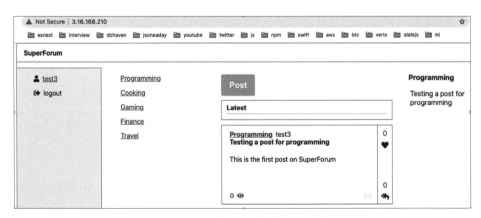

그림 17.42 첫 번째 게시물

그리고 나면 이제 홈페이지는 다음과 같다.

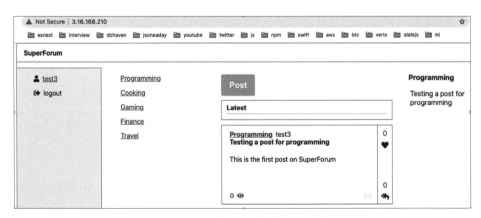

그림 17.43 첫 번째 게시물 작성 후 홈 화면

여기까지 작업을 마쳤다.

이 절에서는 NGINX와 그 밖에 모든 서비스를 사용해 애플리케이션 구성을 마쳤다. 축하한다! 대단한 작업을 마쳤고 엄청난 양의 매우 기술적인 내용을 살펴봤다.

트러블 슈팅

클라우드 서비스를 설정하고 사용하는 것은 자신의 네트워크에서 서버를 사용하는 것보다 복잡한 작업이다. 다음은 여러 가지 문제를 처리하는 기본적인 방법이다.

- 클라이언트 파일을 업데이트할 때마다 NGINX를 반드시 재시작한다.

- 서버 파일을 업데이트할 때마다 노드 서버를 반드시 재시작한다.

- .env 설정에서 설정에 사용한 이름이 정확하고 일치하는지 항상 확인한다. 예를 들면 자신의 Postgres 데이터베이스의 이름과 사용자 이름, 비밀번호를 확인한다. 그리고 자신의 .env 파일의 경로가 정확하고 노드 서버에서 사용할 수 있는지 확인한다.

- PG_ENTITIES와 PG_ENTITIES_DIR 변수의 경로가 정확한지 확인한다. 현재 앱의 경우 이 경로는 다음과 같다.

    PG_ENTITIES="/repo/**/*.*"

    PG_ENTITIES_DIR="/repo"

    만약 이 경로가 적절하게 설정되지 않으면 "No repository for<엔터티 이름> was found"와 같은 오류가 발생한다.

- 자신의 서버에서 .env 파일을 수정하면 배포 과정에서 덮어쓰지 않도록 주의한다. 다시 말해 서버에서 해당 파일을 직접 편집하지 않는 것이 좋다.

- 모든 NGINX .conf 파일을 업데이트한 이후에는 항상 sudo nginx -t 명령을 사용하고 그다음으로 설정 변경이 완료되면 NGINX 서비스를 재시작한다. 만약 오류가 발생하면 자신이 설정한 모든 행에 세미콜론을 사용했는지 확인한다.

- 개발 환경에서 변경하고 테스트를 진행한다면 NODE_ENV 환경변수를 개발로 설정했는지 확인한다. 이 설정은 영구적으로 해야 하며 그렇게 하지 않으면 재부팅 후 사라진다.

- NGINX는 보통 504 Gateway Timeout 오류가 발생한다. 자신의 timeout 설정이 충분한지 확인한다. 만약 충분하지 않다면 이 설정을 통해 조정한다.

- NGINX에서는 아주 긴 도메인 네임은 문제가 발생할 수 있다. 테스트를 위해 IP 주소를 사용해 동작하는지 확인한다. 만약 IP 주소가 동작한다면 도메인 네임이 동작하지 않는 문제임을 알 수 있다.

⁛ 요약

17장에서는 최종적으로 클라우드 환경에 애플리케이션을 배포해 리액트와 노드, GraphQL을 사용한 웹 개발 지식을 완성했다. AWS 클라우드에 앱을 배포하는 방법을 배우는 것은 매우 가치 있다. 이유는 AWS가 현재 가장 인기 있고 널리 사용되는 클라우드 서비스이기 때문이다. NGINX의 사용도 적절했으며 NGINX는 아주 성능이 좋고 노드 커뮤니티에서 매우 인기가 있다.

지금까지 여정을 함께해줘서 정말 고맙다. 개발자는 언제나 배우고 새로운 내용을 시도해야 한다. 하지만 가장 중요하고 핵심이 되는 웹 기술을 일부 이해했으므로 이제 큰 걸음을 뗀 것이다. 실제 풀스택의 최신 웹 애플리케이션을 만들기 위해 필요한 모든 도구를 갖게 된 것을 다시 한 번 축하한다!

건투를 빈다.

찾아보기

풀스택 리액트, 타입스크립트, 노드

리액트 18, 훅, GraphQL로 클라우드 기반 웹앱 만들기

발 행 | 2023년 1월 3일

옮긴이 | 양 정 열
지은이 | 데이비드 최

펴낸이 | 권 성 준
편집장 | 황 영 주
편 집 | 김 다 예
　　　　임 지 원
디자인 | 윤 서 빈

에이콘출판주식회사
서울특별시 양천구 국회대로 287 (목동)
전화 02-2653-7600, 팩스 02-2653-0433
www.acornpub.co.kr / editor@acornpub.co.kr

한국어판 ⓒ 에이콘출판주식회사, 2022, Printed in Korea.
ISBN 979-11-6175-694-3
http://www.acornpub.co.kr/book/ fullstack-react

책값은 뒤표지에 있습니다.